夢中問答集

夢窓国師
校注・現代語訳　川瀬一馬

講談社学術文庫

「夢窓国師画像（自賛添）」（部分）（妙智院蔵）

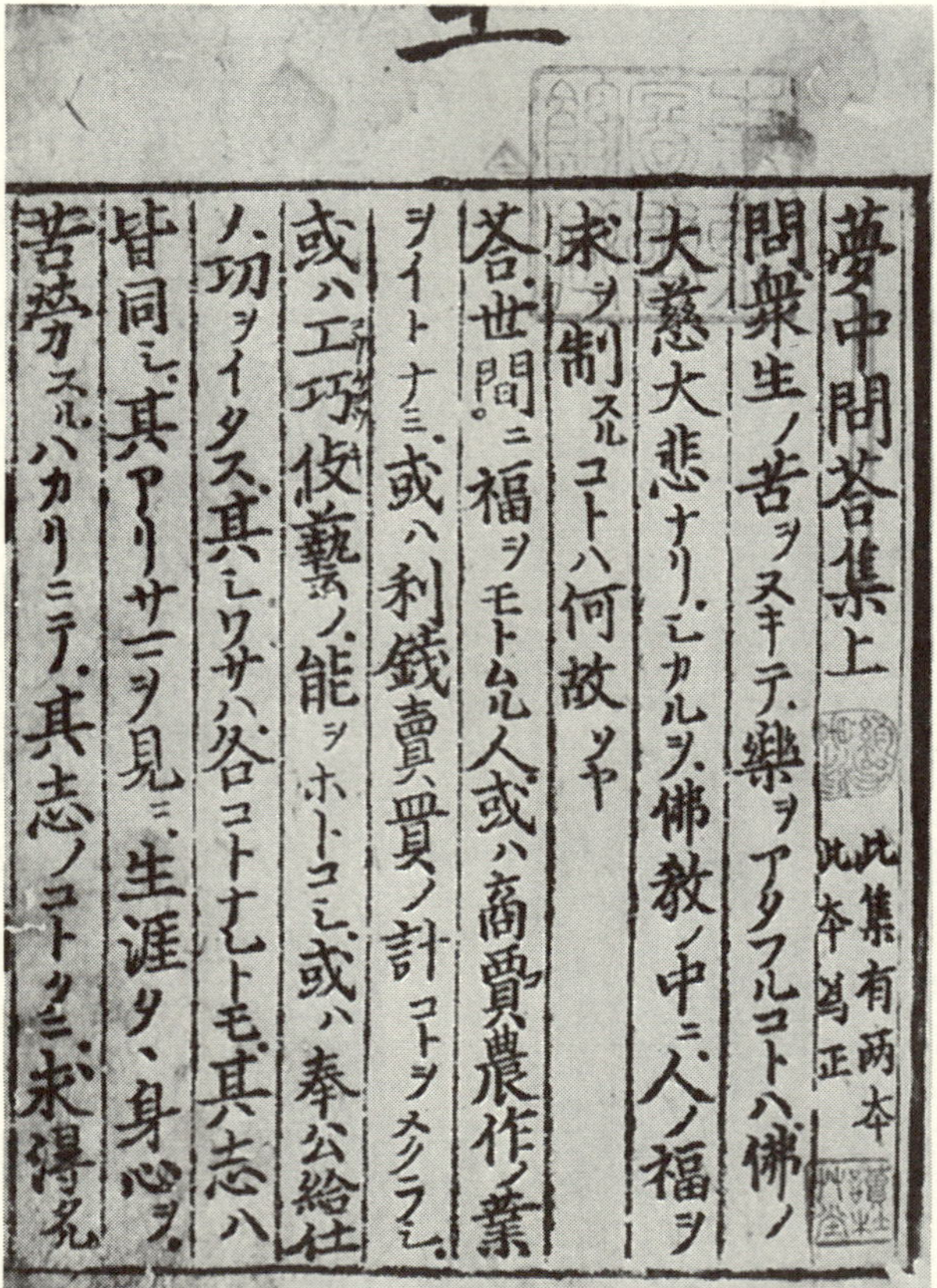

夢中問答集上　此集有兩本　此本爲正

問衆生ノ苦ヲスクヒテ樂ヲアタフルコトハ佛ノ大慈大悲ナリ。シカルヲ佛教ノ中ニ人ノ福ヲ求ヲ制スルコトハ何故ソヤ

答世間ニ福ヲモトムル人或ハ商賈農作ノ業ヲイトナミ、或ハ利錢賣買ノ計コトヲタクラヘ、或ハ工巧伎藝ノ能ヲホトコシ、或ハ奉公給仕ノ功ヲイタス。其シワサハ各コトナリトモ其志ハ皆同シ。其アリサマヲ見ニ、生涯タヘ身心ヲ苦労スルハカリニテ、其志ノコトクニ求得ル

「康永三年刊五山版夢中問答集」（巻首）（国立国会図書館蔵）

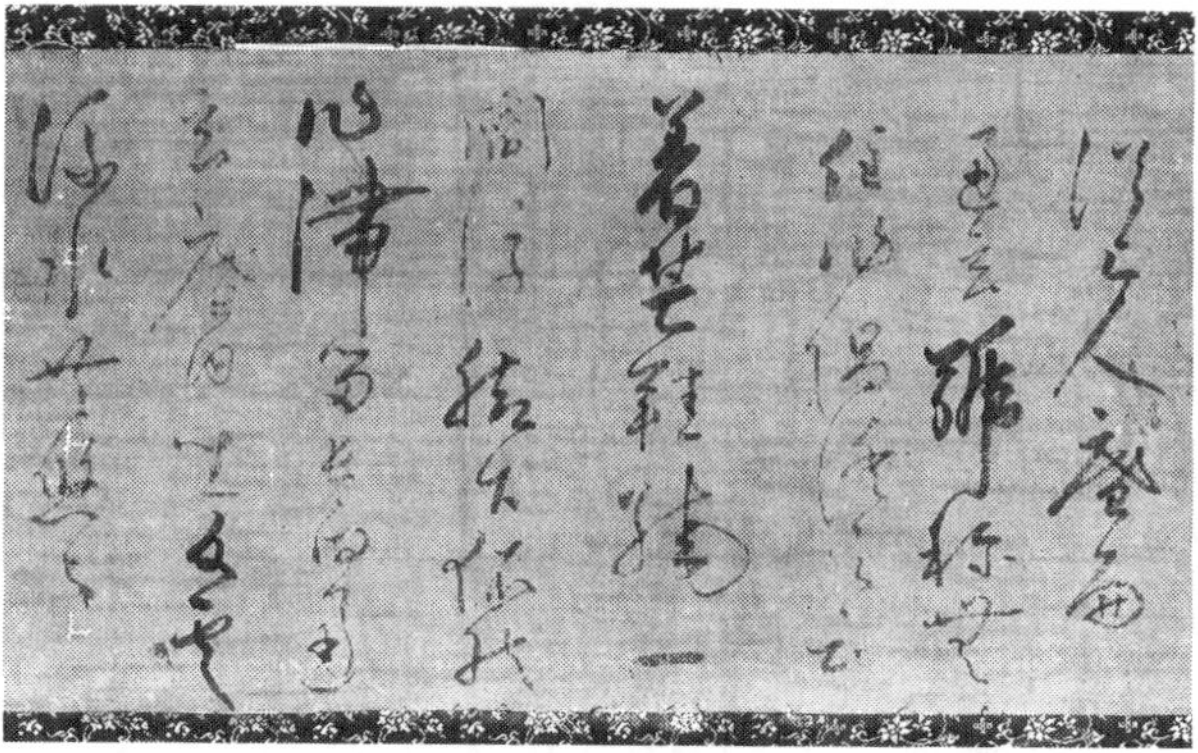

夢窓国師墨蹟（瑞泉寺蔵）

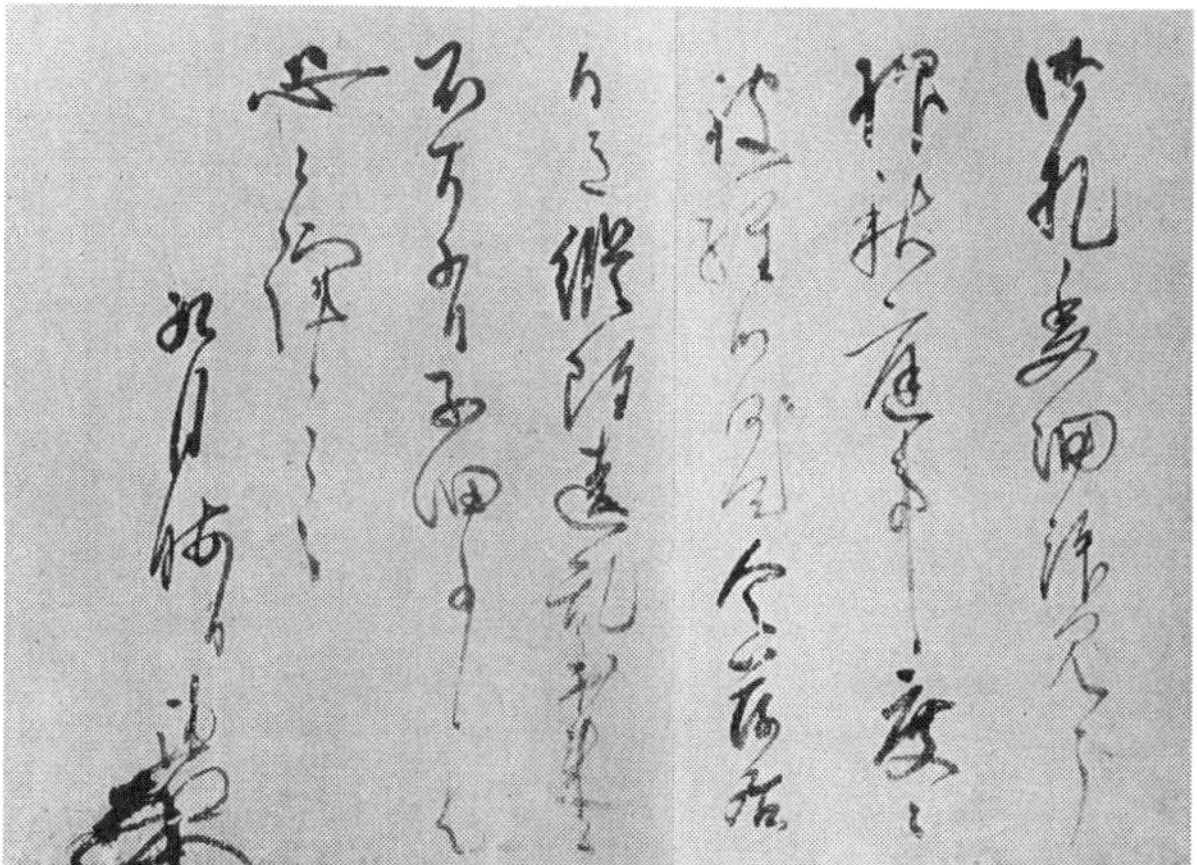

夢窓国師書状（黄梅院蔵）

学術文庫版刊行に当たって

川瀬一馬先生には、夢《む》窓《そう》疎《そ》石《せき》を正面に据えて取り組んだ著作が三つある。一は、夢窓の長い修行時代の足跡を自ら踏査し、写真図版を多数援用して考察した大型本『夢窓国師・禅と庭園』。二は、著者の夢窓が存命中の出版刊行であること、またテキストが他に類例を見ない漢字仮名交じり文であるという点で、日本中世出版文化史上の記念碑的な存在『夢中問答集』に、校注と現代語訳を試みた本書。三は、本書の底本に使用した五山版（国立国会図書館蔵）の影印本『（五山版大字本）夢中問答集付谷響集』で、これには巻末に、刊年や成立事情に関する書誌的解題、夢窓と足利直義《ただよし》との関係などについての解説を執筆しておられる。

以上の三書であるが、いずれも現在では市場から姿を消して久しく、入手は極めて困難である。なかんずく本書は、夢窓国師に深い関心を抱く人たちはいうまでもないが、主として仏教学、禅宗史、中世史、思想史、五山文学、説話文学といった分野の学生たちから、再版を切望する声が連綿として寄せられていたと聞く。仏語が駆使された、どちらかといえば熟読玩味を要する古典書であるし、受験参考書に供される性質のものでもないから、次々と版を重ねなかったといって訝《いぶか》りはしないけれども、果たして通奏低音のような間断ない支持を、読者からは得ていたのである。

ようやく再版刊行の機運がめぐってきて、本書の原文・脚注・補注・現代語訳のすべてに改めて目を通し、改訂版をつくりたいという。ただし、時間的猶予は三ヵ月であると。咄嗟《とっさ》の思いは「任に非ず」であった。が、同時に、長年胸中にわだかまっている反省と悔恨とが半ばする思いも脳裡をよぎった。実は昭和五十一年に本書が成ったとき、先生から直に一本手渡されて拝読したにもかかわらず、夢窓像の一端でさえ、自分の言葉で語り得ないのではないか、という苦い反省である。そして、観阿弥に次いで、歴史上最も高い評価を与え、敬愛してやまなかった人物夢窓国師について、川瀬先生はしばしば熱心に私に語りかけられたのだったが、いつだって私は承るばかりに終始した、という悔恨である。

そうした忸怩《じくじ》たる思いがあって、結局本書をもう一度学び直すつもりで改訂版の作業に着手したが、本書に託した川瀬先生の基本方針は堅持することにした。すなわち、一般の読書人にも容易に原文が読めるようにすること。そのためには、できるだけ多くの漢語に振り仮名を付加し、送り仮名は現代通行の表記に改変すること。現代語訳の用字用語は、つとめて原文の姿を伝えるように配慮すること。また、脚注・補注の煩瑣を避けてはならないことなどである。したがって、索引は断念せざるを得なかったから、本書の構成にも手を加えず、主に原文の入念な校訂と、それに付随する訳文の手直し、そして基本方針に沿うべく全体の整備統一を計ることにした。以下に、改訂作業の概要を列記しておく。

一、影印本で原文を入念に校合し、脱文・誤読・誤記・誤植を正した。誤刻と思われる個所は、応永初期刊の足利行道山版をも参照した。

一、原文の改訂にともない、同一個所の訳文も改めた。また、訳文における文意の正確を期すために、原文の改訂箇所以外にも一部訂正したところがある。

一、表記・表現の統一に心がけ、多くの訂正を行なった。

一、漢字表記は、つとめて原典の字体と一致するように改訂した。

体→躰・軆・體、瑠璃→琉璃、磯→礒、災→灾、略→畧、脈→脉、庵→菴、勲→勛など。

ただし、差異の少ない異体字は、通行の字体に統一した。

一、原文・訳文ともに、仏語には、読者の便を考え、大幅に振り仮名を増補した。

一、原文・訳文ともに、送り仮名は常用漢字音訓表に即した表記に変更・統一した。

一、逆に、訳文中の振り仮名は、同一漢字であっても訳者の意図を尊重して統一せず、異なった読みを敢て残した。

一、訳文中の経典には「 」、著述には『 』を施し、経典名の表記を統一した。

一、脚注・補注についても、明らかな誤りを正すなど訂正を施した。

一、跋文の筆者については、凡例・解説すべて「楚石梵僊」あるいは「梵僊楚石」としていたが、「竺仙梵僊」と改正した。

本書誕生の契機と動機は、原序文の冒頭に示されている。しかし、語られたすべての言葉を端的に要約すると、川瀬一馬先生の隠された真の動機は、「この人を見よ！」となるのではないかと思う。たしかに本書の中の夢窓は、すでに六十代の半ばに達しており、信仰と修行と学問の力のほかに、人生を一周し終えて円熟した人間の力をも存分に窺わせる。たとえば、夢窓の拠って立つところは、いうまでもなく教外別伝の禅宗であるが、『夢中問答集』を貫く姿勢は、むしろ各派入り乱れていた大乗仏教全体の擁護であるといってよく、自派に対しても「わが仏尊し」の狭いセクショナリズムと教条主義とを厳しく斥ける。そうした夢窓に、読者は何かしら突き抜けたところをもつ器量の大きな人間を見てとり、畏怖に似た魅力を覚えるのにちがいない。

　夢窓疎石が、実は筋金入りの〈信〉の人であり、〈理〉の人でもあることを如実に思い知らせてくれるのは、たとえば本書の第十七段であろう。対座する、時の最高権力者足利直義と直義率いる幕府に対し、「元弘以来の御罪業と、その中の御善根とをたくらべば、何《いづ》れをか多しとせむや」という苦い問いかけを皮切りに、容赦のない痛烈な批判が展開される。以下「仁義の徳政《とくせい》はいまだ行なはれず。貴賤の愁歎《しうたん》はいよいよ重なる」と、世情のさまに言及しながら畳みかけるように苦言を呈し、「今も連々《れんれん》に、目出たきことのあると聞《き》こゆるは、御敵の多く亡びて、罪業の重なることなり」と断ずる。

　読者には、この火花が飛び散るような夢窓の言葉を直接お読みいただきたいと切に望むが、私はここに、当代における一大禅宗教団の指導者としての立場、師と在俗の弟子との関係といった立場や関係性ではついに説明しきれない、ほかならぬ夢窓という一個の人間の赤裸な個性がはじけて、ほとばしり出ているように思えてならない。康永三年の刊本『夢中問答集』が、仮に何らかのプロパガンダが紛れ込んだ再刻再刊本であったとしても、第十七段の中の夢窓は、何者に対しても一歩も退かぬ、〈信〉を命とする不動の人間の相貌をもっている。たしかに次々と時の権力者に迎えられ、その都度手厚い庇護をうけて宗門の頂点に上りつめたことは事実であるけれど、それも夢窓が不動であったことの証左であるといったら、権力というものの本質を知らないきれいごとと誹《そし》りをうけるであろうか。

　本書の本来のタイトルは、『夢中問答集―夢窓国師vs足利直義―』でなければならない。

「問答」であるからには、〈答〉は〈問〉に規定されるのが当然で、たとえここでは夢窓の教えに主眼がおかれているにせよ、〈問〉の水準、関心の対象、問う者の年齢や立場などによって〈答〉が異なるはずだからである。ましてや問者が時めく人であってみれば、見方によっては夢窓の〈答〉と同等か、あるいはそれ以上の関心が、〈問〉そのものに向けられてしかるべきと思う。暦応年間に実現した両者の問答が、実際にこのとおりであったかどうかは問わない。が、直義の〈問〉には、単に一政治指導者足利直義その人を知る情報のみならず、中世に関する実にさまざまな情報が縫い込められているように思われる。

いずれにせよ、日本中世を大きく左右したこの二人の人物の問答には、どの時代に移し替えても示唆的で、どんな人間にも共有できる問題がちりばめられている。人間という常なる存在でありながら、いかにも量り知れないものに眼を注ぎ、なおも人と人の世を深く問い続ける両者の言葉だからこそ、変化してやまないものを貫いて、私たちに生々しい共感と思索を蘇らせてくれるのにちがいない。さもあらばあれ、現世と激しく闘って斃《たお》れた時代を代表する武人政治家が問い、存在の底まで降りてみたいと冀《こいねが》った中世を代表する思想家が答えた。これほど刺激的な書物に、私たちは再び巡り会うことができるだろうか。

今年は、夢窓国師の没後六百五十年に当たるという。大いなる遺徳を偲《しの》んで、大遠忌の法会や展覧会が催されるとも聞く。時に臨んで、決して便乗の方便を望みはしないが、本書も密かにその列に参じ、遥かに国師の偉業を讃える一助たればと願っている。

平成十二年七月十日

岡崎久司

序

私は前に『夢窓国師・禅と庭園』の一書を講談社から公刊した。これは国師の足跡を尋ねて全国各地を探索する時間と努力とを要する研究であった。その結果、中世文化における国師の位置を改めて確認することもできたが、また、その際、『夢中問答集』を熟読する機会を持って、この書の内容が非常に優れていることを知り、それが一般にあまり知られていないのが、真に残念に感ぜられたのである。

『夢中問答集』は、もともと国師が世俗に解りやすく仏教の本質と禅の在り方とを説いて聞かせた説教集であるとはいえ、仏語も多いし、すでに数百年を経ている古典の文章は、一般には難しくなっている。折角の古典を弘めるには現代語訳にする外はない。もし機会があれば、乏しいながら自分の手でなんとかやってみたいと思った。折しもこの文庫の中で、古典の現代語訳を二三手掛けることになったので、ぜひにと希望して、ここに実現の運びにいたった。ありがたい因縁というのは、このことであろう。

インドの仏教は、漢字・漢語で翻訳されて、千数百年の昔、わが国に入ってきてこのかた、日本の文化に大きな刺戟《しげき》を与え、またその豊かな養いのもとになった。仏教を離れて日本の文化を考えることは難しい。古代に自然発生的な生活を享受し、その後もそのよさを残している日本民族にとって、優れた哲学体系を持つ仏教という宗教に先ず接したことは、大きな幸福であったと思う。仏教が日本の社会に深く浸潤して、その弊害が生まれたことも少なくなかったけれども、日本民族が大陸の影響による文化活動を営んだ中で、みずからのよさを発揮し得た主要なる原因の一つは、仏教のたまものであったと言えるであろう。現在、わが国の仏教は、民間信仰が行き亘ったためであろう、その信仰の在り方を説くのが主となっていて、仏教の特色とする論理を求める方面が疎かになっている。しかも仏教の論理は、日本民族にとって最も必要な論理の究明が忘れられているのは、大きな問題であろう。日本民族並びに日本文化に最も適合しているそれなのである。そのことは、最近、山内得立博士が『ロゴスとレンマ』で明快に教示して下さった。『ロゴスとレンマ』は、先生のごとく西洋の哲学を究めつくされた立場で、併せて仏教哲学の論理を学解され、人間の本性の悟りを得られて初めて可能である。容易に達得せられぬ一大業績である。

私も年少から仏教に親しみ、国語・漢文を歴史的に学ぶようになって、殊に文献学・書誌学を心掛けたので、なおさら必要に迫られて、相当仏教の勉強もしたつもりであったが、仏教の複雑にして豊富な内容と組織とが、すべて仏語で説明されているためもあって、各宗派の碩学にそれぞれの教義を伺いなどしても、それを一つに纏めて、その中から仏教の論理体系を会得するなどということは、到底及ぶところではなかった。それが山内先生の『ロゴスとレンマ』のお蔭で、これまで混沌としていた私の仏教の知識が、にがりを得た豆腐のごとくになったのである。そして、またそのことが、かねて『夢中問答集』を現代語訳にしてみたいと願求していた私に、実行の決意を与える機縁ともなったのである。

天台の学僧として出発された夢窓国師は、年少より坐禅修行もされたが、禅者としての悟りを得られた一流の宗師として、よく教・禅を兼ね具えた珍しい方であった。その上、抜群の方であるのに五十になるまで出世をされず、自ずからの聖体を悟り養って後、他に教化を及ぼすという、理想的な修行を遂げられた立場であった。『夢中問答集』は、そうした悟達明眼の国師が、在俗の武家政治家の張本人たる足利直義の発する現世利益追求の甚だしき質問に対して、一々懇切丁寧に解明を与えて、仏教の本質と禅の正体とを悟らせようと努めた講話である。それがまた、そのまま人間生活の教えともなっている。そこに仏教のすぐれた宗教としての真の姿があるのである。

国師の説法は、論理的で、まことに説得力に富んでいる。広く外典にも通じ、芸能にも秀で、世俗をも解しておられる。あれだけの講話を聴聞したら、誰でも記録にとどめて世に弘めたいと考えずにはいられなかったと思われる。出版が非常に困難な時代に立派な版式の書物としてこれが世に送り出されたのももっともである。日本における長い仏法流伝の歳月の中で、こういう類の書物は他に見当たらない。この『夢中問答集』こそは、日本民族が仏法を真に消化し得た一つの証《あかし》であると言ってもよろしかろう。

仏教の本質を平易に知るために、これほどよい手引きとなる書物はめったにないと思う。けれども、極力仏語を用いないで、所謂《いわゆる》やまとことばでこれを訳そうとすることは極めて困難である。もとより私が微力なせいもあるが、実は、やまとことばに訳しにくいという、そのことが、日本民族にとっては、優れた論理体系を踏まえた仏教が、大いに必要な所以《ゆえん》であると思う。明治維新以来、欧米流の生活を追い求めながら、その文化を産み出した根源であるキリスト教を知ることさえも怠りがちで過ごしてきた我々が、改めて真の仏教を学び直す時が来たように思われる。私は乏しきを省みず、死馬の骨の喩えをもって、今ここに、この尊い先正《せんせい》の書物を訳して世に送ろうとする。切に大方の叱正をお願いしたい。

川瀬一馬

凡　例

一、本書の本文の拠り処としては、康永三年（一三四四）刊の五山版《ござんばん》を用いた。これは著者夢窓国師の生存中に出版されており、解説にも述べてあるが、日本古印刷文化史上においても稀有な存在である。版式の美事な古版本で、国会図書館（もと帝国図書館）蔵の一本が、現存唯一の完本である。貴重本の翻印を許された国会図書館当局に謝意を表する。

一、底本の五山版の本文にも、二三誤刻と思われる箇処があり、それらは訂正したが、その誤刻は、あるいは国会図書館蔵本に補刻が多く見られるので、その故であるかもしれない。

一、底本は片仮名交じりの表記になっているが、いま翻印に当たっては、平仮名交じりとした。漢字・仮名、その他の表記も、なるべくもとの表記の体裁を遺し、その読み方を正しく伝えるよう留意したが、現行の表記等をも考慮して、送り仮名の不統一を匡したり、読みやすいように改めたりした所もある。また、濁点・振り仮名等の表記も底本には施していないので、それらも適宜補い加えた。なお、仏語（仏教の用語）の読み癖は、これまたなるべく尊重するように留意した。

一、漢字表記に関しては、多く使用されている異体字及び旧字体は原則として常用漢字表の字体に変えたが、一部、底本の字体や旧字体のままにしたものもある。

一、仏語は、漢字・漢語に特別な意味を約束（定義）してあって、特に説明を要する点が多いので、主として補注の部に説明を加えて、これを補った。

一、本書には、巻末に来朝の元僧、竺仙梵僊の跋文が二つあって、本書の成立を明らかにする資料となる。漢文で記されているが、読みやすいよう、書き下し文に改めて載せることにした。その読み方は、主として底本（国会図書館蔵五山版）に室町時代に書き加えられたと見られる訓点に従った。

一、問答は、すべてで九十三段に分かれているが段数の表示を行なっていない。また、原本には各段の内容を表示すべき題目は掲げていない。ここには段数を表示するとともに、内容の大要を窺い知る便宜を考慮して、新たに題目を補い加えた。

一、『夢中問答集』の理会を助けるため、夢窓国師について、簡明な解説を附した。なお、詳しくは、講談社刊『夢窓国師・禅と庭園』（昭和四十三年刊）を参照せられたい。

一、口絵として、底本に用いた康永三年刊五山版の本文首と、夢窓国師自筆の賛語をもつ肖像画（天龍寺妙智院蔵）、さらに、夢窓国師の墨蹟（瑞泉寺蔵）と書状（円覚寺黄梅院蔵）の写真とを掲げた。

目次

上巻

中　巻

下巻

夢中問答集

（原文、付＝脚注）

なし。福多ければ、罪も亦《また》多きが故に、（八）来生《らいしやう》に必ず（九）悪道《あくだう》に入る。小利大損なること、何事かこれにしかむや。今生《こんじやう》に貧人《ひんじん》となれることは、前世の（一〇）慳貪《けんどん》の（一一）業の報ひなり。かやうの理をば知らずして、或は世を渡る計《はかり》ごとのつたなき故に、貧しき人ありと思へり。もし前世《ぜんせ》の福因《ふくいん》なくば、たとひ世を渡る様を、さまざまに習ひて、そのごとくにふるまふとも、（一二）福分《ふくぶん》のまさること、あるべからず。まさに知るべし。世を渡る計ごとの、つたなき故に、貧しきにはあらず。ただこれ福分のあるまじき故に、世を渡る計ごとのつたなきなり。或は我が身の貧しきことは、給《たま》はるべき御恩を、給はらざる故なりとて、主人を恨むる人あり。或はわれ（一三）治《し》るべき（一四）所領を、他人に奪ひ取られたる故にこそ、貧しけれとて、腹を立つる人あり。これも又御恩を蒙《かうぶ》らず、所領を奪はれたる故に、貧しきにはあらず。貧しかるべき（一五）業報《ごふほう》にて、給はるべき御恩をも給はらず、治るべき所領をも治りえざるなり。しかれば則ち、福を求むる欲心《よくしん》をだに捨つれば、福分は自然《じねん》に満足すべし。これ故、仏教に人の福を求むることを制するなり。福を求めずして、貧しかれとにはあらず。

昔天竺の（一六）須達長者《しゆだつちやうじや》、老後に福報《ふくほう》衰へて、世を渡る計略も尽き果

（八）あの世。来世。
（九）悪い世界。地獄の世界。
（一〇）けちで欲ばり。
（一一）おこない。梵語では羯磨《かつま》。
（一二）世のしあわせを感ずる行法。よい分け前。
（一三）おさめる。
（一四）領地。
（一五）やったことの報い。
（一六）古代インド舎衛《しやえい》国の福徳すぐれた者。祇園精舎《ぎおんしようじや》を建て、仏を尊信した。以下の話は、雑宝蔵経二にあるという。

てて、年来の眷属《けんぞく》(一七)一人もなし。ただ夫妻二人のみに成りにけり。財宝はなけれども、さすがに空倉《くうさう》はあまたありけり。もしやとて、倉の内を探すほどに、旃檀《せんだん》(一八)にてさしたる、斗《ます》を一つ求め得たり。これを米四升に換へて、これにて二三日の命をば継《つ》ぎなむと、嬉しく思へり。須達は別事によりて、他行《たぎやう》しぬ。その後に舎《しや》(一九)利弗《りほつ》、須達が家に到りて、乞食《こつじき》し給ふ。須達が妻、四升の米を一升分けて供養《くやう》し奉る。その(二〇)目連《もくれん》・(二一)迦葉《かせふ》来りて乞ひ給ふ。又二升奉りぬ。その残り一升になりぬ。これだにあらば、今日ばかりの命をば継ぎなむと思ふほどに、(二二)又如来《によらい》到り給へり。惜しみ申すべきやうもなし。やがて供養し奉る。さても須達が外へ出でつるが、疲れに臨みて帰り来らむ時、いかがはせむと思ふも悲しく、又仏僧を供養し奉ることも、時にこそよれ。我が命だにも継ぎがたき折節に、四升ながら皆奉ること、しかるべからずと、須達に叱られむこともあさましく覚えて、泣き臥したり。さるほどに、須達外より帰りて、その妻の泣き臥したるを、怪しみて、その故を問ひけるに、その妻ありのままに答ふ。須達これを聞きて申すやう、(二三)三宝《さんぼう》の御《おん》ためには身命《しんみやう》をも惜しみ奉ることあるべからず。只今やがて餓死に及ぶとも、いかでか我が身のためとて、物を惜

(一七)　身内のもの。手下のもの。うからやから。
(一八)　香木の名。
(一九)　釈迦のすぐれた弟子。
(二〇)　舎利弗と並ぶ釈迦の弟子。
(二一)　摩訶《まか》迦葉の略。托鉢《たくはつ》の行にすぐれた釈迦の弟子。
(二二)　釈迦如来。
(二三)　仏・法・僧をいう。

しみ奉ることあらむや。ありがたく思ひよれりと感歎す。その後もし又さきの(二四)斗風《ますふ》情《ぜい》の物もあるやとて、空倉に入りて求めむとすれば、倉ごとに、その戸つまりて開かず。怪しみて戸を打ち破りて見ければ、米銭絹布金銀等の、種々の財宝、本《もと》のごとく、面々の倉に満ち満てり。その時眷属も又集まりて、もとの長者に成りにけり。かゝる福分の再び来れることは、四升の米の代はりに、仏《ほとけ》の与へ給へるにはあらず。ただこれ、須達夫妻ともに、無欲清浄《しやうじやう》なる心中《しんぢゆう》より来れり。末代なりとも、もし人かやうに無欲ならば、無限の福徳、やがて満足すべし。たとひ生まれつきに、かやうの心なくとも、小利を求むる心を翻へして、須達夫妻が心を学びば、何ぞかやうの大利を得ざらむや。須達が心をば学ばずして、ただかれがごとく、楽を得むと思ひて、欲情《よくじやう》のままに福を求めば、今生《こんじやう》に求め得たる大利のなきのみにあらず、来生は必ず(二五)餓鬼道に入るべし。

[二]　仏法は世法

問。世間の業《わざ》をして福を求むるは、罪業《ざいごふ》の因縁《いんねん》なれば、まこと

(二四)　ますに似たもの。

(二五)　飢渇（うえかつえる）の苦を受ける地獄の一世界。

[二]

に制せらるべし。福を祈らんために仏神を(一)帰敬《ききやう》し、(二)経咒《きやうじゆ》を誦持《じゆぢ》するは(三)結縁《けちえん》とも成りぬべければ、許さるゝ方《かた》もあるべしや。

答。　もし結縁の分を論ぜば、世の業《わざ》をなして福を求むるよりも勝れたりと申すべし。しかれども、世福《せふく》を求むるほどの愚人《ぐにん》は、とかく申すに足らず。たまたま人身《にんしん》を得て、会ひがたき仏法《ぶつぽふ》に会うて、(四)無上道《むじやうだう》をば求めずして、あたら経咒を誦持して、世福を求むる人は、ことに愚なるにあらずや。古人云ふ、世法《せほふ》の上において、情を忘《ばう》ずれば、仏法なり。仏法の中において、情を生ずれば、便《すなは》ちこれ世法なりと云云《うんぬん》。たとひ、仏法を修行《しゆぎやう》して、自《みづか》らも(五)菩提を証し、亦衆生を度《ど》せむと、大願《だいぐわん》を発せる人だにも、もし仏法において、愛着《あいぢやく》の情を生ずれば、(六)自利利他《じりりた》ともに成就せず。況《いはん》や我が身の(七)出離《しゆつり》のためにもあらず、亦衆生利益《りやく》の由《よし》にもあらず、ただ世間の名利《みやうり》のためなる欲情にて仏神を帰敬し、経咒を読誦《どくじゆ》せば、いかでか(八)冥慮《みやうりよ》にかなはむや。もし身命《しんみやう》を助けて仏法を修行し、衆生を誘引する方便《はうべん》のためならば、世間の種々の事業をなすとも、(九)皆善根《ぜんこん》となるべし。もし又その中において仏法を悟りぬれば、前になす所の世間の事業、ただ衆生利益の縁となり、仏法修行の資《たすけ》となるのみにあらず。即ちこれ不思議(一〇)解脱《げだつ》の妙用《めうよう》となるべ

(一)　頼みうやまう。信じ敬う。
(二)　経文と陀羅尼（秘密な祈りの言葉）。
(三)　仏道の縁を結ぶこと。
(四)　無上の道。仏法の悟り。
(五)　悟りを得ること。極楽往生すること。
(六)　諸仏菩薩の行。自利は声聞・縁覚の行。補注[1]
(七)　抜け出る。俗を離れる。
(八)　神仏のおぼし召し。
(九)　よい報いのもととなる行ない。
(一〇)　束縛を離れて自由自在な悟りの境地を得ること。

し。法華経《ほけきやう》(一一)に治生産業《ちしやうさんごふ》(一二)も皆実相《じつさう》にそむかずと説けるは、この意なり。

[三] 真の福 附＝宝蔵如来の出世

問。(一)福業《ふくごふ》に(二)有漏《うろ》・(三)無漏《むろ》の差別《しやべつ》ありと申す。その義如何《いかん》。

答。業《ごふ》とは因《いん》の義なり。しかれば、業といへることは、善悪に通ず。善根《ぜんこん》を修するは、福報を得べき業因《ごふいん》なり、漏《ろ》は煩悩《ぼんなう》なり。(四)人天の福報を求めて善を修するは、貪欲《とんよく》の心を起こせるが故に、これを有漏の善根と名づけたり。一善《いちぜん》を修しても、世福《せふく》をば望まず、偏《ひとへ》に無上道のために(五)廻向《ゑかう》するをば、無漏の善根といへり。善根に有漏・無漏の差別あるにはあらず。もし善を修する人の心、有漏なれば、その修するところの善根、皆有漏の福業となるなり。有漏心《うろしん》・無漏心《むろしん》といへることも重々の(六)品《ぼん》あり。教中に四句を以てこれを判ぜり。一には唯有漏心《ゆいうろしん》。謂《いは》ゆる凡夫(七)外道《げだう》の心なり。二には唯無漏心《ゆいむろしん》。謂ゆる(八)二乗心《にじようしん》なり。三には亦有漏《やくうろ》・亦無漏心《やくむろしん》。謂ゆる(九)菩薩心《ぼさつしん》なり。四には非有漏《ひうろ》・非無漏心。謂ゆる仏心なり。これは凡夫《ぼんぶ》小乗《せうじよう》等の、心品《しんぼん》の差別を知らしめむために、かりに四

(一一) 日常の生業。
(一二) まことのすがた。

[三]
(一) 福徳を感ずる行業（おこない）。これに三種あるという。
(二) 漏は煩悩。煩悩を含む一切の事物。
(三) 煩悩の誘いの根を絶つこと。
(四) 人間の世界と天人の世界。
(五) おのれの修める功徳を他人へ廻し向けること。たむけ。
(六) 段階。等級。
(七) 仏教を信じないもの。異端。
(八) 声聞・縁覚の境地。小乗の世界。補注［1］

句の釈を述べたり。もし惣《そう》じて有漏・無漏の二を分別する時は、凡夫外道のみに非ず。二乗菩薩《にじようぼさつ》までも、亦これ有漏心なり。二乗は世間の果報《くわほう》を求むる心なき故に、無漏なりといへども、生死《しやうじ》をいとひ、(一〇)涅槃《ねはん》を求むる心あるが故に、真実の無漏心にあらず。たとひ(一一)十地等覚《じつちとうがく》の位にのぼれる菩薩も、(一二)無明《むみやう》いまだ断じつくさぬ故に、真の無漏心にあらず。しかれども世間の福報をも求めず、小乗の涅槃をも求めず、ただ無上菩提《むじやうぼだい》のために修するをば、無漏の福業と名づけたり。

(一三)悲花経《ひけきやう》に云はく、(一四)過去久遠劫《くをんごふ》に(一五)転輪聖王《てんりんじやうわう》あり。(一六)無諍念《むじやうねん》となづく。七宝《しちほう》満足し千子囲遶《ゐねう》せり。その時の(一七)摂籙《せつろく》の臣をば、宝海梵士《ほうかいぼんし》と号す。その子出家行道《しゆつけぎやうだう》して、正覚《しやうがく》を成し給へり。宝蔵如来《ほうざうによらい》と号す。無諍王、この如来を帰敬し奉りて、園林の中に黄金を布《し》いて、その上に七宝の楼を立て、種々の荘厳《しやうごん》をつくし、種々の供具《ぐぐ》をそなふ。その夜仏及び大衆《だいしゆ》の前に百千の燈を設く。聖王の頂《いただき》及び左右の手、左右の膝の上に、各一燈を置いて、終夜《よもすがら》如来を供養し奉る。かやうに供養を述ぶること三箇月。王子及び(一八)八万四千の諸小王等、亦聖王のごとく供養すること三箇月。宝海梵士、夢の中に見給はく、この無諍王及び諸王子等、或《ある》は猪面、或は象

(九)　真の悟りを勇猛に求めるもの。

(一〇)　滅の意。生死のわずらいを滅する悟りの境地。

(一一)　菩薩の地位を十に分かつこと。これにまた種々ある。等覚は菩薩の極位。補注［3］

(一二)　悟っていないこと。

(一三)　十巻。以下に述べてあるようなことが説かれている。

(一四)　久しい以前。大昔《おおむかし》。

(一五)　補注［2］

(一六)　転輪王の一名。王が阿弥陀如来になれるまでの修行の位にある間の名。

(一七)　摂政。天子に代わって政治をとること。

(一八)　インドでは物数の多いのを表わす数とする。

面、或は獅子《しし》・狐狼・獼猴《びこう》等の面にて、その身皆血にけがれたり。その中に人形《じんけい》にして小弊車《せうへいしゃ》に乗れる者、少々あり。梵士夢さめて、仏所に詣《けい》してこの由《よし》を語り申さる。仏の言《い》はく、聖王、及び王子等、我を供養する者の一人も大乗《だいじょう》(一九)を求むる志なし。皆唯梵(二〇)王、帝釈(二一)、魔王(二二)、輪王《りんわう》、大富長者を願ふ者のみなり。その中にたまたま人天《にんでん》の果報を求めず、出離をねがふ者あれども、大乗をば求めず。ただ声聞乗《しゃうもんじょう》を願ふ志なり。夢中に見る所の人形、猪面、乃至《ないし》獼猴面等は即ちこれ王及び諸王子等の、或は人中《にんぢゅう》、或は餓《が》鬼《き》、畜生《ちくしゃう》の中にして、久しく生死を受くべき相なり。弊車《やぶれぐるま》に乗れる者は小乗《せうじょう》を求むる相なり。梵士これを聞きて即ち聖王の所に参りて申さく、大王先《さき》に仏を供養し給へることは、来世《らいせ》の福因なり、禁戒《きんかい》を持し給ふことは、来世人天の因なり。法門《ほふもん》を聴聞し給ふことは、来世の智慧(二三)の因なり。何ぞ無上菩提心《ぼだいしん》(二四)を発し給はざるや。聖王答へて言はく無上菩提は、甚深《じんじん》にして得ること難《かた》し。この故に、先づ有為《うゐ》(二五)の果報を求むるなり。梵士の言はく、この道は鮮白なり。煩拙《ぼんせつ》を離れたるが故に、この道は広大なり。障礙《しゃうげ》なきが故に、この道かくのごとし。よく安楽の処に到るべし。この時聖王王宮に帰りて、閑静《かんじゃう》の処において一心に思惟して菩提心を発《ほっ》

(一九)　小乗の対。大教。すべての物事を根本的に明らかにし悟らせるよう導きいざなう教法。乗はのせる、修行者を乗せて目的地に到らしめる意。

(二〇)　梵天王。梵天は清浄の意。色界初禅天の王。

(二一)　忉利天《とうりてん》（三十三天）の王。忉利天は欲界第二天、須弥山《しゅみせん》の頂上にあり、喜見城という。帝釈がここにいる。

(二二)　欲界の第六天の他化自在天王、多くの手下を率いて人界において仏道の妨げをする。

(二三)　真偽すべてのことを知り抜くこと。

(二四)　真の道（仏道）を求める心。

(二五)　為は造作の意で、因縁。因縁によって生ずる事物をいう。

得《とく》せり。梵士また諸王子の所に至りて勧むること聖王のごとし。一々に皆菩提心を発せり。その後、王及び諸王子、同じく仏所に詣《けい》して、仏に白《まう》して言《のたま》はく、我先づ三月の中において仏及び衆僧を供養し奉る。善根今皆無上菩提に廻向す。宝蔵如来讃《ほ》めて言《のたま》はく、善い哉《かな》大王、(二六)当来阿僧祇劫《あそぎこふ》を過ぎて、安楽世界において正覚《しやうがく》を成《じやう》じて、阿弥陀《あみだ》如来《によらい》と号すべし。王子も皆(二七)授記《じゆき》を得給へり。その第一は観音、第二は(二八)勢至《せいし》なりと云々。かの無諍王及び諸王子、広大の善根を修せらるといへども、或は人天鬼畜《にんでんきちく》の報因《ほういん》となり、或は声聞小乗《しやうもんせうじよう》の(二九)証果を得べかりしを、宝海梵士の勧めによりて、(三〇)一念翻へせば、やがて菩提心を発得して、皆成仏《じやうぶつ》の記を得給ひき。たとひ末世《まつせ》なりとも、無諍王のごとく、有漏心を翻へして、思惟観察せば何ぞ菩提心を発得することなからむや。せめてそれまではなくとも、(三一)聖教量《しやうげうりやう》に任せて、一善根《いちぜんこん》を修しても、無上菩提に廻向せば、必ず広大の功徳《くどく》を成ずべし。かやうの人をば三宝護念《ごねん》し、諸天保持し給ふ故に、いまだ菩提を成ぜざる時も、或は浄土《じやうど》に生じ、或は人天に居して、災難《さいなん》をはらふ心を生ぜねども、災難おのづから除《さ》り、福分を願ふ志はなけれども、福分乏《とも》しからず。

(二六)　無数の年時。永い間。
(二七)　仏から発心の衆生に対して、これから先、何の仏になるかを決めたしるしを授かること。
(二八)　大勢至菩薩。阿弥陀如来の右に侍し、智慧をつかさどる。
(二九)　悟りの結果をはっきり得ること。
(三〇)　一向専念。
(三一)　仏聖者の教えを以て邪正をはかること。

［四］　欲心の放下

問。　福を求むる欲心《よくしん》を捨つれば、福報自然《じねん》に満足すべしといへることは疑ひなし。然れども、この欲心を捨つることのたやすからぬをば、いかがすべきや。

答。　もし人欲心を捨てむと思ふ志、福を願ふ心のごとく、懇切ならば、捨てがたしとはいふべからず。ただし欲心を捨つれば、大福《だいふく》を得《う》と思ひて、これを捨てむとせば、利銭等の計《はかり》ごとをめぐらして福を求むる人に異ならず。有為の福報を求むるのみを嫌ふにはあらず。(一)二乗《にじよう》(二)は無為涅槃を願ふ欲心あるが故に、猶《なほ》化城《けじやう》にとどまる。(三)三賢十聖《さんけんじふしやう》の菩薩も、法欲《ほふよく》いまだ尽きざる故に、(四)妙覚《めうかく》の大智《だいち》、現はれず。もし人、世間出世の一切の欲心を直下《ぢきげ》に放下せば、本分《ほんぶん》の無尽蔵《むじんざう》たちまちに開けて、無辺《むへん》の妙用、無量の(五)三昧《さんまい》等の、種々の家財を運び出《い》だして、自らを利し、他を利することきはまりなかるべし。とても欲心を発すとならば、何ぞかやうの大欲《だいよく》をば起こさざるや。もしこの大欲を起こす人は、小乗の極果《ごくくわ》をも願はず、菩薩の高位をもうらやまず。いはんや人中、天上の福

［四］

(一)　人を乗せるようにして目的地にいたらしめる教法を乗と名づけ、これに一乗から五乗の別がある。声聞・縁覚の二乗。

(二)　因縁の造作のないこと。涅槃と同じ。真理。

(三)　補注［3］

(四)　奥深い悟り。

(五)　心のはたらきを一事に集中すること。

報をや。

[五]　求道と福利

問。古人のごとく、(一)木食草衣《もくじきさうい》にて樹下《じゆか》石上《せきじやう》にすむことはかなはぬ人、しばらく身命《しんみやう》を助けて、仏道を行《ぎやう》ぜむために、福を求むることは、なにか苦しかるべきや。

答。道のために福を求むることは、まことに世欲《せよく》に異なりといへども、求め得たる時は喜び、しからざる時は嘆く。たまたま一つあれば、亦一つは欠けぬ。今は足れりといへども、亦後《のち》を思ふ。かやうの(二)雑用心《ざふようじん》に障《さ》へられて、日を送り月を過ごさば、道の障《さは》りとはなるとも、道の資《たすけ》とはなるべからず。かくて生死《しやうじ》到来せむ時、道のために福を求むるとて、修行いまだ(三)純熟《じゆんじゆく》せず。しばらく一期《いちご》をのべて修行純熟して後に、死ぬべしといはんや。

古人云ふ、食は只《ただ》気をつぐのみなり。衣は只寒を防ぐのみなりと云々。いかに貧しき人といへども、さすがに命をつぎ、寒を防ぐほどの衣食はあり。たとひ衣食豊かならずといふとも、古人の木食草衣には似るべからず。もし人身命を省みず仏道を行ぜば、

[五]

(一)　植物をとって食べ、草を結んで衣服とする、自然発生的な原始生活を指す。木の下、石の上に住むことも同じ。

(二)　こまごました心もちい。

(三)　純粋に熟する。すっかり熟れてしまう。

たとひ前世《ぜんせ》の福因なくとも、三宝・諸天の加護によりて、道行《だうぎやう》の資《たすけ》となるほどの衣食は満足すべし。(四)伝教大師《でんげうだいし》御入滅《ごにふめつ》の時、(五)別当大師《べつたうだいし》御参《まゐ》りありて、御在生《ございしやう》の時は、御道徳《ごだうとく》によりて衆僧《しゆそう》の衣食不足なければ、行道《ぎやうだう》の障《さは》りなし。御入滅の後、もし当山の(六)資縁《しえん》なくば、衆僧の行道も亦退転(七)すべし。さやうの御計《はから》ひをも仰せ置かれ候へかしと、申させ給ひければ、伝教大師仰せて云ふ、衣食の中には道心《だうしん》なし。道心の中には衣食ありと云々。もしこの明言(八)を知るならば、道のために福を求むといふも亦愚なり。

[六] 仏菩薩の真の功徳 附＝臼庭の旱害、江口西行、漢学の博士、病人の治療、清水参詣の尼君の祈願、北州、仏の三不能、瑠璃太子の悪業

問。仏菩薩は皆一切衆生《いつさいしゆじやう》の願《ぐわん》を満たし給はむといふ誓ひあり。たとひ衆生の方より祈り求めずとも、苦しみある者をば、これを抜きて、楽を与へ給ふべし。しかるに、末代のやうを見れば、心を尽くして祈れども、かなふことの稀なることは何ぞや。

答。予《よ》三十年の前《さき》にこの疑ひの起こることありき。(一)常州臼庭《じやうしうすば》と

(四) 最澄。天台宗を開き、比叡山延暦寺を建立。弘仁十三年（八二二）六月四日、五十六歳寂。
(五) 伝教大師の弟子、光定《こうじよう》。比叡山に戒壇を設けることになったのは光定の力による。その戒壇院の別当を務めたので別当大師という。天安二年（八五八）八十歳寂。
(六) たすけるえにし。
(七) あと戻り。
(八) はっきりした言葉。

[六]
(一) 常陸国（茨城県）北部、海岸に面した地。現在、北茨城市臼場。夢窓国師がこの地に滞在したのは嘉元三年（一三〇五）三十一歳の時である。

いふ所に独住せし時、五月の始め(二)、菴外《あんぐわい》に遊行《ゆぎやう》(三)す。その比《ころ》久しく雨降らず、田畠みな枯野のごとし。これを見て、憐れむ心深く起これり。心中《しんぢゆう》に思ふやう、などか龍王(四)にこれを憐れむ心のなかるらむ。その時又うち返して思ふやう、龍王は雨を降らす能はあれども、人を憐れむ心なし。我には人を憐れむ心はあれども、雨を降らす徳なし。仏菩薩は雨を降らす徳も龍王にすぐれ、人を憐れむ心も我より深かるべし。しかれども、かやうの厄難を助け給はぬことは何ぞや。もし衆生の業報拙《つたな》き故に、仏の利益《りやく》(五)もかなはぬと言はば、凡夫の苦にあふことは、皆業報の故なり。もし業報をば助くべからざることならば、仏菩薩の凡夫の願を満たし給ふといふこと虚言なるべし。もし又聖教《しやうげう》に明かすこと何ぞ虚言ならむやと言はば、古へは知らず、今を見るに、貴賤上下、誰こそ所願満足せりと見ゆる人もなし。薬師如来《やくしにょらい》は、衆生の病を除滅せむと誓ひ給へども、世間を見るに、病者ならぬ人は少なし。(六)普賢菩薩《ふげんぼさつ》は、一切衆生に随順して給使《きふじ》せむと誓ひ給へども、世間を見れば、従者一人もなくして卑しき人も多し。たまたま眷属はあまたあれども、誰こそ普賢かとおぼしくて、主人の心にかなへる人もなし。上代《じやうだい》は、大師《だいし》高僧出世して、(七)霊験《れいげん》を施して衆生の厄難を救

(二)　旧暦であるから五月は夏の始め。五月雨の頃に雨が降らなかったのである。
(三)　歩き廻る。
(四)　龍神。よく雨を降らす力があるという。
(五)　功徳。ためになること。
(六)　この菩薩は理に通じ、白象に乗り、仏の右に侍する。その十願の中に常に衆生に順うとある。
(七)　神仏などの現わす不思議なしるし。

ひ給ひき。古へは世も上代にて、人の果報もいみじかりしかば、たとひ大師高僧の霊験を施し給はずともありぬべし。今は世もいよいよ濁悪《ぢよくあく》になりぬ。人も亦薄福《ふふく》なり。かやうの時こそ、ことさらに霊験まします大師高僧も大切なるに、或は入滅（八）、或は入定《にふぢやう》（九）とて、出現し給はぬことは何ぞや。かやうの疑ひさまざまに起これり。しかれども、させる一大事の因縁ならねば、打ち捨てて、心にかけず。その後一両月を経て、いささか思ひ出づることあり。

昔（一〇）、西行《さいぎやう》、江口といふ宿《しゆく》にて、宿《やど》を借りけるに、主《あるじ》の君《きみ》許さず。西行一首の歌をすさめり。「世の中をいとふまでこそかたからめ、仮の宿りを惜しむ君かな」。家主《いへあるじ》これを聞きて、「世をいとふ人とし聞けば仮の宿に、心とむなと思ふばかりぞ」と詠じけり。つねざまに情《なさけ》と言へることは、皆妄執《まうしふ》（一一）をとどむる因縁なり。されば人の情もなく、世の意にかなはぬことは、出離生死《しゆつりしやうじ》の助けとなるべし。

昔（一二）、洛陽《らくやう》（一三）に外典《げてん》の才学抜群なる人ありき。その子の子童《こわらは》を膝もとに置きて、文《ふみ》を習はしむ。我が身の出仕する時は、この小童の一身坐《いつしんざ》するやうなる構へをして、縄にて梁《はり》に釣《つ》り上《あ》げて、文をあづけて、読ましめけり。その継母なりける人、この小童を憐れ

（八）　悟りを得た人が死ぬこと。
（九）　禅定に入ること。悟りを得て死ぬこと。
（一〇）　この江口の宿の遊女（妙）との問答歌は、西行の家集（山家集）に見え、新古今集にもとられ、謡曲江口に仕組まれている。江口は中世、淀川の河口に近い舟つき場で賑った。
（一一）　みだりにとらわれること。虚妄の執念。
（一二）　都。古代唐土の都の名になぞらえて京都をいう。
（一三）　仏教以外の書物。漢学のすぐれた人をいう。

み、父の他行《たぎやう》しけるあとには、抱き下して、暫時遊ばしめて、父の帰り来るべき時節には、本《もと》のごとく坐せしむ。彼《か》の小童の心に、父のいましめは恨めしく、継母の情は嬉しきこと限りなし。成長の後、日来《ひごろ》の稽古によりて遂に家業を続《つ》いで、(一四)弁官に召し置かるる。その時、幼少の時の心にはひきかへて、恨めしかりし父の誡《いまし》めは恩となり、嬉しかりし継母の情は冤《あだ》となれりと、語りけることを伝へ聞きしも、この次《つ》いでに思ひ出でられて、日来仏菩薩の利益《りやく》を逆《さかさま》に心得て、末代には仏菩薩の利益なしと思ひける謬《あやま》りをやめにき。

仏菩薩の誓願《せいぐわん》さまざまなりといへども、その本意を尋ぬれば、ただ(一五)無始《むし》(一六)輪廻《りんね》(一七)の迷衢《めいく》を出でて、(一八)本有清浄《ほんぬしやうじやう》(一九)の覚岸《かくがん》に到らしめむためなり。しかるに、凡夫の願ふことは、皆これ輪廻の基《もとゐ》なり。かやうの願ひを満つるを、聖賢の慈悲といはむや。しかれども、先づ衆生の(二〇)性欲《しやうよく》に随つて、やうやく誘引せむために、かりに所願をかなふることあり。もし人、世間の所願の満足せるに誇りて、いよいよ執着《しふぢやく》を生じて、放逸《はういつ》(二一)無慚愧の心を発《おこ》すべき者には、その所願をかなふることあるべからず。これ則ち聖賢の利益なり。されば末代の凡夫の祈ることのしるしなきこそ、しるしなり

(一四)　太政官の役人。文書を扱う。
(一五)　一切世間。衆生。
(一六)　衆生が迷いの世界なる六道をぐるぐる廻ること。
(一七)　迷いの境界。衢はちまた。
(一八)　本来具え持っているもの。
(一九)　悟りの彼岸（境界）。
(二〇)　生きようとする欲望。
(二一)　ほしいまま、手前勝手。

けれ。たとへば医師の病者を療治する時、或は苦き薬を飲ましめ、或は熱き灸《きう》をやけといふ。病者(二二)愚癡《ぐち》にして、その意を知らず。我が療治を求むることは、身心《しんじん》の苦をやめむがためなり。しかるを、今又療治によりていよいよ苦を添へたり。この医師は、慈悲なき人なりと言はむがごとし。医師の慈悲なきにはあらず。病者の心のひがめるなり。諸経の終はりの(二三)流通分《るづうぶん》にいたりて、諸天善神《ぜんしん》、願《ぐわん》を発していはく、我等この持経《ぢきやう》の人を守護して、災難を除き財宝を与へ病苦を救ふべしと云々。その趣きを見れば、仏法修行の人、もし前世の業因《ごふいん》によりて、諸〻《もろもろ》の苦厄に遭うて、行《ぎやう》道《だう》の障《さは》りとならば、我等その苦厄を除きて、修行の人をして退屈(二四)することなからしめむとなり。邪見放逸《じやけんはういつ》の人の仏法をば行《ぎやう》ぜず、ただ世間の名利を求め、災難をいとふ者のために、この誓ひを発し給へるにはあらず。つらつらこれを思へば、末代の人の祈ることのしるしなきは、ことわりなり。

中比一《なかごろひとり》の老尼《らうに》公《こう》ありき。(二五)清水《きよみづ》に詣《まう》で、ねんごろに礼拝をいたして、願はくは大悲観世音《だいひくわんぜおん》、尼が心にいとはしき物を早く失うてたび候へと、くり返し申しけり。傍《かたは》らに聞く人、これを怪しみて、何事を祈り申し給ふと問ひければ、尼が若かりし時より、枇杷《びは》を

(二二) おろか。

(二三) 諸経の終わりの部分で、説法を弟子に教えて流通させようとするための部分。

(二四) 嫌気がさす。くたびれる。

(二五) 京都東山の清水寺。

好み侍るに、余りに核《さね》の多きことのいとはしく覚ゆるほどに、年《とし》ごとに五月《さつき》の比《ころ》は、これへ参りて、この枇杷の核を失うてたび候へと申せども、いまだしるしもなしと答へけり。たれたれも枇杷を食する時は、核のうるさきことはあれども、観音に祈り申すまでのことにはあらずとて、をかしくはかなきことに語り伝へたり。世間を見れば、仏神に参り経陀羅尼《きやうだらに》を読みて、身を祈る人も、よも無上道のためにはあらじ。ただ世間の福寿《ふくじゆ》を保ち、災厄《さいやく》を免れむためにこそと覚えたり。もしその分ならば、枇杷の核祈りける尼公をはかなしと思はむや。たとへば人の長者の家に到りて、わづかなる軽物《かるもの》(二六)を求むるがごとし。それほどの所望ならば、長者ならぬ人にも乞ひぬべし。されども世間の長者は慳貪《けんどん》の心あるが故に、重宝なむどを求めむには、たやすく与ふべからざる故に、せめての所望に軽物を乞ふとも言ひぬべし。仏菩薩は、世間の長者には変はりて、慈悲広大にましますが故に、世間有為《うゐ》の寿福《じゆふく》を祈ることをば嫌うて、無上道を願ふことをすすめ給へり。しかるを仏神に参りて、ただ世事をのみ祈る人は、長者の家に行きてわづかなる軽物を乞ふ人よりも、なほ愚かなりと申しぬべし。

北州(二七)に生まれたる人は、田畠を耕作せざれども、自然《じねん》の粳米《かうまい》あ

(二六)　軽い物。絹布の類。

(二七)　須弥山の四方にある四大州の一、北倶盧《ほくくる》州。ウッタラクルという。

りて、食に乏《とも》しきことなし。綾錦を紡織《ばうしよく》せざれども、殊勝《しゆしよう》の衣服身を飾れり。命の長きこと千年、その内には中夭《ちゆうえう》なし。人王《にんわう》の中に金銀銅鉄の四種の輪王《りんわう》あり。その中に金輪聖王《こんりんじやうわう》は、人間第一の果報を得て、四天下を統領《とうりやう》し、七宝を受用す。その寿命或は無量《むりやう》歳《さい》、或は八万歳なり(二八)。欲界《よくかい》の中に六天《ろくてん》あり、初をば(二九)四王天《しわうてん》と名づく。毘沙門《びしやもん》等の四天王《してんわう》の住む所なり。福の乏しきことあるべからず。その寿命は人間の五十年を一日一夜として五百歳なり。その次をば忉利天《たうりてん》と名づく。須弥山《しゆみせん》の頂《いただき》にあり。帝釈《たいしやく》はその天王なり。毘沙門等の四天王、日月星宿も皆帝釈の眷属《けんぞく》なり。その果報いやしといはんや。その寿《いのち》は、人間の百年を一日一夜として一千歳《さい》なり。その上の四天、次第に果報も勝れて、寿命も各〻一倍長し、第六の陀化自在天《だけじざいてん》の寿命は、人間の一千六百年を一日一夜として、一万六千歳なり。これらは天人《てんにん》と申せども、なほも欲界の内に生まれたるが故に、寿福《じゆふく》尽くる時、必ず(三〇)五衰《ごすい》の悲しみ生ず。この上に(三一)色界《しきかい》・無色界《むしきかい》あり。これを三界《さんがい》と名づく。色界の内に(三二)四《し》禅《ぜん》あり。この界の天人、皆色相《しきさう》並びなく、身光《しんくわう》ことに明らかなり。その初禅には、梵王《ぼんわう》居して(三三)三界一統の王なりと許し給へり。寿《いのち》の長きこと、一劫《いちごふ》半。第四禅には壊劫《ゑこふ》の時の(三四)三災《さんさい》もいたらず。

(二八)　三界の一。欲情のはげしい世界。上は六欲天より始まり、中は人界の四大州、下は八大地獄にいたる。その六欲天の一は四王天、二は忉利《とうり》天、三は夜摩天、四は兜率《とそつ》天、五は楽変化天、六は他化自在天。

(二九)　持国《じこく》・広目《こうもく》・増長《ぞうちやう》・多聞《たもん》（毘沙門）の四王がいるので四王天という。

(三〇)　天人の五衰。天人が死ぬ時、五種の衰相を現わすという。

(三一)　身体もすべての物もすぐれた世界を色界とし、これに対し仏法の世界は、色もなく、識心のみの深妙なる禅定（さとり）の世界、無色界。

(三二)　四禅天。初・二・三・四の四種の天は、禅定を修して生ずる色界の分別居処。その各分にまた細分その中の広果天《くわうくわてん》、命《いのち》の長きこと五百劫。無色界《むしきかい》の内に四処(三五)あり。この天に生ずる者は、色身《しきしん》なきが故に、衣食財宝等すべて入ることなし。その寿は初の天は二万劫、乃至第四の(三六)非想天《ひさうてん》は八万劫なり。かやうの果報めでたしといへども、皆これ有為《うゐ》の善因《ぜんいん》に応《こた》へ、有漏《うろ》の禅定《ぜんぢやう》によりて得たるが故に、福寿ともに限りありて、遂には悪趣《あくしゆ》に輪廻《りんね》す。

故に(三七)法華経に云はく、三界は安きことなし、なほし火宅《くわたく》のごとしと云々。然らば則ち、智者はかやうの果報をば願はず(三八)。五濁悪《ごぢよくあく》世《せ》に生まれたる人、果報いみじと見ゆるも、北州の人にだも及ばず。いはむや諸天をや。寿命長しといふ人も、百歳なるはありがたし。たとひ百歳になるとも、忉利天《たうりてん》の一日一夜にあたれり。まして非想の八万劫にた比べば、片時《へんじ》にもあたるべからず。これほどあさましき果報を、仏神に祈り奉ること、枇杷の核《さね》を祈りける尼公《にこう》と何の差別かあらむや。ただ無上道を祈り求めば、やがて(三九)正《しやう》覚《がく》を成《じやう》ずるまでこそなくとも、その自善根《じぜんこん》の力により、仏神の加被《び》力《りき》によりて、災難《さいなん》もおのづから除《のぞ》こり、寿福もつつがなきほどの得利《とくり》は、ただ今生のみにあらず、生々世々《しやうじやうせぜ》までもあるべきに、たとひ祈り得てしるしありとも、幾程もなき果報を祈ると

がある。
(三三)　火・水・風の災害がおこり、一切の生物が破滅する時。
(三四)　劫末におこる三種(火・水・風)の災害。
(三五)　無色界を禅定・寿命の優劣で四処に分かつ。
(三六)　無色界の第四天、非想非非想天。三界の最頂ゆえ有頂天《うちやうてん》ともいう。
(三七)　法華経譬喩品の句。
(三八)　劫・見・煩悩・衆生・命の五濁。これが住劫中の人寿二万劫の後におこるという。
(三九)　仏神が衆生に加え与える力。

て、一期《いちご》をばいたづらに暮らして、当来《たうらい》は悪趣に入らむこと、あさましきことにあらずや。仏は一切のことに皆自在《じざい》を得給へりといへども、その中に三不能(四〇)といへることあり。一には無縁《むえん》の衆生を度(四一)することあたはず。二には衆生界をつくすことあたはず。三には定業《ぢやうごふ》(四二)を転ずることあたはず。定業とは、前世《ぜんせ》の善悪の業因によりて感得したる善悪の業報なり。かやうの決定《けつぢやう》の業報をば、仏菩薩の力も転ずることかなはず。形容の妍醜《けんしう》、福徳《ふくとく》の大小、寿命の長短、種姓《しゆしやう》の貴賤、これらは皆、前世の業因に応へたる定業なり。荘子《さうじ》(四三)等は、前世の業因によれることを知らざるが故に、貧富貴賤は、皆これ自然《じねん》なりと思へり。仏教にはしからず。前世の悪因によりて悪果《あつくわ》を得たる人、この理《ことわり》を知りて、今生に悪業《あくごふ》を作らずば、当来必ず善果《ぜんくわ》を得べし。転じがたき現報《げんぽう》をとかく持ちあつかふほどに、当来の善因をも修せず。これは愚人《ぐにん》にあらずや。たとへば農夫の田を作るがごとし。春の時耕《たがへ》することもねむごろならず、草をも入れず水をもかけず。種を蒔き苗を植うることも疎略なりし故に、秋になりてみれば、形のごとく稲には似たれども、藁を取るほどの得利もありがたし。いはむや米《よね》を収むることあらむや。この時農人これを歎きて、始めて水をかけ草を入ると

(四〇) 唐の嵩嶽《すうがく》の元珪《げんけい》が三能・三不能を説いたと伝燈録《でんとうろく》巻四の元珪伝に見える。

(四一) 渡す。生死を海にたとえ、生死の海を渡すこと。

(四二) 前世にやったことから来る決まった報い。

(四三) 唐土の道教思想を説いた老子に次ぐ書物。荘周の著作と称する。

もかなふべからず。しかるを、もしやもしやと、秋の稲を持ちあつかふことは、愚癡《ぐち》なり。ただこの西収《せいしう》の時、得利のなきことは、偏《ひとへ》に東作《とうさく》の時疎畧なりしとがなりと知りて、明年の耕作をよく営まば、必ずこの秋のやうなる損亡《そんまう》はあるべからず。

(四四)経中に、仏力《ぶつりき》・法力《ほふりき》をあかす時、定業も亦よく転ずといへる文あり。又仏力も業力《ごふりき》には勝たずとも言へり。もし人日来《ひごろ》の凡情《ぼんじやう》をひるがへして、正念《しやうねん》に住して、或は道行《だうぎやう》を成《じやう》ぜむため、或は他人を利益《りやく》せむために現報を祈りかへむと思ひて、仏力・法力によりて、至誠心にて修せば、定業なりとも必ず転ずべし。故に定業も亦よく転ずとも言へり。もし人、凡情の執着《しふぢやく》によりて命を延べたく福を保ちたき故に祈るならば、かやうの欲心は、仏心と(四五)冥合《みやうがふ》せざる故に(四六)感応あるべからず。この故に仏力も業力に勝たずと言へり。諸仏は大悲を躰《たい》とす。故に一切衆生を憐れむこと、一子《いつし》のごとしと説き給へり。仏力もしたやすく業力を遮《さへぎ》ることならば、悪道に落つる者はあるべからず。濁世《ぢよくせ》に生まれて諸〻《もろもろ》の苦しみを受くる人もなかるべし。

仏《ほとけ》在世の時、(四七)琉璃《るり》太子、釈氏《しやくし》とあたを結びし因縁によりて、王に即《つ》きて後、釈氏を亡ぼすこと九千九百九十万人、目連尊者《もくれんそんじや》仏に

(四四)　理趣釈《りしゆしやく》（下）にも至誠心で修行すれば、仏力・法力により定業をよく転じ得ることを説いてある。

(四五)　ぴったりと合う。知らぬ間に出会うこと。

(四六)　衆生が仏のはたらきかけを感じて善根を発動するのに仏力が応じて来ること。

(四七)　毘瑠璃《びるり》。インド、舎衛国、波斯匿（勝軍）王の子、父王を殺して位に即《つ》き、また、旧怨により迦毘《かび》羅城《らじよう》の釈種（釈迦族）を亡ぼす。

申していはく、衆生の苦をば親疎を択《えら》ばず救ひ給ふこそ、仏の大《だい》悲《ひ》なれば、余人なりとも、かやうの難に遭ふをば助け給ふべし。しかるに、今亡ぶる人は、皆仏の御一族なり。しかるを、助け給はざることは何ぞや。仏の言《い》はく、彼等が亡ぶることは、皆前世の業因の報ひなるが故に、助くること能はず。尓時《このとき》、目連、まさしく(四八)金口《こんく》の説を聞けども、なほ疑心やまず。即《すなは》ち(四九)神通《じんづう》を以て殺し残されたる者、五百人を相具《あひぐ》して、四王天の辺《ほと》りに行きて、鉢を広くなして、五百人の上に覆ひて、隠し給ひけり。かやうにしたらば、さりとも遁《のが》るることもありなむと思はれけり。仏に参りてこの由を申す。仏の言はく、業力のいくることは、処をも択ばず、神通にもさへられず。汝賢《かしこ》がほにしたれども、五百人皆鉢の中にて死にぬ。目連即ちかの処へ飛び行きて見られければ、仏の御言《おんことば》に違《たが》はざりけり。経論《きやうろん》の中に、かやうの因縁一《いつ》にあらず。知るべし業力のたやすく転ずべからざることを。

[七] 神仏の効験　附＝伊勢と八幡、神仏混交のこと　[七]

問。仏力・法力たやすく定業を転ずることあたはずば、何をか

(四八) 如来の口舌（おしゃべり）。如来の言葉はしっかり動かぬものであるから金口という。
(四九) 不思議な自由自在の力。

仏法の利益《りやく》と申すべきや。

答。(一)業《ごふ》に種々のしなあり。現生《げんしやう》にやがて報ふをば、順現業《じゆんげんごふ》と名づく。次生《じしやう》に報ふをば、順生業《じゆんしやうごふ》と言ふ。順生の後に報ふは、順《じゆん》後業《ごごふ》なり。もしこの三種よりも軽き業なるは、いつにても、便宜《びんぎ》の時報ふべし。かやうなるをば、不定業《ふぢやうごふ》と名づけたり。軽重によりて遅速ありといへども、作りおける業の報はずしてただ止むことはあるべからず。仏力・法力にあらずは、いかでかこれを消滅せむや。仏力・法力ありといへども、衆生もし(二)求哀懺悔《きうあいさんげ》の心なければ、消滅すること能はず。たとへば(三)耆婆《ぎば》扁鵲《へんじやく》は名医なれども、人の病をおさへてなほすこと能はず。病者もしその教へに随ひて療治すれば、病苦忽ちにやむがごとし。仏も亦かくのごとし。衆生の業報をおさへて転ずること能はず。(四)三世《さんぜ》了達《れうたつ》の智恵を以て衆生の種々の業報の因縁を知見して、貧苦は慳貪《けんどん》の業因によれり。短命は殺生《せつしやう》の業報なり。形容の醜陋《しうろう》なるは、(五)忍辱《にんにく》ならざる故なり。種姓の下賤なるは、他人を軽劣したりし報ひなりと説き給へり。もし人、この教へに随ひて、前非《ぜんぴ》を悔いて長くかやうの業因をやめなば、何ぞ定業とて転ぜざることあらむや。今時《こんじ》の人を見れば、朝夕内《うち》には悪念《あくねん》をたくはへ、外《そと》には悪行《あくぎやう》をのみなして、さ

(一)　以下の四業ともに業の上に「受」を加えて言うのを略している。順現受業の例。

(二)　あわれみを求め、罪を悔い改めようとすること。

(三)　唐土古代の名医と伝える。

(四)　過去・現在・未来の三世にすっかり届く。

(五)　恥を忍んで恨まないこと。

すがに福分も願はしく、寿命も長らへたきままに、仏に祈り、神に詣づるばかりなり。もしかやうならば、いかでかしるしもあるべきや。

伊勢《いせ》太神宮《だいじんぐう》には(六)幣帛《へいはく》を捧ぐることをも制し給ふ。経咒《きやうじゆ》を読誦《どくじゆ》するをも許されず。予《よ》(七)先年勢州に下りて外宮《げくう》の辺《ほと》りに一宿《いつしゆく》したることありき。その時、(八)一《いち》の祢宜《ねぎ》といふ人にその謂《いは》れを尋ねしかば、(九)この社《やしろ》に詣《まう》づる時、内外《ないぐわい》の清浄《しやうじやう》あり。内《ない》の清浄とは、精進潔斎《しやうじんけつさい》して、身を(一〇)穢悪《ゑを》に触《ふ》れざるなり。外《ぐわい》の清浄とは、胸中に名利《みやうり》の望みをおかざるなり。(一一)世《よ》の常《つね》、幣帛を捧げ、法楽《ほふらく》をなすことは、皆この名利の望みを祈り奉らむためなれば、内清浄《ないしやうじやう》にあらず。この故にこれを制し給へり。たとへば政道を助くる官人の、訴人《そにん》の賄賂《わいろ》を取らざるがごとし。貧窮下賤《ひんきうげせん》にして、名利ともに欠けたることは、偏《ひとへ》にこれ前世に名利のために、悪業《あくごふ》をつくりし故なり。しかれば、ただ名利を求むることをやめて、内心《ないしん》清浄ならば、(一二)名《みやう》位《ゐ》福禄《ふくろく》おのづから満足すべし。もししからずは、日々夜々《にちにちやや》に参詣して、幣帛(一三)神馬《しんめ》の賄賂を捧げ、(一四)経咒法楽の追従《ついしよう》をはげますとも、その所望をかなふることあるべからず。神慮《しんりよ》かくのごとし。このことは御託宣の記に見えたりと云々。

(六)　神に捧げるもの。ぬさ。
(七)　嘉暦元年（一三二六）五十二歳である。
(八)　外宮の神官は度会《わたらい》氏で、その一番上席を一の禰宜という。
(九)　精進は、元来、ひたすら仏道を修めること。それから推し広げて、情欲を盛んにするような肉食などをつつしむことをいう。潔斎は身を清めること。
(一〇)　けがれ。
(一一)　世間普通。通例。
(一二)　名利。
(一三)　神さまのための馬。
(一四)　経陀羅尼を読誦して神慮を慰めること。

この物語の次《つ》いでに、御殿《ごてん》近く法師の入らぬことはいかなる故ならむと、尋ね申ししかば、かの祢宜《ねぎ》答へて云《い》はく、世間にはさまざまにこの謂れを申す人もあり。皆これ(一五)推義《すいぎ》なり。日本に仏法の渡れることは、(一六)第三十の帝《みかど》、広庭《ひろには》の天皇の御時なり。神明《じんみやう》のこの地に跡を垂れさせ給ひし時は、仏法いまだ流布せず。出家の人もあるべからず。然れば則ち、法師は参るべからずとの御戒《おんいまし》めもあらむや。昔は内裏なむどへも、出家の形にて参ることはなかりき。仏法流布の世になりて、(一七)国王御帰依《ごきえ》の御ために、有智高徳《うちかうとく》の僧を召し入れらる。それよりして、法師の出入を許されけり。(一八)この社《しゃ》壇《だん》は、(一九)昔の風儀《ふうぎ》を改めず。又内清浄を人に示さむために、法楽をも受け給はじと、(二〇)御託宣ありし故に、自然に法師は出入せぬよしになれり。神は皆仏菩薩の(二一)垂迹《すいじゃく》なり。いかでか実《まこと》に法師をにくみ給ふことあらむや。さればそのかみ高僧の中に入り給へる人もありきと云々。宝殿の辺《あた》りまでは法師も苦しからじと申ししほどに、次の日、(二二)内宮《ないくう》へ参じて社壇のありさまを拝見すれば、古崖苔《こがいこけ》を重ね、大木《たいぼく》枝をかはして、幾歳《いくとせ》の青黄をか経ぬらむと、昔を見る心持《ここち》せり。高岳《かうがく》勢ひ連なり、清川流れ漲《みなぎ》りて、本朝ならぬ国土までも続けるかと、奥深き気色《けしき》なり。社壇その中にあり。地を平

(一五)　あて推量の説明。
(一六)　欽明天皇。神功皇后を天皇に数えるので、三十代となる。
(一七)　神仏を信じ頼ること。
(一八)　神社。
(一九)　しきたり。
(二〇)　お告げ。
(二一)　補注［4］
(二二)　補注［5］

らかにひかれたることもなし。ただかたさがりなる山すがたのままなり。宝殿は茅葺《かやぶき》にして、椽《たるき》も皆直《すぐ》なり。鳥居の蓋《おほ》ひもそらされず。御供《ごくう》の米はただ三杵《みきね》つくばかりなり。神官、巫女《ふぢよ》及び参詣の貴賤、言語をもいださず。行歩《ぎやうほ》も亦つつしめり。これ則ち(二三)淳素《じゆんそ》正直の風躰《ふうてい》を諸人に示され、内外清浄の利益を万世に施し給ふよしなり。かくばかりありがたき神明《しんみやう》の御恵《みめぐ》みにあづかれる効《かひ》もなく、栄華に誇り名利にわしりて、淳素《じゆんそ》正直の風躰に背き、内外清浄の利益に漏れなむことは、あさましからずや。

(二四)八幡大菩薩《はちまんだいぼさつ》、昔、豊前《ぶぜん》国宇佐宮《うさのみや》に神と現れさせ給ひて後、一百十年ありて、山城《やましろ》国(二五)男山《をとこやま》にうつらせ給ひし時、(二六)行教《ぎやうけう》和尚の(二七)三衣《さんえ》の袂《たもと》に三尊《さんぞん》の霊像を現じ給ひき。今、男山の御殿におさめ奉るしるしの箱と申すはこれなり。弘法大師《くわうぼふだいし》御対面の時は、僧《そう》形《ぎやう》を現じ給ひき。大師その御影《みえい》をうつし給ふ。大菩薩また自ら大師の御影をうつさせ給ひき。その両御影は(二八)高雄《たかを》の神護寺《じんごじ》にをさめ奉れり。これ則ち衆生を誘引して、仏法に帰依し、生死を出離《しゆつり》せしめむための(二九)瑞相《ずいさう》なり。男山に(三〇)放生会《はうじやうゑ》とて、毎年八月一日より十五日に至るまで、所々に人を遣《つか》はして、百万喉《こう》の魚を買ひて、山《さん》下《げ》の小河《をがは》に放ちて、その善根の供養のために、十五日の早朝に御《み》

(二三)　混じり気なくすなおなこと。

(二四)　神仏混交の考え方ゆえ、八幡の神を菩薩と呼ぶ。

(二五)　男山に移し祭ったのは、清和天皇の貞観元年(八五九)である。

(二六)　宇佐八幡に参り、神のお告げを受け、朝廷に奏上して、山城国男山に移し祭った。大安寺の僧。

(二七)　袈裟《けさ》。僧の身にまとうもの。

(二八)　京都の北方の地。

(二九)　めでたいきざし。

(三〇)　男山に八幡宮を移し祭って以来、宇佐の宮で行なっていた放生会を営み、著名な行事となった。とらわれた生き物を自然に戻し放って仏縁を結ばせるのである。

輿《こし》山下へくだらせ給ふ。その時祠官法会《しくわんほふゑ》を行ひ、(三一)伶人妓楽《れいじんぎがく》を奏す。神輿《しんよ》山上よりおりさせ給ふ時は、社司《しやし》祠官《しくわん》等各〻衣服を飾りて供奉《ぐぶ》す。その装ひまことに厳重なり。法会終はりて還御《くわんぎよ》ならせ給ふ時は、先《さき》の儀式にはひきかへて、祠官等の供奉人《ぐぶにん》、皆美服《びふく》を脱ぎて(三二)浄衣《じやうえ》を着《ちやく》し、白仗《しらづゑ》をつき藁沓《わらうづ》をはきて送り奉る。ひとへに葬礼の儀式なり。これ則ち、朝《あした》に(三三)紅顔《こうがん》ありて世路《せろ》に誇れども、暮には白骨となりて、郊原《かうげん》に朽ちぬといへる理《ことわり》を示し給へりと申し伝へたり。大菩薩は正直の首《かうべ》に宿り給はむといふ御誓《おんちか》ひあり。正直と申すに浅深あり。(三四)虚妄《こまう》の見《けん》を離れて、真正《しんしやう》の道を悟れるは、真実正直の人なり。それまではなけれども、無常の理《ことわり》を知りて、名を求めず、利をむさぼらず。仁義の道を学びて、物を殺さず理を曲げずは、これ又正直の人なり。放生会の儀式は、しかしながら、衆生を誘引して、かやうの正直の道に入れしめむとの方便なり。貴賤道俗、大菩薩を仰《あふ》ぎ奉らざる人はなし。然れども、もしこの正直の道に入り給はずは、たとひ貴人高僧の御首《おんかうべ》なりとも、大菩薩の宿らせ給ふことあるべからず。いはむや余人をや。伊勢・八幡の御事のみかかるにはあらず。その余の諸神、逆順の方便ことなりといへども、哀憐《あいりん》の旨趣(三五)は同じかるべし。朝夕

(三一)　楽人。
(三二)　清らかな衣。白衣。
(三三)　あかい顔。青少年。
(三四)　いつわりで、いい加減。
(三五)　趣旨。ことのわけ。心のうちの思い。

の振舞《ふるまひ》は、みな神慮に背きながら、我が祈ることのかなはぬと恨み奉ることは、ひがめるにあらずや。

[八] 方便を兼ねた祈り

問。もししからば、世間の名利を祈ることは、一向《いっかう》に制しとどむべしや。

答。名利を祈るを愚なりと申すは、げには枇杷の核《さね》を祈り失ふことも難《かた》かるべし。たとひ祈り得て、核もなき枇杷を得たりとも、幾程《いくほど》ながらへて、これを食すべきや。名利を祈ることも亦、かくのごとし。定業を祈りて、転ぜんことも難かるべし。たとひ祈り得たりとも、幾程かこれを保つべき。世間の愛着《あいぢゃく》いよいよ増長して、当来は必ず悪趣に入るべし。とても祈りをするとならば、無上道を祈れかしと勧めむためなり。しかれども、枇杷の核を祈るほどの愚人は、たとひかやうの教訓によりて、この祈りをとどめたりとも、さらば仏神に参りて菩提を祈らむと思ふ心あるべからず。かやうにて一期《いちご》に過ごしなば、仏菩薩に参詣して、(一)値《ち》遇《ぐう》の縁を結び奉ることも亦やみぬべし。さればかやうの人には、

[八]

(一) 出会うに値する縁。ちょうどよく遇うこと。「ちぐ」ともいう。
(二) 大日如来の所説の教法。真言宗をいう。
(三) 仏に祈って悪魔や敵《かたき》などを降伏させること。
(四) 災いをやめること。無事。真言の四種の修法の一。

清水《きよみづ》に詣《まう》で枇杷の核を祈り申せかしと、わざとも申し勧むべし。制しとどむることはあるべからず。(二)密教《みつけう》の中に(三)調伏《てうぶく》・(四)息災《そくさい》等の、(五)有相《うさう》の(六)悉地《しつぢ》を設《まう》くることは、この謂《いは》れなり。大日経《だいにちきやう》に、甚深無相《じんじんむさう》の法は、愚人の及びがたき故に、有相《うさう》の説を兼ね存せりと説けるも、この意なり。

[九]　真言秘法の本意

問。(一)真言師《しんごんし》の中に、有相《うさう》の悉地こそ密教の本意なれ。無相《むさう》を貴《たつと》ぶは、(二)顕教《けんげう》の所談なりと申す人あり。その義如何《いかん》。

答。真実の法理《ほふり》に約せば、有相無相の異論あるべからず。迷悟《めいご》の(三)機情《きじやう》によせて、しばらく両岐《りやうき》を立てたり。外道《げだう》の法の中にも、有相・無相を論ぜり。(四)小乗権教《ごんけう》にも亦、これをあかせり。(五)実大乗《じつだいじよう》の中にも亦談ぜり。その語は同じといへども、その義各〻異なり。大日経に、(六)甚深無相法と説けるは、顕教の所談にもあらず。いはむや外道の所解《しよげ》に同じからむや。大日経疏《しよ》に云《い》はく、空《くう》と不《ふ》空《くう》と、畢竟《ひつきやう》して無相なり。しかも一切の相《さう》を具するを(七)大空三昧《だいくうざんまい》と名づくと云々。空とは無相なり。不空とは有相なり。有相・無相

(五)　すがたがはっきり現われること。
(六)　秘法を行なって真言の妙果（すぐれた結果）を成就させること。

[九]
(一)　真言宗の法によって祈禱をする僧。
(二)　密教に対していう。教義がはっきり解るように説いている仏教。
(三)　心のはたらき。心の動き。
(四)　卑近な方便としての仮の教え。
(五)　権の方便を帯びない大乗の教え。天台・華厳・真言・禅などをいう。
(六)　説くところ。説明。

ともに無相といへるは、いかなる処ぞや。この無相の上に、しかも一切の相を具すといへるは、これ凡夫所見の有相ならむや。然れば則ち、密宗《みつしゅう》所談の無相法といへるは、甚深微細《じんじんみさい》の法門(八)なり。凡情の及ぶ処にあらず。故に劣慧《れつゑ》のかなはざる所と説けり。しかるを無相を貴ぶは、真言の本意にあらずといはむや。もし人この無相の法を、顕教所談の無相のやうに心得たらば、まことに嫌ふべし。もしこの甚深無相の悉地を開きたる人の、愚人を誘引せむために、調伏等の法を行ふをば、有相の法とて嫌ふべからず。しかる故は、その行《ぎゃう》は有相なれども、その心無相なればなり。もしその心世俗の有相に住着《ぢゅうぢゃく》して、名利を求むる故に、自身のため、他人のために、大法《だいほふ》・秘法《ひほふ》を行なはば、有相の悉地を成《じゃう》ずることも難かるべし。いはむや無相の悉地をや。

たとへば利剣(九)を以て稚子《ちし》に与へぬれば、身を破り、命を失ふことあり。たとひあやまちなけれども、この剣《つるぎ》をもて、泥土瓦石《でいどぐわせき》を切るほどに、剣の刃《やいば》遂に損じて、宝《たから》とはならざるがごとし。密宗の先徳(一〇)もこの理《ことわり》を述べ給へり。密宗に調伏の法と申すことは、悪心邪見《あくしんじゃけん》の衆生の心を、秘法の力を以て降伏《がうぶく》して、仏法の正理《しゃうり》に入れしむることなり。或は仏法のために障礙《しゃうげ》をなす人の、いかに

(七) 三重三昧とも、三三昧ともいう。空三昧・無相三昧・無願三昧の三。心を一つ所において平らかに保つこと。

(八) 法の道。法は梵語で達磨といい、一切に通ずる語で、仏の説く所は世の則となるので法という。その法は凡聖が道に入る通路ゆえに門という。また、法は心にあるもの、その法が言葉で表わされるのが教である。

(九) するどいやいば。よく切れる刀。

(一〇) 先輩のすぐれた学僧。

するとも邪心《じやしん》を翻《ひるがへ》すことあるまじきをば、先づ彼が命を奪ひて、正法《しやうぼふ》をして世に住せしめて後に、方便をめぐらして、彼《か》の悪人をも仏法に入らしめむためなり。或は人の（一一）怨敵《をんてき》によりて、心を悩乱《なうらん》して、仏法に入ることあたはぬを見て、彼の敵を調伏して、仏法に入れしむることもあり。菩薩のかやうの逆行《ぎやくぎやう》を修するは、皆これ興法《こうぼふ》（一二）利生《りしやう》のためなり。世俗の名利のためにはあらず。

涅槃経《ねはんぎやう》に云はく、釈迦《しやか》如来の（一三）因地《いんぢ》に国王にていまし時、数多《あまた》の悪僧ありて、一人の正法を行《ぎやう》ずる僧をそねみて、さまざまにあたをなす。その時に国王自ら彼の悪僧と合戦す。皆打ち従へて、正法を行ずる僧を助けたりき。その心ひとへに正法を流通《るづう》せむがためなりし故に、少罪をも得ざりきと云々。我が朝の聖徳太子の、（一四）守屋《もりや》の大臣を打ち給ひしも、この謂《いは》れなり。もし正法流布の御志《おんこころざし》はなくして、ただ御敵を祈り殺して、我が御身は世に栄え給はんためならば、この（一五）順現業によりて、世を保ち給ふことも久しかるべからず。当来はまた悪報《あくほう》を受け給ふべし。涅槃経に云はく、怨《をん》を以て怨を報ふは、油を以て火を消すがごとしと云々。仏菩薩は、一切衆生を憐れみ給ふこと、一子《いつし》のごとし。諸神も皆仏菩薩の化身《けしん》にて、垂迹門《すいじやくもん》に出でさせ給ふなれば、その憐れみもい

（一一）怨みがあるあだがたき。
（一二）仏が衆生に与える利益。
（一三）因位。菩薩の仏道修行がまだ成就しない地位。
（一四）太子は、仏法を受け入れようとする蘇我馬子《そがのうまこ》一派を助けて仏法信仰に反対する物部守屋の勢力を滅した。
（一五）すぐに現世に報いて来る業。

かでか親疎《しんそ》偏頗《へんぱ》ましまさむや。しかるを、御祈りを申さるる僧家《そうけ》も、もし正法紹隆《せうりゆう》(一六)のためにはあらずして、偏《ひとへ》に我が身のために彼の御敵は亡びて、この御方《おんかた》は栄え給へと、仏神に祈り給はば、仏神この人にかたらはれて(一七)、さらば汝《なんぢ》が所望に随ひて、彼をば亡ぼし、これをば助けむと思ひ給はむや。仏法を信ずる人は、天上の果報を得て、世に災《わざはひ》もなく、命《いのち》に中夭《ちゆうえう》もなければとて、貴しとせず。その故は、なまじひにながらへ果てぬ小果報に化《ば》かされて、仏法をば行ぜず。遂には悪趣に堕つればなり。いはむや下界《げかい》のありさま、たとひ三皇五帝《さんくわうごてい》(一八)の代《よ》なりとも、仏法流布の時ならねば、仏法者の願ふべきことにあらず。乱世なりとも、もし仏法だに世に任せば、嘆くべきにあらず。しかれば、禅《ぜん》・教《けう》・律《りつ》かはりたりといふとも、仏弟子となれる人は、同じく天下太平・仏法紹隆と祈り給ふべし。もし尓《しか》らば、天下に誰にても仏法を興行しまします(一九)べき宿習《しゆくしふ》も威勢も具はり給ふ人、この祈りをば受け取り給ふべし。

或は云はく(二〇)、弓箭《きゆうせん》・刀杖《たうぢやう》等にて人を殺すこそ罪業なれ。秘法・呪力《じゆりき》にて祈り殺すは功徳となるべしと云云。これ大なる邪義《じやぎ》(二一)なり。たとひ弓箭刀杖にて殺すとも、釈迦如来の因位《いんゐ》の時、正法流

(一六) 受け継いで、盛んにする。
(一七) 取り込まれる。説得される。
(一八) 唐土古代のよく治まっていた帝皇の時代。神話伝説の時代である。
(一九) 前世からのならわし。前世の約束。
(二〇) 弓矢・刀剣。武器。
(二一) 間違った考え。曲った解釈。曲解。

布のために悪僧を亡ぼし、聖徳太子の守屋を討たせ給ひし御意《みこころ》のごとくならば、まことに功徳となるべし。たとひ大法秘法を行なはるとも、その(二二)意楽《いげう》もし世俗の名利のためならば、皆罪業を招くべし。梵網経《ぼんまうきやう》に、殺生を制するとて、(二三)乃至《ないし》呪殺《じゆせつ》と説けるは、この義なり。或は云はく、彼の敵《かたき》を早く殺して成仏せよと調伏する故に、罪業とはならずと云云。まことにこの調伏によりて、次生《じしやう》にやがて成仏すべきならば、げにも(二四)殊勝《しゆしよう》のことなり。もししからば、憎き敵を祈り殺して、成仏せしめむよりは、先づ我がいとほしき人を祈り殺し奉りて、仏に早くなしたてまつらばやと、世にもどかしくこそ覚ゆれ。

〔一〇〕 有力の檀那の祈禱　附＝唐人医智光

問。仏の言《のたま》はく、仏法をば国王大臣有力《うりき》の(一)檀那《だんな》に付属す。しかれば、檀方《だんはう》つつがなくして、仏法も紹隆《せうりゆう》すべし。僧家《そうけ》も檀方の祈りをせられむは、何ぞ理《ことわり》にそむかむや。

答。仏の付嘱し給へる意は、国王大臣等、或は外護《げご》となり、或は檀越《だんのつ》となりて、仏法を流通し、自らもまたこの仏法に入りて、

(二二)　願い。望み。
(二三)　それから祈り殺すこと（もいけない）。
(二四)　殊にすぐれていること。

〔一〇〕
(一)　財物を施す信者を僧の方より呼ぶ称。檀家・檀方・檀越・檀門みな同じ。

出離せよとの謂《いは》れなり。この仏法を以て、世俗の名利を祈り給へとて、付嘱し給へるにはあらず。然らば則ち、世上もをさまり、檀門《だんもん》もつつがなくして、仏法を紹隆し、衆生を利益せむために、御祈りをせよと仰せられ、僧家もこの志を励まして、御祈りを申されば、仏の付嘱に背くべからず。末代といへども、さすがに仏法の運もひかへたる故に、禅・教・律の僧をば、軍勢にもかられず、世間の公務にも召し使はれずして、御祈りを申せと仰せらることは、皆善事なれば、たとひ御公事《おんくじ》(二)につとむるとも、僧家あながちに否《いな》み申すべきにはあらず。

しかれども、近年世の乱れによりて、関東・京都(三)、御祈禱とてなさるること、なのめならず。されどもその作法を見奉れば、この式(四)にてはいかでか御祈りにもなるべきやと覚えたり。因縁和合《わがふ》し、感応《かんのう》道交《だうかう》(五)して、一切のことを成就すといへることは、仏教の定判《ぢやうはん》(六)なり。古への大師高僧の、国家を祈り災厄《さいやく》を払ひ給ふことは、これを方便門《はうべんもん》として、衆生を接引《せふいん》(七)して、大菩薩(八)を証せしめむためなり。我が身の名利のために祈り給ふこと、更にあるべからず。この大慈悲《だいじひ》の徳を内に包み給へるによりて、国王大臣の帰《き》崇《すう》(九)も他に異なり。下賤の類に至るまでも、同じく信仰し奉る。然

(二) 公務。おおやけの仕事。
(三) 関東の幕府方と京都の公家方。
(四) やり方。
(五) 行き交う、相交わる。
(六) 決まった定め。
(七) 導く。引接。
(八) 深く道を求める人。
(九) とことん敬う。すっかり信ずる。

らば則ち、万人の信力《しんりき》、高僧の慈力《じりき》、仏力《ぶつりき》・法力《ほふりき》、感応道交し、因縁和合せし故に、霊験《れいげん》空《むな》しからず、祈願皆成《じやう》じき。今は僧家の内徳も、古へに及ばず、檀方の御信《ごしん》も、ことおろそかなり。この故に僧家をば仏法方《ぶつぽふはう》の奉公に召し使はるるよしにて、御祈禱の課《くわ》(一〇)役《やく》をかけらるること、世俗の御公事《おんくじ》に異ならず。大法秘法《だいほふひほふ》を行なはるれども、(一一)供料《ぐれう》ごときの御沙汰(一二)も、(一三)如法《によほふ》ならず。とりわきたる御祈りとて、たまたま施物《せもつ》(一四)も下行《げぎやう》あるべしと仰《おほ》せ出《い》ださるれども、大畧は有名無実なり。御祈禱ばかりにもあらず。御仏事《おんぶつじ》とて修せらるることも亦、この式なり。これ偏に仏法の御信心の薄き故なり。かやうならば、いかでか御祈禱もかなひ、御善根《ごぜんこん》も成ずべきや。

近来《ちかごろ》、鎌倉(一五)に智光《ちくわう》といふ唐人ありき。医道に名を得たり。ある時、(一六)蘇香円《そかうゑん》を合はせけるに、傍《かたは》らに人ありて、この薬をなめてみむとて、少分摘み欠きて、口に入れけるを見て、智光、あたら薬を少し嘗《な》め給ふことよ。なほ服し給へと申しけり。その人心得ず思ひて、その故を問ひければ、薬は皆一服の分量定まれり。その分量に足らずして服しぬれば、薬は費《つひ》えて、その効《しるし》なし。とても服し給はば、薬となるやうに服し給へと申すなりと答へけり。智

(一〇)　割り当て。負担。
(一一)　お供え物。供養の料。
(一二)　手当て。処置。
(一三)　定めのとおり。
(一四)　施す品物。
(一五)　当時、多くの唐人が日本へ渡って来ていた。
(一六)　薬の名。

賢きには似たれども、夢幻の身心《しんじん》を執着して、来生《らいしやう》の果報を祈る意の愚癡《ぐち》なることは亦同じ。たとひ無上道を祈るとも、もし又一身の出離のためならば、これも亦愚癡なり。

(一)大論《だいろん》に云はく、菩薩は一身一衆生のために、善根をなさずと云云。されば一切衆生のために、諸〻の善根を修して、無上道を求むるを菩薩とは申すなり。普賢菩薩《ふげんぼさつ》、(二)十大願を発《おこ》し給へり。その初めに敬礼《きやうらい》諸仏の願あり。その文に云はく、願はくは我が身を(三)無《む》量無辺《りやうむへん》に分かちて、無量無辺の如来の前ごとに(四)影現《えいげん》して、礼拝し奉ること、(五)尽未来際《じんみらいざい》、(六)念々相続して間断なかるべし。又、広修供養《くわうしゆくやう》の願あり。その文に云はく、願はくは無辺の(七)妙供《めうぐ》を出生《しゆつしやう》して、無辺の仏の前に身を現《げん》じて、無辺の仏を供養し奉ること、尽未来際間断なかるべし。余願《よぐわん》も皆この趣きなり。第九は、恒順《ごうじゆん》衆生の願《ぐわん》なり。その文に云はく、願はくは我が身を無量無辺に分かちて、一切衆生に(八)随縁《ずいえん》して、給使《きふじ》すること、仏を敬ふに異ならず、尽未来際間断なかるべし。第十は、普皆廻向《ふかいゑかう》の願なり。その文に云はく、前に修する所の敬礼供養等の功徳《くどく》を、普《あまね》く皆一切衆生に廻向して、菩提を成《じやう》ぜしむべしと云云。かやうの心を発すを、無上道を祈る人とは申すなり。

(一) 大智度論の略。
(二) 補注［7］
(三) はかり知れず、限りがない。
(四) 姿を現わすこと。
(五) 仏法が永劫、尽きる時のないのをいう。
(六) 刹那《せつな》、極少の時間をいう。
(七) まことに結構な供え物。
(八) 縁に従うこと。

愚人は、たまたま仏を礼すれども、その心ただ我が信ずる一仏のみにあり。供養を述ぶることも亦、この心なり。たまたま父母の追善《ついぜん》、檀那の祈禱とてなすことも、その志偏《ひとへ》にこれ我が身に向けて、恩ある人のためなり。(九)法界《ほふかい》衆生に及ぼすこともなし。この故に、所得の功徳広大ならず。時にあたり縁に随つて一仏を礼し、一人のために善をなせども、その廻向の心広大なれば、受くる処の功徳も亦、広大なるべし。(一〇)俗典には三世《さんぜ》を沙汰せぬ故に、ただ現在の父母、主君の恩を報ずることばかりを申したり。経に云はく、衆生の(一一)六道《ろくだう》に輪廻すること、車輪のごとし。或は父母となり、男女となり、(一二)生々世々《しやうじやうせぜ》に互ひに恩ありと云云。この故に(一三)菩薩心を発す人は、(一四)七世の父母とも限らず。いはんや一世の父母のみと思はむや。

［一二］　智増と悲増

問。自身もし出離せずは、他人を度することもあるべからず。しかるを、自身をばさしおきて、先づ衆生のために善根を修すること、その理《ことわり》なきにあらずや。

(九)　万有を総称していう。宇宙全体。
(一〇)　仏教以外の書物。外典《げてん》。
(一一)　地獄・餓鬼・畜生・阿修羅・人間・天上の六所。この六所は衆生が輪のごとく廻る道（世界）ゆえ、六道という。
(一二)　長くいつまでも。
(一三)　仏道を求める大きな志。
(一四)　七生《しちしやう》。七有《しちう》。人間界の七生と欲天界《よくてんかい》の七生とを合わせていう。

［一二］

答。　衆生の生死に沈めることは、我が身を執着して、この身のために名利を求めて、種々の罪業を作る故なり。しかればただ、我が身をば忘れて、衆生を益する心を発《おこ》せば、大悲《だいひ》内に薫《くん》じて仏心と冥合《みやうがふ》(一)する故に、自身のためとて、善根を修せざれども、無辺の善根、おのづから円備(二)し、自身のために仏道を求めざれども、仏道速やかに成就す。自身のためばかりに出離を求むる人は、小乗心なるが故に、たとひ無量の善根を修すれども、自身の成仏なほかなはず。いはんや他人を度することあらむや。菩薩心を発する人に智増《ちぞう》(三)・悲増《ひぞう》の差別あり。先づ一切衆生を度しつくして後に、仏道を成《じやう》ぜむと誓ふは、これ悲増の菩薩なり。我が身先づ仏道を成じて後に、衆生を度せむとするは、これ智増なり。智増の人は、二乗心《にじようしん》に似たりといへども、一切衆生を度せむために、先づ自身の成仏を求むる故に、菩薩心を成就す。智増・悲増異なりといへども、衆生済度《さいど》の心は変はることなし。この故に、一善《いちぜん》を修し、一行《いちぎやう》をなしても、皆これを一切衆生に廻向することは同じかるべし。

(一)　それとなくぴったり合う。
(二)　すっかりよく備わる。
(三)　菩薩の二類。智増菩薩は自利の善根多く利他の善根が少なく、悲増菩薩は利他を願って、疾く菩提の果に進むを欲しない。

【一三】　三種の慈悲

問。　禅門の(一)宗師《そうし》の語を見れば、先づ自心《じしん》を悟りて後、やうやく(二)旧業(三)余習《よしふ》を尽くして、余力あらば他人に及ぼすべしと、すすめられたり。もししからば、(四)教の中に自《じ》いまだ度《ど》を得ざるに、先づ他人を度するは、菩薩の願なりといへるに背かずや。

答。　慈悲《じひ》に三種あり。一には衆生縁《しゆじやうえん》の慈悲。二には法縁《ほふえん》の慈悲。三には無縁《むえん》の慈悲なり。衆生縁の慈悲と(五)いつぱ、実《げ》に生死に迷へる衆生ありとみて、これを度して、出離せしめむとす。これは小乗の菩薩の慈悲なり。自身ばかりの出離を求むる二乗心にはまされりといへども、世間の(六)実有《じつう》の見に堕ちて、利益の相《さう》を存するが故に、真実の慈悲にあらず。維摩経《ゆいまきやう》の中に、(七)愛見《あいけん》の大悲とそしれるは、これなり。法縁の慈悲といつぱ、(八)縁生《えんしやう》の(九)諸(一〇)法は有情非《うじやうひ》情《じやう》(一一)みな幻化《げんけ》のごとしと(一二)通達して、(一三)如幻《によげん》の大悲を発《おこ》し、如幻の法門を説いて、如幻の衆生を済度す。これ則ち、大乗の菩薩の慈悲なり。かやうの慈悲は、実有の情を離れて、愛見の大悲には異なりといへども、なほも如幻の相《さう》を存するが故に、これも亦真実の

［一三］

(一)　敬うべき師。

(二)　禅では「きゅうごつ」と読む。元からのかかわり合い。

(三)　元やっていたことの名残り。

(四)　言葉に表わした教え。禅に対していう。

(五)　いえばの音便。五山版の原本には促音便の表記が厳密ではないから「イハ」とある。「イッパ」である。謡曲などにもこの言い方が多く残っている。

(六)　目の前にあるすがた。人間の迷いによって実在と思っていること。

(七)　眼前の姿に心を引かれること。

(八)　すべては因縁によって生ずること。

慈悲にあらず。無縁の慈悲といつぱ、仏果《ぶつくわ》に到りて後、本有《ほんぬ》(一四)性徳(一五)の慈悲現はれて、化度《けど》(一六)の心を発さざれども、自然《じねん》に衆生を度すること、月の衆水《しゆすい》に影をうつすがごとし。然らば則ち、法を演《の》ぶるに、説不説《せつふせつ》の隔てもなく、人を度するに、益無益《やくむやく》の相もなし。これを真実の慈悲と名づく。衆生縁・法縁の慈悲にかかはる人は、その慈悲にさへられて、無縁の慈悲の発することあたはず。小慈《せうじ》は大慈《だいじ》のさまたげといへるは、この義なり。百丈《ひやくぢやう》(一七)の大《だい》智禅師《ちぜんじ》の、小功徳・小利益をむさぼることなかれと誡め給へるも、この意なり。

禅門《ぜんもん》の宗師《そうし》の、人に示す旨趣《ししゆ》かくのごとし。

［一四］ 大乗の慈悲

問。実《げ》に生死の苦を受けたる衆生ありと見るにこそ、これを憐れむ慈悲も発《おこ》るべきに、それをば愛見《あいけん》の大悲《だいひ》と嫌ふことは何ぞや。もし一切衆生みな如幻なりと見る人は、いかでか慈悲も発るべきや。

答。世間の乞食《こつじき》(一)に二《ふた》しなあり。或は本《もと》より非人《ひにん》(二)の家に生まれ

(九) ありとあらゆるもの。
(一〇) 有情は生きて心あるもの、衆生。非情は感情のないもの。
(一一) まぼろしに現われたもの。すべて無情で、変化して頼みがたいこと。
(一二) 見通すこと。
(一三) 幻のようなもの。一切諸法（ありとあるもの）の無実にたとえる。
(一四) 本来具えているもの。もともと持っているもの。
(一五) 本性の具える徳（よいはたらき）。
(一六) 教化する。悟りに導くこと。
(一七) 唐の百丈山の大智禅師懐海。初めて禅門修行の規式を定めた。補注［93］

［一四］

て、幼少よりいやしき者あり。或は本は貴人《きにん》の家に生まれて、思ひの外《ほか》に零落《おちぶれ》たる人もあり。彼《か》の二人の乞食の中に、本は貴人なるが（三）浪浪《らうらう》して、乞食となれる人を見る時は、憐れむ情《こころ》の起こること、本より非人なる者を見るよりも、ことさらに深かるべし。菩薩の慈悲もかくのごとし。一切衆生本より諸仏と（四）同躰《どうたい》にして、生死の相なし。（五）無明《むみやう》の一念忽ちに起こつて、生死なき中に、生死の相を生ぜること、夢のごとく幻のごとし。然らば則ち、大乗の菩薩の衆生を見ることは、貴人の家に生まれたる人の、思ひの外に零落たるを見るがごとし。小乗の菩薩の、実《げ》に生死に沈める衆生ありと見て、愛見の大悲を起こすには同じからず。

［一五］　真言の加持と禅宗の祈禱　附＝鎌倉の来朝宋僧

問。真言宗《しんごんしゆう》には、衆生の苦厄《くやく》をやむる（一）加持門《かぢもん》あり。禅宗《ぜんしゆう》はかやうの利益《りやく》欠けたりと難ずる人あり。その謂れありや。

答。密宗《みつしゆう》は、（二）十界《じつかい》の（三）凡聖《ぼんしやう》、（四）本位をあらためず。全くこれ（五）大日《だいにち》如来《によらい》なりと談ず。しかれば、賢愚貴賤の勝劣もなし。禍福苦楽の差別もあるべからず。何をか祈り、何をか求むべきや。しかれど

（一）もの乞い。ものもらい。食を人に乞うて暮らす者。
（二）古く戸籍を持たぬ民。乞食の一種とみた。
（三）食禄を離れること。
（四）同じからだ。
（五）明らかでないこと。悟っていないこと。

［一五］
（一）仏力を祈ること。真言秘法を行なって、事物を浄化すること。
（二）補注［8］
（三）平凡な者とすぐれた者。凡人と聖人。
（四）もとの位。

も、いまだこの深理《しんり》に達せざる人を誘引せむために、有相《うさう》の悉地《しつぢ》を明かせり。かやうの方便をば、教門《けうもん》に譲る故に、禅門には、直《ぢき》に本分を示すのみなり。もし本分に到りぬれば、本《もと》より生死《しやうじ》の相なきことを知る。(六)乃《いまし》これ真実の延命《えんめい》の法《ほふ》なり。(七)災殃《さいあう》の相《さう》を見ず。乃これ真実の息災なり。(八)貧福の相を離れたり。乃これ真実の増益なり。怨敵とて厭ふべき者もなし。乃これ真実の調伏《てうぶく》なり。憎愛《ぞうあい》の隔てもなし。乃これ真実の敬愛《きやうあい》なり。もしこの理《ことわり》を信ずる人は、禅宗には苦厄をやむる利益欠けたりと難ずべからず。

真言《しんごん》の加持門と申すも、よのつね行《ぎやう》ずる息災《そくさい》増益等の加持門は、愚人を引導する方便なり。衆生の全體、(九)六大《ろくだい》(一〇)四曼《しまん》(一一)具足《ぐそく》して(一二)大日覚皇《だいにちかくわう》と、無二無別《むにむべつ》なりといへども、愚人これを知らざる故に、如来方便を垂れて、(一三)三密《さんみつ》の加持にて現はさしむるを、真実の加持とは申すなり。近代も真言を信じ給へる御事《おんこと》は絶えせねども、(一四)秘蔵の奥旨《あうし》を究めて、真実の加持門に趣きて、(一五)即身成仏《そくしんじやうぶつ》の理《ことわり》を証せむと思《おぼ》し召《め》すことは、稀になりて、ひたすら世間の御祈りのためばかりになれる故に、密宗を紹隆《せうりゆう》し給ふ高僧たちも、自宗の本意とは思ひ給はねども、大法《だいほふ》・秘法《ひほふ》を行なうて、これを奉公にあてらるるよしになれり。その中に密宗の奥旨をも知り給

(五) 密教の本尊。摩訶毘盧《まかびる》遮那《しやな》(大日)。この如来は導きのため種々の身相を現わすという。
(六) まさにの意。「乃」字を「いまし」という読み癖にしているようであるが、「すなわち」と読んでもよい。
(七) わざわい。
(八) わざわいをやめる。無事。
(九) 補注[9]
(一〇) 補注[10]
(一一) すっかり揃うこと。
(一二) 大日如来。覚皇は如来の別称。
(一三) 補注[11]
(一四) 大切なもの。
(一五) 肉身のまま成仏すること。真言宗ではこれに三種があると説く。そのうち、如来三密の加持力に感応して成仏するのを加持の即身成仏という。

はぬ（一六）事相《じさう》真言師は、これを本意と思うて、自身の名利のために、檀方の御祈りを申して、奉公につくり給ふこともありげなり。かかる故に、密宗漸くすたれて、（一七）陰陽師《おんみやうじ》の法なむどに変はらぬありさまなり。されば今も、心ある真言師は、これをのみ歎き給へり。されども密宗にはかかる方便門をかまへ置かれたれば、今のありさまにても、一分の利益はある方《かた》もあり。

禅宗を信じ給へる人の、させる天下の大事にもあらぬことに、禅院《ぜんゐん》へ御祈りせよと仰せらるることは、禅法《ぜんぽふ》破滅の因縁なり。もし尓《しか》らば、罪業をば受け給ふとも、御祈りとはなるべからず。然らば則ち、禅僧《ぜんそう》には坐禅工夫を専らにして、（一八）祖宗《そそう》を紹隆せよと仰せられて、我が御身も又行道《ぎやうだう》の用心をも、僧に御尋ねありて、真実に（一九）祖師《そし》の宗旨《しゆうし》を悟らむと御志《おんこころざし》をだにはげまされば、三宝も定めて哀憐《あいりん》し、諸神も亦納受《なふじゆ》し給ふべし。もし尓《しか》らば、たとひ悟《ご》道《だう》・得法《とくほふ》まではなくとも、世間の御祈りになるほどの益は、必ずあるべきをや。

鎌倉の（二〇）最明寺《さいみやうじ》の禅門、（二一）建長寺《けんちやうじ》を建立《こんりふ》して、禅法を崇《たふと》みらる。その比《ころ》は禅僧とて衆に交はる者をば、同じく坐禅《ざぜん》を専らにして経論《きやうろん》（二二）語録を学するをだに、なほ無道心《むだうしん》の僧なりと、（二三）開山大覚禅師《だいかくぜんじ》誡め

（一六）真言宗で、印を結んだり祈禱をしたりする行ないを事相という。これをする役僧が事相真言師である。
（一七）うらない師。
（一八）初めや元。祖先。
（一九）祖は始めの人。もとづく師。
（二〇）北条時頼《ときより》。禅に帰依し、最明寺を建てて隠居されたのでいう。
（二一）鎌倉に建てられた禅寺五山の第一。宋から招いた禅僧、道隆蘭渓《どうりゆうらんけい》和尚のために時頼が建立した。
（二二）禅僧が悟りの心境を述べた詩文を集めたもの。
（二三）開山は建長寺を開いた蘭渓和尚。大覚禅師はその禅師号。

給ひけり。いはんや世間の名利をや。ただ僧家《そうけ》のみにあらず。檀那及びその家人《けにん》たちも、この宗を信ずる人は、ひとへに本分を悟らむことを要とす。その後、兀庵(二四)・仏源(二五)・仏光(二六)諸大禅師、相次いで宋朝より渡り給ひき。皆同じく僧俗を警策《けいさく》(二七)して、本分を参究(二八)せしむる外には、他事もなかりき。在家《ざいけ》の信仰も亦かはらず。法光(二九)寺禅門の時、弘安の比《ころ》(三〇)、蒙古襲ひ来れりとて、天下騒動しけれども、檀那の禅門、騒ぎ給はず。日々に建長寺の長老(三一)・仏光禅師及び諸〻《もろもろ》の宿老《しゆくらう》たちを召請して法談《ほふだん》ありき。そのありさまありがたかりし由を、仏光の普説《ふせつ》(三二)の中に載せられたり。その後、円覚寺《えんがくじ》を建立して、祖宗の興行(三三)なほざりならず。かかりし故にや蒙古も国を傾けず。父子《ふし》二代世を保たることも、つつがなく、終焉のありさまも殊勝におはしけると申し伝へたり。彼《か》の二代の後も相続して、仏法を崇敬《すうきやう》せらるるよしはありしかども、世間をば重く、仏法をば軽く信じ給ひし故に、さして天下の大事ならぬことまでも、御祈りせよとひまなく禅院へも仰せられしほどに、寺々いつとなく祈禱の牌《はい》をかけて、衆僧経をよみ、陀羅尼《だらに》を満つるを所作《しよさ》として、坐禅工夫は退転(三四)す。面々に又小檀那ありて、各〻の祈りをあつらへらる。僧家も亦、我が身の名利を思ふ人は、これを大

(二四) 宋僧、兀庵普寧《ごつたんふねい》。時頼に帰依を受けたが、在朝五年、時頼の死後、宋国へ戻った。
(二五) 宋僧、蘭渓に次いで来朝し、北条時宗に敬われて鎌倉に住し、正応二年（一二八九）寂。七十五歳。
(二六) 補注［12］
(二七) 戒め注意する。「キョウサク」ともいう。
(二八) 携わり究める。はまり込んでやる。
(二九) 北条時宗。
(三〇) 蒙古（元）の二度目の来襲は弘安四年（一二八一）。
(三一) 修行を積んだ僧をいう。宿老も同じ。
(三二) 禅の説法をいう。仏光国師の語録に収める。
(三三) 興し行なう。
(三四) あと戻り。後退。

事と祈るとて、一大事をば忘れたり。禅法破滅の因縁にあらずや。

唐土の禅院には、毎朝粥《じゅく》の後、(三五)大悲咒《だいひじゅ》一遍《いっぺん》なむど誦するばかりなり。これ則ち、坐禅を本《ほん》とする故なり。(三六)楞厳会《りょうごんゑ》とて(三七)楞厳咒《りょうごんじゅ》をよむことも、近代より始まれり。それもただ夏中《げちゅう》ばかりなり。毎日の晩《くれ》ごとに(三八)放参《はうさん》と名づけて、楞厳咒をよむことは、日本より始まれり。唐土に放参といへるは別の礼儀なり。建長寺の始めには、日中の勤《つと》めはなかりけり。蒙古の襲ひ来りし時、天下の御祈りのために、日中に(三九)観音経《くわんのんぎやう》をよみたりける。そのままにしつけて、今は三時の勤めとなりたり。かやうの勤めも、禅家の本意にはあらねども、年来《としごろ》しつけたることなれば、後代《こうだい》の長老たちもとどめ給ふことなし。又末世のありさま、禅僧とてありながら坐禅をば(四〇)事《じ》の行《ぎやう》よりも、ものうく思へる人もありげなり。かかる人のためには、畧せむことも無益《むやく》なるべし。且《かつ》は又、世間を重くし給へる檀那の御意にも背きぬべし。この故に禅院ごとに、毎日三時の勤め怠ることなし。その廻向《ゑかう》の趣きは、偏に天下太平、檀那安穏の御ためなり。毎月の(四一)朔望《さくばう》には、(四二)祝聖《しゆくしん》の(四三)上堂《じやうだう》あり。これ又皇帝の御ためばかりにはあらず。四海清平《しかいせいへい》、万民和楽《ばんみんわらく》のためなり。禅僧は御祈りも申さぬ者とは、そしるべからず。大悲咒・楞厳咒の(四四)功《く》

(三五)　千手陀羅尼をいう。
(三六)　補注［13］
(三七)　楞厳経に説く所の神咒。仏頂咒ともいう。
(三八)　補注［14］
(三九)　法華経の第二十五品、観世音菩薩普門品。
(四〇)　事相の行。祈禱などをいう。
(四一)　一日と十五日。
(四二)　禅寺で皇帝などのため祝禱する説教法要をいう。
(四三)　禅寺で説法のため法堂へ登ること。
(四四)　ききめ。効能。

能《のう》を経中に説けること、何の大法秘法にか劣らむや。観音経・(四五)金《こん》剛経《がうきやう》の(四六)功力も、いるがせなりと申さむや。かやうの経咒《きやうじゆ》にて、毎日三時に祈り奉ることのかなはずは、この外《ほか》に経咒の数を添へたりとも、坐禅工夫の障《さは》りとはなりて、御祈りとはなるべからず。

〔一六〕 末世に三宝を敬ふ謂れ

問。 末代は禅・教・律の僧も、皆名利にわしりて、行道《ぎやうだう》は廃《すた》れたり。かやうの僧を供養せらるることあたらず。かやうの僧の居(一)所を伽藍《がらん》とて、さのみ所領を寄せられ、修造《しゆざう》とて人をわづらはし給ふこと無益《むやく》なりと申す人あり。その謂《いは》れありや。

答。 末世に生《しやう》を受くる人は、皆宿善《しゆくぜん》拙き故に、(二)涯分《がいぶん》の果報才学なむどのおはする人も、その先祖に及び給へるは少なし。もし先祖に及ばざる人をば、皆退《の》けられむには、公家《こうけ》・武家に召し使はれ給ふ人も、稀なるべし。先祖に及び給はずといへども、さすがにその子孫として、家風今に残れる故に、(三)王法もいまだ絶えず。武威も亦伝はれり。僧家も亦かくのごとし。古への大師(四)先徳には及び奉らずといへども、さすがにその(五)門葉《もんえふ》相続せる故に、教・禅

(四五) 補注［15］
(四六) 効能と同じ。

〔一六〕
(一) 僧らの住む園庭で、寺院をいう。
(二) 身分相応。身のほど。
(三) 王たるものの道。
(四) 先輩のすぐれた学僧。
(五) 仲間のつながり。門流。

の(六)宗風《しゆうふう》、いまだ断絶せず。

仏在世の時は、(七)生身《しやうじん》の如来を仏宝《ぶつぽう》と名づけ、その金口《こんく》の説法《せつぽふ》を法宝《ほふぽう》と称し、その(八)仏化《ぶつけ》を助け給ひし賢聖《けんじやう》を僧宝《そうぼう》と号す。仏滅後、末法《まつぽふ》の時は、木像・絵像《ゑざう》等を、仏宝と敬ひ、文字に書き伝へたる経論を法宝と信じ、髪を剃り、袈裟《けさ》をかけたる者を、僧宝と崇むべし。これ則ち、(九)末世住持《ぢゆうぢ》の三宝なりと、(一〇)聖教《しやうげう》に定め置けり。真実の三宝は、(一一)塵沙法界《ぢんじやほふかい》に遍満し給へども、末世に生まれたる人は、皆宿善薄き故に、かやうの仏僧を拝むこともなし。その法門を聴聞することもあたはず。しかれども、絵にかき、木を刻める仏像を礼拝し、文字にて書き伝へたる経論を受持《じゆぢ》し、髪を剃り袈裟をかけたる僧侶を供養し給ふは、ありがたき善縁にあらずや。釈迦の法は滅亡し、(一二)弥勒《みろく》はいまだ出で給はざる、二仏の中間に生まれたらむ人は、三宝の名字をだにも聞くべからず。いはんや今のごとくなる善縁をも結ばむや。もし人末世の住持の三宝を供養せらるる信心《しんじん》の深きこと、仏在世の三宝を供養せし人に変はらずは、功徳を受くることも亦変はるべからず。然らば則ち、僧宝の衰へたることを、そしり給はむよりは、自身の信心の古へに及ばざる故に、仏法をも(一三)軽忽《きやうこつ》し、僧侶をも誹謗して、罪業を招く因縁

(六)　宗派の行き方。宗派の特色。
(七)　衆生を救うために肉身に生まれること。なまみ。
(八)　仏の教化。
(九)　世に安住して法を保持すること。
(一〇)　聖者の説いた仏教の書。
(一一)　塵（ちり）沙（すな）のように物が多いこと。無数。
(一二)　補注［16］
(一三)　軽蔑すること。

とはなれども、功徳を得る福田《ふくでん》（一四）にはあらざることを歎き給ふべし。もし今時《こんじ》の僧は、羅漢《らかん》（一五）菩薩のごとくにもあらず。大師先徳にも及び奉らずとて捨て給はば、何ぞただ僧法のみならむや。いかばかり結構（一六）して造り立て、絵かき奉る仏像も、生身《しやうじん》の如来にこれをたくらべ奉らば、百千無量の一分にも及ぶべからず。真実の法門は、文字《もんじ》言説《ごんせつ》を離れたる故に、書き伝へたる経巻は、（一七）真詮《しんせん》にあらず。しかるを、真仏真詮にはあらぬ仏像経巻をば、さすがに信心を致し給へる人も、僧宝をば真僧《しんそう》にあらずとて、一向《いつかう》に嫌ひ捨て給ふこと、その謂《いは》れあるべしや。もししからば、末世の住持の三宝は、唯《ただ》二宝のみありて、一宝は欠けぬべし。もし又、末世の住持の三宝は、皆いたづらごとと申されば、これ則ち、（一八）天魔外道《てんまげだう》なり。とかく申すに及ばず。

（一九）大集月蔵経《だいじふぐわつざうきやう》に云はく、未来末世の時、我が法の中において、頭《かしら》を剃りて袈裟をかけたりといへども、禁戒を破りて、放逸《はういつ》なる者あるべし。たとひかくのごとくの僧なりとも、皆これ仏子《ぶつし》なり。これを謗《ばう》せば仏を謗するなり。これを害せば、仏を害するなり。もし人これを供養し護持せば、この人無量の福を得べし。たとへば、世人の真金《しんこん》を無価（二〇）の宝とするがごとし。もし真金なけれ

（一四）福を受けるもとになるもの。補注［17］
（一五）阿羅漢。十乗の位を極めたもの。
（一六）用意する。構えつくる。
（一七）まことの諭し。真の道。
（一八）天魔と外道。ともに仏道に害をするもの。欲界の第六天にある魔王。名を波旬《はじゆん》という。
（一九）大方等大集月蔵経。十巻。
（二〇）かけがえがない貴重なもの。

ば、銀を無価とす。銀なければ銅を宝とす。銅なければ鉄を宝とす。鉄なければ(二一)白鑞《びゃくらふ》等を宝とす。仏法も亦かくのごとし。仏を無《む》上《じゃう》の宝とす。仏なき時は、菩薩を無上とす。菩薩なければ羅漢を無上とす。羅漢なければ、(二二)得定《とくぢゃう》の凡夫を無上とす。得定の人なければ、(二三)持戒《ぢかい》の人を無上とす。持戒の人なければ、(二四)汚戒《をかい》の人を無上とす。汚戒の者なければ、頭《かしら》を剃り袈裟をかけたる者を、(二五)無上宝《むじゃうほう》とす。余《よ》の外道《げだう》にたくらぶれば、最尊《さいそん》第一なり。汝《なんぢ》ら諸天・諸龍・諸夜叉《やしゃ》、我が弟子を擁護して、仏種《ぶつしゅ》をして断絶せしむることなかるべしと云云。如来の哀憐かくのごとし。僧の行儀《ぎゃうぎ》の悪しければとて、如来の(二六)遺属《ゆいそく》に背き給ふべからず。酒に酔へる人を見れば、目もくらくなり、足もよろぼひ、舌もすくみ、心も狂ず。かかる過失をば、かねて知りたれども、酒を愛する人は、すべてうとまず。その中にその過失を見て、酒を憎む人は、ただこれ本《もと》より下戸《げこ》にて酒を愛せざる故なり。僧の過失を見て、仏法をうとむ人は、仏法の下戸なる故にあらずや。

　衆生の功徳を出生《しゅっしゃう》する者をば、福田《ふくでん》と名づく。これに二種あり。悲田《ひでん》と敬田《きゃうでん》となり。聖賢を帰敬《ききゃう》して、物を施《せ》し奉るは、敬田なり。下賤の人乃至畜生等を悲愍《ひびん》して、物を施するをば、悲田と

(二一)　はんだ。錫と鉛との合金。
(二二)　悟りを得たもの。
(二三)　仏道の戒律を保つこと。
(二四)　戒律を汚した人。
(二五)　補注［18］
(二六)　遺された頼み。

名づく。たとひ無智《むち》放逸《はういつ》の僧なりとも、これを供養し給はば、悲田の功徳を得《え》給ふ分なからむや。木のきれをそのままにて打ち置きたる時は、善にもならず悪にもならず。もしこの木のきれを、仏の形に刻みて、真仏《しんぶつ》の想《さう》に住《ぢゆう》して恭敬《きやうけい》し奉れば、功徳を得ること、真仏に異ならず。もし又、この木像を(二七)軽慢《きやうまん》し奉れば、罪業を得ること疑ひなし。心もなき木のきれだにも、かくのごとし。いはんや人たる者は、皆仏性《ぶつしやう》あり。たとひ無智無慚《むちむざん》の僧なりとも、信敬《しんきやう》せられれば福田となり、誹謗《ひばう》せられれば、罪業を招き給はむこと、疑ひあるべからず。(二八)梵網経《ぼんまうきやう》には、五百羅漢を(二九)別請《べつしやう》せむよりは、尊卑《そんぴ》親疎《しんそ》を択《えら》ばずして、一人の凡夫僧を、(三〇)次第請《しだいしやう》にすることは、その功徳まされりと説けり。ただし、(三一)善知識《ぜんちしき》に頼みて、出離の(三二)要道を聞かむためならば、道徳ある人を別請するとも、苦しからじと云へり。

僧の破壊無慚なるを見て、これを誹謗して、我は在家人なれば、かやうなるも苦しからずと思ひ給へるは、(三三)僻案《へきあん》なり。一生の(三四)報命《ほうみやう》つきて、(三五)閻魔王《えんまわう》の前に到り給はむ時、この人は俗人なれば、日来《ひごろ》の罪業も苦しからずとて、地獄に入ることを免じ給はむや。聖教《しやうげう》に仏弟子の過《くわ》をそしるを制することは、必ずしも仏弟子

(二七)　軽んじ侮る。
(二八)　菩薩の行地を明かした経。梵網経菩薩心地戒品第十。
(二九)　多くの中から一人を特に招いて供養すること。
(三〇)　順送りに招いて供養すること。
(三一)　よく人を導く高僧。
(三二)　大事な道。
(三三)　偏った考え。間違った考え。
(三四)　寿命。生まれた時から命数が決まっていると考えられている。
(三五)　地獄にあって、善を勧め悪を懲らしめる審判の役目をする頭《かしら》。

をかたひくよしにはあらず。これを謗《ばう》して、仏法を破滅し大罪を得ることを制せむためなり。かやうの法門は、俗人の御ために申すことなり。さればとて、僧家の破戒無慚なるを苦しからずと申すにはあらず。俗人は僧家の振舞《ふるまひ》の正理《しやうり》ならぬを見て、誹謗の罪業を忘れ給へり。僧家は又、俗人の誹謗し給ふことは、我等が正理ならぬ責《とが》なりとは省みず。僧をそしり法を軽しめ給ふ、僻事《ひがごと》なりととがめ申さる。あはれげに、うち返して、僧家の心をば俗人につけ奉り、俗人の心をば僧家に持ち給へることならば、濁世《ぢよくせ》もやがて正法となりなまし。

［一七］　政治と仏法　附＝聖徳太子、梁武帝、幕府政治の実態

問。　あまりに善根に心を傾けたる故に、政道の害になりて、世も治まりやらぬよしを申す人あり。その謂《いは》れありや。

答。　聖教《しやうげう》の中に、(一)癡福《ちふく》は三生《さんしやう》の怨《あだ》と申すことあり。その故は、愚癡《ぐち》にして(二)有漏《うろ》の善をのみ作《な》して、一生を過ごすほどに、(三)心地《しんぢ》を明《あき》らむることあたはず。これ一生の怨なり。この有漏の善によりて、次の生に(四)欲界の人天に生《しやう》じて、富貴《ふつき》の果報を得る故に、世間

［一七］
(一)　愚かなつまらぬこととよい幸せなこと。ここはつまらぬ福。
(二)　漏は煩悩。煩悩を含む一切の事物。世間。
(三)　心。心境。心を物が生ずる大地にたとえていう。
(四)　婬欲《いんよく》と食欲の強い衆生の住む所。

の(五)愛着《あいぢやく》もいよいよ深く、罪業の薫力《くんりき》も亦重し。たとひ罪業をばさしも作らぬ人なれども、政務に心を乱したり。(六)嬉戯《きぎ》にひまのなき故に、正法を行ずることはなし。これ二生の怨なり。前世の有漏の善根は、今生に受け尽くしぬ。(七)曠劫《くわうごふ》の(八)無明《むみやう》の薫力は、いよいよ重なれる故に、又次生《じしやう》には悪趣《あくしゆ》に堕《だ》す。この故に癡福《ちふく》は三生《さんしやう》の怨と申すなり。しかれども、(九)提謂経《だいいきやう》等の中に、五戒《ごかい》・十善《じふぜん》等の有漏の善根を修すべきことを説き給へり。これを人天教《にんでんげう》と名づく。宿習《しゆくしふ》の拙き故に、正法を行ぜよと如来すすめ給ふとも、かなふまじき人をば、先づ彼が願ふ所の、人天の果報を得しめて、漸く引導して、正法に入らしめむために、しばらく有漏の善根を修すべきことを教へ給へり。しかれば、末代のありさま、今生《こんじやう》の祈り、来世《らいせ》の福のためとて、善を修し給ふも、ありがたきことなれば、あながちに制し申すべきにあらねども、同じくは、三生の怨となさぬやうに、勤行《ごんぎやう》せられれば、即ちこれ如来の本意なり。

いまだ心地を悟らざる人は、たとひ種々の善をなせども、皆有漏の善となるなり。教・禅の宗師《そうし》、同じく先づ心地を明らめて、後に諸善をば修せよとすすめ給へるは、この意なり。(一〇)天台大師(一一)六即《ろくそく》の位《くらゐ》を立て、(一二)修証《しゆしよう》の階《しな》を判じ給へる中に、(一三)妙解《めうげ》開けて後、観《くわん》

(五) 愛欲にとりつかれていること。
(六) おもしろく遊ぶ。
(七) 広く長い。
(八) 悟っていないこと。迷い。
(九) 提謂波利経の略。補注[19]
(一〇) 天台宗の開祖。智《ち》顗《ぎ》。
(一一) 補注[20]
(一二) 行ないを修め、理を証すること。
(一三) 補注[21]

行即《ぎやうそく》の初品《しよぼん》の位に到るまでも、他人のために法門を説き、（一四）自行《じぎやう》のために経咒《きやうじゆ》を読誦《どくじゆ》するをも、道の障《さは》りとてこれを制す。第二品《ぼん》の位に到りて、始めて読経誦咒《どきやうじゆじゆ》を許し、第三品《ぼん》に到りて、すこし説法利生《せつぽふりしやう》の分を許せり。第四品に到りて、始めて（一五）六度を兼行《けんぎやう》し、第五品に到りて、正しく六度を行《ぎやう》じて、衆生を利益すべしと見えたり。（一六）圓悟《ゑんご》禅師《ぜんじ》の心要《しんえう》に、悟性勧善《ごしやうくわんぜん》の文とて載せられたるも、先づ心性《しんしやう》を悟りて、然る後に善根をば修せよとの由なり。心地を悟らざる人は、所作の善根、ただ有為《うゐ》の果報の因なるが故に、出離の要道とはならず。たまたま法を説き、人を度すれども、愛見《あいけん》の大悲に堕するが故に、真実の（一七）化導《けだう》にはあらず。これを以て有漏の善根をば制して、正法を行ずることをすすむるなり。

さのみ御善根に心を傾け給ふことをいさめ申す人も、もしかやうの謂れならば、実《げ》に殊勝《しゆしよう》の忠言なり。もしただ世俗を重くし、仏法を軽くする故に、かくのごとく申されれば、偏にこれ（一八）魔心《ましん》なり。人界《にんがい》に生《しやう》を受くる人、貴賤異なりと云ふとも、皆これ前世《ぜんせ》の五戒十善の薫力《くんりき》なり。その中に（一九）福分《ふくぶん》も人に勝れ、威勢も世に超え給へる人は、前世に五戒十善戒をよく持《たも》ちて、その上に諸〻の善根を作《な》し給へる故なり。今我が朝の武将として、万人に仰がれ給

（一四）自分のための修行。
（一五）補注〔22〕
（一六）補注〔63〕
（一七）教化して導く。
（一八）悪魔の心。悪い心。
（一九）福の取り分。

へることは、偏にこれ宿善のいたすところなり。しかれども、なほも世の中に敵対（二〇）申す人もあり。御家人（二一）と号して、奉公する人の中にも、仰せに随つて私を省みざる人は稀なり。かやうのありさまを見奉る時は、前世の善因《ぜんいん》のなほも不足におはしましけるよとおぼしきに、（二二）賸《あまつさ》へ今生の修善《しゅぜん》の過ぎ給へる由を申されむや。

（二三）元弘《げんこう》以来の御罪業と、その中の御善根とをたくらべば、何《いづ》れをか多しとせむや。この間も御敵とて、亡ぼされたる人幾何《いくばく》ぞ。その跡に残り留りて、浪々（二四）したる妻子眷属《けんぞく》（二五）の思ひは、いづくへかまかるべき。御敵のみにあらず。（二六）御方《おんかた》とて、合戦して死にたるも、皆御罪業となるべし。その子は死にて、父は残り、その父は死にて、子は存せるもあり。さやうの歎きある者、数を知らず。せめてその忠によりて恩賞を行なはれたらば、慰む方もあるべきに、その身大名にもあらず、（二七）強縁《がうえん》も持たぬ人をば、御耳に入るる人もなければ、（二八）訴詔《そせう》も達せず。その面々の恨みも謝しがたし。今も（二九）連々《れんれん》に、（三〇）目出たきことのあると聞こゆるは、御敵の多く亡びて、罪業の重なることとなり。都鄙の間に神社仏寺、旅宿人家、或は破損し、或は焼亡《せうまう》せること、幾何《いくそばく》ぞ。寺社の旧領、（三一）本所《ほんじょ》の御領、或は兵粮《ひやうらう》にとられ、或は領所《りやうしょ》となれる故に、社頭の祭礼もな

（二〇）歯向かうこと。手向かい。
（二一）貴族・武家等の家来。
（二二）それに加えて。その上に。
（二三）鎌倉幕府の末期以来の兵乱に活動したことを指す。元弘は後醍醐天皇の時の年号。補注［23］
（二四）さまよう。さすらう。
（二五）身内の者。手下の者。うからやから。
（二六）補注［24］
（二七）強いかかわり合い。
（二八）補注［25］
（二九）引き続き。
（三〇）戦勝を指す。
（三一）本家。名義上の領主。

きがごとく、寺院の勤行《ごんぎやう》も廃《すた》れたり。武士ならぬ人は、所領あれども、知行(三二)し給ふことかなはず。宿所(三三)をだにおしとられて、立ち寄る方もなき人も多し。仁義の徳政(三四)はいまだ行なはれず。貴賤の愁歎《しうたん》はいよいよ重なる。世上の静謐《せいひつ》(三五)せぬことは、偏にこれこの故なり。何ぞ御心を善根に傾け給ふことの故ならむや。あはれげに、御意《ぎよい》のごとく、諸人も一同に心を善根に傾け給はば、この世界やがて浄土《じやうど》にも成りぬべし。いはむや治まることなからむや。

　昔より国王大臣として、天下を統領(三六)しまします人、仏法を信敬《しんぎやう》し給へること、異国本朝少なからず。その中に、或は世法(三七)を成就せむために、仏法をあがめ給へる人あり。或は仏法を興行せむために、世法をつかさどり給へる人もあり。世法のために仏法を信じ給ふ人も、悪王悪臣となりて、すべて仏法を信ぜざる人よりは、まさり給へりといへども、一身を保ちて、夢中の栄華に誇り、万民を撫でて、暫時の飢寒《きかん》を免れしめたるばかりにて、上下遂に輪廻《りんね》を免れず。されば、三皇五帝の時も、仏法流布《るふ》の世ならねば、羨むべきことにあらず。然らば則ち、仏法のために世法を興行し、万民を引導して、同じく仏法に入らしめ給ふは、即ちこれ在家(三八)の菩薩なり。

(三二)　領地を支配すること。治めること。
(三三)　寝泊まりする所。住所。
(三四)　補注［26］
(三五)　穏やかに治まること。
(三六)　すべて治める。
(三七)　世俗のしきたり。世の決まり。世の政治。
(三八)　在俗の人。俗人。

本朝の聖徳太子(三九)、万機の政《まつりごと》をなしながら、その中間に堂塔を造立し、仏像を安置し、経論《きやうろん》を講説し、疏鈔《そせう》を製作しましまして、これ則ち、仏法のために世法を興《おこ》し給へる模様(四〇)なり。十七箇(四一)条の憲法の始めに、上下和睦《わぼく》、帰敬三宝《ききやうさんぽう》と載せ給へるも、政道を行なふことは、仏法のためなるよしなり。さればにや、御在生《ございしやう》の時、一天四海政化《せいくわ》になびきしのみにあらず。七百年の今に到るまで、誰か彼の遺躅《ゐたく》(四二)を仰《あふ》がざる。この太子に背き奉りしは、ただ守《もり》屋《や》一人《いちにん》のみなり。遂にこれを亡ぼし給ひき。守屋はこれ執政の大臣なり。政道のため他に異なる人なりき。しかれども、太子の善根をなし給ふことを、あながちに妨げ申しし故に、これを誅罰《ちゆうばつ》(四三)せらる。その旨趣《ししゆ》御自筆(四四)の天王寺の記に載せられたり。

異朝(四五)の梁《りやう》の武帝、侯景《こうけい》がために世を奪はれ給へることは、余りに善根に心を傾《かたぶ》けて、政道を忘れ給ひし故なりと、そしれる人あり。釈迦《しやか》如来《によらい》(四六)は、浄飯王《じやうぼんわう》の太子(四七)として、王位を継ぎ給ふべかりしを、遁れ出で(四八)雪山《せつせん》に入りて飢寒の苦を受け給ひしをば、仏事に心を傾けて、王位の栄華を失ひ給へりと、そしり奉らむや。梁の武帝も王位に居《おは》せじとて、たびたび遁れ出で給ひしを、臣下ども追ひ返し奉る。結句《けつく》は、かたく遁れ給はむとて、御身を売りて、寺

(三九) 補注 [27]
(四〇) 手本。模範。
(四一) 補注 [28]
(四二) 残した跡方。遺業。
(四三) 罪を罰する。
(四四) 太子の御手印と称する四天王寺縁起を指すのであろう。
(四五) 補注 [29]
(四六) 迦毘羅衛国の王で釈迦の父。
(四七) 世継ぎの王子。
(四八) インドの北境にある雪を頂く高山。

の奴（四九）となり給ひき。諸臣なほ許し奉らず。御身の価《あたひ》を寺へ返して、本《もと》のごとく王位につけ奉る。かの御意をさぐり奉るに、何ぞ侯景に世を奪はれ給ふことを、あさましと思ひ給はむや。

今の御ありさまを見奉るに、釈迦如来、梁の武帝のごとく、一向に世間を捨て給ふことは、かなふべからず。ただ聖徳太子のごとく、仏法のために、世法を興行し給はば、殊勝の御事なるべし。今度、義兵（五〇）を起こされしことは、偏に仏法興行のためなりと承《うけたまは》りしかば、たとひ天下の人、一同に妨げ申すとも、善心の破れ給ふ御事はあらじと存ずれども、かやうに申さるる人の、魔心をも翻し給はば、一分の益もあるかとて、種々の荒言《くわうげん》（五一）に及べり。

〔一八〕　外魔と内魔

問。仏法を行ずる人、ややもすれば魔道《まだう》（一）に入ると申すことは、いかなる故ぞや。

答。仏道の障《さは》りとなる者をば、惣《すべ》てこれを魔業《まごふ》と名づく。魔業を成ずれば、必ず魔道に入る。大般若経《だいはんにやきやう》（二）の魔事品《まじぼん》、首楞厳経《しゆりようごんきやう》（三）、及び天台《てんだい》（四）の止観《しくわん》の中に詳しく明かせり。その文しげきが故に、具《つぶさ》

（四九）奴隷《どれい》。

（五〇）正義のために起こすいくさ。

（五一）遠慮のない言葉。

〔一八〕

（一）邪鬼天魔の世界。補注〔30〕

（二）六百巻。わが国では祈禱に最も読誦する。

（三）十巻。首楞厳は万行の総称。

（四）摩訶止観。補注〔31〕

に引くことあたはず。要を取りてこれを言はば、魔《ま》に二種あり。内魔《ないま》と外魔《げま》となり。魔王《まわう》・魔民《まみん》等の、外より来りて行者《ぎやうじや》を悩ますをば、外魔と名づく。その魔王は欲界の第六天にあり。これを天《てん》魔《ま》と号せり。よのつね天狗《てんぐ》なむど言へるは、即ち魔民にあたれり。彼の魔王は、(五)三界《さんがい》の衆生を眷属と思へり。この故に、仏道に入る者をば、これを障礙《しやうげ》するなり。然れば則ち、世事にのみ執着して、仏法修行の等閑《なほざり》なる人は、生死を出づることあるまじき故に、天魔これを障礙せず。魔は皆飛行自在《ひぎやうじざい》を得て、身より光を放ち、過去未来の事を知りて、仏菩薩の形を現《げん》じ、法門を説くこと、(六)弁論とどこほりなし。

　涅槃経《ねはんぎやう》の中に云《い》はく、阿難一日《あなんいちじつ》外より来《きた》る。その途中にして、九百万の天魔、皆仏身を現ずること、釈尊《しやくそん》に異ならず。各ゝ法門を説いて、互ひにそしりあへり。阿難茫然《ばうぜん》として、本師(七)世尊《せそん》は、何《いづ》れともわきがたし。その時、世尊これをかんがみて、文殊《もんじゆ》に勅《ちよく》して、(八)神呪《しんじゆ》を誦《じゆ》せしむ。天魔みな退散すと云ふ。阿難なほ迷惑すること、かくのごとし。いはんや愚人《ぐにん》をや。天魔よく仏身《ぶつしん》を現じ仏説《ぶつせつ》をのぶ。いはんや余形《よぎやう》を現じ、余事を説くこと、何の妨《さまた》げかあらむや。世間に花を降《ふ》らし、光を放つとて、これを貴《たつと》しといふ

(五)　補注［32］

(六)　しゃべること。

(七)　仏の尊号。補注［33］

(八)　妙なる咒文。陀羅尼。

者あり。魔道に入ること疑ひあるべからず。

かやうに外魔の来りて悩ますことはなけれども、もし行人《ぎやうにん》の心《しん》中《ぢゆう》に煩悩《ぼんなう》を生じ、悪見《あつけん》に着《ぢやく》し、慢心《まんしん》を起こし、禅定《ぜんぢやう》にふけり、知恵に誇り、或は二乗心（九）に堕《だ》して、独《ひと》り自《みづか》ら出離せむことを求め、或は愛見の大悲に住して、利生《りしやう》を好む。皆これ無上菩提《むじやうぼだい》の障りなるが故に、すべてこれを内魔と名づけたり。或は病患《びやうげん》によりて（一〇）道《だう》行《ぎやう》を（一一）退転し、或は（一二）業縁《ごふえん》に遭《あ》うて身命《しんみやう》を亡ぼす。故に道行を成《じやう》ぜず。皆これ魔境《まきやう》なり。或はけしからず道心の起こりて、暫時のいとまも惜しく、悟りのおそきことの歎かしきによりて、日夜に涙のこぼるることのあるも、魔障《ましやう》なり。又、日にそへて（一三）懈怠《けだい》の心のみ増長して、たまたま修行せむとすれども、不食《ふじき》の病《やまひ》ある人の、食に向かへるがごとくなるも魔障なり。（一四）善知識《ぜんちしき》を信ずることの甚《はなは》だしき故に、その糞《ふん》を食しその尿を飲むとも、いとはしからぬことあり。これも亦魔障なり。善知識の行儀《ぎやうぎ》に過非あることを見て、その正法を捨て、これを遠離《をんり》するも、魔障なり。（一五）貪瞋《とんじん》等の煩悩の強盛《がうせい》に起こることも、魔障なり。煩悩の生ずるを怖《おそ》れて、歎き悲しむも魔障なり。かやうの魔障の起こること、或は行者《ぎやうじや》の用《よう》心《じん》の邪《よこしま》なるによりて生ずることもあり、或は用心真正《しんしやう》なる故

（九）　補注［34］
（一〇）　仏道修行。
（一一）　怠る。
（一二）　報いを招くかかわり合い。
（一三）　怠りなまける。
（一四）　よく人を導く朋友。仏道では高徳の学僧。
（一五）　ひどく怒ること。

に、諸障の滅《めつ》せむとして、発動することあり。たとへば燈《ともしび》の消えむとする時、光を増すがごとし。何《いづ》れの篇《へん》(一六)にても、驚動《きやうどう》(一七)の心なくば、謬《あやま》りあるべからず。

【一九】 慢　心

問。悪見等を起こすによりて、魔《ま》道《だう》に入ることは、その謂《いは》れあり。智《ち》徳《とく》霊験《れいげん》のあるによりて、魔道に入ることは何《なに》の故《ゆゑ》ぞや。

答。たとへば世間に合戦の忠をいたし、奉公の功を積めるによりて、恩賞にあづかること、余人に勝れたる人あり。この人もしその恩賞に誇りて過分《くわぶん》の振舞《ふるまひ》をする時は、必ず誅罰《ちゆうばつ》にあふがごとし。これ則ち、恩賞のとがにはあらず。ただ偏《ひとへ》に恩賞によりて、誇る心を起こせる故なり。仏法も亦かくのごとし。学道《がくだう》の人、修練の功の積もるに随つて、(一)行徳《ぎやうとく》も日来《ひごろ》にはかはり、霊験も余人にはすぐれたることあり。この人もしその小智・小験に誇りて、高《けう》慢の心を起こす時は、魔道に入ること疑ひなし。この故に古来教禅《ぜん》の行人《ぎやうにん》の中にも魔道に入る人あり。浄土(二)の行を修する人にも魔《ま》往生《わうじやう》といへることあり。皆これ仏法のとがにはあらず。ただ偏に

(一六)　篇は常。どんな時でも。
(一七)　驚きあわてる。びくびくする。

【一九】
(一)　修行の功徳。
(二)　弥陀《みだ》の浄土に往生するのを願求する行。

行徳霊験《ぎやうとくれいげん》に誇りて、慢心を起こす故なり。その中にもし邪見《じやけん》を起こして、因果《いんぐわ》を(三)撥無《はつむ》し、(四)我慢《がまん》を高くして、(五)人法《にんぼふ》を誹謗する者は、魔道に入るまでもなし。直《ぢき》に地獄に堕《だ》すべし。

(六)浄業障経《じやうごふしやうぎやう》に、(七)六波羅蜜《ろくはらみつ》を修して、仏道の障《さは》りとなる故を説いて云はく、(八)檀施《だんせ》を行《ぎやう》ずる人は、他人の慳貪《けんどん》なるを見てこれを憎《にく》み、持戒の人は破戒《はかい》の人を見て、これをそしる。乃至(九)禅定《ぜんぢやう》を修する人は、(一〇)散乱《さんらん》の人を厭《いと》ひ、智恵ある人は、愚癡《ぐち》の者を軽《かろ》しむ。もし人かやうの心を生ずる時は、六波羅蜜の功徳かへりて仏道を障《さ》へる因縁たりと云云。これも亦六波羅蜜を修するが魔業なるにはあらず。(一一)有所得《うしよとく》の心に住《ぢゆう》して、自らを是《ぜ》し、他を非《ひ》する故に、仏道の障《さは》りとなれるなり。菩提心を発して、六度を行ずるだにも、もし有所得の心に住すれば、魔業を成《じやう》ず。いはんや世間の名利のために、(一二)智弁《ちべん》を求め、神通《じんづう》を願ふ者をや。かやうの心を起こすは、皆これ内魔なり。この内魔のある故に、外魔その便《たよ》りを得て、その人に托《たく》して、仮に智弁を与へ、(一三)神用《しんよう》を施さしむ。その人(一四)迷倒《めいたう》して、魔の所為とは知らず、我が道徳なりと思ひて、弥〻《いよいよ》高慢を起こして、遂に魔道に入る。

(三)　払いのける。排斥する。否定する。
(四)　自分をえらいと思い他人を侮る。
(五)　衆生と仏法。
(六)　一巻。業障を清めることを説く。
(七)　六度。補注［21］
(八)　檀那の布施。
(九)　一心に物を考え、一境に念をしずめる。
(一〇)　とりとめがない。
(一一)　執着の心。
(一二)　智恵があって物を分別すること。智恵と弁才。
(一三)　霊妙なはたらき。
(一四)　迷い逆らう。

[二〇]　執着心

問。僧俗異なりといへども、凡夫《ぼんぷ》地にあるほどは、誰も有所得《うしょとく》の心を離れたることはなし。もしこの有所得の心を以て修すること、皆魔業《まごふ》となるならば、凡夫の修行《しゅぎゃう》、仏道を成ずることあらむや。

答。世間の諸事みな損あり益あり。これ則ち、その事《こと》をなす人の、よくすると悪《あ》しくするとの差別によれり。悪しくすれば損あることを見て、よくする者の益あることを捨つべからず。忠功をいたせる人の、恩賞に誇りて、誅罰《ちゅうばつ》にあふを見て、忠功をいたすこと詮《せん》なしといふべからず。誅罰にあふことは、忠功のとがにはあらず。恩賞に誇りて過分の心を起こせる故なり。然らば則ち、恩賞の余人《よにん》に勝《すぐ》れたるによりて、たとひ誇る心は起こるとも、かやうの心は身を亡ぼし、家を失ふべき因縁なりと知りて、過分の振舞《ふるまひ》をせず。いよいよ忠をいたし功を積まば、唯《ただ》身を立て家を起こすのみならず、君のため世のため、(一)無窮《むくう》の巨益《こやく》あるべし。仏法も亦かくのごとし。修行の功積もりて、(二)道徳を発する人の、有所

(一)　きわまりない。
(二)　仏道修行を積んで具わった品性。

得の心に住して、魔道に入るといふことを聞きて、出離の行《ぎやう》を退屈せば、何《いづ》れの道に入りてか生死を出づべきや。

仏法の内は、諸宗異なりといへども、もし有所得の心に住して、行徳に誇る人は、魔道に入ることを遁《のが》れがたし。もし又、一向に仏法を捨てて行《ぎやう》ぜずば、魔道に入るまでもなくして、直に(三)三《さん》悪道《あくだう》に堕《だ》すべし。魔道に入ることは、仏法修行のとがにはあらず。道徳に誇り慢心を起こす故なり。いまだ(四)聖位《しやうゐ》にのぼらざる人は、誰か有所得の心なからむや。たとひ有所得の心は起こるとも、かやうの心は皆魔業なりと知りて、これを(五)堅執《けんしふ》せず。或は日《ひ》来《ごろ》に変はれる小智小徳ありとも、これを以て足《た》れりとせず。もしいまだ(六)一知一解《いつちいちげ》を得ることなくとも、退屈の心を生ぜず、いよいよ修行の功を積まば、(七)本分《ほんぶん》の霊光忽《たちま》ちに(八)現前《げんぜん》し、無辺の徳用(九)自《おのづか》ら成就《じやうじゆ》すべし。ただ一身の迷倒を翻《ひるがへ》すのみならず。一切衆生を引導する広大の利益《りやく》を致すべし。もしよくかくのごとくならば、一切の天魔外道《てんまげだう》も亦、同じく(一〇)伴侶《はんりよ》となりて、仏事の障礙《しやうげ》あるべからず。(一一)維摩居士《ゆいまこじ》の一切衆魔《しゆま》及び諸外道、皆吾《わ》が侍《じ》なりと説き給へるは、この義なり。

(三)　悪業によって赴く三処。地獄・餓鬼・畜生の三道。
(四)　補注［35］
(五)　堅くとらわれる。固執。
(六)　ほんのわずか解ること。
(七)　本来の領分。本性。
(八)　目の前に現われる。
(九)　徳のはたらき。
(一〇)　連れ。
(一一)　補注［36］

[二一]　坐禅と狂乱

問。坐禅(一)する人の中に狂乱することのあるを見て、坐禅をおづる人あり。かやうに狂乱することは、実《げ》に坐禅のとがやらむ。

答。坐禅する人の中に、狂乱する者のあればとて、坐禅をうとむことは、宿習《しゅくしふ》の拙《つたな》き故なり。よのつね世事にのみ執着して、坐禅をばせぬ人の中に狂乱する者あり。これを見る時、何《なん》ぞ世事をばうとまざるや。坐禅をする時狂乱する人のあることは、或は少《せう》分《ぶん》の見解(二)の起こるによりて、高慢の心を生ずる故に、魔《ま》精《せい》その心に託《たく》して狂乱することあり。或は前業《ぜんごふ》によりて、鬼魅《きみ》(三)に悩まされて狂乱するもあり。或は有所得の心に住して、速疾《そくしつ》に悟りを開くことを求めて、身心《しんじん》を労役《らうえき》(四)する故に、血脈《けちみやく》乱れて狂乱するもあり。かやうなる種々の因縁ありて狂乱す。坐禅のとがにはあらず。狂乱は一旦《いったん》のことなり。終《つひ》には必ずやむ期《ご》あり。やめば則ち、道心(五)にかへるべし。狂乱を怖《おそ》れて坐禅せざる者は、永く地獄に入りて出《い》づる期《ご》ありがたし。これ則ち、真実の物狂《ものぐる》ひなり。然れば則ち、坐禅して物狂ひになるをば怖るべからず。物狂ひを見

[二一]
(一) 坐して禅を修めること。補注[37]
(二) 意見。見方。
(三) 怪しのもの。
(四) ひどく使う。
(五) 仏道を修めようとする心。

て、坐禅をうとむ心の生ずることを怖るべし。

〔一二〕 魔障の対治 附＝道樹禅師

問。魔障《ましやう》もしおこらむ時は、いかが(一)対治《たいぢ》すべきや。
答。(二)教門に種々の対治あり。具《つぶさ》に引くことあたはず。禅宗の学者、もしよく(三)教外《けうげ》の(四)玄旨《げんし》は箇々《ここ》(五)円成《ゑんじやう》して、智愚の勝劣もなく、今古の移易《いえき》もなきことを信ぜば、たとひ日来《ひごろ》にかはり余人にまされる道徳(六)智用《ちよう》ありとも、皆これ(七)幻妄《げんまう》なりと知りて、これを執着すべからず。古人の云《い》はく、たとひ一法の涅槃に過ぎたるありとも、(八)斬《き》つて三段となすべしと云云。(九)自性《じしやう》(一〇)天真の如来を信ずる人は、(一一)三身《さんじん》・(一二)四智《しち》をも貴《たつと》しとせず。(一三)蠢動《しゆんどう》・(一四)含霊《がんれい》をも賤《いや》しとせず。たとひ(一五)身上《しんじやう》に(一六)相好《さうがう》を具《ぐ》し、(一七)脳後《なうご》に(一八)円光《ゑんくわう》を生ずとも、奇特《きどく》の想《おも》ひをなすべからず。もしよくかやうならば、内外《ないげ》の諸魔、何ぞその(一九)便《たよ》りを得ることあらむや。

昔、唐の(二〇)道樹《だうじゆ》禅師、三峯山に住す。衣服つねざまならぬ異人来《きた》りて、常に庵辺《あんぺん》に(二一)徘徊《はいくわい》す。仏菩薩の形を現ずる時もあり。(二二)天仙《てんせん》の形を化《げ》する時もあり。或は奇特の光明を放《はな》ち、或は怪異《くわいい》なる言《ごん》

〔一二〕
(一) 煩悩を断ち切ること。
(二) 補注［38］
(三) 補注［39］
(四) 奥深い意味。奥儀。極意。
(五) すっかりよく出来上がること。
(六) 智の働き。
(七) みだりなまぼろし。
(八) ずたずたにすること。
(九) 本来各自に具わった変わらない性。
(一〇) 天然の真理。人が作ったものでないもの。
(一一) 如来がその働きにより現われ方が三種になるという。法・報・応の三身。
(一二) 補注［40］
(一三) 蠢《うごめ》く無智なもの。

句《く》を出《い》だす。かやうにすること十年。その後は見えずなりぬ。禅師その門弟に語りていはく、この間《あひだ》天魔来つて我を悩まさむために、種々に変化《へんげ》しつれども、我ただ（二三）不見不聞《ふけんふもん》を以てこれに対す。かれが変化はきはまることあり。我が不見不聞は尽くることなし。この故に、かれ遂に（二四）退没《たいぼつ》しぬと云云。これ則ち、魔を降《かう》ずる秘術なり。ただ魔境のみにあらず、一切の逆順の境に対する時も、道樹禅師のごとくならば、道行自然《だうぎやうじねん》に成ずべし。（二五）達磨大師《だるまだいし》の、外に諸縁を逐《お》はず。内心喘《あへ》ぐことなく、心牆壁《しやうへき》のごとくならば、道に入るべしと仰せられたるも、この意なり。ただ平生の（二六）歴《れき》縁《えん》・（二七）対境のみならず、臨終《りんじゆう》到来の時も亦かくのごとくならば、業縁に転ぜらるることあるべからず。（二八）黄檗《わうばく》禅師の伝心法要《でんしんほふえう》に云はく、凡夫臨終の時、但《ただ》観ずべし。（二九）五蘊皆空《ごうんかいくう》にして、（三〇）四大無我《しだいむが》なり。真心無相《しんじんむさう》にして、（三一）不来不去《ふらいふこ》、生の時性《じしやう》亦不来、死の時性亦不去。（三二）湛然《たんぜん》（三三）円寂にして、（三四）心境一如《いちによ》なり。但《ただ》よくかくのごとくならば、便《すなは》ちこれ出世の人なり。もし諸仏（三五）来迎《らいがう》し種々の善相《ぜんさう》ありとも、随ひ去る心を生ずべからず。もし諸〻の悪相《あくさう》の現ずることありとも、怖畏《ふゐ》を生ぜず、（三六）心を志《こころざ》して法界に同じからしむべし。便ちこれ臨終の（三七）要節なりと云云。

（一四）生きもの。
（一五）からだ。
（一六）顔の形。
（一七）頭のうしろ。
（一八）仏の頭上から放つ円輪の光明。
（一九）つけ入るすきを見つける。
（二〇）『宋高僧伝』に載る高僧で、野人・奇行で知られた。
（二一）歩き廻る。
（二二）天人と仙人。
（二三）見ず聞かず。盲人と聾者。
（二四）退き隠れる。
（二五）補注[41]
（二六）つながりの縁。
（二七）境界に対処する。
（二八）補注[42]
（二九）身・心をいう。
（三〇）補注[43]
（三一）ありとあるものの本性は変わらない。

〔一三〕　無心は降魔

問。人の酒に酔へる時は、酔へることを知らざるがごとく、既に魔境《まきやう》に入れる人は、魔境を弁ずることとあるべからず。もししからば、たとひ対治(一)の秘術をかねて習ひおきたりとも、用ゆる所なかるべし。初心(二)の学者何としてか魔境に入らぬ方便あるべきや。

答。魔境を怖れて、これに入らぬ方便を求むる、即ちこれ魔境なり。(三)龍樹菩薩《りゆうじゆぼさつ》が云はく、有念《うねん》なれば(四)魔網《ままう》に堕《お》つ。無念なれば則ち出づることを得と云云。古徳の云はく、心外に魔障《ましやう》なし。無心《むしん》なるは即ち降魔《がうま》なりと云云。(五)道樹禅師の不見不聞《ふけんふもん》を以て、魔を降《がう》伏《ぶく》し給へるもこの謂《い》ひなり。仏界《ぶつかい》の相を愛すれば、則ち魔界《まかい》なり。魔界の相を忘ずれば、則ち仏界なり。真実修道の人は、仏界をも愛せず。魔界をも怖れず。もしかやうに用心して(六)証得《しようとく》の想をもなさず、退屈の心をも生ぜずは、諸障自ら消滅すべし。

又常に仏前において大願を発《おこ》すべし。円覚経《ゑんがくきやう》に云はく、末世の衆生清 浄《しやうじやう》の大願を発すべし。願はくは我今仏の(七)円覚《ゑんがく》に住して善知識を求めて外道二乗にあふことなく、漸く諸障を断じて、解脱《げだつ》

(三二)　静かに動かぬさま。
(三三)　すっかりととのって悟りきること。
(三四)　一は不二、如は不異という。一体。
(三五)　補注［44］
(三六)　補注［45］
(三七)　かなめ。

〔一三〕
(一)　対処する。
(二)　やり始め。未熟。
(三)　補注［46］
(四)　天魔が網をしかけている種々の邪業。
(五)　前段（二〇）参照。
(六)　はっきりと会得すること。
(七)　円満な悟り。

清浄《しやうじやう》の宝殿に登らむと云云。もしよくかくのごとくならば、初心の学者なりとも、この大願力《だいぐわんりき》に乗じて生々世々《しやうじやうせぜ》に(八)邪魔外道《じやまげだう》の眷属となることあるべからず。かやうの人をば諸仏も護念(九)し、諸天も保持し給ふ故に、一切障難《しやうなん》を離れて、(一〇)不退転地《ふたいてんぢ》に到ること疑ひあるべからず。

(八) 悪邪の魔界。
(九) 大切にまもりおもう。
(一〇) 退転しない地位。

夢中問答集　中

この集両本あり、この本を正となす。

[二四]　本分の大智

問。福を求むることを制するは、道の障りとなる因縁《いんねん》なれば、実《げ》にその謂《いは》れあり。智慧は道の助けとなるべし。しかるを、禅門に(一)学解機智《がくげきち》を嫌ふことは、何の故ぞや。

答。仏を(二)両足尊《りやうそくそん》と申すことは、福智《ふくち》ともに満足し給へる故なり。されば、福智を嫌ふべきにはあらず。しかれども、道人《だうにん》の福智を求むるを制することは、世間の有為《うゐ》の福業《ふくごふ》、有漏《うろ》の(三)妄智《まうち》を捨て、出世無漏《むろ》の(四)法財《ほふざい》、(五)本有《ほんぬ》真実の大智《だいち》を得しめむためなり。経教《きやうけう》の文によりて解了《げれう》し、知識の語に随ひて学得し、(六)情識《じやうしき》の上に思量し得たる智恵は、皆これ世間のさまざまの計《はかり》ごとをめぐらして求め得たる福に異ならず。一往《いちわう》は愚人よりも勝《すぐ》れたるに似たれども、その智にさへられて、悟りを開くことあたはず。古人の云は

[二四]
(一)　学んで解り、とっさに思いつく。
(二)　仏の尊号。補注[47]
(三)　とりとめもない智。
(四)　仏の教えという宝もの。
(五)　本来具えているもの。
(六)　わがままな考え。

く、愚人《ぐにん》は愚のためにさへられ、智者は智のためにさへらると云云。然らば則ち、本分《ほんぶん》の大智は、人々本《もと》より具足《ぐそく》すれども、愚癡《ぐち》と智恵とにさへられて、現前せざることを信じて、(七)心識《しんしき》に浮かぶ所の法《ほふ》をも、非法《ひほふ》をも(八)放下《はうげ》せば、必ず本分の大智に相応すべし。たとへば酒に酔ひたる人の忽ちに酔ひさめて本心《ほんしん》になるがごとし。

[二五] 智慧と本分の大智

問。外道二乗《げだうにじよう》等は、その智正路《しやうろ》にあらざれば、道の障りとなるべし。(一)三賢《さんけん》・十聖《じふしやう》の智恵をも障りと嫌ふべしや。

答。教《けう》の中に智還《かへ》つて惑《わく》となるといへる文あり。譬《たと》へば、病の苦痛をなほす時は、灸治《きうぢ》大切なれども、病苦なほりて後、身を悩ますものは、灸治なるがごとし。又云はく、前々の非を知るを後々《こうこう》の位《くらゐ》とすと云云。初地《しよぢ》の智恵の非なることを知るを、第二地の菩薩《ぼさつ》と名づけ、二地の智慧も非なりと改むるを、第三地の菩薩と号す。乃至《ないし》十地《じふぢ》・等(二)覚の智を以て、(三)法性《ほつしやう》の理を照了《せうれう》するも、なほこれ無明《むみやう》の(三)分域《ぶんゐき》なり。故に等覚智《とうがくち》も亦忘《ばう》じて、本有《ほんぬ》の大智と(四)冥《みやう》

(七) こころ。
(八) すっかり捨てる。

[二五]
(一) 補注[3]
(二) 実相、真如。法界。涅槃。
(三) 限られた領域。限定された世界。
(四) 知らぬ間に出会う。

合《がふ》する時を、(五)元品《ぐわんぼん》無明を断ずとは申すなり。かやうに心得る時は、等覚智断(六)・(七)妙覚智断の論義も、皆枝葉なり。この故に、禅門には、等妙二覚の智恵をも貴しとせず。いはんやその余の菩薩の智をや。黄蘗禅師《わうばくぜんじ》の云はく、妙覚もなほこれ(八)化城《けじやう》なりと云云。かやうの語を聞きて、禅者は慢心を起こし、教者は憤念を生ずべし。皆これ禅門の宗旨を知らず、語に随つて解《げ》を生ずる故なり。もし本分の大智にかなへる人は、慢心をも起こすべからず。情念をも生ずべからず。智恵をも貴ぶべからず。愚癡をも嫌ふべからず。

〔二六〕　仰信と本分の大智

問。　本分の大智は、人々具足すといへども、(一)無始《むし》よりこのかた、いまだ現前せざることは、愚癡にさへられたる故なり。今又、智慧を捨て、愚癡にかへらば、大智の現前せざること亦、もとのごとくなるべし。

答。　世間の吉凶を自らわきまへざる(二)人は、陰陽師《おんみやうじ》なむどに尋ね問ひて、その語を信ずれば、今はそのいろめも見えねども、時節

(五)　補注［48］
(六)　補注［49］
(七)　仏の悟りの境地。補注［50］
(八)　まぼろしの城。現象の世界。補注［51］

〔二六〕
(一)　衆生並びに法の元始が分からないという意。因縁によるものと説く。
(二)　兆候。

到来して、遂には吉凶の効《しるし》を見るがごとし。甚深《じんじん》の法門《ほふもん》を聞きて、やがて自ら悟ることかなはぬ人は、しばらく仏語《ぶつご》を信ずるを仰信《がうしん》と名づけ、(三)聖教量《しやうげうりやう》とも云へり。学解《がくげ》を道の障りといへることは、禅門に始めて申すにあらず。諸経の中に(四)明文《めいぶん》あり。法花経《ほけきやう》に云はく、我と阿難《あなん》と、(五)空王仏《くうわうぶつ》の所《みもと》において、同時に(六)菩提心《ぼだいしん》を発《おこ》しき。阿難は常に(七)多聞《たもん》を願ふ故に、いまだ菩提を成《じやう》ぜず。我は常に勤行《ごんぎやう》せし故に、すでに菩提を成ぜり。首楞厳経《しゆりようごんきやう》に云はく、阿難は一向《いつかう》に多聞にして、いまだ(八)道力《だうりき》を成ぜず。円覚経《ゑんがくきやう》に云はく、末世《まつせ》の衆生《しゆじやう》、道を成ずることを願へども、悟りをば求めずして、ただ多聞をのみ好みて、我見《がけん》を増長すと云云。ある人の云はく、多聞を嫌ふことは、ただ文字語句のみを(九)記持《きぢ》して、(一〇)義理《ぎり》を知らざる人のことなりと云云。かやうに申す人は、いまだ義理語句の分《わ》け目《め》を知らざるなり。楞伽経《りようがきやう》に云はく、菩提を成ぜんと思はば、多聞の人に親近すべし。多聞とは語に達するをばいはず。義に達するをいふなり。義とは、(一一)心縁《しんえん》の相を離れ、言説《ごんせつ》の相を離れたりと云云。つねざまの人の義理と思へることは、亦これ言句なり。

(三)　聖教によって推し量る意。
(四)　明白に記されているもの。
(五)　過去の世にあった一仏。
(六)　真の道を求める心。悟りを求める心。
(七)　多く法文を聞いて受持すること。
(八)　道を得て、その妙力を発すること。
(九)　書き覚える。
(一〇)　道理。筋道。
(一一)　心にまつわるもの。

〔二七〕 船筏は彼岸への方便

問。菩提《ぼだい》の行《ぎやう》は、(一)六波羅蜜《ろくはらみつ》を本《ほん》とす。その中に般若波羅蜜《はんにゃはらみつ》を勝れたりといふことは、その余の五波羅蜜も、もし智慧なければ、成《じやう》ぜざる故なり。しかるを、一向《いつかう》に智恵を嫌ふことは何ぞや。

答。般若は(二)梵語なり。漢語には智恵と名づく。智恵といへる語は同じけれども、真智《しんち》・妄智《まうち》(三)・権智《ごんち》・実智《じつち》、種々の差別あり。よのつね人の智恵と思へるは、諸〻の法門(四)を解了《げれう》して、日来《ひごろ》の愚癡を改めたるを申すなり。円覚経に云はく、智恵も愚癡も通じて般若たりと云云。この経の意は、愚癡を改めたるを、真実の智恵と云ふにあらず。無明《むみやう》(五)の業識《ごふしき》生ずる故に、(六)円覚大智の中に、智恵・愚癡の二相を見る。即ちこれ妄想《まうざう》なり。この妄想の上に住着《ぢゆうぢやく》して、愚癡を改めて智恵となさむことを求むるは、第二重の妄想なり。般若をば覚《かく》とも翻《ほん》じ道とも訳せり。古人云はく、道(七)は知にも属せず。不知にも属せず。知はこれ妄覚《まうかく》、不知はこれ無記なりと云云。

禅宗の学者の中に、本分の理を解了するを、道を悟れりと思ふ

〔二七〕
(一) 補注〔22〕
(二) サンスクリット。インドの古代の言語。
(三) 補注〔52〕
(四) すっかり解る。
(五) 迷いにとらわれた知識。
(六) 円満な悟り。
(七) 善悪の別を記すことができない意。

人あり。もし尓《しか》らば、何ぞ道は知にも属せずといはむや。或は(八)知解を(九)泯絶《みんぜつ》して、(一〇)空々寂々《くうくうじやくじやく》たる処を、道を悟れりと思へり。もし尓らば、何ぞ道は不知にも属せずといはむや。ただかやうなる一切の(一一)解会を放下《はうげ》して、放下の処について、二六時中猛烈に(一二)参究せば、時節到来して、本分の大智に(一三)契当すべし。その時、始めて道の躰《てい》は、愚癡にもあらず、智恵にもあらざることを知るべし。ここに到りぬれば、日来《ひごろ》の智恵も、愚癡も亦、外辺にあらず。皆我が屋裏《をくり》の事なるべし。

それ無常の理を知り、因果《いんぐわ》の謂《いは》れをわきまへて、世間の名利《みやうり》を捨つるは、つねざまの愚人よりも、賢き智恵なりといへども、この(一四)分剤《ぶんざい》にては、(一五)仏果《ぶつくわ》を成ずることあるべからず。乃至三賢《さんけん》・十《じふ》聖《しやう》の菩薩、或は如幻智《によげんち》を証し、或は(一六)無《む》生智《しやうち》を得たれども亦、いまだ仏果をば成ぜず。等覚地に到りて、前の三賢・十聖の諸智倶《とも》に忘《ばう》ずるを、金剛喩定《こんがうゆぢやう》と名づく。この時妙覚の大智始めて現前す。甚大智《じんだいち》とは、人々具足し箇々(一七)円成《ゑんじやう》せる者なり。然らば則ち、最上(一八)利根《りこん》の機は、三賢・十聖等の階級を経ずして、(一九)直下に本有《ほんぬ》の大智に契当す。古人云はく、一超《いつてう》して、直《ぢき》に如来地に入ると言へるは、この意なり。華厳経《けごんきやう》に云はく、初発心《しよほつしん》の時すなはち正覚《しやうがく》を

(八) 知識で説明する。
(九) すっかりなくす。
(一〇) 思慮のないさま。
(一一) ものわかり。理会していること。
(一二) きわめる。
(一三) ちぎり当たる。
(一四) 分際。身のほど。
(一五) 仏はすべての行ないの成る所の意。
(一六) 補注［53］
(一七) 円満に成就する。
(一八) さとい生まれつきの機縁。
(一九) まっすぐ。

成ずと云云。(二〇)権教《ごんけう》の法門を信ずる人、第十地に上《のぼ》れる菩薩だにも、妙覚の大智をばいまだ得ざるに、(二一)薄地《はくぢ》の凡夫のやがて大智を得るといへることあたらずと思へるは、本有の大覚をば信ぜず、ただ愚癡を改めたるを智恵と心得たる故なり。

六度万行《ろくどまんぎやう》を説き、五十二位(二二)を立つること、皆これ中・下根《げこん》のためなり。六度の中に、智度を貴ぶことは、直に本分の大智に契当することあたはざる人のために、しばらく幻智を船筏《ふないかだ》として、漸く本分の彼岸に到らしむる方便なり。教門にしばらく学解《がくげ》を許すことは、この故なり。教《けう》の本意にはあらず。船筏の大切なることは、大河《たいが》を渡りて、向《む》かへの岸に到らむためなり。しかるを、愚人、その船筏を愛着《あいぢやく》して捨てざるは、いまだ船筏の大切なる謂れを知らざる故なり。仏祖の出世して、諸〻の法門を説き給ふことは、迷倒《めいたう》の大河を越えて、本分の岸に到らしめむための船筏なり。たとひこの船筏に乗りたりとも、これを愛着して捨てずむば、本分の田地《でんち》に到ることあるべからず。もし又、飛行自在《ひぎやうじざい》を得たる人は、船筏をからずして、直《ぢか》に向かひの岸に到るがごとく、最上根《さいじやうこん》の人は、三賢・十聖の智恵をからずして、直に本分の田地に到るべし。もしこの人に学解をすすむるは、飛行自在の人に、

(二〇) 補注[54]
(二一) 補注[55]
(二二) 六波羅蜜（六度）の第六に置く。補注[21]

船筏を与ふるがごとし。この船筏なかなか障りとなるべし。この故に、禅門には諸〻の学解を嫌ふなり。

しかるを、禅門の学者の中に、宗師《そうし》(二三)の語話《ごわ》を船筏として、教家《けうけ》(二四)の船筏には勝れたりと思うて、慢心を起こせる人あり。たとひ大いに勝れたる船筏に乗りたりとも、その中に嬉戯《きぎ》して、究竟安穏《くきやうあんのん》(二五)の想ひをなさば、一生空しくこの岸に住着して、船筏の沙汰をだにせぬ者には、まされりといへども、いたづらに河流に漂うて、彼岸に到らざることは、これ同じ。三賢・十聖は、殊勝の船筏に乗れりといへども、なほもその中に住在せる故に、いまだ変易《へんにやく》(二六)生《しやう》死《じ》の流れを越えず。いはんや権小の船筏の中に住在して、満足の想をなさむや。

(二三) 語録の類。
(二四) 教者。教文を学ぶ者。
(二五) 至極。
(二六) 変易はかわること。生死をいう。

[二八] 本有の智慧

[二八]

問。かやうの法門を信じて、智恵をも求めず、経教をも学せざる人もありげなれども、それによりて悟る分もなきことは、何ぞや。

答。学解《がくげ》を積みて、智恵を得たるを得法と思へるは、あたらずといふ語によりて、さらば学解を捨て道にかなはむとする者あり。又、この妄想に障《さ》へられて、道にかなふことあたはず。華厳経に云はく、奇なるかな、一切衆生具《つぶさ》(一)に如来の智恵徳相《とくさう》(二)あり。ただ妄想執着《まうざうしふぢやく》あるが故に、証することを得ずと云云。たとへば、世間に身力強健にして、才芸抜群なる人あり。忽ちに大病を得て、身力も弱く、才芸も忘れたること、三歳の小児のごとし。傍らに無病の人ありて、才能を施し、力量を逞しく(三)するを見て、彼《か》の病人、自身に本《もと》より才能も力量も具足せることを知らず。他人の振舞を羨みて、病中に芸能を習ひ、力業《ちからわざ》を好むとて、身心を苦労する故に、病気いよいよ増して、所望いまだ達せざるに、死苦すでに到るがごとし。この病人もし才能力量は、本より具足せり。ただ病に障《さ》へられて現はれずといふことを信じて、先づその病を療治せば、才芸力量、皆本のごとく現はるべし。学道もかくのごとし。如来の智恵徳相《とくさう》は、人々具足すといへども、妄想顛倒《てんだう》(四)の病に障《さ》へられて、現成《げんじやう》(五)受用《じゆよう》(六)することあたはず。この理を知らずして、妄想の病床にしづみながら、諸〻の聖賢の、智力を逞しくし、徳用を現はし給ふを見聞して、羨む心を起こして、或は内外《ないげ》(七)の典籍を習学し、或は祖師の言句を記持し、或は神通妙用を求

(一)　欠けることなくすべて。
(二)　徳のあるすがた。
(三)　存分に発揮する。
(四)　道理にはずれたことを道理と思い違えること。
(五)　見成。そのまま目の前に出来上がっている意。
(六)　受け取って使う。
(七)　妙《たえ》なるはたらき。

め、或は奇才俊弁(八)を願ふ。皆これ妄想の病を増する因縁なり。本《ほん》有《ぬ》の智恵徳相、何《いづ》れの時か現はれむや。

[二九] 妄　想

問。何をか妄想といふや。

答。浄土(一)・穢土《ゑど》(二)隔てあり、迷悟凡聖《めいごぼんしやう》同じからずと思へるは、妄想なり。聖凡《しやうぼん》の隔てもなく浄穢《じやうゑ》の別なしと思へるも亦、妄想なり。仏法に大小・権実《ごんじつ》・顕密《けんみつ》・禅教《ぜんけう》の差別ありと思へるも、妄想なり。仏法は一味《いちみ》(三)平等にして、すべて勝劣なしと思へるも、妄想なり。行住坐臥(四)、見聞覚知《けんもんかくち》、皆これ仏法なりと思へるも、妄想なり。一切の所作所為を離れて別に仏法ありと思ふも、妄想なり。万法《まんぼふ》は皆実有《じつう》なりと見るは、凡夫の妄想なり。万法(五)は皆これ無常なりと見るは、小乗《せうじよう》の妄想なり。万法の上において、常見《じやうけん》(六)・断見《だんけん》を起こすは、外道《げだう》の妄想なり。或は如幻即空(七)と知り、或は中道実相(八)と悟るは、菩薩の妄想なり。教外別伝《けうげべつでん》(九)の宗旨あることを知らずして、教門を執着するは、教者の妄想なり。教外別伝とて、教門よりも勝《すぐ》れたる法門ありと思へるは、禅者の妄想なり。かやうの

(八)　すぐれた弁説。

[二九]

(一)　汚れのない清らかな世界。聖者の住む所。

(二)　浄土に対し、凡夫の住む、汚れた迷いの世界。

(三)　一つの同じ味わい。

(四)　起居動作。

(五)　世間一切の法は絶えず生滅流転する意。

(六)　補注[56]

(七)　すべての物は幻のごとくで実体なしの意。

(八)　補注[57]

(九)　補注[58]

法門を信じて、さては一切皆これ妄想なりと思はば、亦これ妄想なり。昔、無業国師《むげふこくし》、一生の間、学者の問を答ふるに、ただ莫妄《まくまう》想《ざう》の一句を以てす。もし人この一句を(一〇)透得《とうとく》せば、本有《ほんぬ》の智恵徳相、便《すなは》ち現前すべし。

[三〇]　本分に到れる言句

問。前に嫌ふ所の法門は、或は経論の所説、或は(一)古徳《ことく》の所談なり。しかるを、皆妄想なりと言へることは何ぞや。

答。本分の田地《でんち》に到れる人の、学者のために方便を垂れて、種々の法門を説くことは、すべてこれ妨げなし。火といへども、口を焼かざるがごとし。いまだ本分には到らざる人の、(二)識情《しきじやう》を以て、その言句に随つて義理を(三)領解《りやうげ》するは、悉《ことごと》くこれ妄想なり。今時、教門の(四)口決相承《くけつさうしよう》は、残る所なしと思へる人も、その宗《しゆう》の大師(五)先徳のごとくならざることは何ぞや。知るべし、その口決相承も、すべて先徳の本意に非ずといふことを。

　天台大師《てんだいだいし》の云はく、(六)南岳《なんがく》に稟承《りんしよう》して証は他によらずと云云。大《だい》日経《にちきやう》の疏《しよ》に云はく、心自ら心を証し、心自ら心を覚《かく》す。これを菩

(一〇)　見透す。

[三〇]

(一)　昔の高僧。

(二)　考え。

(三)　呑み込む。悟る。

(四)　口で伝えること。

(五)　すぐれた先輩の学僧。

(六)　天台大師（智者禅師）は、南岳（慧思）禅師に法を承けた。

提を成《じやう》ずと名づく。他によりて証し、他によりて覚するには非ずと云云。顕密の宗師《そうし》、たれか文字義理《もんじぎり》を学得したるを、仏法の宗旨と仰せられたるや。禅門の宗師と号して、古人の言句を批判し、学者を勘弁(七)すること、くらからずと思へる人も、生死禍福の間に臨む時、古人のごとく、自在(八)を得ざることは何ぞや。知るべし、日来の所解《しよげ》(九)は、すべてこれ古人の田地(一〇)にあらざることを。(一一)雲門大師云はく、この事もし言句の上にあらば、一大蔵教《いちだいざうけう》あに言句なからむや。(一二)祖《そ》師《し》西来《さいらい》を用ひてなにかせむと云云。

[三二] 任　病

問。修行用心は皆妄想なり。教禅《けうぜん》の法門も枝葉なりとて、ただ(一)妄情にまかせて振舞ふ人を、真実の道人といふべしや。

答。もしさやうの見解をなす人は、妄想の中の第一の妄想なり。円覚経に四病《しびやう》を明らかにせる中に、(二)任病《にんびやう》といへるはこれなり。

(七)　程度をためす。師は学ぶ者の深浅を試み、学ぶ者は師の邪正を探ること。
(八)　思いのまま。補注[59]
(九)　説く所。説明。
(一〇)　境界。心境。
(一一)　補注[60]
(一二)　禅の初祖、達磨大師が西のインドから中国へ来て禅法を伝えたことをいう。

[三二]
(一)　迷いの心。とらわれた考え。
(二)　補注[61]

[三二]　公案の意義

問。福智(一)を求むるをば、ことごとくこれを嫌へるに、禅家の学者、一則(二)の公案(三)を提撕《ていぜい》(四)して、悟りを求むるは苦しからずや。

答。古人云はく、心を以て悟りを求むることなかれと云云。学者もし悟りを求むる心あらば、公案を提撕する人にあらず。圜悟《ゑんご》(五)禅師云はく、もしこれ利根種姓《りこんしゆしやう》の人は、必ずしも古人の言句公案を看るべからずと云云。これを以て知りぬ。公案を与ふるも、宗《そう》師《し》の本意に非ざることを。たとひ慈を垂れて、一則の公案を与ふといへども、仏の名号《みやうがう》を唱へて、往生《わうじやう》を求め、呪《じゆ》を誦し経を読みて、功徳を求むるには同じからず。その故は、宗師の人にこの公案を与ふること、往生浄土のためにもあらず、成仏得道《じやうぶつとくだう》の求めにもあらず。世間の奇特にも非ず。法門の義理にも非ず。惣《すべ》て情識《じやうしき》のはからざる処なり。故に公案と名づく。これを鉄饅頭《てつまんぢゆう》(六)に譬《たと》へたり。ただ情識の舌をつくることあたはざる処に向かつて、咬《か》み来《きた》り嚙《か》み去らば、必ず咬み破る時分あるべし。その時始めて、この鉄饅頭は、世間の五味《ごみ》(七)・六味《ろくみ》にも非ず。出世の法味《ほふみ》(八)・義味《ぎみ》(九)にも非

[三二]
(一) 福徳と智恵。
(二) ひとくだり。
(三) 仏祖の垂示。補注[62]
(四) 諭して導く。
(五) 補注[63]
(六) 歯がたたぬ意。とても理会しがたいことをいう。補注[64]
(七) 補注[65]
(八) 妙法をかみこなして心に快楽を生ずること。
(九) 食により味をおぼえるごとく、文により義を読み取る意。

ざることを知るべし。

[三三]　教病と禅病

問。　教禅の法門を悪しく心得て、偏執(一)に堕ちたる人をば、まことに嫌ふべし。もしよく教の法門を解して、(二)教網《けうまう》にかかはらず、禅の宗旨を解して、(三)禅病《ぜんびやう》にしづまざる人をば嫌ふべからず。しかるを、教禅の法門ともに、真実の処にあらずと言はば、本分に到れる人は、愚人と同じかるべしや。

答。　本分の処には、智者の相もなく、愚人の相もなし。しかるを、妄《みだ》りに智者・愚人の相を見る。これを愚人と名づく。然らば則ち、智者・愚人の相を見ざるを、真実の智者とは申すなり。世間の愚人にかはりて、才智弁説のあるを、智者といふことは、世俗の論なり。この故に、本分の大智《だいち》を得たる人は、我は智者なりと慢心を起こさず。しかる故は、本分に契当しぬれば、智愚の相を見ざればなり。我は智者とは思へども、智者なるよしをせざるには非ず。

もし人、四大《しだい》調和にして、身心《しんじん》(四)軽安《きやうあん》なる時は、医書の秘決も

[三三]
(一)　偏りとらわれる。
(二)　教義にとらわれること。教病ともいう。
(三)　禅の欠点。
(四)　軽くて楽。

用なし。良薬・霊方《れいはう》（五）もいらず。しかれども、四大不調なるにより て、四百四病忽ちに起こる時は、医術治方《ちはう》（六）まことに大切なり。諸〻の医師、これを見て、病に応じて薬を与ふ。病相一種にあらざれば、治方も亦万差《ばんさ》なり。治方万差なれども、その意趣を正せば、偏にこれ病者の苦痛をやめて、いまだ病もなかりし時の安穏の処へ到らしめむためなり。病者の彼《か》の医師に会うて、治方を求むるも亦、我が病の苦痛をやめむためなり。医書の才学を習はむとには非ず。医師の治術によりて、病苦もしやみぬれば、これを無病安穏の人と名づく。病苦のやむことは、治方の力なり。身心安穏なることは、いまだやまざりし時の、本分の処に到れるなり。医師の始めて与へたるには非ず。医書の才学を究め、治方の妙術を明らめたるを、安穏の処に到れる人と申すならむや。仏法も亦かくのごとし。

人々本分の処には、迷悟凡聖の病相なし。教禅対治《たいぢ》の法門、誰《た》がためにか用ふべきや。然れども、無明の病相忽ちに発《おこ》つて、種々顛倒《てんだう》の苦痛あり。仏これを憐れみて、大医王として、種々の性欲（七）に随つて、種々の法門を説き給へり。法門は種々の差別ありといへども、その旨趣を究むれば、偏にただ衆生の迷悟凡聖を分

（五）すぐれた手当て。
（六）治し方。
（七）性質・好き好き。

別する病苦をやめて、本分安穏の処に到らしめむためなり。種々の対治の法門を衆生に教へむためにはあらず。もし人無明妄想の病除《やまひのぞ》こほりぬれば、生死去来《しやうじきよらい》の輪廻《りんね》を見ず。凡聖迷悟の差別なし。これ則ち、(八)無為《むゐ》大解脱《だいげだつ》の人なり。これを大悟《だいご》の人と名づく。教門の諸宗を究めつくし、禅家の五派(九)を明《あき》らめ得たるを、大悟と申すにはあらず。然るを、末代の学者の中に、教の法門を習学し、禅の法門を領解《りやうげ》して、仏法の本意かくのごとしと思へる人あり。薬かへりて、病となると云へるは、この謂《いは》れなり。これを以て古人、これを教病(一〇)・禅病と名づけたり。

[三四]　学解と修行

問。　初心の学者は、法門の深理を解了《げれう》(一)して、その解《げ》にまかせて修行するだにも、なほ違《たが》ふことありぬべし。しかるを、学解をば制して、ただ修行せよとすすむるは、僻事《ひがごと》なりと申す人あり。その謂《いは》れあるにあらずや。

答。　たとえば、重病を受けたる人のごとし。もし先づ医師にあうて、医書の才学を習ひ究めて、然る後に病を治《ぢ》せむと思はば、

(八)　因縁のはたらきを断つ意。
(九)　補注［66］
(一〇)　教門（教のゆき方）の欠点。

［三四］
(一)　すっかり解る。

医の才学いまだ習ひ終へざるに、病弥〻《いよよ》重くなりて、忽ちに命を失ふべし。然れば、ただ名医にあうて、自身の病相を語れば、医師その病相を明らかに分別して、或は一薬を与へ、或は一灸《きう》を施す。彼の病者、この薬はいかなる薬種を合はせたりとも知らず。この灸は何の穴《けつ》なりともわきまへず。ただ医師の説を信じて、その薬を服し、その穴を灸すれば、病の軽重によりて、遅速はあれども、遂にはその病苦、なほらずと云ふことなし。行道も亦かくのごとし。

本分に契当せむために、先づ種々の法門を習学して、然る後に、その学解によりて修行せむと思はば、人の命は百年の内を限れり。習ふべき法門は、無量無辺なり。学ぶ所いまだつきざるに、その命已《すで》に終はる。この時、日来の学解すべて益《やく》なし。茫然として業縁《ごふえん》に引かれて、輪廻を免れず。この故に禅門の宗師《そうし》の学者に示すこと、一言半句に過ぎず。その一言半句も、修行用心のためにはあらず、直《ぢき》に本分を示すのみなり。学者鈍根(二)にして、たとひ直下《ぢきげ》(三)に承当《しょうたう》せざれども、これを公案として知解《ちげ》(四)情量《じゃうりゃう》(五)、及ばざる処に向かつて提撕《ていぜい》すれば、時節到来して、曠劫《くわうごふ》の無明一時に消滅すべし。

(二)　愚鈍。
(三)　悟る。呑み込む。
(四)　知ること。解ること。
(五)　思い量ること。

[三五]　意句倶到と長養

問。知識（一）の一言の下《もと》に悟りを開きて、教禅の法門もあづからざる処に到れる人は、化他《けた》の利益《りやく》欠けたるに非ずや。

答。教の中に仏智を明かすに、二種あり。一には根本智（二）。謂《いは》ゆる仏《ほとけ》の内証（三）なり。二には後得智《ごとくち》（四）。謂《いは》ゆる化他《けた》の方便なり。仏祖出世して、教禅の法門を説き給ふは、皆これ化他の方便なり。然らば則ち、禅教の学者の、或は経教を見、或は知識の語に随つて、（五）心識《しんしき》の上に領解《きやうがい》する法門は、皆これ後得智の分域（六）なり。もし人、已《すで》に仏の内証の境界に契当せば、後得智を発《おこ》して利益門《りやくもん》（七）に赴きて、教禅の法門を説きて、衆生を済度すべし。三世《さんぜ》の如来、歴代の祖師、皆この式（八）なり。もしいまだ仏の根本智を証せざる人は、先づこの根本内証の境界に到らむことを思ふべし。もしこの境界に到らむと思はば、教禅の分域を超出《てうしゆつ》して、始めて到るべし。もし教禅の法門を胸中にたくはへたる人は、本分に到ることあたはず。古人云はく、仏祖の言教を看ること、仇敵《あだかたき》のごとくして、始めて相応の分あるべし。又云はく、ただ本《もと》を得ば、末を愁ふこと

[三五]

（一）善知識。
（二）正智。真智。補注[67]
（三）自己の心の中に真理をはっきり悟ること。
（四）補注[68]
（五）心。
（六）限られた領域。
（七）他を益する道。
（八）ゆき方。

なかれと云云。

たとへば木を栽《う》うるがごとし。その根本だに生き着きぬれば、枝葉も自ら茂《も》し、花菓《くわくわ》も亦成ず。然らば則ち、木を栽うる始めには、根本に心を入れて、枝葉には目をかけず。この故に根のかたまらぬほどは、少々ある枝をも切り捨つるなり。さればとて、木を栽うることは、ただ根本のためばかりと思はば、僻案《へきあん》なり。根本を大事と養ふことは、枝葉花菓のためなり。たとひ本分に契当せる人も、いまだ（九）活祖《かつそ》の手段を明《あき》らめざるをば、大法未明《みみやう》の人と名づく。かかる人は、自証《じしよう》の分は誤りなけれども、人のためにする方便手段の欠けたる故に、善知識をたつることあたはず。（一〇）意《い》到《たう》、（一一）句不到の人と言へるはこれなり。たとひ又、すこし古人の手段を推量し得たりといへども、（一二）自眼もし明らかならずは、亦《また》善知識といふべからず。これは（一三）句到、意不到の人なり。古人云はく、（一四）未得底《みとくてい》の人は、句に参ぜむよりは、ただ意に参ずべし。（一五）到得《たうとく》底《てい》の人は、意に参ぜむよりは、ただ句に参ずべしと云云。意とは、（一六）祖意《そい》なり。祖意とは、人々具足の（一七）本分底《てい》なり。句は五家《ごけ》の（一八）宗《そう》風《ふう》手段なり。意はこれ根本なり。句はこれ枝葉なり。然らば則ち、初心の学者は、先づ祖意を（一九）参得すべし。（二〇）句下《くか》に死在《しざい》すべから

（九）祖師の真精神を活かすこと。
（一〇）事物を思い量ることができる。
（一一）義理を現わすことができない。
（一二）自分の目。自分の見方。
（一三）言い表わしはうまいが、真意は解っていない意。
（一四）すっかり解っていないこと。
（一五）すっかり解っていること。
（一六）根本の意味。
（一七）本体の根本。
（一八）宗派の特色。
（一九）会得する。
（二〇）じっとしていること。

ず。古人意を得て後、三十年、五十年綿密に練磨《れんま》して、旧業宿障《きふごふしゆくしやう》をつくすを、(二一)長養《ちやうやう》の工夫と名づけたり。長養純熟《じゆんじゆく》しぬれば、これを打成一片《だじやういつぺん》と名づく。この時自然に(二二)機弁妙用も現はるる故に、人のためにする手段も(二三)亦活脱自在《くわつだつじざい》なり。これを意句倶到《いくぐたう》の人と名づく。自眼《じげん》もいまだ明《あき》らかならず、禅門の宗風手段をも亦知らざる人あり、意句倶不到と言へるはこれなり。

木を栽《う》ゑて後、日数《ひかず》久しく成りぬれど、枝葉花菓の思ふほども栄へざるをば、その根のいまだありつかぬ故なりと知りて、土をかひ、水を灌《そそ》ぎて、日久しく月深く長養すれば、根本《ねもと》自《おのづか》ら固くして、枝葉も又栄ふべし。然るを愚人、枝葉の栄へざるは、根本の正しからざる故とは知らずして、とくして枝をささせ、花を咲かせむと、とかくするほどに、たまたま栽ゑたる根本の枯れゆくことをも忘れたり。たとひ祖意を参得する分ありとも、機弁妙用《きべんめうよう》も自在ならず、(二四)変化《へんげ》神通《じんづう》もいまだ具《そな》はらずば、枝葉に目をかけず、ただ本分の正念《しやうねん》に住して、(二五)人我《にんが》・法我《ほふが》を除き、(二六)凡情・聖量《しやうりやう》をつくすべし。古人云はく、法を得ることはやすく、法を守ることは難しと云云。法を守るとは、長養の工夫なり。末学の人の中に、(二七)少しき霊性《れいしやう》ある人、真実の大悟にはあらぬ(二八)光影辺《くわうえいへん》を認得し

(二一) 長く修行すること。
(二二) たくみな話しぶりのすぐれたはたらき。
(二三) とどこおりなく変化すること。
(二四) 形を変えさせる神通力。
(二五) 補注［69］
(二六) 凡人の思い、すぐれた人の考え。
(二七) すぐれた性質。ひらめきのあるたち。
(二八) 映った影らしいもの。それらしいもの。

て、長養の工夫をもなさず。我は根本は真正なれども、機《き》弁神《べんじん》通《づう》、いまだ具はらず。今は偏にかやうのことを具足せむとて、教禅の法門を習学し、仏祖の妙用を悕望《きぼう》す（二九）。この故に弥〻《いよいよ》本分をば昧《くら》まして、遂に魔道に入る。或は光影を認得して、本分にかなへりと思ひて、これを守りゐたるを、長養の工夫といふ人あり。たとひ長養して、千生万劫《せんしやうまんごふ》を経るとも、ただこれ無明を増長すべし。たとひその中に少しきの徳用を施すとも、遂には輪廻の基《もとゐ》なり。たとへば根もなき木を栽ゑて、土をかけ水を灌《そそ》ぐがごとし。かやうに養ひて年月を送らば、春雨なむどの縁にあうて、一旦は枝葉もきざし、あだ花なむどの咲くことはありとも、遂には朽木となるべし。

[三六]　意・句

問。句に参じ、意に参ずる、そのかはりめ如何《いかん》。

答。意句と申すことは、詩家《しか》より出でたり。日本の歌道を論ずる時、この歌の句がらはやさしけれども、その心ばせは拙《つたな》しなむど申すがごとし。禅門にその語を借りて、意句といへる法門あ

（二九）希望。

[三六]

り。その語は同じといへども、その義はかはれり。禅門の中に、向上(一)・向下《かうげ》(二)、那辺《なへん》・這辺《しやへん》(三)、把住《はぢゆう》・放行《はうぎやう》(四)、擒縦《きんしよう》(五)・殺活《さつくわつ》(六)、三玄・三要《さんえう》、五位(七)・君臣と申す種々の法門あり。皆これ句の分なり。末学の人の中に、かやうの法門の分《わ》け目《め》を分明に知りたるを、意到と名づけ、この法門を人に向かつて説く時、問答とどこほりなきを、句到と思へる人あり。この人の意と思へるものは亦、これ句の(八)分剤《ぶんざい》なり。然るを、かやうに参決(九)するは、意句ならべ参ずる躰《てい》なりといふ人あり。その説は似たりといへども、その理はすべてあたらず。

[三七] 祖　意

問。初心の学者は、先づ意に参ずべしと云へるに、公案を与へて、提撕《ていぜい》せしむるは、句に参ずるにあらずや。

答。必ずしも古人の言句を看ればとて、句に参ずる人と申すにはあらず。ただこの言句の上において、把住・放行を理論(一)し、那辺・這辺を商量(二)する、これを句に参ずる人と名づく。たとひ黙然《もくねん》として壁《へき》に向かつて坐すとも、胸中に雑知《ざふち》(三)・雑解《ざふげ》(四)をたくはへて、

(一)　補注［70］
(二)　補注［71］
(三)　補注［72］
(四)　補注［73］
(五)　殺はとりおさえて動かさぬ意。把住。活は放して自由にする意。放行。
(六)　補注［74］
(七)　補注［75］
(八)　領分。
(九)　突き詰めてはっきりさせる。

［三七］
(一)　筋道を立てて論ずる。
(二)　推し量る。その理をはっきり究明すること。
(三)　くだらぬ知識。
(四)　いい加減な解釈。

安排(五)計較(六)《けいかう》するは、亦これ句に参ずる分なり。然らば則ち、一切の知解(七)《ちげ》情量(八)を放下《はうげ》して、直《ぢき》に一則の公案を見《み》するは、これ意に参ぜしむる手段なり。たとひ古人の語録を見、知識の法門を聞けども、直下《ぢきげ》に懐《くわい》を志《こころざ》して、義路・理路の上に解会(九)《げゑ》を生ずることなくば、則ちこれ意に参ずる人なり。学者もし分明に祖意を悟りぬれば、善知識この人に対して、五家の宗風の差別を論量(一〇)し、把住・放行、擒縦・殺活、抑揚(一一)・褒貶(一二)等の手段體裁(一三)を商量すること妨げなし。かやうの句を参得せざれば、善知識として人を化《け》することあたはず。古人の得法の人に対して、言句を疑はざるを大病(一四)とすといへるは、この意なり。ただ禅宗の手段のみならず。教門の施設(一五)、乃至孔孟老荘の教へ、外道世俗の論までも、知らずんばあるべからず。今時の学者、多くはこれ真実の道心はなし(一六)。名《みやう》聞《もん》・我慢(一七)《がまん》を先とする故に、自己もいまだ発明せざるに、禅教の法門を習学するを務めとす。その中に一知一解《いっちいちげ》を得《え》つれば、やがて善知識をたてて、愚人を誑惑《きやうわく》し、その一知一解を人に示して、もし学者の見解《けんげ》、我が知解《ちげ》にかなふ時は、これを印証(一八)す。大いなる錯《あやま》りなり。古人の未得底《みとくてい》の人は、先づ意に参ぜよと示し給へることを、よくよく思ふべし。これ則ち、無(一九)取捨の中の取捨なり。

(五)　並べてみる。
(六)　較べてみる。
(七)　知識解釈。説明。
(八)　思い量ること。
(九)　ものわかり。
(一〇)　論じはかる。
(一一)　あげたりさげたり。
(一二)　ほめたりけなしたり。
(一三)　様子。
(一四)　大きな欠点。
(一五)　しくみ。
(一六)　世間の評判。
(一七)　うぬぼれること。
(一八)　はっきり認めて許す。
(一九)　何かを取捨しようとする執着のないこと。

かやうの意句を立つることも、宗師の本意にあらず。古人云はく、意よく句を削り、句よく意を削る。意句交〻《こもごも》馳《は》す。これを畏るべしとすと云云。

［三八］　知行合一

問。末代なりといへども、(一)内典《ないてん》・(二)外典《げてん》の(三)血脉《けちみやく》、相承《さうしよう》絶えず。各〻先徳の意趣を解了して、その家の法門を無窮に談ずる人はあれども、(四)儒者の中にも、孔孟《くまう》のごとく、心に(五)五常を存する人もなし。仏教の諸宗を学する人も、その宗の先徳の(六)行儀にも似ず。禅門の(七)下語《あぎよ》、説禅《せつぜん》、機弁、自在なる人も、死生禍福の間において、古人のごとく、(八)繋縛《けばく》せられざるは稀なり。法門の相承は古今変はらずといへども、学者の行儀は勝劣同じからざることは何ぞや。

答。経に云はく、もし人(九)多聞ありといへども、修行せざれば、愚人にことならずと云云。世間の諸事も、その義を心得て人に(一〇)語ることはやすく、その語のごとく、その事をなすことは難し。番匠のしわざ、造作の工《たくみ》は、われわれまでも常の番匠には劣らじと存ずれども、まことに手《て》斧鉋《をのかむな》を取りて、木を削ることはかなは

［三八］

(一)　仏典。
(二)　仏典以外の書物。漢籍。
(三)　血統。系図。伝統。
(四)　儒教を学ぶ者。孔子《こうし》・孟子の教えを基とする。古くは「孔子《くじ》」という。
(五)　人の守るべき常の道、仁義礼智信の五つの徳。
(六)　行ない。
(七)　補注［76］
(八)　つながれる。縛られる。
(九)　注文を多く聞いて知っていること。
(一〇)　大工。

ず。その故は、番匠の家業を継ぐべきこととも思はねば、そのしわざを稽古したることのなき故なり。この分にては下品《げぼん》の番匠の内にも入るべからず。番匠の家に生まれたる者は、幼少の時よりそのしわざを練磨するが故に、いかに非器《ひき》（一一）なる者も、さすがにその家業を継げる分はあり。今時、内外典《ないげてん》を相承する人は、その家の才学をのみ論じて、心を修する練磨なし。先徳のごとくならざることは、偏にこれこの故なり。

昔、孔子世に出でて、五常の道を述べられし時、その門弟となれる人、面々にその仁義礼智信の理を心にかけて修練しき。某の人は仁を学び得たり、某の人は義を学び得たりと。孔子の印証し給ひしは、その心に仁あり義ある人のことなり。ただ仁義の才学をのみ談論して、心に仁義なき人をば、印証し給ふことなかりき。今時、儒教を学び給ふ人は、ただ仁義の謂《いは》れを習ひ得つれば、我は儒教の達者（一二）なりと思うて、仁義の道を心に修練せらるることなし。この故に仁義の才学は、孔孟にも劣らぬやうに見ゆれども、その心に仁義の欠けたることは、つねざまの愚人と変はれる所なし。仏教も亦かくのごとし。

仏在世の時なればとて、人ごとに皆上根《じゃうこん》にして、やがて解脱《げだつ》自

（一一）　そのうつわでない。

（一二）　達人。

在《ざい》を得たることなし。然れども、中下根の人も、如来の法門を聴聞して、その聞解《もんげ》（一三）のごとく、修練せし故に、分に随って益を得ざる人はなかりき。仏滅後（一四）にも、上古には一宗の法門を聞く人、面々にその宗に教へたるごとく、修行せし故に、皆得益（一五）の分ありき。その故は、利鈍《りどん》異なりといへども、宿殖《しゅくじき》（一六）深厚の人の、仏法を信ずることは、偏に出離生死、化度衆生のためにして、世俗の名利をかへりみること、なかりし故なり。

　末代に生まれたる人は、宿薫《しゅくくん》浅薄なる故に、在家の人の中に、たまたま仏法を信じ給ふも、大畧は世俗の名利のためなり。出家の形になりて、仏法を学する人も、多くはこれ、栄耀《えいよう》（一七）名誉のためなり。しかれば、修練の功を積まるることもなし。ただ偏に諸宗の義理をだにも学び得つれば、各〻満足の思ひをなし給へり。故に、学解《がくげ》（一八）のまさるに随つて、我慢も亦高し。つねざまの凡夫は、ただ人我《にんが》ばかりあり。仏法を学《がく》せる人は、本《もと》の人我の上に、重ねて法我《ほふが》を添へたり。この故に法門を談論することは、上古の先徳にも劣らず。行儀を較量すれば、下賤の凡夫とかはりめなし。

　番匠・鍛冶等の才芸を学ぶ者は、たとひその才学を吐く弁説は抜群なりとも、木を削る調法（一九）もなく、釘をだに作りえぬ分剤《ぶんざい》なら

（一三）　聞いて解る。
（一四）　仏が入滅した後。
（一五）　利益《りやく》を得る。
（一六）　前世からの積もった学殖。
（一七）　栄花。
（一八）　学び解く。
（一九）　技法。手わざ。

ば、鍛冶・番匠の内にも入るべからず。いはんやこの才学を頼みて、世を渡る(二〇)活計《くわつけい》とせむや。然らば則ち、彼等が家に生まれたる者は、幼少よりその業《わざ》を練磨するほどに、末代までも上古に恥づることなし。内外典を学《がく》し給ふ人も、かやうにだにあらば、何ぞ上古に恥づることあらむや。たとひ鈍根にして、やがて解脱自在をこそ得ずとも、などかつねざまの凡夫よりも、人情我執《がしふ》の和らぐ分はなからむや。然れども、今時はただ人に勝れたる学解だにあれば、その心の(二一)邪僻《じやへき》なるをもかへりみず、その行《ぎやう》の浮浅なるをも恥ぢ給はず。されば、諸宗の学者の先徳のごとくにおはせぬこそ、ことわりなれ。

古人云はく、一丈を説得せむよりは、一尺を行取《ぎやうしゆ》せむにはしかじと云云。然らば即ち、禅門の宗師、同じく一切の学解を放下《はうげ》して、自ら参じ、自ら究めよと、すすめ給へり。然るを、今時禅門の学者も又、語録を読み、文章を嗜《たしな》みて、その中の才学日来《ひごろ》より勝れる所あれば、大我慢を発《おこ》して、真実の悟入なきことをば、恥ぢらるることなし。この故に、教門禅宗の所学異なりといへども、祖師先徳の行儀に背けることは、これ同じ。これ則ち、末世《まつせ》法滅《ほふめつ》の相なり。歎かしきことのこれよりも勝れるはあるべから

(二〇)　なりわい。生計。
(二一)　ひがみ。よこしま。

ず。

［三九］ 学と行

問。一向に禅教《ぜんけう》の学解《がくげ》ばかりを嗜《たしな》みて、修行せざる人をば、世間の愚人と同じとて、嫌ふべしや。

答。（一）布袋和尚《ほていをしやう》の云はく、行《ぎやう》・学すべて堪へたらば、僧形無益《そうぎやうむやく》なりと云云。出家の形となりて、行もなく学もなき人あり。これをば仏弟子と名づけず。かやうの人に較ぶれば、せめては学ばかりを好む人も、ありがたしと申しぬべし。然れども、同じくは、真実の仏弟子となり給へとの諫言なり。

　教門に解了《げれう》をすすむることは、何の故ぞや。その解《げ》によりて行《ぎやう》をなさしめむためなり。修行をたつることは、何の意ぞや。証を得しめむためなり。あひがたき（二）正法《しやうぼふ》にあへる効《かひ》もなく、あたら、学解をただ世間の名利の（三）価《あたひ》となして、仏果円成《ぶつくわゑんじやう》の資《たすけ》とはせられざる人をば、これを智者と申すべしや。教門に入れる人だにも、学解を好むはとがなるに、いはんや禅門の学者をや。

［三九］

（一）唐土五代梁の時の僧。名は契此《かいし》。常に杖をつき袋を荷い、物を乞うたので布袋師と号する。日本では七福神の一に加える。

（二）真正の仏法。

（三）代償とする。

[四〇]　菩提心

問。(一)菩提心を発《おこ》すと申すことは、いかやうに心をおこすことぞや。

答。仏法の(二)機根《きこん》を論ずるに、上中下の三品《さんぼん》あり。その中の上根《じやうこん》をば、菩薩《ぼさつ》と名づく。菩薩とは梵語なり。具《つぶさ》には菩提薩埵《ぼだいさつた》といへり。菩提をば覚《かく》とも翻《ほん》じ道《だう》とも翻ぜり。薩埵とは(三)有情《うじやう》といへる言葉なり。然らば則ち、在家出家異なりといへども、衆生のために仏道を求むる人を、菩薩と申すなり。教中に菩提心を論ずるに、種々の差別あり。要を取りて言はば、二種あり。浅近の道心と真実の道心となり。生者必滅《しやうじやひつめつ》、盛者必衰《じやうじやひつすい》の理《ことわり》を知りて、世間の名利を心にかけず、偏に出離の道を求むるをば、浅近の道心と名づく。龍樹菩薩《りゆうじゆぼさつ》の云はく、世間の無常を観ずるを、且《しばら》く菩提心と名づくと云云。浅きより深きには入る習ひなる故に、浅近の道心も発らぬ人は、真実の道心を発すこともあるべからず。古来の(四)宗師、直《ぢき》に本分を示すといへども、常には学者に向かつて、無常迅速の理を説かるることも、この意なり。しかれども、もしただ生

[四〇]

(一)　ほとけ心。悟りを求める心。

(二)　衆生の根性、性質。補注[77]

(三)　衆生。動物。

(四)　慧能の六祖壇経に見える。

死無常を怖れて、世俗の名利を求めざるばかりにて、真実の道心を発すことなくば、またこれ愚人なり。昔、(五)許由《きよいう》が唐堯《たうげう》の位を譲り給ふを聞きて、潁川《えいせん》に耳を洗ひしに、巣父《さうふ》その流れを飲ませじとて、牛をひきて帰りけり。これらがありさまを見るに、王位をだに望まず。いはんや、よのつねの名利をや。真《まこと》にありがたきには似たれども、ただこれ世間の賢人と言へる分剤《ぶんざい》なり。真実の道心者とは言ふべからず。しかるを、つねざまの人は、世間の名利を捨てて、山林に庵を結びて、滝の音松の嵐に心をすませるを、道心と思へり。またこれ、許由・巣父が同類なり。真実の道心とは申すべからず。無行経《むぎやうきやう》に云はく、もし山林(六)空閑《くうげん》の処に住して、我は貴し、人は賤しと思へる人は、天上に生ずることだにもあるべからず。いはむや成仏をやと云云。真実の道心とは、無上菩提を信ずる心の発れるなり。諸〻の経の中に、阿耨多羅三藐三菩提《あのくたらさんみやくさんぼだい》と説けるはこれなり。阿耨多羅とは、無上の義なり。三藐三菩提とは、(七)正等正覚《しやうとうしやうがく》と言へる言葉なり。菩提をば道とも翻ずる故に、諸経の中に、無上道と説けるは、阿耨菩提のことなり。この無上菩提は、人々具足し、箇々《ここ》円成《ゑんじやう》せり。凡にありても減ぜず、聖にありても増ぜず。古へに亘《わた》り、今に亘りて、さらに変易《へんにやく》なしと信

(五) 唐土古代の聖天子と言われる堯が舜に位を譲った時の著名な話。許由も巣父も世を隠れ住んだ聖人。

(六) 静か。のどか。

(七) 補注［78］

ずるを、真実の道心と名づく。経に云はく、菩薩は最初発心《ほっしん》の時、一向に菩提を求めて、堅固にして動ぜず。この文の心も、菩薩は初発心の時より、一向に無上道を求めて、ただ世間の名利のみにあらず、小乗権教《せうじようごんけう》の見解をも発さぬことを説かれたり。たとひかやうなりとも、これもなほ本有《ほんぬ》の無上菩提を信ずるばかりにて、いまだ相応の分なくば、真実の道心にはあらず。涅槃経《ねはんぎやう》に、菩提心は生滅無常《しやうめつむじやう》なり。常住不滅の(八)仏性《ぶつしやう》にはあらずと説けるは、この意なり。華厳経《けごんきやう》に、阿耨菩提は、(九)已退《いたい》もなく、(一〇)今退《こんたい》もなく、(一一)当退もなしと説けるは、人々具足せる本有《ほんぬ》の菩提心なり。真言宗《しんごんしゆう》には、これを浄菩提心《じやうぼだいしん》と名づけたり。大日経に云はく、いかなるをか菩提といふや。実のごとく自心を知るなり。同じく疏《しよ》の中に問ひていはく、もし心すなはち菩提ならば、衆生何としてか仏にならざるや。答へていはく、実のごとく知らざる故なり。もし実のごとく知らば、初発心の時、やがて正覚を成ずべしと云云。

いまだこの本有の菩提心に相応せざる人は、二六時中、もし万事心にかからず、純一に修行せらるる時は、我は道心堅固にして、修行の力量ありと思ひて、高慢の心を発す。故に必ず魔道に入る。もし又この道心弱くなりて、世縁のために乱られ、(一二)昏散《こんさん》の

(八)　一切衆生皆、覚悟の本性があるのをいう。性は因果に通じて、自体が改まらぬもの。

(九)　過去におけるあと戻り。

(一〇)　現在におけるあと戻り。

(一一)　未来におけるあと戻り。

(一二)　気が沈んで落ち着かぬこと。

ために侵《をか》さるる時は、かくて生死《しやうじ》到来せば、輪廻を免かれがたしといふ（一三）怖畏《ふゐ》あり。かかる怖畏と高慢とに障《さ》へられて、いよいよ本有の菩提心を昧《くら》ませり。初心の行者もしかやうの心の起こらむ時は、我いまだ無上道に相応せざる故に、この妄想は起これりと知りて、一切放下《はうげ》して、直下に参究せば、必ず相応の時節あるべし。その時始めて、真実の菩提心は起こることもなく、さむることもなしといふことを、自ら知るべし。無行経に云はく、もし人菩提を求めば、この人には菩提なし。もし菩提の相を見ば、これすなはち菩提をとほざかるなりと云云。

（一三） 恐怖。おそれ。

［四二］ 理入と行入　附＝闘諍好きの僧、教院の播器

［四二］

問。　もし人上根にして、直《ぢき》に本分を悟りなば、境界《きやうがい》とて障りをなす物あるべからず。たとひ直に悟ることはなくとも、道心堅固ならば、境界に障《さ》へらるることなかるべし。しかれども、下根の人は、道心も堅固ならぬ故に、たまたま仏法を信ずれども、名利の心も堪へず、逆順の境も相侵《あひをか》す故に、坐禅工夫純一ならず。かやうの人をすすめて、先づ（一）世情をやはらぐる方便はあるまじきや

（一） 世俗の情。

らむ。

答。境界に二種あり。順《じゅん》と逆《ぎゃく》となり。我が心にかなへることをば、順境界《じゅんきゃうがい》と名づけ、我が心に背けることをば、逆境界《ぎゃくきゃうがい》といへり。逆境界をば、これを憎み、順境界をばこれを愛す。愛によりて生《しゃう》をひき、憎によりて死を受く。然らば則ち、順逆の境界は、倶《とも》にこれ生死輪廻《しゃうじりんね》の因縁なり。愚人はこれを知らず。我が心にあはぬことをば厭《いと》ひ捨て、我が心にかなへることのみを願ひ求む。娑婆(二)といへる梵語なり。ここには欠減《けつげん》と翻《ほん》ぜり。この世界に生ずる人は、皆宿善《しゅくぜん》薄き故に、何事も心にかなうて満足することあるまじき謂《いは》れなり。しかるを、この娑婆界にありながら、心にかなふことを求むるは、火の中に入りて、涼しきことを求むるがごとし。何事も心にかなふことを得むと思はば、速やかに娑婆を出離する計《はかり》ごとを廻《めぐ》らすべし。この欠減世界の中にして、心にかなふことを求むるほどに、朝夕に身心《しんじん》を苦労して、遂には当来の悪果《あっくわ》を感ず。古歌に云はく、(三)「うかれただありはつまじき世の中に、心のとまる人もこそあれ」。もし人この理《ことわり》を知るならば、この世界に生まれて、何事も心にかなはぬは、諸人のために出離をすすむる善知識なり。もし人心にかなふことを愛せずは、心に背くこ

(二) 補注［79］
(三) 補注［80］

ともあるべからず。然らば則ち、我を悩ます者は、外境にあらず。偏にこれ自心のとがなり。

予、昔、田舎《でんじゃ》の小院に住せし時、共住《きょうぢゅう》の僧の中に、(四)闘諍《とうじゃう》を好む人ありき。ある時、この僧来りて(五)懺悔《さんげ》して云はく、我にかかる癖あり。いかが対治《たいぢ》すべきや。予が云はく、闘諍をよくするやうを知りぬれば、闘諍の心は起こらぬなり。闘諍をよくするやうを教へ奉らむ。世間に兵《いくさ》をよくする人は、先づその敵《かたき》の大将軍に目をかけて、(六)葉武者《はむしゃ》をばかへりみず、大将軍をだに打ち取りぬれば、葉武者は自然に亡ぶる故なり。(七)御辺《ごへん》の心に背ける敵人《てきじん》の中に、何《いづ》れかその大将軍なると目をかけて見らるべし。たとひ他人に罵られ打たれたりとも、それによりて地獄に堕つることはあるべからず。かかる悪縁《あくえん》にあうて、起こる所の(八)一念の(九)瞋恚《しんに》は、(一〇)倶胝《くてい》劫《こふ》の善根を焼失して、遂には我を地獄に堕《お》とすべし。しかれば、我を損害する大将軍は、他人にあらず、ただこれ自心なり。闘諍の心起こらむ時、先づこの心に目をかけて、打ち取るべし。この僧これを聞きて、落涙して出でぬ。その後はひきかへて、柔和の僧になりたりき。

その比《ころ》かの小院、いまだ(一一)温室を造らず。近隣に(一二)教院のあるに往

(四) あらそい。喧嘩。
(五) 罪を悔いること。
(六) 木葉《こっぱ》武者。雑兵《ぞうひょう》。
(七) 貴殿《きでん》。あなた。
(八) 思い詰めること。
(九) いきどおり。
(一〇) ごく長い時間をいう。
(一一) 浴場。
(一二) 禅寺でなく、教門の寺。

きて、湯をば浴びき。その湯屋の（一三）播器《かいけ》は、竹の筒の五寸ばかりなる中に、節をこめて、両方にて湯を汲むやうに作れり。湯を多く汲ませじとの計ごとなり。予が共住の僧の中に一人、この播器を見るたびごとに、悪念を起こして、彼《か》の教院の坊主の心せばきことを、折々に（一四）誹謗す。予が云はく、諸法本《もと》より大小の相なし。大小は人の情にあり。この故に、大小の妄情を忘《ばう》じて、不思議解脱《ふしぎげだつ》を証得《しょうとく》せる菩薩は、（一五）芥子《けし》の中に須弥山《しゅみせん》を納《い》るれども、芥子の大きになれることもなく、須弥の小さくなれることもなし。浄名《じゃうみゃう》の室は、わづかに方丈なりしかども、八万（一六）四千由旬《ゆじゅん》なる高座を三万二千納れたりき。御辺《ごへん》の心に、大小の相を存ぜずは、彼の竹筒にて大海《だいかい》をも汲みぬべし。然らば則ち、かの坊主の心のせばきにはあらず、御辺の心のせばきなり。我もいまだ不思議解脱を証得せぬ故に、大小の相をば見れども、この理（一七）を信解《しんげ》すること、分明《ぶんみゃう》なる故に、御辺のごとく、悪念を起こすことはなし。この僧これを聞きて後は、彼の播器《かいけ》を見れども、悪念さらに起こらずと申しき。

　ただ播器の大小のみにあらず。果報の大小、寿命の長短、財宝の多少、官位の高下、世間の治乱、人倫の怨親、かやうの世事

（一三）掻い出し。
（一四）そしる。
（一五）芥子の話は維摩詰経不思議品に見える。
（一六）由旬は里程をはかる基準の称。
（一七）信じて解ること。

は、さまざまなりといへども、ただこの一念の迷情《めいじやう》に浮かべる夢幻の相なり。この幻相《げんさう》の上において、これを取り、かれを捨てむと苦労するいとまにて、この幻相を分別する自心の(一八)計度《けたく》を放下《はうげ》すべし。もしこの分別計度を志し得たらば、果報の大小、寿命の長短等のみにあらず。浄土・穢土、凡夫・聖賢の隔ても亦あるべからず。何をか歎き、何をか喜ばむや。然れども、もし又自心の計度を放下することあたはずして、世間の幻相に心を乱るる時は、よくよくうち返し思ふべし。果報も大きに、寿命も長く、財宝も多く、官位も高く、怨敵もなくして、治まれる世にありとも、天上の果報には及ぶべからず。たとひ天上の果報に等しくとも、長らへ果つべきことならねば、これをいみじと思はむや。もし又、果報官位等も、皆いやしき身となりて、乱れたる世に(一九)牢籠《らうろう》すとも、さすが人間なれば、(二〇)四《し》悪趣《あくしゆ》の果報には勝れたりと思ひて、歎くべからず。いはんや仏法にあへる大慶あり。何ぞ世俗の小利を心にかけむや。

かやうの法門は、教の中に種々の因縁譬喩《ひゆ》にて、説き置かれたり。ただ教の中のみにあらず、禅宗を(二一)挙揚《きよやう》し給へる祖師たちも亦勧めらる。達磨大師、仏法を悟入する人について、理入《りにふ》・行入《ぎやうにふ》の

(一八) 思い量って分別すること。

(一九) とらわれこもる。

(二〇) 四悪道。地獄・餓鬼・畜生・修羅。

(二一) あげる。

二種を立て給へり。理入とは、修行をからずして、直《ぢき》に本分に契当する人なり。行入とは、本分の法門を聞きて、信解《しんげ》はあれども、いまだ相応の分なき人のために、(二二)無方便の方便を設けて相応せしむる手段なり。これについて、四行《しぎやう》を明かせり。一には報冤《ほうをん》行《ぎやう》、二には随縁行《ずいえんぎやう》、三には無所求行《むしよぐぎやう》、四には称 法行《しようほふぎやう》。

世間にあらゆる貴賤男女の中に、我が心にあはず、我がために冤《あだ》をなす人あり。乃至畜生鬼類《ちくしやうきるゐ》の中にも、我がために毒害をなす者あり。人間の(二三)八苦《はつく》の中に、(二四)怨憎会苦《をんぞうゑく》といへるはこれなり。皆これ前世に彼を(二五)あだみたりし報ひなり。或は貧苦病苦に責めらるるも亦、これ我が慳貪《けんどん》破戒の報ひなりと思ひて、嗔《いか》ることもなく、悲しぶこともなし。かやうの心に安住するを、報冤行《ほうをんぎやう》と名づく。もしまた(二六)福分ありて、官位も進み、財宝も豊かに、名誉も人に勝《う》れ、芸能も世に超えたることありとも、皆これ前世に修せる、有漏《ろ》の善根にこたへたる、果報威勢なり。久しく保つべきことにあらずと思ひて、これに誇り、これに着《ぢやく》する心のなきを、随縁行と名づけたり。この二行《にぎやう》の理は、させる甚深《じんじん》の法門にはあらざれども、教外《けうげ》の宗旨を信ずる人の中にも、宿薫《しゆくくん》薄き人は、逆順の縁にあふ時、心を乱りて、仏法を忘る。さすがに仏法をば、かた心に

(二二)　一定の方法がないこと。
(二三)　補注［81］
(二四)　憎悪する者と会合する苦。
(二五)　敵視。
(二六)　よい取り分。

は、かけたるよしなれども、逆順の縁は相続して、ひまもなき故に、工夫純熟《じゅんじゅく》の分なし。この二行の理《ことわり》は、たとひ無智の人なりとも、心得ぬべし。先づかやうの理を知りて、逆順の縁に対する時、心を乱ることなくば、自然《じねん》に工夫も純一なるべし。この故に、大師先づこの二行を立て給へり。荘子《さうじ》等が、苦楽逆順に心を動ぜざるを、（二七）無為の道にかなへりと思へるには同じからず。然らば則ち、中古の宗師たちの中にも亦、かやうの理を示し給へる人あり。近来（二八）天目《てんもく》の広慧《くわうゑ》禅師中峰《ちゅうほう》和尚の（二九）垂誡《すいかい》の中に、多くはこれ世情のひがめることを誡め給へるも、この意なり。然るを、なまじひに小智ある人、これを見て、かやうの道理は、外典小乗等の法門なり。祖門の宗旨にあらずとそしれり。祖師門下の宗師は、教門のごとく、浅深の法門を立て分けて、機に随つて、これを説くにはあらず。ある時は世間の道理を説き、ある時は出世の法門を談ず。すべて定まれる（三〇）途轍《とてつ》なし。皆これ人のために（三一）粘《ねん》をとき（三二）縛《ばく》をさくる手段なり。古人云はく、会《ゑ》すれば則ち（三三）途中受用、会せざれば則ち（三四）世諦《せたい》流布《るふ》なりと云云。たとひ向上の玄旨《げんし》を示すとも、学者もし会せずは、則ち世俗の道理となるべし。もし人世間の道理を説くを聞きて、日来《ひごろ》の粘縛《ねんばく》を解脱して、直に本分に契当すること

（二七）　補注［82］
（二八）　補注［83］
（二九）　戒めをたれる。
（三〇）　筋道。
（三一）　執着。
（三二）　束縛。
（三三）　補注［84］
（三四）　補注［85］

あらば、この世俗の道理、即ち是れ甚深の法門なり。もし人順逆の縁に遇うて、心を乱る分はなくとも、そのままにて本分を明らむることなくば、ただこれ北州(三五)天上の果報を得る人となるべし。羅《ら》漢果《かんくわ》を証したる人は(三六)、貪嗔癡《とんじんち》を永く断じて三界《さんがい》を出離したれども、いまだ大乗の正理《しやうり》にはかなはず。故に円覚経に云はく、念を動ずるも迷《めい》なり。念をやむるも亦迷なりと云云。

然れども、もし先づ浅近の道理を知りて、世情を和らげて、仏法を修行せむをば嫌ふべからず。たとひ世情も和らぎて、純一に仏法を行ずとも、もし又悟入《ごにふ》を求め、成仏を求め、神通《じんづう》を求め、弁説《べんぜつ》を求むる心あらば、本分にかなふことあるべからず。これを以て、達磨《だるま》大師《だいし》、第三に無所求行《むしよぐぎやう》を立てられたり。金剛経《こんがうきやう》に云はく(三七)、法《ほふ》なほ捨つべし。いかにいはんや非法をやとは、この意なり。さればとて、禅宗の学者所求《しよぐ》なきを(三八)、究竟《くきやう》とするにあらず。所求なければ(三九)、左右《さう》に原《みなもと》に逢うて、諸縁境界も我を悩まさず、天魔《てんま》外道《げだう》も、便《たよ》りを得ず。ここに到りて(四〇)、寤寐憶忘《ごみおくばう》の隔てなし。見聞覚知《けんもんかくち》も、別の事にあらず。故に第四に(四一)称法行《しようほふぎやう》を立てられたり。たとひかやうなりとも、なほこれ(四二)功勛辺《こうくんへん》のことなり(四三)。大休大《だいきうだい》歇《かつ》の処とは思ふべからず。

(三五)　須弥山の四州の北の州。定命千年。
(三六)　三毒。むさぼり・いかり・おろかの三つの心の迷い。
(三七)　法とはありとあらゆるものに通ずる意という。〔上の脚注（九）参照〕
(三八)　窮極。
(三九)　容易に。
(四〇)　寝たり覚めたり、おぼえたり忘れたり。
(四一)　法にかなう行の意。
(四二)　よかった、お手柄という程度。
(四三)　大悟徹底。補注［86］

[四二]　世情と本分の工夫

問。世情の上に浮かべる喜怒憎愛のやまぬほどは、偏にこの念を対治することを心にかけて、かやうの凡情《ぼんじやう》皆やみて後に、始めて本分《ほんぶん》の工夫をばなすべきやらむ。

答。たまたま人界《にんがい》の生《しやう》を受けて、あひがたき仏法にあひながら、今生《こんじやう》にこれを明らめずは、何の生をか待つべきや。人の命《いのち》は出入《いでいり》の息を頼みがたし。暫時なりとも、世事に心を移さむやと、かやうに志を励ます人は、世情《せじやう》にひかれて、工夫を忘るることあるべからず。たとひ境界にあふ時、世情の起こることあれども、その憎愛の念の起こる所について、猛烈に工夫をなす故に、憎愛の念もなかなか修行の力となるべし。然れども、道心の深切ならぬ故に、順逆の縁に転ぜられて、一向に工夫を忘るる人のために、先づ浅近の道理にて、世情を和らぐることをすすむるなり。さればとて、先づこの世情を尽くしはてて、然《しか》して後に、始めて本分の修行をなすべしとにはあらず。羅漢果を証せる人は、順逆の縁にあうても、憎愛の念は起こらずといへども、これを得法の人とは名づけず。(一)薄地《はくぢ》の凡夫より悟入《ごにふ》する人は、喜怒の情は、いまだ尽きざれども、これをば得法《とくほふ》の人と名づけたり。されば先づ世情をつくして、後に悟るべしとは申すべからず。妄情《まうじやう》の起こる時、これを和らぐる道理を思ひ出《い》でたる処にも、本分の工夫をば捨つべからず。道心深切なる人は、寝ることをも忘れ、食《じき》することをも忘ると言へり。かやうの人は、時々は困ずることもあり、飢ゑたることもあれども、工夫の中にやすみ、工夫の中に食する故に、寝食の時も、さまたげなし。それまでの道心はなき人の、飢ゑを忍び、睡《ねむ》りを(二)念《ねう》ずれば、身も疲れ、病も起こりて、なかなか道行《だうぎやう》の障りとなる故に、飢ゑをやすめむために物を食し、身をやすめむために枕をせよとすすむれども、寝食の時は、しばらく工夫をなすことなかれとにはあらず。古人云はく、行《ぎやう》の時は、行の処を看取せよ。坐の時は坐の処を看取せよ。臥の時は臥の処を看取せよ。見聞《けんもん》の時は見聞の処を看取せよ。覚知《かくち》の時は覚知の処を看取せよ。喜びの時は喜びの処を看取せよ。嗔《いか》りの時は嗔りの処を看取せよと云云。これはこれ古人苦口《くこ》叮嚀《ていねい》の垂誡なり。かやうに修行せば、悟らずといふことなけむ。

(一)　薄は迫、諸苦に迫られている凡夫の境界。

(二)　ねうずは念うずで、こらえる意。

[四三]　如幻の観と本分の悟り

問。（一）大乗経《だいじやうきやう》の中に、多くは如夢《によむ》・如幻《によげん》の法門《ほふもん》を説けり。禅師《ぜんじ》の語の中にも亦、この法門あり。然れば、大乗の（二）行人《ぎやうにん》は、如幻の観をなすを本《ほん》とすべしや。

答。　諸法は夢幻《ゆめまぼろし》のごとしといへる法門、その語は同じけれども、諸宗に談ずるその旨趣《ししゆ》各〻異なり。然りといへども、その大槩はこれ変はらず。世人の諺に、世の中は夢幻のごとしなむど申すは、無常の謂《いは》れなり。大乗に夢幻のたとへを取るは、しからず。夢の中に見ゆるところの種々の物像、すべて実躰なし。実躰なしといへども、諸〻《もろもろ》の形相《ぎやうさう》（三）宛然《ゑんぜん》たり。幻術師の巾《きん》をつかねて、或は人の形となし、或は馬の形をなせども、実《まこと》には人馬の相にあらず。幻のごとしといへるは、これなり。天竺《てんぢく》にこの術をなす者多し。この故に譬《たと》へとせり。かやうの謂《いは》れを以て、万法の実躰なくして、しかも諸相（四）歴然たるに譬へたり。水中の月、鏡中の像なむどいへる譬へも亦、この意なり。

又、教の中に不思議幻《ふしぎげん》なむど談ずる法門あり。（五）縁生如幻《えんしやうによげん》の義に

[四三]
（一）大乗の教えを説く華厳・般若等の経。
（二）修行する者。
（三）そっくりそのまま。
（四）はっきりしているさま。
（五）縁から生じた意。縁起と同じ。縁起は因からいい、縁生は果からいう。

は異なり。仏法修行の人、ややもすれば、外道《げどう》二乗の見解《けんげ》に堕《お》つ。外道の見は多しといへども、断《だん》・常《じやう》の二《に》見《けん》を本《ほん》とす。断とは無なり。常とは有《う》なり。ここに四句《しく》(六)あり。色心(七)の諸法において、或は一向に有なりと計《け》するは、常見なり。或るは一向に無なりと計するは、断見なり。或は有なる方《かた》もあり、無なる方もありと計するは、亦有亦無《やくうやくむ》の見なり。或は一向に有にもあらず、無にもあらずと計するをば、非有非無《ひうひむ》の見と名づく。

今時大乗《だいじよう》修行の人、語《ことば》に談ずる法門は、大乗に似れども、その所見をさぐる時は、外道の四句の見を出でざる人あり。仏の説法も、四句を出でずといへども、真実の仏智の四句の内にあるにはあらず。有の見を破《は》せむためには、諸法の空無《くうむ》なることを説き、無の見を破らむためには、諸法の常住なる由を演《の》べ給へり。仏意を知らざる人は、方便をとめて(八)真実と思へり。二乗の見とは、声《しやう》聞《もん》・縁覚《えんがく》、その所学の法門は、少しき異なりといへども、身心《しんじん》を滅尽(九)して、無為涅槃(一〇)に帰して、三界《さんがい》の輪廻をまぬがるべしと思へり。甚だ大乗の法理にそむけり。もし人如幻の法門を解了《げれう》しぬれば、自然《じねん》に外道二乗の見には堕《だ》せず。然れば則ち、如幻の法門を解了する人は、諸法有《う》なりといへども、その所見実有《じつう》(一一)にあらず。

(六)　四つに分けてあらわす意。
(七)　形あるものと形無きもの。身心。
(八)　もとめて。
(九)　跡方もなくする。
(一〇)　一切の因縁を離脱した境地。
(一一)　虚妄でなく事実にある意。

諸法は空なりと説けども、その智慧《ちゑ》(一二)実空《じつくう》に堕《だ》せず。故に中道実相《ちゆうだうじつさう》の真理の(一三)証得するに便《たよ》りあり。これ以て如幻の法門をば大乗の初門と名づけたり。これを真実究竟《くきやう》の法門とするにはあらず。然れども、凡夫外道の実有実空の見を破り、二乗(一四)沈空《ちんぐう》の解《げ》をなさしめざらむために、教《けう》の中に、かりに如幻の観をすすめたり。大日経の住心品《ぢゆうしんぼん》にも、縁生の諸法は皆、如幻なる理をのみ明かせり。円覚・楞厳の中には、如幻の智をも遠離《をんり》すべしと説かれたり。

然れども、三種の(一五)観行《くわんぎやう》を明かす時、(一六)三摩波提《さんまはだい》といへるは、これ如幻の観なり。これ則ち、暫く幻智を起こして、幻妄《げんまう》を消して、本分清浄《ほんぶんしやうじやう》の宝殿に登らしめむためなり。かやうの方便をば、教門にゆづる故に、禅宗の学者は、如幻の観をも用ふべからず。禅門の宗師の夢幻の法門を説くことは、この理を心において、観念せよとにはあらず。仏法世法皆夢幻のごとしと知りなば、一切《いつさい》放下《はうげ》して、直《ぢき》に本分に向かはむことを勧むるなり。(一七)三祖大師の云はく、(一八)夢幻空花《くうげ》、あに把捉《はそく》することを労せむや。得失是非、一時に放却《はうきやく》せよと云云。

(一二) ありとあるものは因縁により生ずるので自性がない意。
(一三) 「の」は上の語との音便で「を」が転じたものである。
(一四) 補注 [87]
(一五) 観心の行法。補注 [88]
(一六) 補注 [89]
(一七) 補注 [90]
(一八) 空中の花。まぼろしの花。

[四四]　大乗の工夫

問。夢幻と観ずるもいたづらごととは知りながら、諸縁に対する時、常にこの心の浮かぶは、過《あやま》ちなるべしや。

答。一切を放下《はうげ》せよと申せばとて、外《げ》道二乗《だうにじよう》の悪念を制して、起こさじとするには同じからず。さやうにすることは、血を以て血を洗ふがごとし。眼に翳病《えいびやう》(一)ある人の、虚空に向かへば、もろもろの花の、乱起乱滅する相あり。愚人これを翳病の故とは知らずして、実《まこと》に花ありと思ひて、或はこれを厭ひて、はらひのけむとする者あり。或はこれを愛して、除《のぞ》かじとする者もあり。一翳《いちえい》もしやみぬれば、乱起乱滅の花もなし。何をか厭ひ、何をか愛せむや。行道《ぎやうだう》も亦かくのごとし。無明の一翳に、自眼を障《さ》へられて、本分真空(二)の上に、仏法世法《ぶつほふせほふ》、善念悪念《ぜんねんあくねん》、種々の花相《けさう》を見るなり。この理を分明に識得しぬれば、たとひ眼翳いまだ除《のぞ》こらざる故に、善念悪念の花相浮かべども、主宰(三)となり得て、驚動《きやうどう》せず。鏡の物を照らすがごとく、心力を労することなし。かやうに用心するを、大乗の工夫とは申すなり。古人云はく、一切の善悪すべて

[四四]
(一)　目がかすむ、かげりやまい。
(二)　真の空（相を離れること）。
(三)　つかさどる頭《かしら》。

思量することなかれ。又云はく、直《ぢき》に無上菩提におもむきて、一切の是非管(四)することなかれ。又云はく、別に工夫なし。放下すれば便《すなは》ち是《ぜ》なりと云云。

(四) かかわる。

[四五] 悟入

[四五]

問。一切放下して、仏法《ぶつぽふ》世法《せほふ》を胸中におかずは、これを本分の田地と申すべしや。

答。達磨大師の云はく、外に諸縁をおはず、内心あへぐことなくして、心《こころ》牆壁《しやうへき》のごとくならば、道に入るべしと云云。(一)大慧《だいゑ》禅師、この語を挙げて云はく、諸縁を放下して、内心動ぜざるは、道に入る方便門なりといへる意なり。もしかやうなる処を、真実の道なりと思はば、祖師の意にそむけりと云云。

(一) 宋の僧、宗杲《しゆうこう》。大慧普覚禅師。語録・書・武庫等の著作はわが国でもよく読まれた。

[四六] 是非の念と大悟 附＝南岳懐譲和尚六祖の印証、百丈の下堂の句、亮座主の大悟

[四六]

問。古人云はく、真実修道の人は、他人の是非をとかずと云云。この語をば信ずれども、僧俗に対する時、ややもすれば、是

非の念の起こるをば、如何《いかが》対治すべきや。

答。　真実の道人の、他人の是非を説かずといへることは、是非は実にあれども、これをとかずと申すにはあらず。自他の相を見ざれば、是非のとくべきがなき故なり。三祖大師の云はく、(一)真如《しんによ》法界《ほふかい》には、他もなく自もなし。教中に云はく、法性《ほつしやう》は大海《だいかい》のごとし。是非ありと説くべからずと云云。この理に相応せざる故に、自他の相あり。自他の相あるならば、いかでか是非を見ることなからむや。もし是非の相を見ば、たとひ口には説かずとも、真実修道の人にはあらず。然れば則ち、大乗の学者、他人の是非を説かじとせむよりは、ただ自ら(二)翻覆《ほんぷく》して看るべし。他人の是非をとく者は、これ誰《た》そ。円覚経に云はく、(三)四大《しだい》を認《と》めて自身の相とし、(四)六塵《ろくぢん》の(五)縁影を自心の相とす。この経の意は、凡夫の自己と思へるは、真実の自己にあらず。自己と思へる者の、もしあやまりならば、他人と見るも亦、あたらず。自他もし実ならずは、何の是非をかとくべきや。よのつね道者とて、他人の是非をばとかぬ人も、自心において善悪の相を分かち、利鈍の品をたち、所解《しよげ》に浅深を論じ、修行に邪正《じやしやう》をたくらぶ。かやうの人は、直《ぢき》に無上菩《むじやうぼ》提《だい》におもむくことあたはず。この故に、一切の是非を目にかくる

(一)　変わらぬまことのすがた。法界・法性も同じ。
(二)　裏表返すこと。
(三)　肉体。
(四)　汚れた心。補注［91］
(五)　外塵の影像。

ことなかれと、すすめたり。一切の是非を放下して、自他の相を見ずとも、もしいまだ父母未生《みしやう》前の、本来の面目(六)を見ずは、真実の道人といふべからず。(七)回光返照《ゑくわうへんぜう》して看るべし。自他身心《しんじん》の相を分かち、是非得失の念を浮かぶる物は、これ何物ぞ。

昔、南岳《なんがく》の譲(八)和尚六祖《ろくそ》に参ず(九)。六祖佗《た》の来《きた》るを見て、問うて云はく、何物かかくのごとく来れる。南岳答ふることあたはずして、退き給ひぬ。その後八年あつて、始めて大悟す。再び六祖に参じて、前の問を答へて云はく、一物《いちもつ》に説似《せつじ》すれば、即ちあたらずと云云。この時始めて六祖の印証《いんしょう》をうけ給ひき。南岳和尚の六祖に参じ給ひし時、一言の下《もと》に、直に契当せられざることは、鈍《どん》根《こん》なるに似たれども、来る者は何物ぞと問はれて、やがてつまりて、帰り給へるは、伶利《れいり》なる故なり。かやうになからましかば、たとひ千生を経るとも、大悟することあたはじ。

今時鈍根の人来りて仏法を問ふ時、かやうに仏法を問ふ者は、これ誰《た》そといへば、或は濛々(一〇)として、日来《ひごろ》の妄想を本《ほん》として、某《それがし》となのる者あり。或は問ふ者は、これ誰《た》そと疑うて見るべきかといふ者(一一)もあり。或は自心これ仏といへる語に随つて、解《げ》を生じて、眉をあげ目(一二)をまじろがし、手をあげ拳をささぐる者もあ

(六)　すがた。
(七)　光をめぐらし、照らし返す。自己の本分を顧みること。
(八)　補注［92］
(九)　禅宗で人を集め坐禅・説法等をするのを参という。
(一〇)　ぼんやりとして。
(一一)　以下、自身を誇示しようとする身振り。
(一二)　まばたきをする。

り。或は識心《しきしん》の実躰なくして、諸〻《もろもろ》の形相《ぎやうさう》を離れたるところをとめて、南岳の(一三)説似一物即不中と答へ給へる語にとり合はせて、(一四)上に攀仰《はんがう》なく、下に(一五)己躬《こきゆう》を絶すと答ふる者のあり。或はわづかに問ひあり答へあれば、皆外辺《ぐわいへん》のことなりと心得て、(一六)一喝《いつかつ》を下《くだ》す人もあり。或はかやうの種々の計《け》較安排《かうあんばい》にあづからざる処を、宗旨と思うて、袖を払つて便《すなは》ち去る人もあり。もしかやうならば、たとひ(一七)弥勒下生《みろくげしやう》に到るとも、大悟することあたはじ。

(一八)百丈の大智禅師、(一九)上堂説法の終はりには、たびごとに大衆《だいしゆ》とよび給ふ。大衆これを聞いて、首《かうべ》を廻《めぐ》らす。百丈の云はく、これ何ぞ。時の人これを百丈下堂《げだう》の句と名づけたり。百丈かやうに示し給ふことは、学者に工夫用心を教へ給へるにもあらず。面々の見《けん》解《げ》を問ひ給ふにもあらず。畢竟《ひつきやう》して、その意《こころ》何れの処にかある。もし人(二〇)直下《ぢきげ》に(二一)承当せば、曠劫の無明、一時に滅すべし。

昔、(二二)亮座主《りやうざす》といへる(二三)教者ありき。経論を博覧し、義理を通達して、(二四)徒を集めて法を説くこと年久し。ある時、(二五)馬祖《ばそ》に参じて種々の問答あり。亮座主これを(二六)うけがはずして出でて去る。馬祖即ち、座主とよび給ふ。座主首を廻らす。馬祖の云はく、これ何ぞ。その時亮座主、(二七)豁然《くわつぜん》として大悟す。この座主、年来経論の義

(一三)　本分のことは、一言でも言えば、すなわち当たらない。これは六祖壇経に見える。
(一四)　よじのぼって仰ぎみる。
(一五)　みずから。
(一六)　喝は、力のこもった叫びで、真心の思いを吐くもの。禅宗で唱える。
(一七)　補注[16]
(一八)　補注[93]
(一九)　説法などのため法堂《はつとう》にのぼること。
(二〇)　直下《ちよつか》。まっすぐ。
(二一)　会得する。悟る。
(二二)　座主は多くの僧をすべる役。
(二三)　天台・真言など経文の教えを学ぶ者。禅者に対する。
(二四)　なかま。
(二五)　補注[94]
(二六)　承知しない。納得しない。

理を通達すといへども、未だ悟入の分なし。馬祖のこれ何ぞと示し給ふ一言の下に大悟することは、何の故ぞや。当《まさ》に知るべし。その所悟は経論の義理にあらざることを。一生の間、身心《しんじん》を苦労して、学解をはげますいとまを翻して、行住坐臥（二八）、念起念滅（二九）の処について、直下に参決せば、南岳亮座主のごとくなる悟入も、などかなかるべきやと、いとま惜《を》しく覚えたり。まして他人の是非を談じ、世間の名利をのみわしりて、いたづらに一生を過ごす人をば、たまたま人身《にんしん》を受けたるしるしありといはむや。

［四七］　円満具足の本分

問。　この宗を信じて、多年修行すれども、いまだしるしなしもとわぶる者のあり。或は一生の内に悟りを開きなば申すに及ばず。もししからずば、ただ一期の間身心《しんじん》を苦労するばかりにて、当来も亦輪廻をまぬかるべからずと、怖畏する人もあり。その謂《いは》れあるにあらずや。

答。　久しく行《ぎやう》ずれども、いまだ効《しるし》もなしと申すことは、何事のしるしのなきやらむ。或は世間にわしりて、名を求め、利をむさ

（二七）　からりと。さらりと。
（二八）　寝ても覚めても。
（二九）　念が発動するもと。本性。
［四七］

ぼり、或は仏神に祈りて、災ひを除き福をねがひ、或は内外典を学して、智慧をのぞみ、或は秘密の法を行なうて、(一)悉地《しつぢ》を仰ぎ、或は芸能を励みて人にすぐれむことを思ひ、或は療治を施して、病をいやさむとす。かやうのことにこそ、効の有り無しのいはれはあれ。禅門の宗旨は、かかる道理にはあらず。何事の効ぞや。古人云はく、この一段のことは、人々具足し、箇々円成《ゑんじやう》す。凡《ぼん》にありても減ぜず。聖《しやう》にありても増せず。又云はく、円《まる》きこと大虚《おほぞら》に同じ。かけたることもなく、あまれることもなし。もし我は仏法を行じて効ありと思はば、虚空にあまれる相を見るがごとし。我はいまだ効なしと思はば、虚空にかけたる相を見るがごとし。もしかやうならば、凡聖増減なしといへる、仏祖の垂示《すいじ》、皆虚言なるべし。

又、仏法を行ずとも、もし悟りを開くことなくば、その工夫いたづらなるべしと疑うて、いまだ行じても見ずして、かねて退屈(二)する人は、愚の中の愚なり。もしさやうの疑ひを起こさば、ただ仏法のみにあらず、世間の凡夫のしわざ、何事かかねて(三)治定《ぢぢやう》せるや。されども、望みをかけて、かなひがたきことまでも、もしやもしやと秘計をめぐらし、身心を苦しむる人もあるぞかし。いま

(一)　秘法を行なって真言の妙果を成就させること。
(二)　嫌気がさす。
(三)　当てがある。

だ仏法を行じても見ずして、退屈する人は、業力《ごふりき》の深くして、仏法の志のいるがせなる故なり。仏法を行ずるだにも、悟ることやなからむと疑がはしきに、退屈(四)して一生を過ごしなば、当来には何となるべきや。我と自ら行ずるだにも、効なくば、他人をやとうて悟りを開くべしや。もし他人の力にて、悟りを開くことならば、十方界に遍満し給へる仏菩薩、いままで衆生を迷界《めいかい》に輪転せしむることあらむや。

(四) 仏法に退屈して。

〔四八〕 坐禅の本意

問。古人の云はく、用心盲昧(一)《まうまい》ならば、坐禅無益《むやく》なりと云云。然らば則ち、愚癡《ぐち》なる人の、坐禅とて壁に向かつて坐する、いたづらごとと申す人あり。その謂《いは》れありや。

答。古人かやうに示すことは、一大事(二)のために志を励ます人の、善知識にも参ぜず、ただ坐禅となづけて、蒙々(三)として坐する人をすすめて、その用心を正しくなさむためなり。愚癡なる人は、坐禅すること詮なしと申すにはあらず。用心くらき者は、坐禅無益なりというて、坐禅をばせずして、愚癡のままにて日月を

〔四八〕
(一) 昧《くら》いこと。ぼんやりしていること。
(二) 生死の悟り。
(三) ぼんやりと。

送る人は、何の益《やく》かあるべきや。仏法に入ること、一世一時の薫修(四)にあらず。今生《こんじやう》に利根の姓《しやう》(五)を受けて、頓《とみ》(六)に悟る人は、前生《ぜんしやう》盲昧にして、坐禅したりし人なり。今生に盲昧にして坐禅する人は、当来必ず一聞千悟《いちもんせんご》の人となるべし。或は云はく、坐禅は大事(七)の所《しよ》作《さ》なれば、愚癡の身にはかなひがたし。経を読み、陀羅尼《だらに》を誦し、念仏を申すことは、事(八)の行にてたやすければ、これは相応の行なるべしと云云。教の中に云はく、発心《ほつしん》(九)僻越《へきゑつ》しぬれば、万行徒《いたづら》に施す。事行《じぎやう》(一〇)・理行《りぎやう》といへるは、一往の差別なり。何れの行なりとも、用心あやまりぬれば、皆三界輪廻の業因《ごふいん》なり。然れば則ち、大乗修行の用心正しき人は、その中にして、万行をなせども錯《あやま》ちなし。もしその分なくば、事理《じり》の行ともに、いたづらなるべし。然るを、坐禅用心は大事なれば、先づ事の行を修せむといへるは、(一一)僻案《へきあん》なり。坐禅を大事の行と思へるは、いまだ坐禅の玄旨《げんし》を知らざる故なり。

　坐禅修行と申すことは、禅門ばかりに用ひることにあらず。顕密の諸宗にも明かせり。乃至小乗・外道の法にもあり。坐禅といへる語は同じけれども、その旨趣各〻異なり。小乗・外道の坐禅は、(一二)有漏《うろ》・無漏《むろ》その趣き異なれども、身を動ぜず、念をおこさじ

(四)　薫陶。感化を受けて修行を積むこと。
(五)　姓は性（たち）に通じて用いた。
(六)　すぐ。
(七)　難しい行為。
(八)　因縁によって生じた一切の事物の相。
(九)　ねじけて間違っていること。
(一〇)　理は事に対して、本体の変わらぬもの、真如。
(一一)　間違った考え。
(一二)　小乗・外道の坐禅は有漏の坐禅。大乗のそれは無漏の坐禅。有漏は一切世間にある煩悩、無漏は煩悩を離れた出世間の本体。

と修行する躰《てい》はこれ同じ。浄土宗《じやうどしゆう》の坐禅は、(一三)十六想観《じふろくさうくわん》等なり。(一四)盧《ろ》山《ざん》の遠《をん》法師等は、この行を専らにす。顕密の諸宗の坐禅、かはれりといへども、各〻その宗の深理を観ずるを用心とす。末代になりて、諸宗の坐禅、大畧はすたれたる故に、坐禅するは、宗門の修行ばかりと思へるは、あやまれり。

宗門の坐禅と申すは、念をさめ身を動ぜじとするにもあらざれば、さやうに壁に向かひて坐して、念をやむることは、大事なりとも云ふべからず。法理を観ずることにもあらざれば、我は(一五)鈍根なる故に、法門の深理を習ふこと、大事なりともいふべからず。財宝の入ることにもあらざれば、我は貧しき故にかなひがたしともいふべからず。身力《しんりき》のいることにもあらざれば、我は力弱ければ(一六)難儀《なんぎ》なりともいふべからず。(一七)塵労《ぢんらう》の中には仏法なしとも定《さだ》めねば、我は俗人なる故に、修行の便《たよ》りなしともいふべからず。焼香礼拝等の行は、身を以てなす故に、その身もし余のことをなす時は、その行かなはず。読経《どきやう》・誦咒《じゆじゆ》・念仏《ねんぶつ》等の行は、口を以てなす故に、別の事を談ずる時は、その行すたる。法理《ほふり》を観ずることは、意を以てなす故に、別事を思ふ時は、その観はせられず。禅門の工夫は、身を以てもなさず、口を以てもなさず、意を以て

(一三) 補注 [95]
(一四) 補注 [96]
(一五) 鈍なたち。
(一六) 骨が折れること。
(一七) 世間のわずらわしい苦労。

もなさず。何をか大事といふべきや。

[四九]　真実の修行

問。この宗の修行は、身口《しんく》の所作にあらずといふことは、その謂《いは》れあるべし。もし心を以てもなさぬことならば、何の故に工夫用心とは申すや。

答。身口意《しんくい》を以て行ぜずと申せばとて、外道の（一）非想定《ひさうぢやう》、小乗の（二）滅尽定を修する人の、身心《しんじん》を都滅《とめつ》するには同じからず。凡夫の身心と思へる者は、空花《くうげ》のごとし。これを実有《じつう》なりと計《け》して、我、身にて礼拝苦行し、口にて経を読み、呪《じゆ》を誦し、意《こころ》にて観行《くわんぎやう》をすると思へるを嫌ふなり。般若経《はんにやぎやう》に、眼耳鼻舌身意も無と説けるは、この義なり。大集経《だいじふきやう》に云はく、それ菩提とは、身を以ても得べからず、心を以ても得べからず。身心《しんじん》は皆幻《まぼろし》のごとくなるが故にと云云。般舟三昧経《はんじゆざんまいきやう》に云はく、心を以ても仏を得べからず、色を以ても仏を得べからず。又云はく、身を以て得るにもあらず、智慧を以て得るにもあらずと云云。よのつねの愚人、色を見ることは眼の能なり。声を聞くことは耳の徳なり。（三）乃至《ないし》世出世の

[四九]

（一）　補注[97]

（二）　補注[98]

（三）　それから。

法を知ることは、意《こころ》のわざなりと思へり。この故に眼《まなこ》しひぬれば色を見ず。耳つぶれぬれば声を聞かず。意《こころ》ほれぬれば、法をわきまへず。一念の妄執によりて、かかる（四）見と不見と、（五）聞と不聞と、知と不知との差別を成ぜり。楞厳経の中に、（六）六根《ろつこん》をからずして、（七）見聞覚知する証拠を挙げて云はく、（八）阿那律《あなりつ》は、眼つぶれて後、三千世界を見ること、掌《たなごころ》の内なる物を見るがごとし。（九）跋難陀龍《ばつなんだりゆう》は、耳なくして声を聞く。（一〇）恒河《ごうが》神《しん》は、鼻なくして香をかぐ。（一一）憍梵波提《けうぼんはだい》は、異舌にして味をなむ。（一二）虚空神《こくうじん》は、身なくして触を知る。（一三）摩訶《まか》迦葉《かせふ》は、（一四）六識を滅して、円明《ゑんみやう》の了知ありと云云。かやうの法門を知らざる人は、真実の修行は、身口《しんく》意《い》の三業《さんごふ》にあづからずといふことを聞きて、耳を驚かせり。

［五〇］　無用心の用心

問。　大乗教の中に、或は行者の一念について、（一）三諦《さんだい》の（二）観行を修せしめ、或は行者の（三）当躰《たうたい》について、（四）三密の加持を作らしむ。かやうの法門は、皆身心《しんじん》の所作なれば、いたづら事と申すべしや。

答。　仏事門《じもん》の中には、有漏の（五）戒善、小乗の修行をも、捨つるこ

（四）　見は、よく考えて事理をきわめること。仏を見ること。
（五）　耳に法を聞くこと。
（六）　からだのはたらき。眼耳鼻舌身意の六つの器官。
（七）　補注［99］
（八）　補注［100］
（九）　龍王の名。
（一〇）　インド恒河（福徳のよい川）の川の神。
（一一）　補注［101］
（一二）　空をつかさどる神。
（一三）　補注［102］
（一四）　補注［99］

［五〇］
（一）　補注［103］
（二）　観心の行法。
（三）　当《とう》の身体。じかにその本体を指していう。
（四）　補注［104］
（五）　戒をたもった善根。

となし。いはんや顕密大乗の深旨をや。然れども、衆生を化導《けだう》する、各〻の方便門は、その差別なきにあらず。禅門の宗師《そうし》の手段、いかでか教門と同じからむや。教門は生・仏《(六)しやうぶつ》すでに別れたる処について、衆生を引導して、仏境界《きやうがい》に入らしむる法門を設けたり。禅門は生・仏いまだ別れざる本分の田地に直《ぢき》に到らしめむとす。然れば則ち、身口意業《しんくいごふ》の修行をも論ぜず。一心三密の観法をも許さず。三祖大師の云はく、心を以て心を用ふるは、大なる錯《あやま》ちなり。古徳の云はく、無用心の処、これ諸仏用心の処なりと云云。

(六)　衆生と仏。

[五二]　禅宗の玄旨（極意）

[五二]

問。用心せぬを用心と申さば、道心もなくして、いたづらに月日を過ごすを、禅者と申すべしや。

答。仏法の用心をだにきらへるに、まして世情にひかれて、いたづらに過ぐる人を、道人と申さむや。古人の云はく、勤むれば則ち二乗の道に入り、忘ずれば則ち凡夫の境に堕すと云云。これはこれ禅門の玄旨なり。

[五二]　本分直示の題目

問。　禅門には生・仏以前を挙揚《きよやう》(一)する故に、一心三密の観行をも論ぜずと申すに、古来の禅宗の学者、皆坐禅工夫を嗜《たしな》み、知識も亦、修行用心の邪正を示すことは何ぞや。

答。　詩を作り、歌を詠む人は、先づその題をよく心得べし。月の題をとりて、花の事を案ぜば、よろしからず。仏法も亦、かくのごとし。禅宗に本分の事といへるは、何の事ぞや。凡にありても減ぜず、聖にありても増ぜず、人々具足し、箇々円成すといへり。この本分の題をとりながら、我は迷人《まよひびと》なりと思うて、悟りを開くべき修行を習はむとする人は、本分の題に背ける人なり。たとひ詩歌の風情(二)は、心に浮かばざれども、月の題をとりたる人は、花のことをば案ぜぬがごとく、本分の題を信ずる人、我は迷人なりと執着して、別に悟りを求むることはあるべからず。しかれども、いまだ箇々円成せる処を、分明《ぶんみやう》にうけがふことのなきほどは、日《ひ》来《ごろ》の迷悟を存し、凡聖を隔ちつる妄情を放下《はうげ》して、或は自ら直下《ぢきげ》に参究し、或は知識に参ず。さはあれども、念仏を申し

[五二]

(一)　あげる。

(二)　おもむき。

て往生の行にあて、陀羅尼（三）を誦して悉地《しつぢ》を求め、乃至教門の中に明かせる観念を凝らして、（四）証理《しょうり》をまつには同じからず。かやうの人は、本分の題を忘れぬ学者なり。古人悟道の機縁を見れば、上代なりし故にや、直下に大悟することはなかりし人も、本分の題をば信ぜし故に、本分にかなふべきための工夫用心とて、人にたづね問へることはなし。ただ直《ぢき》に問うて云はく、如何なるかこれ仏、如何なるかこれ禅、如何なるかこれ仏法的々（五）の大意、如何なるかこれ祖師西来《さいらい》の意、如何なるかこれ諸仏出身の処と云云。学者の問ひもかやうに直問《ぢきもん》なり。知識の答へも亦直答《ぢきたふ》にして、或は（六）即心即仏と答へ、或は（七）庭前の栢樹子《はくじゅし》と示し、或は（八）東山水上行《とうざんすいじゃうかう》といふ。宗師かやうに答ふること、皆これ本分の直示《ぢきし》なり。この語を以て修行の（九）資粮《しりやう》となさしめむためにはあらず。然れども、学者もし鈍にして、知識の直示《ぢきし》をあきらめざれば、彼《か》の示すところの（一〇）話《わ》頭《とう》に額《ひたひ》をついて、或は一両日、或は一両月、（一一）乃至五年や十年も、この直示を参決せり。その間をば修行とも申しぬべし。されども教家《けうけ》に（一二）解・行・証を立てて、諸〻の観を修する用心には、同じからず。教外《けうげ》別伝《べつでん》といへる題目は、この謂《いは》れなり。今時の人、多くはこれこの題を忘れて、善知識にあうて、修行用心をたづね問

（三）秘法を行なって真言の妙果を成就させること。
（四）理を悟る。
（五）的確。しかとあてはまる。
（六）自心を証して本性を悟ること。
（七）趙州和尚の有名な公案。補注［107］
（八）補注［105］
（九）もとで。資料。
（一〇）話のいとぐち。ヒント。
（一一）さらにまた。
（一二）補注［106］

ふ。知識たる人の中にも、学者のために、修行用心を教へらる。或は公案を人に与ふるも、往生のために念仏を申し、悉地のために陀羅尼をみつる(一三)がごとく、この公案を提撕《ていぜい》して、本分に到らしめむためと思へり。この故に学者も各〻用心の(一四)躰《てい》をかたりて、勝劣をたくらべ、知識の言のかはれる処について、是非を批判す。皆これ世俗の(一五)戯論《けろん》なり。

[五三]　覿面提持の疑・不疑

問。公案を看るについて、疑《ぎ》と不疑《ふぎ》との両論あり。何《いづ》れをか本とすべきや。

答。宗師の手段は、すべて定まれる(一)途轍《とてつ》なし。(二)撃石火《げきせっくわ》のごとく、(三)閃《せん》電光に似たり。ある時は疑うて看よと示し、ある時は疑ふことなかれといふ。皆これ学者に対する時に、直下《ぢきげ》に垂示《すいじ》する語なり。知識の胸の中に、かねてたくはへ置きたる法門にあらず。この故に、これを(四)覿面提持《てきめんていぢ》と名づけたり。石火電光のあとをとめて、(五)定論すべからず。もしこれ(六)明眼《めいげん》の宗師ならば、疑と示し不疑といふも、すべて妨げなし。もしこれ明眼ならずは、疑・不疑と

(一三)　あげる。
(一四)　様子。
(一五)　たわいもない議論。

[五三]
(一)　筋道。
(二)　石をうった火花。
(三)　雷電のひらめいた光。
(四)　目の前で取り出して見せること。
(五)　議論を決める。
(六)　よく見抜く。ここは悟った意。

もに学者の眼《まなこ》をくらますべし。

[五四]　公案の取捨

問。　或は云はく、初心の行者は、必ず先づ公案を提撕《ていぜい》すべし。或は云はく、公案を持つことは枝葉なり。この両論、何《いづ》れをか正とせむや。

答。　これもまた疑・不疑の論にことならず。ある時は公案を与へて看せしめ、ある時は奪うて捨てしむ。皆これ宗師の手段なり。定論すべからず。古人学者に問ひて云はく、汝《なんぢ》公案と一如なりや否や。公案と一如になりぬれば、提撕する人もなく、提撕せられたる公案もなし。もしよくここに到りなば、かやうの両論を起こさむや。然りといへども、いまだこの田地にいたらざる人のために、宗師かりに手段を施して与奪《よだつ》(一)すること、凡情にて定論すべきことならず。もし明眼ならざる人の、古人の語に随ひて、解《げ》を生じて、一定の法門を説きて、学者に示すこと、大なる錯《あやま》りなり。古人の実法(二)を以て、人を繋ぐとそしれるはこれなり。

[五四]

(一)　与えたり奪ったり。

(二)　真実の仏法。

[五五]　古則着語の公案　附＝趙州和尚無の公案

問。(一)大慧禅師等の諸〻の知識の、(二)趙州《でうしう》の無の字を与へ給へるは、皆本(三)古則《こそく》のままに挙げて看よと示し給へり。しかるを、近来唐土の明匠《めいしやう》、(四)中峰和尚、本古則の上に語を着けて、趙州なにに因ってか、この無の字をいふと、示されたり。この意如何《いかん》。

答。古《いにしへ》への学者、道のために心を発《おこ》すことあさからず。この故に、身の苦しみを忘れ、路の遠きをはばからず、諸方に到りて、知識に参ず。宗匠これを愍《あは》れみて、一言半句を示す。皆これ本分の直示《ぢきじ》なり。その意《こころ》、言句の上にあるにあらず。然らば則ち、利根の学者は、言外に旨《し》を悟る。何ぞさらに他の言句の上において、とかくの論にわたらむや。たとひ鈍根にして、しばらく言下にとどこほる人も、その示すところの言句、(五)鉄橛子《てつけつし》のごとくなれば、情識《じやうしき》を以て、推度《すいたく》することあたはず。然れども、道心堅固なる故に、その大疑《だいぎ》団《だん》、胸中にふさがりて、寝を忘れ、飡《そん》を忘れたり。或は一両日を経て後、この大疑《だいぎ》破れたる人もありき。或は一両月乃至《ないし》十年二十年の後、破れたる人もありき。宿習《しゆくしふ》の厚薄により

[五五]

(一)　補注 [92]

(二)　補注 [107]

(三)　古則は古人が示した語句。参禅者の法則ゆえ則という。

(四)　補注 [83]

(五)　鉄のくさび。ゆるがぬものであるのをいう。

て、遅速ことなりといへども、一生の内に遂に破れざる人はなかりき。古人の、大疑の下《もと》に大悟ありといへるは、この謂《いは》れなり。

かかりし故に、古へは知識の方《かた》より我が語を公案にして、提撕《ていぜい》(六)せよとすすめたることもなし。我が語を疑へといへることもなし。疑ふことなかれとも亦いはず。今時の人は、宿習も厚からず、道心も深からず。この故に、知識の一言を聞く時、或は識情を以て推度して、悟り得たる思ひをなして、さてやみぬ。或は最鈍にして、推量もめぐらぬ者は退屈す。これをあはれむ故に、圓《ゑん》悟《ご》・大慧《だいゑ》よりこのかた、公案提撕の方便を設け給へり。

　近来の学者、道心いよいよ薄くなる故に、おのれが大疑の下に猛烈の精彩(七)をつくることあたはず。型《かた》のごとく、公案提撕と名づけて、古人の話頭(八)を見る人も、ただ他人のあつらへたる物を持ちたるがごとくにして、明かし暮らすを日用(九)の工夫と思へり。この故に中峰和尚、人を激励して、大疑団をおこさしむる方便を設け給へり。僧ありて趙州和尚に問ひて云はく、(一〇)狗子《くし》に仏性ありや否や。趙州答へて無といふ。この僧もしこの言外に旨を得ば、疑団あるべからず。もしこの答話(一一)を悟らずば、趙州何の故にか無と答へ給へるといふ疑ひなからむや。もしこの大疑おこらむ人、その

(六)　目覚める。
(七)　はっきりした彩り。輝くひらめき。
(八)　公案。またはその一節。
(九)　日ごとに用いる。
(一〇)　補注［107］
(一一)　答えの話（ことば）。

疑ひの処について、この語に参ぜば、必ず大悟すべし。然れども、今時道のためにする志深からぬ人は、直下《ぢきげ》に悟入することのなきのみにあらず、大疑も亦生ぜず、蒙々として日を暮らす。かやうの人も、さすがに道行のよしなれば、結縁の分はあるべしといへども、直《ぢき》に悟入することはあるべからず。しかる故に、中峰和尚、（一二）老婆心切にして、趙州なにとしてか無とは答へられたると、激励し給へり。しかるを、或は公案をば疑心をおこして悟るべきが故に、中峰和尚、かやうに示し給へりといふ人あり。もししからば、大慧禅師の、（一三）意根の下に向かつて（一四）卜度《ぼくたく》することなかれと示し給へるにそむかずや。或は古人の公案の上に、さらに（一五）話欛《わは》をつけられたること、当たらずといふ人あり。いづれも中峰和尚の手段を知らざる人なり。

[五六]　無工夫の工夫、無用心の用心

問。万事の中に工夫をなす人あり、工夫の中に万事をなす人ありと申すは、何《なに》とかはれることやらむ。

答。工夫と申すことは、唐土の世俗のことばなり。日本に「い

（一二）老婆は親切丁寧。
（一三）六根（眼耳鼻舌身意）の一。意根以下の五根は四大所生の色法で、意根は心法。
（一四）思慮分別すること。
（一五）話柄。

[五六]

とま」といへる語に同じ。一切のしわざに通ぜり。耕作は農人の工夫なり。造作は番匠の工夫なり。かやうの俗言によせて、道人の仏法を行ずるを工夫と名づけたり。本分の工夫をなす人、万事の中か工夫の中かと、隔つべきことなし。然れども、初心の学者について、しばらく(一)かやうの義あり。向道の志の浅き人は、世間の万事を正《しやう》(二)として、その中に時を定めて坐禅するを日課とせり。今の叢林(三)に、四時(四)の坐禅と申すも、二百年よりこのかた、この式を始めたり。上古は禅僧とて、或は樹下石上に居《きよ》し、或は叢林に首《かうべ》をあつめし人、皆この一大事のためなりし故に、各〻寝食を忘れて、二六時(五)中工夫ならざる時節なし。末代になれる故に、一大事のためとはなけれども、父母の命《みやう》によりて、心ならず僧形になれる人もあり、或は世間にわしれば(六)心苦しきことを遁れむために、寺に入れる人もあり。かやうの人も、さすがに前世の宿習あるによりて、心ならずも僧形にはなれることとなれば、ひたすら坐禅をせじとまでは思はじなれども、まめやかなる道心もなき故に、飯を食し茶を飲む時は、食欲に障《さ》へられて、仏道を忘れ、経を読み咒をみつる時は、事《じ》の行《ぎやう》にうばはれて、本分にそむきぬ。さならぬいたづら事も、まじはるほどに、本分の工夫をばなさず

(一)　かりそめに。
(二)　まともにして。
(三)　禅寺。木が群がるごとく、僧が集まる所であるからという。
(四)　四つの時期。
(五)　一日は十二時《とき》。もと唐土の暦法。
(六)　あくせくしていれば。

して、いたづらに一生を過ごしぬべし。かやうの人のために方便を設けて、四時の坐禅とて、規式（七）を定めたり。四時の外は工夫をやめよとにはあらず。

されば実《まこと》に道心ある人は、今は坐禅の時ならずとて、いたづらに光陰をわたること、あるべからず。喫飯《きつぱん》・着衣・看経《かんきん》・誦咒《じゆじゆ》、東司（八）に行き、後架（九）《こうか》にいたる。一切の所作《しよさ》所為の処、衆に交はりて礼をなし、人に対して物語りする時も、本分の工夫を忘れざる人あり。かやうなるをば、万事の中に工夫をなす人と申すべし。これは万事を正として、その中に時を定めて、坐禅をする人よりも、まされりといへども、いかにも万事と工夫と差別せる故に、ややもすれば、万事にうばはれて、工夫を忘るる思ひあるべし。これ則ち心外に万法（一〇）を見る故なり。古人云はく、山河大地、森羅（一一）万象、悉くこれ自己なり。もしよくこの旨を得ぬれば、工夫の外に万事なし。工夫の中に衣を着《ちやく》し、飯を食し、工夫の中に行住坐臥し、工夫の中に見聞覚知《けんもんかくち》し、工夫の中に喜怒《きど》愛楽《あいげう》す。もしよくかやうならば、工夫の中に万事をなす人と申すべし。これ則ち、無工夫の工夫、無用心の用心なり。かやうに用心する人は、憶忘《おくばう》ともに我が工夫なり。寤寐《ごみ》も亦隔てあるべからず。古人云はく、

（七）規定。法式。
（八）洗面所。
（九）便所。
（一〇）一切。
（一一）ありとあるもの。森羅は集まり並ぶ。

苦楽逆順、道その中にあり。又云はく、万般(一二)にこの道を存すと云云。皆これこの意なり。たとひこの分を得たりとも、なほこれ功勲辺の事なり。まさしく祖宗に契《かな》ひ得たる人にはあらず。

[五七]　仏法と世法　附＝天須菩提、山水の愛好、喫茶養生

問。万事と工夫と差別なくば、何が故ぞ、教・禅の宗師の中に、多くは学者をすすめて、万事を放下《はうげ》し、諸縁を遠離《をんり》せよと示し給へるや。

答。古人云はく、法に定相なし。縁にあへば即ち宗(一)なり。知識の学者を導く法門、すべて定相なし。仏法世法の隔てなきことは、大乗の通理(二)なり。教禅ことなりといへども、大乗を挙揚《きよやう》し給ふ宗師、いかでか万事の外に、仏法の修行ありと示すことあらむや。しかれども、いまだこの理を悟らざる人の所見に約(三)すれば、世間の万事ことごとく虚妄顛倒《きよまうてんだう》(四)なり。宗師これを憐れむ故に、仮に方便を設けて、しばらく学者の執着を捨てしめむために、万事を放下せよとはすすめたり。宗師の随機説法(五)、すべて定相なし。

仏在世の時、(六)天須菩提《てんしゆぼだい》といふ人ありき。五百世(七)の中に常に天上

(一二)　すべてのものごと。

[五七]

(一)　もと。

(二)　通じた道理。

(三)　つけば。従えば。

(四)　いつわり。さかさま。

(五)　機会に従って法を説くこと。

(六)　補注［108］

(七)　時の長いのにいう。

に生ぜり。今も王者の家に（八）下生《げしやう》して、居所（九）服翫《ふくぐわん》ゆたかなり。浄飯《じやうぼん》王《のう》、（一〇）釈種をすすめて、出家せしむること（一一）五百人。彼の天須菩提もその内にいれり。この人久しく天人なりし（一二）余習にて、美麗の衣服を好み（一三）華奢《きやしや》の屋舎を愛す。如来諸〻の（一四）比丘に向かつて、衣服居所を飾ることなかれと誡め給ふを聞きて、ひそかに念《おも》へり。吾《わ》れ富貴《き》の家に生まれて、屋《をく》に金銀をちりばめ、衣に（一五）錦繍を飾れり。しかれども、なほ意に足らざることあり。いはんや、（一六）麁服《そふく》を着し、（一七）弊舎に住せむや。しばらく家に帰りて、我が本意をとげて、後に来《く》べし。即ち仏所に参りて（一八）辞退す。仏、阿難に命じて言はく、王宮に往きて、諸〻の（一九）荘厳《しやうごん》の具《ぐ》を借りて、この比丘の心にかなふほど、舎内を飾りて、今夜住せしむべし。阿難、（二〇）仏勅に随つて、種々の荘厳をつくせり。天須菩提、その中に（二一）止宿す。平生の悕《き》望《ばう》、今夜満足せり。（二二）乱想自ら除いて、（二三）智明忽ちに発す。（二四）後夜《ごや》にいたりて、羅漢果を証して、空中に（二五）飛騰《ひとう》す。阿難これをあやしみて、仏に問ひ奉る。仏言《のたま》はく、衣服居所を飾りて、道心をすすむる者あり。かやうの人は、衣服居所を飾るも亦、仏道の助けなるべし。衣服居所を飾るによりて、道心を損ずる者あり。もしかやうならば、道人のおそるべきことなり。悟道得果は偏に行人の心

（八）　仏がこの世に出ること。浄土に九品（種）の別があり、下生はその最下級。
（九）　衣服と持ち物。
（一〇）釈迦種族。インドアリアン族で、後に亡ぶ。
（一一）五百人は多数を意味する。
（一二）名残り。
（一三）品よく美しい。
（一四）僧。
（一五）錦と縫い取り。美しい衣服。
（一六）粗末な衣服。
（一七）あばらや。
（一八）いとまを告げる。
（一九）立派な飾り。
（二〇）釈尊のおおせ。
（二一）宿る。
（二二）妄想。
（二三）見極め。覚り。
（二四）夕方から夜半までをいう。
（二五）飛び上がる。

によれり。衣服居所にはかかはるべからずと云云。今の人も、天須菩提のごとくならば、居所服翫の華美を好むとも、道行の障りとは制すべからず。かやうの例《ためし》のあるに事をよせて、仏法の用心はつやつや[二六]なき人の、居所を飾り、珍奇をもてあそぶを、これも仏法の障りにあらずといはば、天魔の所説なり。

　古より今にいたるまで、[二七]山水《せんずい》とて山を築《つ》き石を立て、樹を植ゑ水を流して、嗜愛[二八]する人多し。その風情は同じといへども、その意趣[二九]は各〻ことなり。或は我が心には、さしも面白しとは思はねども、ただ家の飾りにして、よその人にいしげ[三〇]なる住居《すまゐ》かなと言はれむために、構ふる人もあり。或はよろづの事に貪着《とんぢゃく》の心ある故に、世間の珍宝を集めて嗜愛する中に、山水をもまた愛して、奇石珍木をえらび求めて、集め置ける人もあり。かやうの人は、山水のやさしきことをば愛せず。ただこれ俗塵[三一]を愛する人なり。白楽天[三二]、小池を掘りてその辺《ほと》りに竹を植ゑて愛せられき。その語に云はく、竹はこれ心虚《むな》しければ、我が友とす。水はよく性浄《きよ》ければ、吾が師とすと云云。世間に山水を好み給ふ人、同じくは楽天の意のごとくならば、実にこれ俗塵に混ぜざる人なるべし。或は天性[三三]淡泊にして、俗塵の事をば愛せず。ただ詩歌を吟じ、泉石[三四]

（二六）全く。少しも。
（二七）造った庭。造園。
（二八）たしなみ愛する。愛好。
（二九）おもむき。
（三〇）立派そうな。よさそうな。
（三一）世俗のわずらわしさ。うき世のちり。
（三二）唐の詩人、白楽天は自分の庭園について池上篇を作っている。
（三三）生まれつきがあっさりしている。
（三四）庭園で気をはく。

にうそぶきて、心を養ふ人あり。烟霞（三五）の痼疾《こしつ》（三六）泉石の膏肓《かうくわう》（三七）と言へるは、かやうの人の語なり。これをば世間のやさしき人（三八）と申しぬべし。

たとひかやうなりとも、もし道心なくば、亦これ輪廻の基《もと》なり。或はこの山水に対して、ねぶりをさまし、つれづれを慰めて、道行の助けとする人あり。これはつねざまの人の山水を愛する意趣には同じからず。まことに貴しと申しぬべし。然れども、山水と道行と差別せる故に、真実の道人とは申すべからず。或は山河大地、草木瓦石、皆これ自己の本分なりと信ずる人、一旦山水を愛することは、世情に似たれども、やがて（三九）その世情を道心として、泉石草木の四気にかはる気色を、工夫とする人あり。もしよくかやうならば、道人の山水を愛する模様（四〇）としぬべし。然らば則ち、山水を好むは、定めて悪事ともいふべからず。定めて善事とも申しがたし。山水には得失なし。得失は人の心にあり。

唐人の常の習ひにて、皆茶を愛することは、食を消し気を散ずる養生のためなり。薬も皆一服の分量定まれり。過分なる時は、亦たたりをなす。この故に茶をも飲みすごすをば、医書にこれを制したり。昔、盧同《ろどう》（四一）・陸羽《りくう》等が、茶を好みけるは、困睡（四二）をさま

（三五）　自然の山水。
（三六）　治りにくい病。
（三七）　膏も肓も治療の手のとどかぬ場所。不治の病。
（三八）　風流人。風雅な人。
（三九）　そのまま。
（四〇）　手本。模範。
（四一）　補注［109］
（四二）　くたびれて眠いこと。

し、蒙気(四三)を散じて、学をたしなまむためなりと、申し伝へたり。我が朝の栂の尾(四四)の上人、建仁(四五)の開山、茶を愛し給ひけるは、蒙を散じ睡をさまして、道行の助けとなし給はむためなりき。今時世間に、けしからず茶をもてなさるるやうを見れば、養生の分にもなるべからず。いはむやその中に学のため道のためと思へる人あるべしや。贐《あまつさ》へ世間の費《つひ》えとなり、仏法のすたるる因縁たり。然らば則ち、茶を好むことは同じけれども、その人の心によりて、損あり益あり。ただ山水を好み、茶を好むことのみにあらず。詩歌管絃(四六)等の一切の事も亦、かくのごとし。詩歌管絃そのしな(四七)異なれども、人の心の邪悪なるを調へて、清雅ならしめむためなり。然れども、今時のやうを見れば、これを能芸(四八)として、我執をおこさるる故に、清雅の道はすたれて、邪悪の縁とのみなれり。この故に、教禅の宗師、万事の外に、工夫用心なしと示さるる時もあり、万事を放下して、別に工夫をなせとすすめられたる時もあり。あやしむべきことならず。

(四三)　気のふさぎ。
(四四)　補注［110］
(四五)　補注［111］
(四六)　音楽。
(四七)　種類。
(四八)　芸能。

[五八]　禅宗の放下

問。古人云はく、別に工夫なし。放下すれば便ち是《ぜ》なり。又云はく、一切の善悪すべて思量することなかれ。又云はく、得失是非一時に放却せよ。かやうに示さるるごとくならば、一切の(一)所解《しょげ》を掃ひ捨つるを、禅宗の工夫と申すべし。もししからば、(二)花厳宗にあかせる、頓教の法門に、一切の(三)名相《みやうさう》をきらうて、自性清浄の処を貴ぶに異ならず。(四)三論宗に、(五)独空《どくくう》・畢竟空《ひつきやうくう》を談ずるにも似たり。密宗《みつしゅう》に談ずる、(六)遮情《しやじやう》の法門にも何ぞ異ならむや。

答。その言句は似たりといへども、その旨趣同じからず。先づ一切の所解《しょげ》を掃《はら》ひ捨つるを、禅宗の修行と心得たることは、大なるあやまりなり。古人云はく、有心《うしん》を以ても求むべからず。(七)無心を以ても得べからず。語言を以ても到るべからず。(八)寂黙を以ても通ずべからず。或は云はく、有心無心、語言・寂黙、皆これ仏法なりと云云。古人、かやうに示すこと、天地はるかに異なり、いづれをか本とすべきや。皆これ宗師の手段なり。語のごとく心得べきことにあらず。然らば則ち、一切を放下せよと示すも、教門

[五八]

(一)　説明。
(二)　補注[112]
(三)　名目の相（すがた）。
(四)　補注[113]
(五)　補注[114]
(六)　情（非なる所）を断ち切る。これに対し、是なる所をあらわすのを表徳とし、これを遮情・表徳の二門という。
(七)　真心・妄心を離れることをいう。
(八)　静かに黙っていること。

の(九)掃蕩・遮情の義にはあらず。真妄の差別を談ずれども、(一〇)法相《ほつさう》の建立《こんりふ》の法門にはかはれり。(一一)当相即道《たうさうそくだう》、即事而真《そくじじしん》と示せども、(一二)表徳の実相の所談にはことなり。その旨趣は悟りて後始めて知るべし。義理を以て会《ゑ》すべからず。もし言語《げんぎよ》の似たるを以て、同じと言はば、何ぞただ教家の法門のみに限らむや。儒教道教、乃至世間の(一三)狂言戯語《きやうげんけぎよ》にも亦、同じかるべし。禅宗の学者の中に、古人の語に随つて解《げ》を生じて、一切の義理をも用ひず、地位の(一四)階差をも立てず、仏法世法の(一五)蹤跡《しようせき》を、胸の中にとどめざるを、宗旨と思へる者あり。古人これを笑うて、(一六)剗子禅《さんすぜん》と名づけたり。こすきといふ物は、一切の物をすきすつるを功能《くのう》とする故に、一切の所解をはらひ捨つるを、宗旨と思へるに譬へたり。

［五九］　那一通　附＝六通

問。　得法の人は必ず神通妙用《じんづうめうよう》を具足すべしや。

答。　仏法を知らざる天魔外道も、神通をば施す。神通を具せる人なればとて、得法の人とは申すべからず。たとひ仏弟子として羅漢果を証したる人の、(一)三明《さんみやう》・六通《ろくつう》を得たれども、いまだ大乗の

(九)　払いのけること。
(一〇)　補注［115］
(一一)　補注［116］
(一二)　自体本分を直示すること。
(一三)　たわむれごと。
(一四)　等級。高下。
(一五)　あとかた。
(一六)　さんすは、木鋤《こすき》。木製のすき。

［五九］
(一)　補注［117］

法理を悟らざる故に、得法の人とは名づけず。三賢・十聖その位をすすむに随つて、神通妙用を施せども、得法の人とは名づけず。よのつね六通と申すは、一には天眼通《てんげんつう》、山川を隔てたる事をも、分明に見るなり。二には天耳通《てんにつう》、山川を隔てたる声をも聞くなり。三には他心通《たしんつう》、他人の心念を明らかに知るなり。四には宿《しゆく》命通《みやうつう》、前世の事を忘れざるなり。五には神境通《じんきやうつう》、(三)飛行自在《ひぎやうじざい》なり。六には(二)漏尽通《ろじんづう》、煩悩を断じつくせるなり。六通の名言は同じといへども、これを得たる人に随つて、勝劣はるかに同じからず。天魔外道は一旦五通をば得れども、漏尽通をうることあたはず。故に、遂には通力《つうりき》を失ひて、輪廻をまぬかれず。羅漢は三界の煩悩をつくせる故に、漏尽通を得たりといへども、いまだ無明をつくさざるが故に、真実の漏尽にはあらず。三賢十聖も、無明いまだつくさず。

古人云はく、たとひ六通を得たりとも、さらに(四)那《な》一通《いつつう》あることを知るべしと云云。那一通とは、凡聖本来具足して、さらに増減もなく、勝劣もなし。一切の神通妙用、及び見聞覚知、(五)挙足下《こそくあ》足《そく》、ことごとくこれこの那一通の(六)恩力なり。然れども、凡夫は日に用ひて知らず。外に向かひて世俗の通を求む。(七)龐居士《ほうこじ》の神通並

(二) 煩悩を漏という。煩悩を断ち尽くすこと。
(三) 名称。
(四) 那は、あの。
(五) 足を挙げ、足を下ろすは、動作の代表。日常一切の動作。
(六) 恵みの力。
(七) 馬祖の弟子。

びに妙用、水を運び柴を運ぶと示されたるも、挙足下足の処に、那一通あるよしなり。古人云はく、人々各〻霊光(八)を具《ぐ》す。円覚経に、大光明蔵(九)三昧と説けるも、一切衆生本具《ほんぐ》の霊光なり。諸仏の(一〇)身光《しんくわう》・智光・通光といへるも、皆この大光明蔵より出生せり。乃至凡夫の東西をわきまへ、黒白《こくびやく》をわかつも、皆これこの霊光の妙用にあらずといふことなし。

愚人この本光(一一)をば忘れて、外に向かひて世俗の光明を求む。もしこの霊光を知らずは、たとひ身より無量の光を放つとも、蛍の光にことならず。然らば則ち、諸天も光はあれども、遂に(一二)昏衢《こんく》に入る。極果の羅漢、地上の菩薩、各〻光を放てども、いまだ無明の域を出でず。皆これ小神通・小光明に化《ば》かされて、本分の大神通・大光明を忘れたる故なり。しかれば、大乗の学者は、ただ先づ本分の大光明・大神通あることを信ずべし。もしよくこれを悟りぬれば、曠劫《くわうこふ》の無明ことごとく尽きて、多生の繋縛《けばく》に障《さ》へられず。その時始めて無辺の光明を放ちて、衆生の迷暗を破り、広大の神用(一三)を施して、魔外の邪見を降すべし。

(八)　くしき光（ひらめき）。人々の仏性が霊光を放つと考える。
(九)　補注［118］
(一〇)　身体から発する光。
(一一)　根本の光。本来具足の霊光。
(一二)　くらい巷《ちまた》。冥途。
(一三)　神通妙用。

[六〇] 臨終の相 附＝龍女

問。 よのつね道心者とて、仏法を勤行《ごんぎやう》する人も、臨終の時、悪《あく》相《さう》を現ずるもあり、平生の時は、させる道人とも見えねども、臨終の相《さう》、殊勝なるもあり。又、平生はさせる貴き相はなけれども、滅後には舎利(一)となる人もあり。有智高徳《うちかうとく》の人なれども、滅後に舎利も現ぜざるあり。いかなる因縁ぞや。

答。 一切の事法(二)、本《もと》より定相なし。善に似て悪なることもあり。悪に似て善なることもあり。臨終の相も亦、かくのごとし。臨終の相はいしげなれども、貴ぶべからざる者あり。その故は、或は天魔の所為《しよゐ》にて、その行者をたぶらかし、よその人をも迷惑せむために、かりに奇特の相を現ずることあり。或は有漏《うろ》の善根の力にて、一旦人中《にんちゆう》天上《てんじやう》に生まるべき人は、臨終の相、殊勝なり。経の中に、死後に人天に生《しやう》を受くべき人の、臨終の相を説いて云はく、病中、人に対して、悪念を起こさず、世間に執着をとどめず、病苦も軽く、心念も乱れず。或は仏菩薩の名を称し、或は神仙の号を唱へて終はる。その中にもし忉利天《たうりてん》なむどに、生ま

[六〇]

(一) もとは仏の遺骨。水晶の米粒ようのものになったという。また、それに似て綺麗な遺骨となったものをいう。

(二) 物事として現われたすがた。

るべき人は、天人来迎する故に、(三)異香《いきやう》室に薫《くん》じ、(四)妓楽《ぎがく》天に響くべしと云云。たとひ、かやうにいしげなりとも、その果報つきなば、又悪趣にかへるべし。

この故に、一旦は殊勝なり、遂には貴ぶべきことならず。臨終の相はあしけれども、遂には貴ぶべき者あり。その故は、或は天魔の所為にて、行者の臨終の相をあしく見せて、見聞の人の善心を破らむために、悪相を現ずることあり。しかれども、その行人は悪相を見ず。或は今生には正法を行ずれども、いまだ練磨の功もつもらず、前世の業障は、いまだつきざる故に、解脱《げだつ》自在の分なし。これによりて、一旦悪趣に入る人もあり。かやうの人は、臨終の相はあしけれども、(五)王法の(六)薫力、失せざるが故に、遂には解脱の場に到る。(七)娑竭龍女《しやかつりゆうによ》は前業によりて、一旦畜生道に堕ちしかども、その中において、大乗の薫力発現する故に、八歳にして、疾《とう》に正覚《しやうがく》を成《じやう》じき。この龍女の前世を思ふに、畜生道におもむきしかば、臨終の相、いかでか殊勝ならむや。

昔、釈迦如来、出行の時、路の辺《ほと》りの草の中に捨て子一人あり。その形鮮白にして、よのつねならぬけしきなり。衆人集まり見る。仏かの小児の所に到りて、法門をとひ給ふ。小児これを答へ

(三)　妙なるかおり。
(四)　妓女の舞楽。
(五)　王たるものの道。
(六)　よい影響力。
(七)　補注［119］

奉る。仏その子をとりて、引き立てて言はく、汝《なんぢ》過去の善根を(八)憶《おく》念《ねん》して、神通を現ずべし。小児仏の語を聞きて、忽ちに飛び上がり、空中に坐して、身より光明を放つ。その光り三千世界を照らす。その光を見て、(九)梵天、(一〇)帝釈、(一一)天龍八部、来り集まりて、不思議の善利を得たり。この故に、この小児を不思議光菩薩と名づくべしと、仏(一二)印証し給へり。如来その因縁を説いて言はく、過去九十一劫の前、(一三)毘《び》婆《ば》尸《し》仏《ぶつ》出世し給ひき。その時二人の菩薩あり。一人をば賢天と名づく。一人をば饒財《ねうざい》と名づく。(一四)無生忍を得て、少欲少事にして、独住を好みき。一人をば饒財と名づく。頭陀《づだ》の行を好みて、賢天菩薩に親近して、給仕をばすれども、つねに在家へゆきて、(一五)世にわしる心あり。賢天これを教誨す。饒財これを聞きて、(一六)忿念をおこして、嗔《いか》り罵つて云はく、御辺《ごへん》の根本は捨て子にて、父母をも知らざる人なりと云云。この口の過《くわ》によりて、九十一劫の間、生まれかはる度ごとに、婬女《いんじょ》の腹に宿りて、捨て子となれり。今その悪業《あくごふ》すでに報ひつくして、昔の善根あらはれたりと云云。

かやうなるさまざまの因縁ある故に、一旦臨終はあしけれども、遂には殊勝なる人もあり、或は臨終の相もあしくして、遂には悪趣に沈む人もあり。これは平生仏法をも行ぜず。ただ罪をの

(八) 深く心中に思い込むこと。
(九) 補注[120]
(一〇) 補注[121]
(一一) 補注[122]
(一二) はっきり認める。
(一三) 補注[123]
(一四) 補注[124]
(一五) 世俗の事に奔走する気持ち。
(一六) 怒りの思い。

みつくれる者なり。或は臨終の時、坐《ゐ》ながら脱し、立ちながら亡《ばう》じて、自在を得たる人あり。これはこれ内外相応して、生死の関を透《とほ》り得たる人なり。古人云はく、坐脱立亡は(一七)定力《ぢやうりよく》によるべしと云云。たとひ得法の人なれども、定力いまは純熟せざる人は、解脱自在の分なし。さはあれども、臨終に悪相を現ずるまではあるべからず。たとひ解脱自在の分はなくとも、生死の相を心に存ぜずば、大乗の行人と申すべし。羅漢果を証せる人は、臨終の時、(一八)十八変を現じて、解脱自在なれども、得法の人とは名づけず。教・禅の宗師の中にも、難に遭うて滅し給へる人あり。前業《ぜんごふ》によりて、一旦臨終に悪相はあれども、これを以て化導《けだう》の方便とする故に、臨終の相あしき人とはそしるべからず。

小乗を学する人に二類あり。声聞と縁覚となり。これを二乗と名づく。縁覚をば梵語には辟支仏《びやくしぶつ》といへり。この辟支仏も、滅後には舎利を現ずといへり。然れども、これは小乗の人なるが故に、得法の人とは申すべからず。よのつねの凡夫の中にも、(一九)一三《いちざん》昧《まい》を成《じやう》じぬれば、滅後に舎利を現ずといへり。三世の如来とて、(二〇)番々に出世し給ふ仏は、皆必ず滅後に舎利をとどめて、人天の福《ふく》業《ごふ》を成ずる方便とす。仏滅後、教・禅の宗師として、仏法を流通

(一七)　禅定の力。悟る力。

(一八)　羅漢が入定の時、十八種の神変を現わす。

(一九)　物事に一途になること。

(二〇)　順番。

し給へる人の中には、滅後に舎利を現ぜる人もあり。臨終の相は、殊勝なれども、滅後に舎利とはならぬ人もあり。その因縁はかりがたし。宝積経《ほうしやくぎやう》に云はく、如来の舎利は、無相（二一）般若の中より流出す。般若はこれ舎利の躰《たい》（二二）、舎利はこれ般若の用《ゆう》なり。愚人は有相の舎利を信じて、無相の般若をば信ぜずと云云。仏光禅師（二三）の頌に云はく、諸仏凡夫同じくこれ幻なり。もし実の相を求めば眼中の埃《ちり》なり。老僧が舎利は天地をつつめり（二四）。空山《くうざん》に向かつて冷灰をはらふことなかれ。然らば則ち、滅後に舎利の現ずるをば、善根とは申すべし。これを以て必ずしも得法の人とは申すべからず。

（二一）　無相とは、悟りの境地で、すがたかたちの世界を離れること。
（二二）　体は本体、用ははたらき。
（二三）　補注［12］。頌は仏徳を讃えることば。
（二四）　人気のない寂《しず》かな山。

夢中問答集　下

この集両本あり、この本を正となす。

［六一］　本分の田地

問。本分《ほんぶん》の田地《でんち》と申すは、いかなる処ぞや。

答。凡聖迷悟《ぼんしやうめいご》いまだ分かれざる処は、世間の名相(一)もあづからず。出世の法門も及ばず。しかりといへども、迷人を誘引せむために、仮に語をつけて、或は本分の田地と名づけ、或は一大事《いちだいじ》と名づく。本来の面目、主人公なむど申すも、皆同じことなり。迷悟凡聖は、一念(二)の上に仮立せり。念々(三)相続する故に、迷悟凡聖の相、妄《みだ》りに生じて、人を誑惑《きやうわく》(四)す。この誑惑によりて、本分の田地(五)をくらませり。

［六一］

(一) 名目・形相。

(二) 念慮。

(三) 刹那《せつな》刹那。

(四) たぶらかしまどわす。

(五) 土地に種を蒔《ま》けば、実を結ぶように、人も心の修行により仏果を得ると、心を田地にたとえていう。また、その人の境界・境地をいう。

[六二]　本分の田地と教家の所説　[六二]

問。教《けう》の中に、或は心地《しんぢ》と談じ、或は仏性《ぶつしやう》と申すは、本分の田地といへるに、ことなりや。

答。教門も了義《れうぎ》(一)の大乗に談ずるところは、別ならず。しかれども、教門は一念の無明起これる上に、かりに衆生・仏の分かれたる処について、しばらく心地を談じ、仏性を論ず。この故に禅門に生・仏いまだ分かれざる処を本分の田地と申すには同じからず。もし人この本分の田地に相応せば、教門に談ずるところの、仏性・心地・如来蔵・真如《しんによ》・法性《ほつしやう》等、乃至凡夫所見の山河大地、草木瓦石にいたるまで、皆ことごとく本分の田地なるべし。必ずしも本分の田地といへる名目《みやうもく》を貴ぶべきにはあらず。

(一)　真実。

[六三]　本分の田地の正体　[六三]

問。本分の田地は、人々具足し、箇々円成《ゑんじやう》すといへども、いまだその形を見ず。何《いづ》れの処にかあるや。身の中にありとやせむ。

心の中にありとやせむ。この(一)身心《しんじん》全躰これ本分の田地なりとやせむ。この身心を離れて、別にありとやせむ。

答。　古人云はく、(二)当処を離れず常に(三)湛然たり。求むれば則ち知むぬ。君が見るべからざることをと云云。本分の田地は、身心の中にあるにもあらず。身心の外にあるにもあらず。身心全くこれ本分の処なりといふも当たらず。有情・非情の(四)品類《ぼんるい》にもあらず。諸仏・賢聖の智慧にもあらず。諸仏・賢聖の智恵、乃至衆生の身心、及び世界国土は、皆この中より出生せり。しかる故に、仮に本分の田地と名づけたり。金剛経に云はく、諸仏及び諸仏の(五)阿耨《あのく》多羅三藐三菩提《たらさんみゃくさんぼだい》の法も、皆この経より出でたりと云云。(六)金剛般若といへるは、本分の田地なり。円覚経に云はく、一切の清浄真如、菩提涅槃、及び諸〻の(七)波羅蜜も、(八)円覚より流出せりと云云。円覚とは、本分の田地なり。(九)蓮花三昧経に云はく、(一〇)三十七尊も(一一)心城に住すと云云。心城とは、本分の田地なり。密宗に談ずる大日如来、(一二)金剛薩埵《さった》等の三十七尊も、みなこの心城に住し給へり。知るべし、本分の田地は、真如の妙理、及び一切の仏菩薩の所依《しょえ》なり。いはんや一切の(一三)浄穢《じゃうゑ》、世界衆生も皆これを離れず。

(一)　身心はからだの意に解するが、身と心との二つを意味する用法も本書中には見える。
(二)　その場所。本分の田地をいう。
(三)　平然と落ち着いているさま。
(四)　たぐい。
(五)　真正・平等に一切の真理を覚知する無上の智慧。
(六)　金剛は金属中の精なるものをいう。
(七)　波羅蜜多。悟ること。
(八)　円満の霊覚。
(九)　この経が鎌倉時代に宋から渡来したことに関する伝説がある。
(一〇)　補注[125]
(一一)　禅定は、それによって心を防ぎ妄動をおさえるので城にたとえる。
(一二)　補注[125]
(一三)　清らかなものと汚れたもの。浄不浄。

[六四]　本分の田地の信用

問。もしこの本分の処、世間の相にもあらず。出世の法にもあらずば、何としてか、この処に到ることを得べきや。

答。よのつねこの宗を信じて、修行せむとする人、多くはこの疑ひあり。これ則ち本分の題目を疎畧に心得給へる故なり。もしこの本分を世間の芸能なりと申さば、我は器量(一)もなし、何としてか習ふべきやといふ疑ひもありぬべし。又もしこの本分を、出世の法なりと申さば、我は智慧もなし、何としてか悟るべきやとも、疑ひぬべし。すでにこれ、世間出世の法に非ずといへる題目を聞きながら、何としてか、この処にいたるべきやといへる、疑ひを生ずる人は、おろかなり。本分の田地に到ると申すことは、田舎より京へ上《のぼ》り、日本より唐土へわたるがごとくにはあらず。譬へば、人の我が家の中に睡臥《すいぐわ》して、種々の夢を見るがごとし。或は穢悪《ゑを》不浄の処に居して日夜に苦悩することもあり。或は神仙殊勝の境に入りて、身心快楽《けらく》なる時もあり。この時、傍らにねぶらざる人ありて、夢見る人に向かつて、さとして云はく、汝が所

(一)　ちから。能力。

見の不浄の処も、殊勝の境も、皆これ夢中の妄想なり。汝が本分の家の中には、すべてかやうなる事はなし。この言を聞けども、おのれが夢中の所見を正とする者は、すべてこれを信ぜず。しかる故に、苦悩を受くる時は、その苦悩をのがるべき計ごとをめぐらし、安楽を得たる時は、その安楽に誇る思ひあり。

かくのごとく、夢中の所見に化《ば》かされて、すべて本分の処をば知らず。夢見る人の中に、たまたま知識の教へによりて、本分安穏の家あることを信ずれども、大夢いまださめざるが故に、なほも夢中の所見を、放却することあたはず。或は知識に問ひて云はく、何としてか、本分の家には帰るべきや。この目前の山を上り、河を渡りて到るべしや。飛行《ひぎやう》の術法を習ひ得て、この山河を飛び越えて到るべしや。或は又疑ひて云はく、本分の家は、我が所見の山河大地の内にありや、外にありや。この山河大地をあらためずして、全躰これ本分の家なりとやせむ。かやうなる種々の疑ひの起こることは、皆これ大夢のいまださめざる故なり。たとひ大夢はいまださめねども、我がこの見聞の境界《きやうがい》は、皆夢中の妄見なり。その中の去来《こらい》（二）動転も亦、夢中の妄想なりと悟る故に、見ることは盲者のごとく、聞くことは聾人のごとくして、取捨分別

（二）あらゆる行動。

を生ぜざる人は、大夢のさめたる人とことならず。この人をば、うつつの境界あることを信ずる分はありと申すべし。仏法も亦かくのごとし。

本分の田地には、凡聖の相もなく、浄穢《じやうゑ》の境もなし。無明業識《ごふしき》(三)の一夢起こるが故に、無相(四)の中に浄穢の境界を現じ、無為(五)の中に凡聖の差別を見る。我は凡夫なりと思ふ時は、東西に馳走《ちそう》して、名利を求む。求め得ざる時は嘆き悲しむ。我は智人なりと思ふ時は、一切の人を軽《かろ》しめて、高慢の心を起こす。かかる種々の顚倒(六)に化《ば》かされて、本分安楽の田地あることを信ぜず。これ則ち、夢中の妄境に心を転ぜられて、うつつの境界を信ぜざるがごとし。その中にたまたま利根の人ありて、凡聖浄穢は業識の上に浮かべる仮相《かさう》なり。本分の田地には、すべてかやうのことなしと信ずれども、いまだ大悟せざる故に、ややもすれば、幻化《げんけ》に誑惑せられて、我はこれ迷人なりと思ひならはせる、我執いまだ忘ぜざる故に、得法悟道を願ひ、機弁(七)神通をうらやむ。しかる故に、修行用心について、邪正を論じ、応用問答において、勝劣を争ふ。これはこれ夢見る人の、我が所見は皆夢なりと信ずれども、大夢いまださめざる故に、夢の境界に化《ば》かされて、その中について、是非

(三) とらわれた知識。
(四) 涅槃。悟りの境界。
(五) 真理。
(六) 道理にはずれたことを道理と思い違えること。
(七) たくみな話しぶり。

得失を論ずるがごとし。もしこれ最上根(八)の人は、たとひいまだ大悟の分はなけれども、自他身心を計《け》すること、皆これ業識の妄想なりと、分明《ふんみやう》に信解《しんげ》する故に、輪廻(九)をもいとはず、解脱をも求めず。もしかくのごとくならば、趣向の正しき人と申すべし。趣向の正しきを頼みて、満足の思ひをなさば、また謬りなり。円覚経に云はく、衆生(一〇)顛倒して、妄《みだ》りに四大を認《と》めて自身の相とし、六《ろく》塵《ぢん》の縁影を自心の相とす。たとへば、病目《びやうもく》の空中の花、及び第二の月を見るがごとし。これによりて、妄りに生死に輪転することあり。この故に無明(一一)と名づく。この無明といふは、実に躰《たい》あるにあらず。夢中に人を見る時は、その躰なきにあらざれども、夢さめぬれば、その人あることなきがごとし。首楞厳経に云はく、妙性円明にして、諸〻の名相を離れたり。本《もと》より世界衆生あることなしと云云。諸大乗経みな同じくかやうに説けり。何ぞこれを信ぜずして、身心を労役して、外に向かつて馳求するや。

世間の吉凶、その相いまだ現はれざる時は、愚人これを知らず。然れども、世間の巫女《ふぢよ》・陰陽師《おんみやうじ》等の、占《うらな》ひ示す言を信じて、それにまかせて振る舞へば、時節到来して、その効《しるし》を見ることあり。本分の一段(一二)は、人々具足すれども、いまだ契当せざる人は、

(八)　最も生まれつきのよい人。

(九)　考え。こころざし。

(一〇)　この経の句は中巻の[四六]の答中にも見える。

(一一)　痴（たわれ）。

(一二)　ひとくだり。

日に用ひて知ることなし。これ故に仏祖大慈を垂れて、叮嚀《ていねい》に示し給へり。たとひ宿習薄くして、直下《ぢきげ》に契当することなくとも、世間の陰陽師等を信ずるがごとく、仏祖の言を信じて、それにまかせて用心せば、何ぞ効なからむや。

〔六五〕 真心　附＝南陽の慧忠国師、馮済川と大慧禅師の偈

問。　この身は貴賤ことなりといへども、同じく生老病死にうつさる。実に幻化《げんけ》のごとし。この心は色形なければ、常住不滅なるべし。然るを、身心倶《とも》に幻化のごとしといへることは、何ぞや。経の中にも、心は幻のごとしと説ける文もあり。心は常住不滅と明かせる言もあり。何《いづ》れの義をか正しとすべきや。

答。　心といへる言は同じけれども、その義に種々の差別あり。樹木の皮膚は皆朽ち失せて、その中の堅実にして、朽ち残れる処をも、木心と名づく。梵語にはこれを乾栗駄《けんりつだ》といへり。紇栗陀耶《きりだや》ともいへり。密宗に(一)肉団心《にくだんしん》を明かせり。(二)宗鏡録《すぎやうろく》の中には、肉団心の梵語は紇利陀耶《きりだや》といへり。木石等の年を経て、(三)精霊あるをも心といふ。梵語にはこれを矣栗駄《いりつだ》といへり。(四)慮知分別するをも心と

〔六五〕
(一)　真実心に対する語。ものの中心をいう。人間の身体では心臓。
(二)　宋、仲玄延寿（智覚禅師）撰。百巻。
(三)　こだま。
(四)　知慮。かしこい考え。

名づく。有情の類にこれあり。梵語には質多《しった》といへり。凡夫の我心と計《け》する者は、これなり。小乗教の中に、心といへるも、この質多心をさすなり。真言教に、質多心を菩提心と談ずることあり。(五)凡夫所計《しょけ》の質多にはあらず。梵語に阿頼耶《あらや》といへるをば、漢語には(六)含蔵識《がんざうしき》といへり。即ちこれ第八識なり。梵語には末那《まな》といへるを、漢語には(七)染汚意《ぜんまい》と名づく。即ちこれ第七識なり。これらは皆有情の具足せる心法の類なり。この二は大乗に始めてあかせり。凡夫小乗は、かやうの心ありとも知らず。第八識は、無明と法性と和合せる処なるが故に、唯妄《ゆいまう》にもあらず。唯真《ゆいしん》にもあらず。この八識を(八)心王《しんわう》と談ずる教もあり。或はこの上に(九)第九識を立てたり。梵語には菴摩羅《あんまら》と名づけたり。漢語には清浄無垢識《しやうじやうむくしき》といへり。これはこれ衆生の本心なり。迷倒の時も、迷倒に染せられず。故に清浄無垢と名づけたり。

かかる種々の謂《いは》れあるによりて、(一〇)一心について、しばらく真妄をわかてり。凡夫の慮知分別は、悉くこれ妄心なり。四大和合する時、かりにこの相あり。すべて実躰なし。故にこれを空花《くうげ》にたとへ、幻化にたとふ。かやうの妄心は、真心によりて、かりに起これり。故にすべて自躰なし。たとへば、人の本月によりて、第

(五)　推し量る。
(六)　補注［126］
(七)　第七識（染汚意）は、一切衆生妄惑の根本であるとする。
(八)　心の主作用。補注［127］
(九)　補注［128］
(一〇)　ありとあるものの実体。真如。

二の月を見るがごとし。月に二相はなけれども、目をひねる者の所見によせて、第二月とは名づけたり。心に二相はなけれども、迷人の我心と思へるものは、実にあらず。故に幻心と名づく。または生滅心ともいへり。妄心とて実に生滅[一一]する物のあるにはあらず。聖人の所見に約すれば、常住不滅なり。故にこれを真心と名づけたり。かやうの分《わ》け目《め》を知らしめむために、真心を梵語に説く時は、乾栗駄といへり。樹木の堅実不壊《ふゑ》[一二]の義になぞらへて、衆生の本心の、金剛不壊なることを明かせり。楞伽経の中に、或は自心と説き、或は妙心と説ける心の字の下に、皆梵語は乾栗駄と注せるは、この意なり。梵語の心経《しんぎやう》に、心の字をば紇栗駄耶《きりだや》といへり。宗鏡録の中には、心《しん》にあまたのしなあることを明かして、今は乾栗駄心[一三]を宗とすといへり。

凡夫の心と思へる者は、色形見えずといへども、刹那に生滅して、暫くも停住せざること、水の流注し、燈《ともしび》の焰《ほのほ》を続くがごとし。色身と同じく生住異滅[一四]す。しかるを身は生滅すれども、心は常住なりと思へるは、外道の見なり。心を常住といふことは、凡聖同躰にして、色心不二《しきしんふに》なる一心法界[一五]を示すなり。されば、悟人の所見に約すれば、ただ心のみ常住なるにあらず、身も亦常住な

（一一）　生きたり死んだり。

（一二）　くだけない。

（一三）　真実心。真心。

（一四）　絶えず変化すること。

（一五）　真如実相。

り。然るを、身は生滅し、心は常住なりと申すは、大乗の法門にあらず。大日経疏に云はく、一切衆生の(一六)色心、実相にして、本《もと》より(一七)毘盧遮那《びるしゃな》の(一八)平等智身なりと云云。

昔、(一九)南陽《なんやう》の忠国師、僧に問ひて云はく、汝何《いづ》れの処より来《きた》れる。僧の云はく、南方より来れり。国師の云はく、南方の知識如何《いかん》か人に示すや。僧云はく、身は(二〇)壊滅すといへども、心は常住不滅なり。国師の云はく、これはこれ(二一)外道の神我《しんが》の見なり。僧云はく、和尚如何か人に示す。国師の云はく、我はとく身心一如《しんじんいちによ》なりと云云。そのかみ馮済川《ひようさいせん》といへる俗人ありき。壁の上に死屍《しし》を絵にかけるを見て、これを題して、(二二)一偈《いちげ》を述ぶ。屍《しかばね》は(二三)這裏《しやり》にあり。その人何《いづ》くにかある。乃ち知《し》んぬ一霊《いちりやう》、皮袋《ひたい》に居《きよ》せざることを。この偈の意は、一霊とは心をさし、皮袋とは身をたとへたり。この人いまだ神我の見《けん》をまぬかれず。故に(二四)大慧《だいゑ》禅師うけがはず。別に一偈を作り給へり。この形骸に即して便《すなは》ちこれその人なり。一霊皮袋、皮袋一霊。済川が偈は、その意知りやすし。大慧の頌《しよう》をばいかが心得べきや。身心一如なる法門は、大乗の通理なる故に、その口頭《こうとう》の所談を取らば、大慧の意にそむくことあらむや。その心中の(二五)計着《けぢやく》を論ぜば、済川が見を越えざる人も多かるべ

(一六)　色は身。
(一七)　仏の真身の尊称。
(一八)　円明の智慧を以て仏身とするもの。
(一九)　補注［129］
(二〇)　壊れてなくなる。
(二一)　補注［130］
(二二)　禅僧が詩の形をかりて心境を述べるもの。
(二三)　このうち。
(二四)　補注［92］
(二五)　おもんぱかり。

し。真心・妄心の差別は、円覚・楞厳等の経の中にくはしく明かせり。具《つぶさ》に引くに及ばず。

[六六] 数論師の神我と大乗の一心

問。神我の見とは、いかやうなる見ぞや。

答。(一)数論外道《すろんげだう》(二)二十五諦《たい》を立て、世間の諸法を判ぜり。その第一をば、冥諦《めいたい》と名づく。天地いまだ分かれざる前《さき》は、吉凶禍福にもあづからず、見聞覚知も及ぶことなし。名字《みやうじ》をつけがたしといへども、しひて冥諦と号す。これは常住にして、生住異滅にうつされず。第二十五を神我諦と名づく。謂《いは》ゆるよのつねの凡夫の心と名づけ、魂と思へる者なり。これをも計《け》して常住なりといへり。その中間の二十三諦は、世間の吉凶禍福等の諸〻の転変の相なり。これをば計して有為の法とす。神我もし吉凶禍福の情を起こせば、冥諦変じて、その相をなす。神我もし長短方円の相を生ずれば、冥諦転じて、その形を現はす。然らば則ち、世間の有為の転変することは、偏に神我の情を生ずるによれり。神我もし一切の情を生ぜずして、冥諦に帰すれば、有為の転変永くやみて、無

[六六]
(一) 補注[131]
(二) 諦は真実そのものの意。補注[132]

為の安楽自らいたる。色身は壊滅すれども、神我は常住にして滅せず。たとへば家のやくる時、主は出で去るがごとしと云へり。忠国師のそしり給へる神我の見とは、これなり。晨旦《しんたん》に流布せる荘老の見解もこれを出でず。老子の虚無、(三)荘子《さうじ》の(四)無為の大道といへるは、かの外道の冥諦にあたれり。今時大乗の学者の中に、この見をおこせる人あり。円覚経に云はく、たとへば(五)摩尼《まに》宝珠の五色に映じて、その色を現ずる時、愚人かの宝珠に、実《まこと》に五色ありと見るがごとし。円覚の浄性に、かりに身心の相を現ずる時、愚人これに迷ひて、実に身心の相ありと思へり。この故に、身心は(六)幻《げん》垢《く》なりと説くなりと云云。(七)永嘉《えいか》大師《だいし》云はく、(八)法財を損し功徳を亡《ほろ》ぼすこと、この(九)心意識によらずと云ふことなし。(一〇)長沙《ちやうさ》禅師云はく、学道の人の真を知らざることは、ただ久しく(一一)識神を認《と》むるが故なりと云云。初心の学者、坐禅と名づけて、(一二)返照《へんぜう》する時、この心の形段もなく辺際もなくして、(一三)昭々霊々たる処を見て、これを主人公と思ひ、本来の(一四)面目と計《け》せり。古人これを精魂を弄し、識神を認《と》むとそしれり。円覚経の中に、賊を認《と》めて子とすと説くも、この義なり。

仏の言はく、三界は唯一心なり、心外に別法なし。一心といへ

(三)　補注［133］［134］
(四)　人為を用いない意。補注［133］
(五)　如意。思うままになること。
(六)　実体がなく不浄である意。
(七)　唐の禅僧。補注［135］
(八)　仏法という宝。
(九)　心のはたらき。補注［136］
(一〇)　補注［137］
(一一)　心魂。神は神秘。
(一二)　過去をかんがみ、自心の本源を究明すること。反省。
(一三)　明らかにくすしい。
(一四)　かおかたち。すがた。

る語は同じけれども、諸宗の所解各〻ことなり。小乗の人は、六識分別を一心と思へり。大乗の中に、或は六識分別よりもなほ微細なる処に、第七識・第八識あることを明かせり。万法はみなこの八種の識の所変なりと談ずる故に、三界一心と説けるは、この八識心王の事なりと思へり。或はこの上に第九識を立て、諸法はこの識の随縁の相なり。この故に三界一心と説けりと談ず。小乗の学者は、微細の心識あることを知らざるが故に、境界に対する時、執着分別の念だに起こらねば、これを至極と思へり。今時、大乗を行ずる人の中に、一切の境に対する時、分別にわたらず、山をば山と見、水をば水と見、僧をば僧と見、俗をば俗と見れども、是非善悪の執着にわたらぬ処を、本心と思へる人あり。これ則ち六識の中の前五識の分なり、本心にはあらず。

　この心法、不可思議なり(一五)。太虚《たいきょ》にわたれども広からず(一六)。纖芥《せんかい》に入れども、すぼからず(一七)。一切の相を離れて、一切の相を具し、無辺の徳を具へて、無辺の徳におちず。しかれば則ち、真妄をも分かつべからず、麁細《そさい》(一八)をも論じがたし。然れども、迷倒(一九)の前には、真妄麁細ひとしからず。然るを、いまだ迷倒の見を離れざる人の、即心即仏といへる語に随つて、解《げ》を生じて、喜怒哀楽の妄

(一五) 大空。
(一六) 細かいあくた。
(一七) 狭くない。
(一八) 粗いか細いか。
(一九) 迷い逆らうこと。

情、即ちこれ仏心なりと談ず。その語は仏法に似たれども、その見は邪道にことならず。かやうの人のために、諸〻の聖教《しやうげう》にそのわけめを説き置けり。もしよくこの理を分明に知り得たらば、たとひ大悟の分はなくとも、魚目《ぎよもく》を認《と》めて明珠《みやうしゆ》とするあやまりは、あるべからず。末代に生きたる人は、宿習《しゆくしふ》も浅近なるが故に、教門を学する人は、諸宗に心法の理を説ける、種々の文義《もんぎ》を学得したるを至極として、自らその心法の源《みなもと》を悟ることもなし。禅門に入る人は、かやうの事は教家《けうけ》の所談なり。禅者の学すべきことにあらずと思へり。もし実に世間の妄想、出世の法門ともに放下して、直《ぢき》に無上菩提に趣《おもむ》く人ならば、禅家に勧むる所なり。然れども、経論の文義をば学せず、自心の分別にひかれて、妄想を起こして、識神《しきじん》を認《と》めて、本心と思へるはあやまりにあらずや。

[六七]　真心と妄心

[六七]

問。もし尓《しか》らば則ち、妄心の外に、別に真心を求むる、あやまりにあらずや。

答。真妄の差別たやすく説きがたし。同と説き別と説く、皆これあやまりなり。たとへば、人の指にて目をおす時、真月の外に第二の月を見るがごとし。この第二の月と云ふことは、目をおす人の前にあり。実《まこと》には第二の月とて、真月の外にその形あることなし。然れば則ち、第二の月を見るを嫌へばとてこの妄月をはらひのけて、別に真月を見よといふにはあらず。ただその目をおす指をのくれば、本月の外に第二の月あることなし。もしその指をばのけずして、この第二の月をはらはむと思はば、永劫にもはらひ得ることとあるべからず。或はこの第二の月の外《ほか》に、真月なしとて、これを愛する人あり。またこれ大なる錯《あやま》りなり。目をおすことなき人は、本《もと》より第二の月を見ることなし。何ぞこの第二の月をはらふべし、はらふべからずとの両論あらむや。然れば則ち、妄心真心の同別を論ずることは、迷倒の指を以て、本分の目をおす故なり。

[六八]　本心の二種の根本　附＝阿難の本心

問。ゆがめる物をおしなほせば、すぐになるがごとく、凡夫の妄心の邪僻《じゃへき》(一)なるを修練して、真正になせば、仏心ともなるべきと

[六八]

(一)　ねじけていること。

こそ覚ゆるを、妄心は第二の月に同じとて、一向に嫌ふことは何ぞや。もし尓《しか》らば、凡夫の仏に成ることは、あるまじきやらむ。

答。　この疑ひはこれ円覚経の中の、普賢菩薩の疑問なり。首楞《しゆりよう》厳経《ごんきやう》の中に、阿難《あなん》亦この疑ひを生ぜり。仏阿難に告げて云はく、汝本心を失つて、慮知(二)分別の心を認《と》めて、自心と思へり、これは汝が心にあらず。阿難疑つて云はく、六道に輪廻することも、この心によれり。乃至仏果を得ることも亦、この心によるべし。然るを、この心もし我が心にあらずば、何を以て修行して仏果を成ずべきや。もしこの心なくば、土木瓦石と何ぞことならむ。仏の言はく、汝が心をおさへて、なしと思へといふにはあらず。汝が心と思へるもの、実にあるものならば、必ず在所あるべし。何《いづ》れの処にあるやと、問ひ給ふ時、阿難、始めはこの心は身の内にありと答へ申さる。仏、汝が身の内にもこの心なきよしを責め給ふ時、阿難言はく、身の外にあり。仏又これを然らずと責め給ふ。阿難かくのごとく、七処までさし申さる。最後には、我が心は、内に在るにもあらず、外に在るにもあらず、中間にあるにもあらず。一切無着(三)なるは、我が心なりと述べられき。然れども、仏皆これを許し給はず。この故に阿難忙然として分別する所なし。

(二)　知慮。賢い考え。

(三)　執着の念がないこと。

介《しか》る時に仏の言はく、一切衆生、無始《むし》よりこのかた、妄りに輪廻を受けたることは、本心を失ひて、慮知の心を認《と》めて、我が心と思へるによれり。この故に、たまたま仏法を修行すといへども、二種の根本を知らずして、錯《あやま》りて修行する故に、二乗外道及び天魔の境界におつ。二種の根本とは、一には(四)本覚《ほんがく》妙明元清浄《もとしやうじやう》の躰《たい》なり。これはこれ、衆生の自心の本源なり。この根本をば忘失せり。二には(五)無始輪廻の根本なり。汝が慮知分別を認《と》めて、自心と思へるものなり。もしこの心を以て修行せば、輪廻の業《ごふ》とはなるとも、本源に到ることあるべからず。たとへば砂を煮て飯となさむと思はむがごとし。たとひ劫数をふるとも、熱砂とはなるべし、飯とはなるべからずと云云。

(六)南岳大師の(七)一乗止観《いちじようしくわん》に云はく、止観の行者先づ心識をして浄心に(八)依止《えじ》せしむべし。もし生滅の心を以て修行せば、成就すべからずと云云。大日経疏に云はく、凡夫二乗外道は、無生滅の心を知らざるのみにあらず、生滅の心をも亦知らずと云云。又云はく、(九)心性は念を離れたり。憶度の知るべき所にあらずと云云。(一〇)占察業《せんさつごふ》報経《ほうきやう》に云はく、心相に二種あり。一には真、二には妄なり。真とは、心躰如々、(一一)清浄円満にして、一切の処に遍して、一切の法を

(四)　本来覚知の徳があり、霊妙円明で、自性清浄の本体である。
(五)　因縁により原始が得られぬこと。
(六)　補注[92]
(七)　一乗は成仏する唯一の教え。大乗の教えが真意で、他はすべて方便、仮の教えと考えている。止観は、諦（ただしい）理に停止して動かぬ意。
(八)　依頼して離れないこと。
(九)　不変の心体。自性清浄心。
(一〇)　占察は占筮《せんぜい》の法。地蔵菩薩が占察する法を説いた経。
(一一)　補注[138]

生長す。妄とは、分別覚知《ふんべつかくち》の心なり。実躰あることなくして、虚偽の法を出生すと云云。

〔六九〕　縁生と法尓

問。孔子・老子等も皆菩薩の化現《けげん》と申せども、皆この慮知(一)の心をさむる道を教へられたり。教門の諸宗、その所談ことなりといへども、この慮知の心について、日来《ひごろ》の邪心をひるがへして、(二)正智《しやうち》となさしむる法門なり。然るを円覚・楞厳、一向にこの心をば、(三)亀毛兎角《きもうとかく》のやうに説くことは、何の故ぞや。

答。色心の二法に、皆縁生《えんしやう》と(四)法尓《ほふに》との差別あり。諸縁和合して、かりに生ずる相あるをば、縁生と名づく。(五)如来蔵の中に、円具せる性徳をば、法尓といへり。世間縁生の火は、実躰なしといへども、縁に随つてその用をほどこす故に、この火をよく用ふる時は、寒をふせぎ、食を調ふる大益あり。あしく用ふる時は、家をやき、財を失ふ大損あり。然れば、この火を損なきやうに用ふべきよしを教ふるは、世間の益のためなり。この教へのままに、火を用ふるやうを知りたりとも、いまだ法尓広大の性火《しやうか》をば、知

〔六九〕
(一)　知慮。賢い考え。
(二)　聖智。
(三)　名があって実のないものにたとえていう。
(四)　法然、天然の意。法の持ち前として自らそうなっている意。
(五)　真如が煩悩中にあるのをいう。

らざる人なり。もしこの性火を知らしめむと思はば、この因縁生の火の損益に目をかくることをば制すべし。この心法も亦かくのごとし。この縁生の幻心、実躰なしといへども、この心もし悪を作《な》せば、悪趣に堕して、種々の苦を受け、この心もし善を作せば、善処に生まれて、種々の楽を受く。この理を知る故に、凡夫外道の中にも、この心をさめて、悪事をばせざる者あり。然れども、縁生の幻心をさめて、一旦人中《にんぢゅう》・天上《てんじゃう》の果報を得たるばかりにて、いまだ本心を知らざる故に、遂に輪廻をまぬかれず。乃至三賢十聖の菩薩も、この幻心の邪僻をひるがへして、幻智となせるばかりにて、いまだ本心に契当せず。この故に変易《へんにゃく》(六)生死をまぬかれず。皆これ世間の縁生の火をよく受用して、あやまちせざる分剤《ぶんざい》にあたれり。然れば則ち、円覚・楞厳の中には、この縁火を離れて、性火のあることを明かし、縁心を離れて、真心のあることを談ずるなり。余宗の法門には、しばらく幻智を起こして、幻妄をつくして後は、自然に本心に契当すべきことを談ぜり。又、円覚・楞厳にも、幻智を起こして、幻妄を除いて後、境智ともに忘じて、非幻《ひげん》の処に到るべきことを説けるは、この謂《いは》れなり。

しかるを、末学の中に、この幻智を談ずるを、仏祖の本意なり

(六)　変わること。

と思へる人あり。円覚に云はく、幻身滅するが故に、幻心も亦滅す。幻心滅するが故に、幻塵(七)も亦滅す。幻塵滅するが故に、幻滅(八)も亦滅す。幻滅滅するが故に、非幻は滅せず。たとへば鏡をとぐに垢《あか》尽きて明《みやう》の現ずるがごとし。当《まさ》に知るべし、身心はみな幻垢《げんく》たり。(九)垢相《くさう》永く尽きて、十方清浄なりと云云。かやうの経文をあしく心得て、いまだ本心を悟らざる人、身心すべて滅尽して空寂(一〇)なる処を、真実の仏法なりと思へる人あり。これはこれ二乗(一一)の滅《めつ》尽定《じんぢやう》、外道(一二)の非想定《ひさうぢやう》なり。たとへば縁生の火を真火に非ずと嫌へるを聞きて、この縁火をみな打滅して、暗冥なる処を、真火と思はむがごとし。孔子老子乃至小乗権教《ごんけう》の中に、この幻心を修することを談ぜるは、皆これ方便の説なり。

(七)　まぼろし、けがれ。
(八)　まぼろしの悟り。滅は涅槃（悟り）。
(九)　よごれたすがた。
(一〇)　万物にすがたなく、変化のないこと。
(一一)　補注[139]
(一二)　補注[97]

[七〇]　心・性

問。古人云はく、達磨《だるま》西来《さいらい》して(一)文字《もんじ》を立《りふ》せず、直《ぢき》に人の心を指して性を見て成仏せしむと云云。大乗の法門は皆(二)自《じ》心是《しんぜ》仏《ぶつ》と談ず。しかるを、見心成仏《けんしんじやうぶつ》とはいはずして、見性《けんしやう》成仏といへる、その意如何《いかん》。

[七〇]
(一)　文言によらない。
(二)　この心がすなわち仏である。

答。　昔、僧ありて、この疑ひを起こして、(三)忠国師に参じて、心と性との差別を問ひたてまつる。国師の云はく、たとへば、寒の時は水を結びて氷とし、暖の時は氷をとかして水となすがごとし。迷ふ時は性を結びて心とし、悟る時は心を融《と》かして性とす。心性同じといへども、迷悟によりて差別せりと云云。忠国師、かやうに心性の分《わ》け目《め》を示したるも、(四)一往の説なり。語に随つて解《げ》を生ずべからず。性といへる文字は、一つなれども、その義あまたあり。教の中にしばらく三種の義を明かせり。一には不改の義、謂《いは》ゆる胡椒《こせう》・甘草《かんざう》等の性、各〻かはりて、胡椒は甘くならず、甘草は辛くならざるがごとし。二には差別の義、謂ゆる有情《うじやう》非情《ひじやう》の各〻差別の(五)體性なり。三には法性《ほつしやう》の義、謂ゆる万法の本源不二《ふに》の自性《じしやう》なり。外典乃至小乗教の中には、法性を談ぜず。ただ不改の性、差別の性について、性の義を論ぜり。大乗教の中に、法性を談ずるについて、諸宗の義理差別あり。

　禅門はこれ(六)教外別伝《けうげべつでん》なり。当《まさ》に知るべし。見性といへども、教門所談の法性の義にも非ざることを。いはんや外典等にあかせる性の義ならむや。人々本分の(七)一段は、心とも名づくべからず、性とも談ずべからず。しかれども、この心性の言によせて、本分を

(三)　補注［129］

(四)　一応。

(五)　からだの質《たち》。

(六)　補注［39］

(七)　ひとまとまり。

知らしめむために、ある時は一心と説き、ある時は一性と談ず。

(八)直指人心見性《ぢきしにんしんけんしやう》 成仏《じやうぶつ》といふことは、よのつねの迷人の心と思へることは、第二の月のごとくなることを知らしめむために、性というて、心とはいはざるなり。見性と申せばとて、眼にて見るべきことにもあらず、心識にてあきらむることにもあらず。成仏と申すも、今始めて仏になりて、(九)相好《さうがう》を具《ぐ》し、光明を放つべきにはあらず。たとへば、酒に酔うて本心を失へる人の、時節到来して、(一〇)酔狂《すいきやう》 忽《たちま》ちにさめて、本心になるがごとし。日来《ひごろ》の迷倒忽ちに(一一)休歇《きうかつ》して、直下《ぢきげ》に本分に契当するを見性成仏と名づけたり。大慧禅師の云はく、(一二)無眼《むげん》の宗師の人に示すことは、皆これ曲げて人心をさして、性を説いて成仏せしむるなり、と云云。今時の知識の中に、ただ心性の義理を説きて、人に知らしむるを、直指《ぢきし》と思へる人あり。学者の中にも、かやうの法門を解了《げれう》するを、得法と思へる人あり。これをば説性といふべし。見性とは云ふべからず。

[七二]　虚妄と常住

問。経の中に諸法は皆これ虚妄といへる説もあり。或は諸法は

(八)　じかに人心を指し示して、仏性（本性）を見透して成仏させる。達磨大師の語。
(九)　容貌。仏について、相は大きな形、好はさらにその中の細かい現われをいう。
(一〇)　よっぱらい。
(一一)　やめる。
(一二)　正道を知らないもの。

[七二]

皆これ常住実相なりとも明かせり。何《いつ》れをか実義とせむや。

答。　本分の処には、常住の相もなく、虚妄の義もなし。然れども、凡夫の所見によせては、これを虚妄と説き、聖人の所見によせては、これを常住と明かす。真実大悟の人は、凡夫の所見にもあらず、聖人の所見にもあらず。然れば則ち、虚妄と説き、常住と談ずるは、皆これ方便の説なり。楞伽経《りようがきやう》の中に、外道、仏に問ひ奉る。諸法は皆無常なりや。仏の言はく、汝が所問は世間の戯《け》論《ろん》なり。外道又問ひて云はく、諸法は皆常住なりや。仏言はく、この問も亦これ世論なり。維摩経《ゆいまきやう》に云はく、生滅の心を以て実相を談ずることなかれと云云。もし人その所見は凡夫にかはらずして、諸法実相の旨を談ぜば、皆これ戯論なり。邪人正法《じやにんしやうぼふ》を説けば、正法も邪法となる。正人邪法を説けば、邪法則ち正法となるといへるは、この義なり。

[七二]　凡・聖　附＝七大　[七二]

問。　凡聖《ぼんしやう》所見の差別《しやべつ》如何《いかん》。
答。　禅宗には直《ぢき》に本分を示す故に、かやうの事をば論ぜず。教の中には種々の義あり。しばらく首楞厳経《しゆりようごんきやう》の説相《せつさう》について、粗々《あらあら》申すべし。かの経の中に(一)七大《しちだい》を明かせり。謂《いは》ゆる地大・水大・火大・風大・空大・根大・識大なり。この七大、皆これ(二)如来蔵の中の性徳として、法界に周遍し、(三)融通無礙なり。これを性火・性風等と名づく。真言教の中に、(四)六大無礙にして、諸法の躰《たい》なりと談ずるも、この意なり。ただし、真言教には(五)根大をあかさず。根大とは、眼耳《げんに》等の六根も皆法界に周遍せる義なり。真言には六大を法界の躰とす。楞厳経には、如来蔵を諸法の躰とす。七大は皆如来蔵所具《しよぐ》の(六)徳用なりと明かせり。皆これ如来の(七)随宜《ずいぎ》説法なり。真言に六大と申すも、縁生の水火等をさすにはあらず。楞厳経に性火・性水等といへる六大なり。(八)四曼と談ずるは、縁生の諸法なり。この故に、六大を躰《たい》とし、四曼を相《さう》とし、(九)三密を用《ゆう》とすと明かせり。

　七大に皆同じく性徳と縁生との差別あり。先づ一大をよくよく心得ぬれば、諸大も亦同じかるべし。世間に木の中より鑽《き》り出《い》だし、石の中より打ち出だせる火は、これ縁生の火なり。この火は実躰なし。薪にても油にても、その縁なくしては燃《も》ゆることなし。薪油等の縁ある時、かりにその相を現ず。故に虚妄にして実

(一)　補注［140］
(二)　真如が煩悩の中にあるのをいう。これに対して真如が煩悩を出たのを法身という。
(三)　とどこおりなく自由に流通すること。
(四)　六大（地水火風空識）が法界にいっぱいになること。
(五)　補注［140］
(六)　そのよさのはたらき。
(七)　衆生の根機に随うこと。
(八)　四種曼荼羅《まんだら》。補注［141］
(九)　補注［11］

躰なしと説けり。顕密の諸経にも、縁生の諸法の実躰なきことは、同一説なり。性火といへるは、法界に周遍して燃ゆることもなく、滅することもなし。凡夫はただ縁生の火をのみ見て、性火をば知らず。もし性火を知り得ぬれば、縁火とて嫌ふべきことなし。縁火はこれ性火の用《ゆう》なるが故に、この火大のごとく、余大も亦然り。乃至識大とは、衆生の心識なり。それもよのつね凡夫の心と思へるは、縁生の心なり。経の中にこれを縁心と説けり。この心はすべて実躰なし。(一〇)六塵《ろくじん》の縁によりて、仮に見聞覚知の相あり。縁生の火の薪油等の縁によりて、仮に燃ゆる相あるがごとし。愚人はただ縁心をのみ知りて、性心を知らず。外典《げてん》乃至小乗教の中に、心といへるは、皆これ縁心なり。大乗の中に、八識を談ずるも、なほこれ縁心の分剤なり。これを以て、極大乗の中に第九識を立てたり。これ則ち性徳の識大を知らしめむためなり。

諸法といへるは、色心二法なり。七大の中に、識大はこれ心法なり。その余の六大は皆色法なり。然れども、この七大ともに如来蔵の中に具足して、互融(一一)無礙なるが故に、色心の差別なし。これを一真(一二)法界と名づく。差別なしといへども、色心混濫(一三)することなし。然れば則ち、その色法も生滅盛衰の形相《ぎやうさう》にあらず。その心

(一〇) 補注［91］
(一一) 互いに自由に流通していること。
(一二) 一真は一如。一実ともいう。絶対の真理。極理。
(一三) 紛れ乱れる。

法も動静起滅の転変なし。経の中に諸法実相常住と説けるは、この義なり。凡夫の妄見起こる時、この如来蔵、虚妄の縁に随つて、色心諸法の相を現ず。凡夫の妄見転変するが故にその所見の諸法も亦、皆転変の相あり。たとへば舟の行く時、岸の移ると見ゆるがごとし。又翳眼《えいげん》にて見る時、虚空《こくう》皆花となりて、乱起乱滅するがごとし。諸法は皆これ虚妄と説けるは、この義なり。然れば則ち、或は諸法虚妄と説き、或は諸法常住と談ず。その言句は異なりといへども、その法躰《ほふたい》(一四)はこれ同じ。仏意を知らざる者は、その言句の差別に随つて、これを取り、かれを捨つ。皆これ世俗の戯論《けろん》なり。翳眼の人と、明眼《みやうげん》の人と、二人同所にありて、虚空に向かへる時、翳眼の前には種々の花ありて、乱起乱滅する相あり。然れども、明眼の人は、乱起乱滅の処を改めずして、清浄の虚空と見るがごとし。煩悩即菩提、生死即涅槃、当位即妙(一五)、不改本位といへるも、この義なり。当相即道《たうさうそくだう》、即事而真《そくじじしん》と申すも、この謂《いは》れなり。然るを、凡夫所見のままにて、やがて仏知見なりと心得たるは、大なる錯《あやま》りなり。もしさやうならば、諸仏の出世し給ふこと、何事のためとか申すべきや。顕密の宗師《そうし》、みな学者のために修行をすすめ給へるは、何事の対治のためぞや。古への大

(一四)　諸法の体性（体相）。

(一五)　当位（そのままの位所）が、それで真の妙を現わしているので、その物の位（柳は緑花は紅）を変えることはない。

師たち、みな聚落の外に伽藍を立て、女人を入れられず、酒肉等を制し給へることは、何の謂れぞや。

[七三] 仏眼 附＝五眼

問。(一)仏眼《ぶつげん》にては、凡夫と同じく縁生の諸法を見ること、あるまじきやらむ。

答。教の中に(二)五眼《ごげん》を明かせり。その義一説ならずといへども、しばらく一義を述ぶべし。一には肉眼《にくげん》、よのつねの凡夫の所見なり。六根浄を得たる人は、肉眼のままにて、三千世界を見ることあり。二には天眼《てんげん》、天人の所見なり。山川牆壁《しやうへき》を隔てたる物を見るなり。これも凡夫の所見なり。聖者の天眼は、三千世界をも見るべし。三には慧眼《ゑげん》、諸法皆空の智慧なり。これ偏に菩薩の所見なり。二乗も少分この智を得たりと、許すことあり。四には法《ほふ》眼《げん》、諸法如幻の相を見る智慧なり。これも菩薩の所見なり。この四眼は、世間・出世ことなりといへども、皆これ縁生の法の上について、見かへたる分剤なり。五には仏眼、即ちこれ仏の(三)内証の智なり。凡夫乃至菩薩も知ることあたはず。涅槃経に云はく、(四)声《しやう》

[七三]
(一) 悟った人の目。五眼の一。仏は五眼を併せ具えている。
(二) 補注［142］
(三) 心の内に悟った真理。
(四) 補注［143］

聞《もん》の人は、天眼ありといへども、これを肉眼とす。大乗を学する者は、肉眼ありといへども、これを名づけて仏眼とすと云云。この文のごとくば、仏眼は如来のみ具し給へり、凡夫には欠けたりと心得べきにあらず。先徳の云はく、四眼・二智(五)は、万象森然(六)たり。仏眼・種智(七)は、(八)真空冥寂《しんくうめいじゃく》なりと云云。然れども、仏は五眼ともに具足し給へる故に、凡夫に同《どう》じて、世間の相をも見給ひ、菩薩に同じて、諸法の空理(九)をも照らし、縁生の如幻をも解《げ》し給へり。凡夫に同ずといへども、生滅去来の相におちず。菩薩に同ずれども、空理幻相にも居せず。

　然れば則ち、五眼の差別を分かつことは、凡情に約して、しばらく談ずることなり。仏知見に約すれば、迷悟・真俗の隔てもなく、性相(一〇)・事理(一一)の分《わ》け目《め》もなし。たとへば、凡夫の前には、金銀・瓦石・水火・草木、その品《しな》同じからず。仏は金を石となし、火を水ともなし給ふ故に、火に入れども、あつきことなく、水に入れども、つめたきことなし。金銀なればとて、瓦石にまされることもなく、瓦石なればとて、金銀よりもいやしきことも、なきがごとし。いまだこの自在を得ざる人の、水火も隔てなし、金石も同じことと申すは、あやまりなり。仏知見を悟らざる人の、迷

(五)　真智と俗智。また、真智と方便智（権智）。
(六)　並んでいるさま。
(七)　仏智は一切種々の法を知るので、種智という。
(八)　補注［144］
(九)　人と法との二つを空だと観ずることによって現われる真理。
(一〇)　性は変わらぬもの、相は性から現われたもの。
(一一)　事は万物の相（すがた）、理は真如の体。

悟性相の隔てなしといふことも亦、かくのごとし。

[七四]　大小権実の方便

問。教門に大小権実の差別ありと申すは、いかなる義ぞや。

答。真実の法理には、大小権実の差別なし。然れども、学者の智慧に浅深あるが故に、所解《しょげ》の法門にも亦、差別あり。法花経に云はく、如来の説法は、一相一味なれども、衆生の性欲ことなるによりて、解《げ》する所の法門、各〻差別せり。たとへば、天より一雨をくだす時、諸〻の草木、その根茎枝葉の大小に随つて潤ひを受くること、差別あるがごとしと云云。

[七五]　不二の摩訶衍（大乗）　附＝五性

問。法理に差別のあることは、機根(一)の同じからざる故なり。機根の同じからざることは、何の故ぞや。

答。一(二)真法界の中には、人もなく法もなし。迷情(三)に約してしばらく人法を分かてり。衆生の根性種々なりといへども、惣てこれ

[七四]

[七五]
(一)　根性。性質。
(二)　至極の理。諸法実相。
(三)　迷った情念。

を云はば、五類あり。一には声聞性《しやうもんしやう》、二には縁覚性《えんがくしやう》、三には菩《ぼ》薩性《さつしやう》、四には不定性《ふぢやうしやう》、五には闡提性《せんだいしやう》なり。（四）声聞・縁覚の二乗は、所学の法門ことなりといへども、ただ自ら出離する道を求めて、他を益する心なし。この故に同じく小乗心と名づく。衆生を利益せんために、大乗の道を求むるをば、菩薩と号す。ある時は小乗心を発し、ある時は大乗心を発して、根性定めなきは不定性なり。一切の仏法をすべて信ぜざるをば、（五）闡提性《せんだいしやう》と名づく。平等一性の中に（六）一念の無明起こる故に、仮に五性《ごしやう》の差別を成せり。各〻の根性のかはれる処を論ぜば、実に同じといふべからず。この故に、五性各〻別の法門あり。円覚経に云はく、一切衆生貪欲を本《ほん》とするによりて、無明を発揮して、五性の差別を（七）顕出《けんしゆつ》せり。又云はく、（八）円覚の自性は五性にあらず。五性に随つて差別の相を現ず。実相の中には菩薩及び諸〻の衆生なし。何を以ての故に、菩薩衆生は皆これ幻化のごとしと云云。

（九）像法決疑経《ざうほふけつぎきやう》に云はく、如来は有《う》に非ず、無《む》に非ず、出に非ず、没に非ず、色に非ず、非色に非ず。初成道《しよじやうだう》より涅槃に至るまで、その中間において、一句の法をも説くことなし。然るを愚人は、如来出世して法を説きて、人を度すと思へり。如来の境界は不可

（四）補注［143］
（五）成仏の性がないもの。
（六）刹那の意。
（七）はっきり出す。
（八）円満な霊覚。
（九）偽経というが、天台宗は、涅槃経の結経として用いる。

思議なり。識を以ても知るべからず、智を以ても知るべからずと云云。又云はく、衆生の身相は幻化のごとく、鏡像のごとく、水月のごとし。衆生の心相も不可思議なり。来《らい》に非ず、去《きょ》に非ず、有に非ず、無に非ず、内に非ず、外に非ず。然れども、衆生迷倒して、深く我見に着《ぢゃく》する故に、妄りに輪廻を受けたりと云云。楞伽経に云はく、始め鹿野苑《ろくやをん》（一〇）より終はり跋提河《ばつだいが》（一一）に至るまで、いまだ曾《かつ》て一字をも談ぜずと云云。花厳経に云はく、真浄界の中には、仏もなく衆生もなしと云云。釈論（一二）に云はく、不二摩訶衍《ふにまかえん》は機根を離れ、教説を離れたりと云々。摩訶衍（一三）とは、大乗の梵語なり。大小権実いまだ分かれざる処を、不二摩訶衍と名づけたり。かやうの聖教をば信ぜず、方便の門に心をつけて、教に大小権実を論じ、機に上中下根を分かつ故に、或は高慢の心を起こして、魔道に入り、或は退屈の思ひを生じて、迷衢《めいく》にかへる。これを智人といふべしや。

〔七六〕　教外別伝の玄旨　附＝富士西湖の清興

問。教の中にも仏の相もなく、衆生の相もなしと談ぜり。禅宗

（一〇）インド、中天竺の波羅奈国にあり、釈迦が成道の後、初めてここに来て法を説いた所。仙人住所の意。
（一一）河名。釈迦涅槃の地の河の名、尸頼拏抜提《シラナバチ》（金河）の抜提のみをとって、唐土で阿夷羅抜提と混同したものという。
（一二）大智度論の略名。
（一三）摩訶衍那。摩訶は大。衍那は乗。

〔七六〕

に(一)生仏《しやうぶつ》いまだ分かれざる処といふに、同じからずや。
答。　教の中に凡聖の相なしと申すは、凡聖分かれたる処につい
て、その躰相の無相なることを談ぜり。禅宗に生仏已前と申す
は、この義に非ず。その語の似たるを以て、禅教同じとは申すべ
からず。たとへば人の面のやうを、そらに語る時、額《ひたひ》の中に眉《まゆ》あ
り、眉の下に眼あり、眼の下に鼻あり、鼻の下に口ありと申せ
ば、貴賤男女みな同じ面なるやうに聞こゆれども、もし実にその
面を見る時は、各〻ことなるがごとし。教門には、言句《ごんく》・義理を
以て、法門とする故に、義理の分剤について、大小権実を判ぜり。
教外別伝《けうげべつでん》・不立文字《ふりふもんじ》といへる題目を見ながら、宗師の言句につい
て、教禅の同異を論ぜば、あたるべからず。今時の禅者の中に、
宗師の人に示せる言句の中に、教家の法門にかはりたることのあ
るを見て、これを禅の勝れたる証拠とす。もし教の法門にかはり
たる故に、禅は勝れたりと言はば、禅にかはりたる故に、教をも
勝れたりと言ふべし。然れば則ち、教外別伝の宗旨、何ぞ言句義
理の同異にあづからむや。或は云はく、教は皆言句義理の上に談
ぜり。言句義理にあづからざる処、禅門の宗旨なりと云云。もし
然らば、教の中に言句義理を立てざる法門あり、これを禅宗と言

(一)　生は迷いの衆生。仏は悟りの仏。凡聖一如。迷悟不二。

はんや。或は教者《けうしや》の中に、教外別伝不立文字といへども、禅師の人に示す言句多し。不立文字と言はんやと、難ずる人あり。禅師の言句多しといへども、この言句の義理を、人に習学せしめむためには非ず。ただ仏法の正理は、言句の上にあらざることを示さむためなり。言句の上に非ずと申せばとて、言語道断(二)の処を宗旨とするにも非ず。寂黙《じやくもく》(三)沈空《ちんぐう》の処を指示するにも非ず。古人云はく、達磨西来して、別に一法の人のために伝授するなし。ただ人々具足し、箇々円成する底《てい》を、指出するのみなりと云云。すでに人々具足といへり、何ぞひとり禅者のみ具足して、教者には欠けたりと言はむや。ただ教者・禅者のみ円成するに非ず。田夫野(四)人の農業をはげむ処にもあり、鍛冶・番匠の工巧を営む処にもあり。要を取りていはば、一切衆生の所作《しよさ》所為《しよゐ》、見聞覚知、行住坐臥、遊戯談論の処、皆悉く西来の玄旨(五)にあらずといふことなし。いかにいはむや、仏の教へに随ひて、種々の善行を修する人をや。

然れども、この玄旨あることを知らざる故に、世間の幻相に化《ば》かされて、妄りに輪廻を受くる者多し。仏この妄想をやめむために、種々の法門を説き給へば、又この法門を執着して、玄旨をく

(二) 言葉では言い表わせない。
(三) 空相に執着すること。実証のないのを空という。
(四) 野良仕事をするもの。
(五) 奥深い趣旨。

らせる人あり。これ故に祖師西来して、本分の一段を指出す。これを心を以て心に伝ふる、教外の玄旨と名づく。教外の玄旨とて、諸教にかはりたる一段の法門を相承するにはあらず。もし言句にて相承すべき法門ならば、ただこれ珍しき教法なるべし。教外別伝とはいふべからず。六祖よりこのかた、五家分かれて、各〻の宗風を立つといへども、また同じく人々具足することを、悟らしめむためなり。然るを、今時の学者、この玄旨をば悟らずして、宗師の差別の言句を記持(六)して、五家の宗旨について、得失を商量し、諸教の法門と勝劣を批判す。西来の祖意を失へるにあらずや。

予、昔、遊山《ゆさん》(七)の次《つ》いでに、同伴の僧七八人連れて、富士山の辺《ほと》り、西の湖《うみ》(八)といふ所に到れり。神仙の境に入れるがごとし。物ごとに目を驚かさずといふことなし。その浦の漁人《ぎょにん》を雇うて、舟を漕がせて入り江入り江に漕ぎ入れて見れば、いや珍しき勝地(九)なり。僧たち感に堪へず、一同に舷《ふなばた》をたたきて、どよみあへり。舟を漕ぐ老翁は、幼少の時よりこの浦にすみて、朝夕にこの景を見たれども、その中の清興《せいきょう》(一〇)をしれる情《こころ》なし。僧たちの感歎するを見て、問ひていはく、何事を見て、かやうにあめき(一一)給ふぞ。僧た

(六)　書き記して覚えること。

(七)　山野に遊んで心を修めること。補注[145]

(八)　富士五湖の西湖の辺は、現在よりはるかに幽邃な自然の趣きであったことがよく判る。

(九)　景勝の地。

(一〇)　清らかな楽しみ。

(一一)　わめく。

ち答へていはく、この山の景色、湖のありさまの面白きことを感ずるなり。この翁いよいよ心得ずげなる気色《けしき》にて、これを見給はむとて、わざと来給へるかと云ひて、不思議の思ひをなせり。予、僧たちに語りて申すやう、この翁もし我等が入興の所を習ひ伝へむといはば、何とか彼に教ふべきや。もしこの山水の景色をさして、我等が面白きことは、かかる処にありといはば、この翁、さては我が年来見つくせる境界《きやうがい》なり。珍しからずと云ふべし。もし又この僻案を改めむために、我等が面白きことは汝が所見にかはれりと言はば、さてはこの西湖《さいこ》の外に、別に勝れたる名所のある故に、我が所見をば嫌ふと思ひぬべし。教外別伝の宗旨も亦、かくのごとし。

一切衆生の所作所為に、かはれるにもあらず、内典外典の言句義理にことなるにもあらず。然れども、この中に玄旨在ることを知らざる人は、教外列伝と云ふを聞きて、種々の疑ひあり。或は三毒〔一二〕煩悩をほしいままにして、この外に玄旨なしといふ者あり。或は儒教道教を習ひ得て、祖師の玄旨にかはらずと思へる人あり。或は教門の諸宗を解了《げれう》して、教外の玄旨とて、別に在ることなしといふ人もあり。或は禅門の五家の宗風を度量《たくりやう》して、これを

（一二）貪毒・瞋毒・痴毒の三。

祖師の玄旨といふ人もあり。かやうの見解は皆これ彼の漁翁が僧たちの清興は、我が日来《ひごろ》の所見の処にありと心得たるがごとし。かやうの見解を捨てしめむために、宗師、手段を改めて、内外の法門も玄旨にあらず、一切の所作所為は、皆妄想なりと示す時、愚人これを聞きて、凡夫の日用の外に玄旨を求め、内外典の外に別伝をたづぬ。これ彼《か》の漁翁が、西湖の外に、別の名所を求めむがごとし。僧たちの漁翁にかはれることは、その所見の山林水石の勝劣にはあらず。その中に清興のあることを、知ると知らざるとの差別なり。この清興をば、人に教へて習はせしむるものにもあらず。拈出《ねんしゅつ》して人に見せしむるものにもあらず。時節到来して、かやうの清興の心に相応する時、始めて自ら知るべし。本分の一段も亦、かくのごとし。自らしたしくこの田地に到りて、始めて知るべし。自ら知ること分明なりといへども、拈出して人に示すことあたはず。然れば則ち、人々具足すといへども、相応せざる時は、所作所為、皆これ輪廻の業《ごふ》となれり。古人の全是《ぜんぜ》・全不是《ふぜ》といへるはこの意なり。然るを、内外典の言句を、禅宗の言句にとり合はせて、同異勝劣を批判するは、いまだ祖師の玄旨をさとらざる故なり。

［七七］　禅宗の五家　附＝法演和尚の小艶詩

問。禅門に五家(一)とて宗派の別れたることは、得法にあまたの階《しな》のあるやらむ。

答。得法に階《しな》のあまたある故に、五家の別れたるにはあらず。学者をして、本分に到らしめむとする手段の変はれる故なり。教家の法門の面々の所解《しよげ》のかはれる故に、所談の宗旨も亦、ことなるには同じからず。禅門には直下《ぢきげ》に本分の田地に契当するを得法と名づく。仏祖の法門を解了《げれう》するを得法と申すにはあらず。これ故に、人に示す言句も、解了の上の法門にはあらず。学者をして直下に悟らしめむとする手段なり。ある時は理致《りち》(二)を説き、ある時は機関(三)を示す。皆これ情識《じやうしき》の所解《しよげ》にあらず。これを祖師の関《くわん》(四)と名づけたり。大慧禅師云はく、たとひ実悟実証あれども、もし未だ大法を明らめざる人は、自証自悟の処を説きて人に示す故に、人の眼をくらますと云云。これを以て知るべし。明眼の宗師の示す所は、自証自悟の処に非ざることを。昔、官人《くわんにん》ありて、五祖《ごそ》(五)の演和尚に参じて、禅門の宗風を問ひ奉る。五祖の云はく、吾家《わがいへ》の宗《しゆう》

［七七］
(一) 補注［66］
(二) 筋道。経論の道理を示して導くこと。
(三) 手掛かり。公案・一喝などで悟りに入らせること。
(四) 公案。
(五) 補注［146］

風《ふう》は、情識の解了《げれう》すべきことにはあらず。然れども、(六)小艶《せうえん》の詩に云はく、(七)一段の風光画《ゑが》けども成ぜず。(八)洞房《どうばう》深処に愁情を述ぶ。頻りに(九)小玉《せうぎよく》をよぶ。元より事なし。ただ(一〇)檀郎《だんらう》が声を認得せむことを要す。この詩の意によせて、大槩を知るべしと云云。この詩はこれ女人の作なり。檀郎とは、この女人の忍びて申し通はせる男なり。ある時、かの男この女人のすみける洞房の辺《ほと》りに来て遊びけり。この時女人、我はこの洞房の内にありと知らせたく思へども、外聞《ぐわいぶん》もつつましく覚ゆるほどに、召し使ふ小玉を頻りによびて、障子あけよ、簾おろせなむどいへども、その意すべてかやうの用事にはあらず。ただ偏にかの男のこの声を聞きつけて、この女房はこの内にありけりと知らむことを要するなり。五家の宗風も亦、かくのごとし。皆これ小玉をよぶ手段なり。その言句《ごんく》・躰《てい》裁《さい》のかはれるについて、勝劣得失を批判するは、宗師の本意を知らざる人なり。

(六)　美しいおとめ。
(七)　自分の思いを通じようとするがうまくゆかない意。
(八)　ねや。
(九)　小おんな。侍女。
(一〇)　旦那。あの方。

〔七八〕　抑揚褒貶

問。古人の機縁問答の中にも、互ひに褒貶(一)の語あり。何ぞ学者

〔七八〕
(一)　ほめたりけなしたり。

の批判を嫌ふや。

答。　宗師の互ひに褒貶することは亦、これ小玉をよぶ手段なり。これを抑揚《よくやう》褒貶と名づく。人情我執の上において、論量するには同じからず。永嘉大師（二）の云はく、或は是、或は非、人知らず。逆行順行、天もはかりがたし。

[七九]　如来説法の本意

問。　如来一代の説法の時も、かやうの手段を施し給ふことありや。

答。　禅門の眼にて見る時は、一代の所説も、皆これ小玉をよぶ手段なり。ある時は諸法無常と説き、ある時は諸法常住と談ず。或は諸法皆これ虚妄《こまう》と明かし、或は諸法実相と演《の》ぶ。或は一切の文字は、仏法に非ずと示し、或は言説皆これ法身なりと言へり。かやうの種々の法門は、皆これ小玉をよびて、ある時は障子をあけよといひ、ある時はたてよといへるがごとし。如来（一）の本意は、かやうの言句の上にあるに非ず。然るを、仏意を知らざる人、その言句の義理をとりて、我が妄情にかなへる言を信じて、仏の本

（二）　補注［135］

［七九］

（一）　仏の真身。

意なりと思へり。小玉をよぶ言《ことば》について、障子をたてよといふこそ、この女人の本意よ、あけよと云ふこそ本意よと論ぜむがごとし。

或は云はく、如来は法に定相なきことを悟り給へる故に、一定の所説なし。或る時は無相と説き給ふことは、実際の理地に一塵をも立たせざる謂《いは》れなり。ある時は諸相歴然たりと説き給ふことは、随縁の事門に、(二)十界の(三)依正《えしやう》あることを示し給ふ故なりと云云。かやうに心をやる人は、仏の一法を信じて、偏執《へんしふ》に堕ちたる人よりも勝れたりといへども、これも亦仏の本意を知らざる人なり。小玉をよぶ処について、推量をめぐらして、障子をたてよと云ふは、風をおそるる故なり。あけよと云ふは、気のこもりたるを散ぜむためなり。この故に定説なし。一槩を信ずべからずといはむがごとし。かやうに(四)料簡《れうけん》するも、女人の本意をば知らぬ人なり。(五)起世経《きせいきやう》に云はく、火神の水に入る時は、水も火となり、水神の火に入る時は、火も水となると云云。法門も亦かくのごとし。禅の眼にて見れば、教法も亦、禅の宗旨なり。教の眼にてみれば、禅の宗旨も亦、教法とことならず。教禅の差別のみにあらず。仏法・世法の差別も亦、かくのごとし。仏法の(六)慧解《ゑげ》ひらけぬ

(二)　十法界。補注[8]
(三)　依られる所と、依り頼むもの。
(四)　量り択ぶ。考えること。
(五)　世界のさまを説いた経。
(六)　悟った解釈。

れば、世間の相も皆仏法なり。世間の情を出脱せぬ時は、甚深《じんじん》の妙理と心得たるも、皆これ世法なり。

［八〇］ 教・禅

問。如来の説法に二種あり。一は随他意語（一）。仏の機に随つて示し給へる方便の語なり。二には随自意語。仏の本意のごとく説き給へる語なり。禅門に小玉をよぶ手段といへるは、随他意語にあたれるにあらずや。

答。如来の説教について、これは随他意、これは随自意と決定《けつぢやう》して談ずるは、教門の施設（二）なり。禅門の宗師の仏説を挙揚する時、或はこれを随他意説と示し、或はこれを随自意語といふ。皆これ小玉をよぶ手段なり。決定の説にあらず。然れば則ち、今日随自意語といへる仏説を明日は随他意語といふこともあるべし。ただこの両語のみにあらず、浅略深秘、乃至妄執言説、如義言説等の法門も亦、かくのごとし。古人云はく、禅門の宗旨は、教家の法門の、一尺は遂に一尺、二尺は遂に二尺なるには同じからずと云云。釈迦如来、我は教者とも仰せられず、禅者ともなのり給

［八〇］
（一）補注［147］
（二）しくみ。

はず。所説の法門においても、これは教の分なり、これは禅の分なりとも、分けられず。如来の内証(三)は、教にもあらず、禅にもあらざる故なり。この内証不思議の応用、機に随つて、教禅の差異をなせり。経に云はく、仏は一音を以て法を説き給へば、衆生その類に随つて、各々解《げ》することを得と云云。仏在世の時は、その解了《げれう》ことなりといへども、禅僧教僧とて、別れたることはなかりき。仏滅後に、始めて禅教二門分かれて、教に顕密の諸宗あり、禅に五家の差別あり。

その故は、先づ各解《げ》(四)の性欲《しやうよく》に随つて、方便をたれて、如来の本分の宗旨を知らしめむために、如来の化儀《けぎ》(五)を紹隆《せうりゆう》(六)し給ふ。大智高徳の人、或は教家の宗師となり、或は禅門の祖師となりて、各々一隻の手を出して、迷倒の偏執を破り、教禅の両岐を越えて、本分の田地に到らしめむとす。然れば則ち、真実の教師は、その本意、教の内にあるにもあらず。明眼《めいげん》の禅師は、その本意、禅の中にあるにあらず。然れども面々所談のかはれることは、皆これ小玉をよぶ手段なるが故なり。末代に至りて、禅教の学者の中に、偏執を先《さき》とする人は、ぜひ海《かい》の裏《うち》に沈みて、仏祖の本意をくらませり。像法決疑経に云はく、文《ぶん》のごとく義をとるは、三世諸仏の

(三)　自分の心の内にあかしする真理。
(四)　過去の習性と現在の楽欲。性《たち》と好き好き。
(五)　導き感化する方法。
(六)　受け継いで盛んにする。

あだ(七)なりと云云。明眼の宗師は、胸の中にかねてよりたくはへたる法門なし。ただこれ機に当たつて提持《ていぢ》(八)し、口に信《まか》せて道着《だうぢゃく》(九)す。すべて定まれる窠窟《くわくつ》(一〇)なし。もし人、禅を問ふ時、或は孔孟老荘の言を以て答ふることもあり、或は教家所談の法門を以て答ふる時もあり。或は世俗の諺を以て答ふることもあり、或は目前の境界を示す時もあり。或は棒を行じ、喝を下し、指を挙げ、拳をささぐ。皆これ宗師の手段なり。これを禅門の活弄《くわつろう》(一一)と名づく。未だこの田地に到らざる者の情識を以て計度《けたく》すべきことにあらず。

(七) 害。
(八) 取り出す。
(九) 言い表わす。
(一〇) つぼ。穴。
(一一) かき混ぜる。こねる。

[八一] 理致と機関　附＝庭前栢樹子の公案

問。理致・機関と申すことは、いかなる義ぞや。

答。もし本分を論ぜば、理致と名づけ、機関と名づくべき法門なし。然れども、方便の門を開いて宗旨を挙揚する時、義理を以て学者を激励する法門をば、理致と名づく。或は棒喝を行じ、或は義理にわたらざる話頭を示すをば、機関と名づけたり。何《いづ》れも皆小玉をよべる手段なり。古人云はく、馬祖(一)・百丈以前は、多くは理致を談じ、少しきは、機関を示す。馬祖・百丈よりこのか

[八一]
(一) 補注[94][93]

た、多くは機関を用ひ、少しき理致を示す。これ則ち、風を看て帆を使ふ手段なりと云云。今時の学者の中に、理致を貴ぶ者は、機関を嫌ひ、機関を愛する者は、理致を嫌ふ。皆これ祖師の手段を知らざる人なり。もしこれ機関の法門勝れたりといはば、馬祖・百丈以前の宗師は、眼なしとせむや。もし理致の法門勝れたりといはば、（二）臨済・（三）徳山《とくさん》は、宗旨を知らずとせむや。

釈迦如来の説法五十年、三百余会の法門あり。然るに、楞伽経の中に、始め（四）鹿野苑より、終はり跋提河《ばつだいが》に至るまで、その二中間《にちゆうかん》において、曾て一字をも説かずと云云。もしこの趣きを知らば、理致とて嫌ふべき法門あらむや。昔、（五）法眼《ほふげん》禅師、覚鉄觜《かくてつし》に問ひて云はく、（六）趙州《でうしう》和尚に庭前栢樹子の話《わ》ありと。是《ぜ》なりや否や。答へて云はく、先師にこの語なし。先師を謗《ばう》することなかれと云云。覚鉄觜は、これ趙州の高弟なり。然るに、先師にこの語なしといへることは何ぞや。趙州の庭前栢樹子と示し給へる語の上について、とかくの解会《げゑ》を生ずる人、いかでか覚鉄觜の意にかなはむや。ただこの公案のみ然るにあらず。宗師の示す所の余の公案も、皆以てかくのごとし。その手段のかはれるについて、解会を生ぜば、祖意をくらませる人なるべし。解脱自在を得たる人は、

（二）補注［148］
（三）補注［149］
（四）七五段の脚注（一〇）（一二）参照。
（五）補注［150］
（六）補注［107］

金を握りて土となし、土を取りて金となす。この人の手の中に入れる物を、これは金なり、これは土なりと定めむや。法門も亦、かくのごとし、明眼の人の示す法門を、これは理致なり、これは機関なりといひ定めば、あたるべからず。

［八二］ 易行門と難行門　附＝阿闍世王

問。浄土宗(一)を信ずる人の云はく、末代の人は、大乗を修行すとも、悟証(二)あるべからず。然れば、先づ念仏の行を修して、浄土に生まれて後、大乗に入るべし。或は云はく、上代末世を論ぜず、諸宗の中には、念仏の法門最上なり。その故は罪悪の衆生をも嫌はず、愚癡《ぐち》の凡夫をもすてず、ただ名号《みやうがう》を唱ふれば、浄土に往生して、やがて正覚を成《じやう》ず。この故にこれを易行門(三)《いぎやうもん》と名づけたり。(四)超世《てうせ》の願《ぐわん》とも云へり。然れば、難行門(五)を修する人は、いたづらごとなりと云云。かやうの法門その謂《いは》れありや。

答。念仏の法門を立てらるる人も、釈尊の説をうけ給へり。諸〻の大乗経は釈尊の説にあらずや。諸大乗経の中には未来末世に大乗を修せむ者のためと説かれたり。末代の衆生は、大乗を行

［八二］
(一) 補注［151］
(二) 悟りのしるし。
(三) 平易な修行法。念仏の法をいう。難行の対。
(四) 世は普通の意。普通の誓願ではなく、三世諸仏の誓願に卓越した願。阿弥陀仏の四十八願。
(五) 難儀な修行の道。

ずべからず。ただ念仏の行を修すべしと、説かれたる大乗経はすべてなし。但し、人の根性まちまちなれば、大乗の宿薫《しゆくん》なき故に、念仏の法門を信ずることをば、そしるべからず。かかる機根のために、如来この一行《いちぎやう》を説き置き給へり。たまたま前世の宿習によりて、大乗を学する人の中に、大乗の法門にまかせて行ずれども、ただ妄念のみ起こりて、真心は発せず。かくて一期《いちご》を過ごしなば、当来の悪報のがれがたし。然れば、他力本願〔六〕を頼みて、西方浄土を願ふべしといふ人あり。かやうの人は、大乗の法門を学《がく》しながら、いまだ大乗の題目をだに知らざる人なり。悪趣の外《ほか》に浄土を願ひ、自力・他力〔七〕を分かち、難行・易行を論ずるは、皆これ了義・大乗の題目にあらず。もしこの題目を信ずる人は、いまだ分明に悟りを開くことなくとも、妄念の起こるによりて、退屈すべからず。いはんや悪趣・浄土を論じ、自力他力を分かたんや。悪趣・浄土の差別は、一念の上に浮かべる仮相なり。円覚経に云はく、一切の仏世界も、空花《くうげ》のごとしと云云。大乗の題目を信じて、行住坐臥忘れずば、やがて悟りを開くことなくとも、悪趣に堕することあるべからず。たとひ前業《ぜんごふ》は重く、行力《ぎやうりき》は弱き人、一旦悪趣に入れども、大乗の信解〔八〕《しんげ》朽ちせぬ故に、やがてその

（六）（七）補注［152］

（八）信じて疑わず、心の中に悟解すること。

中より解脱を得べし。(九)龍女《りゅうにょ》は畜生道におちしかども、八歳の時、(一〇)即身成仏しき。これその証拠なり。(一一)阿闍世《あじゃせ》王、今生《こんじゃう》に父を殺して逆罪を造りしかども、(一二)涅《ね》槃《はん》会《ゑ》上に到りて、果を証せり。仏、阿闍世に告げて言はく、汝と我と(一三)毘《び》婆《ば》尸《し》仏《ぶつ》の時、同時に(一四)大乗心を発しき。然れども、汝は懈怠《けだい》にして、修行せず。これ故に今に至るまで仏道を成《じやう》ぜず。然れども、大乗の信力の朽ちせぬ故に、毘婆尸仏よりこのかた、遂に悪趣に生ぜず、国王大臣の家に生まれたり。その宿習開発《かいほつ》せる故に、今生逆罪を造るといへども、今我にあうて、(一五)証果せりと云云。経に云はく、大乗をそしりて、地獄におちたるは、百千の塔婆を造立するにはまされり。たとへば、人の地に因つて倒れて、地に因つて起こるがごとしと云云。この文の意は、大乗を謗《ばう》する罪によりて、一旦地獄に入れども、大乗を聞きつる縁によりて、遂に解脱を得る謂《いは》れなり。いかにいはんや、大乗の題を忘れずして、(一六)形《かた》のごとくも行《ぎやう》ぜん人をや。大乗の題目は、凡聖もへだてなしと、いへることを信ずれども、いまだ分明にこの理を悟らざる人のために、種々の行を明かせり。行相は種々なりといへども、小乗の修行の生死の外に涅槃を求め、権《ごん》教《けう》の修行の妄心の外《ほか》に、真心を求むるには同じからず。無修にし

(九)　補注［119］
(一〇)　肉身のまま成仏すること。
(一一)　補注［153］
(一二)　釈迦入滅の日に供養をすること。ここはその日を指す。
(一三)　補注［123］
(一四)　大乗の道によって仏を求める心。
(一五)　仏の満果を証得すること。
(一六)　決まりに応じて。

て修し、無証にして証すといへるは、この意なり。大乗の題をば忘れずして、その中に経をよみ、呪《じゆ》を誦し、仏の名号を唱ふることは、妨げあるべからず。無明妄想に化《ば》かされて、大乗は難行なり、他力を頼むべしといふ人をば、大乗を学《がく》したる人と申すべからず。

然るを、我は大乗の法門を学得《がくとく》したれども、これは難行なれば、念仏の行を修すべしといへるは、誹謗大乗の人なり。大乗の法門を知らねば、ただ念仏の行を修すといはれば、さもありぬべし。或は云はく、念仏の法門は、罪悪をも嫌はず、愚癡をもすてず、ただ名号を唱ふれば、浄土に生まれて、やがて成仏す。この故に最上の法門なり。余宗《よしゆう》の法門は、皆難行門なるが故に、下劣なりと申す人あり。もしまことに罪悪愚癡の人も、ただ弥陀の名号を唱ふれば、やがて正覚《しやうがく》を成《じやう》ずることならば、末代下根の衆生ばかりに相応せる法門にはあるべからず。上代上根の人のためも、難行の法門を説くことは、枝葉なるべし。然るに、釈尊一代の説法、多くはこれ浄土宗より嫌はるる難行門の説なり。その中に念仏往生のことを説ける経はすくなし。正《まさ》しく浄土の行門を説けることは、浄土の三部経（一七）のみなり。如来は無智にして、かやう

（一七）阿弥陀経・無量寿経・観無量寿経。

に枝葉の法門を多く説き給へるならむや。

[八三]　了義・不了義

問。念仏の法門も大乗なりといふ人あり。その謂《いは》れありや。

答。念仏三昧(一)に大小の相なし。機根の領解(二)によりて差別あり。涅槃・宝積等の経の中に云はく、仏説の中に、(三)了義経《れうぎきやう》と不了義経との二種あり。末代の衆生、了義経の説に依りて、不了義の説に依るべからず。凡夫の外に仏あり、穢土《ゑど》の外に浄土ありと説けるは、不了義の経なり。凡聖・浄穢、皆差別なしと明《あ》かせるは、了義大乗の説なりと云云。この文のごとくならば、浄土宗には、穢土の外に浄土あり。凡夫の外に仏ありと、立てられたり。了義大乗の説とは申すべからず。念仏の行《ぎやう》を修して、浄土に生まれたる人も、下品下生(四)の者は、蓮《はちす》の中において、十二大劫(五)を経て後、観音・勢至(六)の、甚深《じんじん》大乗の法門を説き給ふを聞きて、始めて菩提心を発すと、観経には説かれたり。浄土に生まれたる人も、やがて正覚《しやうがく》を成《じやう》ずるにはあらず。念仏の行、もし至極大乗ならば、何ぞ往生の後、別に大乗の法理を聞きて、始めて菩提心を発すと説か

[八三]
(一)　一心に念仏を唱えること。
(二)　悟ること。呑み込むこと。
(三)　補注［154］
(四)　補注［155］
(五)　劫には大中小があり、人間の寿命を基準にして遥かに長い年数を数えている。
(六)　大勢至菩薩。阿弥陀の右脇に侍して、仏の智をつかさどる。

むや。当《まさ》に知るべし。或は大乗の宿薫《しゆくくん》なき人を引導して、先づ浄土に往生せしめて、後に大乗を悟らしめむために、この一行《いちぎやう》を勧め給へり。或は大乗を行ずる人の中にも、障り重く、智劣にして、たやすく悟入しがたきをば、諸仏の(七)護念力を(八)助行《じよぎやう》として、速やかに大行を成ぜしめむために、この一行を勧め給へり。もし又、利根《りこん》の人は、この(九)有相《うさう》の念仏三昧において、やがて無相の念仏三昧を成《じやう》ずべし。(一〇)般舟三昧経《はんじゆざんまいきやう》の説のごとし。たとひかくのごとくなりとも、最上了義の法門にはあらず。

〔八四〕　了義大乗の念仏

問。古来、了義大乗を談ぜし人も、念仏の行を修せることあり。禅師の中にも念仏をほめられたる人多し。何ぞ念仏を軽しむべきや。

答。必ずしも、仏の名号を唱ふるを、(三)不了義と申すにはあらず。涅槃経に云はく、(一)麁言《そげん》及び(二)細語《さいご》、皆第一義に帰すと云云。法花経に云はく、(四)治生《ぢしやう》(五)産業も、皆実相と違背せずと云云。もし大乗の法理を悟りぬれば、世間の一切の語一切の業、皆これ了義の大

(七)　まもり念ずる力。
(八)　修行の助け。
(九)　仮の相。無相の対。無相は真の悟りの相。
(一〇)　補注［156］

〔八四〕
(一)　粗い言い方。
(二)　こまかい言い回し。
(三)　最上究極の真理。
(四)　暮らしを立てること。
(五)　世渡りの仕事。

乗なるべし。いはんや仏の名を唱ふるを小乗なりと申さむや。浄土宗を立て給へる宗師も、自心は大乗の深理を解了《げれう》し給へども、愚人を誘引せむために、しばらく浄土・穢土を分かち、自力・他力をことわり給ふ人あり。かやうなるをば、無智の人と申すべからず。これ則ち菩薩の大悲方便なり。然れども、浄土宗を信ずる人の中に、穢土の外に浄土を求めて念仏申すをば、了義の大乗と名づくべからず。仏説にも不了義はあれども、誘引方便の門なるが故に、これをいたづらごととは申さず。涅槃経等に、不了義を嫌へるは、仏の本意の了義にあることを、知らしめむためなり。

真言宗の中にも、念仏の秘決あり。その説、浄土宗の人の所解《しよげ》に同じからず。禅門には定まれる行相なし。楞厳咒・大悲咒なむどを誦することも、近来しつけたることなり。本尊も何《なに》仏を信ぜよと定めたることなし。観音・地蔵等を信じ奉る人は、各〻その名号を唱ふ。もし又、弥陀如来を信ずる人、その名号を唱へ奉らむこと、何の妨げかあらむや。今時禅宗を信ずる人の中に、念仏の法門は小乗なり、念仏者とて愚癡なる人なりと思ひて、一向にこれを隔つる人あり。これも又、祖師の宗旨は、人々具足せりといふ

ことを知らざる故なり。(六)思益経《しやくきやう》に云はく、大乗の法門を聞きて、これを信ぜずして、猒ひ捨つる者あり。たとへば愚人の虚空を猒ひて走り出づるがごとし。傍らに人ありて、この愚人を憐れみて、何としてかこの虚空を出でたる者を呼び返して、再び虚空に入れしめむといふも、亦これ愚人なり。大乗を捨つる者を見て、これを憐れみて、何としてかこの愚人を、我が大乗に入れしめむと云ふも、亦復《またまた》かくのごとしと云云。

(六)　思益梵天所問経の略。思益は梵天の名。この経は、大乗の実義を説いて、小乗の偏小を破る。

[八五]　正行と余行

問。もし尓《しか》らば、念仏を信ずる人をも、祖師の宗旨とかはらずとて、そのままにておくべきやらむ。

答。祖師の宗旨を信ずる人は、一切の所作所為、悉く別事にあらずと知る故に、ある時は念仏を申し、経咒をよむ。この故にこの人の念仏するをば嫌はず。よのつね念仏を信ずる人の中に、名号を唱ふるばかりこそ正行なれ、余法余事は皆いたづら事と思へり。(一)この所解《しよげ》は大乗の正理《しやうり》にそむけり。かかる人を祖師の宗旨と同じとは、申すべからず。たとひ禅宗を信ずとも、坐禅するこそ

(一)　心得。

正行なれ。余事・余行は、皆いたづらごとと思はば、謬《あやま》りなり。但し無取捨の中の取捨とて、初心の学者、しばらく余行・余事を抛《なげう》つて、一向に坐禅するをば、嫌ふべからず。浄土宗を立て給へる先徳の余行を嫌ひ給へるも、先づこの一行三昧を成就せしめむためなり。余行をそしり給へるにはあらず。明眼《めいげん》の宗師《そうし》の、念仏宗をそしる事は、その趣き常の(二)諍論《じやうろん》には同じからず。ただ念仏宗のみにあらず。諸宗をそしることも亦同じ。乃至外道天魔の来りて対論する時も、明眼の人これを見て、彼れは賤しく我は貴しと思ふべからず。然れども、彼等が聖凡(三)一糸毫《いつしがう》の差別なきことを知らざる故に、おのれが見解は勝れたり、仏の教法は劣れりと思へる僻見を破らむために、彼れをそしるなり。円覚経に云はく、菩薩・外道の成就する所の法、同じくこれ菩提なりと云云。(四)不軽菩《ふきやうぼ》薩《さつ》は、一切の天魔外道悪人善人をも論ぜず。皆悉く礼拝して言はく、我深く汝等を敬ふ、敢へて軽《かろ》しめず。その故は汝等は皆菩薩の道を行ずと云云。諸〻の大乗の学者、先づこの田地に到りて後、方便門を開く時、無是非の中に仮に是非を立て、人をそしり、法を嫌ふことあるべし。もし(五)人我《にんが》・(六)法我《ほふが》をたくましくして、是非を論ぜば、仏弟子にあらず。何ぞ真理にかなはむや。

(二) 言い争い。
(三) ほんのわずか。
(四) 補注［157］
(五) わが身の我に実体があると固執する考え。
(六) 色心などの法に実体があると固執する考え。法執。

〔八六〕　抑揚褒貶の本意

問。　或人の云はく、明眼の宗師、ある時は仏を罵《の》り祖を貶《そし》る。ある時は仏を褒《ほ》め祖を敬ふ。これを抑揚褒貶《よくやうほうへん》と名づく。これは禅門の手段なり。学者の悪見《あつけん》をそしり、正見《しやうけん》をほむるは、これ則ち実にそしり、実にほむるなり。仏祖を罵賛《ばさん》するには、同じからずと。その義あたれりや。

答。　明眼の宗師の仏祖をそしり、仏祖をほむるも、仏祖のためにはあらず。学者のために施す手段なり。古人云はく、汝等仏祖と一糸毫もかはらずと云云。明眼の人の前には、仏祖とて崇むべく、凡夫とて軽しむべきことあらむや。ただこの凡聖の隔てなき本分の処に到らしめむために、種々の手段を施して、ある時はほめ、ある時はそしる。その意すべて褒貶の処にあらず。愚癡の学者、これを知らず。その言句に随つて、褒むる時は悦び、貶る時はいかる。たとひ嗔《いか》るまではなけれども、いかなる過ちのあれば、我をそしるやと思うて、又これを改めむことを求む。(一)今時は知識を立つる人も、凡聖隔てなきことをば、言語にはさやつれど

（一）そうかと思う。

も、未だこの田地に到れることのなき人は、学者に対する時、実《まこと》に是非の相を見て、或はそしり、或はほむ。円覚経に云はく、末世に菩提を習ふ者、少しきの証を得て、いまだ我相(二)の根本をつくさぬ故に、おのれが法門を信ずる人あればこれを悦び、そしる者あればこれをいかると云云。

[八七] 明眼・無眼

問。凡聖一糸毫をも隔てずと云へるに、知識に明眼と無眼とを論じ、学者に利根と鈍根とを分かつことは何ぞや。

答。人に利鈍を分かつことも、常ざまの論には同じからず。たとひ一切の法門を解了《げれう》すとも、仏祖にかはらざることを信ぜざるを鈍根とは申すなり。実に愚人とて、仏祖にかはりたる者のあるにはあらず。知識に有眼《うげん》(一)無眼を分かつことは、迷悟の差別なきことを志して、我は悟れり、学者は迷へりと思うて、我執法執の上に居して、法門を談ずるを無眼の知識とは申すなり。本《もと》より愚癡にして明眼の宗師よりも劣《れつ》なる人の在るには非ず。かやうの法門は、情識にて解《げ》すべきことならず。この境界《きやうがい》に到れる人始めて知

(二) 実我の相。わが身に存する仮のものを、とらわれて実我とみる意。我執の相。仮のわが相（仮我）に対する。

[八七]

(一) 悟っているか、悟っていないか。

るべし。

［八八］ 禅僧の清規　附＝戒・定・慧

問。 大乗の行人は、必ずしも戒相(一)をば護るべからずと申す人あり。その義あたれりや。

答。 諸仏の説法無辺なれども、戒《かい》・定《ぢやう》・慧《ゑ》の三学(二)を出でず。その三学とは、衆生の一心に具はれり。故にもし一心の本源(三)に到りぬれば、三学の妙徳、皆悉く満足す。たとへば如意宝珠を求め得ぬれば、一切の財宝、その中より降らすがごとし。然れば則ち、一心の本源を究むるを、大乗修行と名づく。必ずしも戒相とて、とりわきて守るべからずと申すは、この意なり。涅槃経に云はく、大乗を行《ぎやう》じて心に怠ることなきを、持戒と名づくと云云。然るを、大乗の行人は、破戒なるも苦しからずと申すは、悪見なり。仏在世の時は、申すに及ばず。仏滅後、如来の法を紹隆(四)し給へる教禅の宗師、皆同じく戒相を具足し給へり。仏在世の時は、禅教律の僧とて、形服(五)のかはれることはなかりき。その形は皆律儀(六)をととのへ、その心は同じく定《ぢやう》慧《ゑ》(七)を修す。末代になりて、兼学

［八八］

(一) 補注［158］

(二) 戒・定・慧を三学という。戒とは身心の悪を防ぎ禁ずること。定とは心の散乱をしずめること。慧とは惑を取り去り理を悟ること。

(三) 万有の実体真如。本体。

(四) 受け継いで盛んにする。

(五) 形や服装。

(六) 戒律の行儀。

(七) 残された教え。

の人はありがたき故に、その家三種に分かれたることは、その謂《いは》れなきにあらず。各〻一学を本《ほん》として、互ひにそしりあへるは、謬《あやま》りなり。（八）像法決疑経の中に、末世の時、禅僧・律僧・教僧、その品類差別して、互ひにそしりあうて、我が仏法を破滅すべし。禅教律の僧、たとひ凡情いまだつきざる故に、我執起ることありとも、獅子身中の虫の、獅子の肉を食するがごとしと云云。晨旦《しんたん》の仏法は、後漢の明帝《めいてい》の時、始めて渡れり。その後も僧形は皆仏在世のごとし。唐の代になりて、百丈の大智禅師の時より、始めて禅僧は律家に居せず。別に禅院を立て、（九）威儀《ゐぎ》法則も、律院に同じからず。百丈、その旨趣をのべて云はく、末代は鈍根にして、戒・定・慧兼学の人はありがたし。禅を行ずる人、もし律家に居せば、（一〇）戒相の持犯《ぢぼん》（一一）開遮、（一二）五篇《ひん》七聚等の、種々の律法を習学するとて、一大事の因縁をば、志しぬべし。この故に別に禅院を建立せりと云云。百丈の意も、禅僧は戒を用ふることなかれとにはあらず。然れば、（一三）清規《しんぎ》の中に、禅僧の威儀ををさむべきやうを説かれたること、微細なり。

（八）　七五段の注（九）参照。

（九）　行動作法に折り目切れ目があること。

（一〇）　戒律を保ったり犯したり。

（一一）　戒律の用語。開は許す、遮は止める意。

（一二）　補注［159］

（一三）　百丈の清規。唐の徳宗の勅によったので、勅修百丈清規といい、この古い規式を古清規とするが、今は伝わらず、後に改修したものを伝える。

[八九]　諸宗の禅定と禅宗

問。禅定《ぜんぢやう》は諸宗に皆明かせり。然るを、教外別伝を禅宗と申すことは何ぞや。

答。禅定を修することは、仏教のみにあらず。外道の教へにもこれを修す。色界・無色界に生まるることは、皆禅定の力なり。(一)四禅・八定なむど申すは、これなり。外道はこれを修して、至極《しごく》究竟《くきやう》と思へり。禅宗と申せばとて、諸宗に明《あ》かせる禅定を修するにはあらず。然れども、末代諸宗の禅定、その義を談ずることは、絶えせねども、その行を修する人は、まれに成りて、禅宗を信ずる人のみ、坐禅とて行ずる故に、禅宗とは禅定を修する宗なりと、余宗の人も申し、この宗を信ずる人も、亦この思ひをなせり。もし然らば、祖師西来の本意、所詮なきことなるべし。楞伽経の中に、四種の禅を明かせり。一には愚夫所行禅《ぐふしよぎやうぜん》、謂《いは》ゆる凡夫外道の心念を起こさず、分別を生ぜざるを、禅定と思へる者なり。二には観察相義禅《かんさつさうぎぜん》、謂ゆる小乗及び三賢の菩薩の法門の義理を観察思惟する分剤なり。三には攀縁如実禅《はんえんによじつぜん》、謂ゆる地上の菩薩

[八九]

(一)　補注[160]　なお、四禅は出世間禅の観・練・薫・修の四種。補注[3]

の、(二)中道実相の真理に安住して、(三)功用《くゆう》をからざる妙行《めうぎやう》なり。四には如来清浄禅《によらいしやうじやうぜん》、謂ゆる如来地に入りて、自覚聖智のあらはれたる相なり。祖師門下に如来禅と申すは、これを指すなり。古人、学者に向かひて、汝ただ如来禅を明らめて、いまだ祖師禅を悟らずといへることとあり。これを以て知るべし。禅宗と申せばとて、諸宗所談の禅定には同じからざることを。

　禅とは梵語なり。具《つぶさ》には禅那《ぜんな》と云ふ。漢語には正思惟《しやうしゐ》と翻《ほん》ぜり。または静慮とも云へり。円覚経等に、(四)三観《さんぐわん》を明《あ》かせる中に、禅那といへるは、これなり。定慧二観の外に、別にこれを立てたり。(五)圭峰《けいほう》の蜜禅師、これを絶待霊心観と名づけ給へり。圭峰の禅源諸詮の中には、ただ達磨《だるま》所伝の宗旨のみ、真実の禅那に相応せり。この故に禅宗と名づけたりと云云。

[九〇]　真実の正法

問。　真実に大悟せる人は、邪正に迷ふべからず。然らば、天魔外道来りて、種々の法門を説くとも、誑惑《きやうわく》せらるべからず。未だ正悟を得ざる人は、いかでか邪正をも分かつべき。然るに、古へ

(二)　万有の実相は有に非ず空に非ざる中道であるとする。
(三)　身口意の動作をかりない。
(四)　三観にも諸種の説がある。
(五)　補注［161］

［九〇］

の先達《せんだつ》所談の法門も一致ならず、今時の知識の示さるる修行用心も、亦まちまちなり。初心の学者、いかにしてかその邪正を弁ずべきや。

答。　末代は邪説さかりにして、正法を乱ること多し。世間の相撲・競馬・囲碁・双六などは、その勝負のすがたを、かねてより定めおきたる故に、これをただすこと、まぎれなし。所領の相(一)論、罪科の軽重のごときは、その理非まことに決断しがたきことありといへども、(二)上裁《じやうさい》を仰ぐ故に、遂に(三)落居《らくきよ》せずと云ふことなし。仏法には、かねてより定めおきたる勝負の躰《てい》もなし。面々ただ我が心得たるを本として、我が法門勝れたりと思へども、別人はこれを許さず。世間の(四)沙汰《さた》のごとくならねば、上裁とて仰ぐべき人もなし。面々の引く所の(五)証文は、仏祖の言語なれども、文は(六)執見《しふけん》によりて、かはることとなれば、証拠とするに足らず。各〻我が信ずる所の知識の(七)印可を以て証明とす。それも縁者の証人なれば、信用に足らず。然るを、愚人、我が妄想の信を本として、何宗《なにしゆう》にても、先づ一法門を信じぬれば、余宗をば皆これを嫌ふ。我が知識とて信じ初《そ》めぬれば、余人の法門は皆劣《れつ》なりと思うて、耳にも触れじとする者あり。これはこれ、愚人の中の愚人なり。

(一)　論じ合い。
(二)　お上《かみ》の裁き。
(三)　かたづく。
(四)　訴訟。
(五)　証拠の経文。
(六)　とらわれた見方。
(七)　ゆるし。

或は諸宗の法門もかはり、知識の示すことも同じからざる処に、自ら決断することあたはず、茫然として、浪（八）にもつかず礒にもつかぬ人あり。かやうの人は、何《いづ》れも未だ教外別伝の題目を信ぜざる者なり。

たとひ悟りを開かずとも、もしよく教外の題目を信ずる人は、真実の正法は、言語の上にあらざることを知れる故に、一師の言語を堅執《けんしふ》して、これをのみ貴ぶこともあるべからず。諸師の言語のかはれるによりて、迷惑することもあるべからず。世間の食物、その味一種にあらず。その中に何《いづ》れをか本《ほん》と定むべきや。人の天性まちまちなる故に、甘き物を好む人もあり。辛き物を愛する人もあり。もし我が好む味を本として、余味は皆いたづら（九）なりと言ふは、愚人なるべし。法門も亦かくのごとし。衆生の性欲《しやうよく》同じからざる故に、我が心にはこの法門を貴しと思ふと云はば、さもありぬべし。もし我が思ひを本として、この法門は正理《しやうり》なり、余の法門は皆真実にあらずと執《しつ》せば、これ邪説なり。法花経に云はく、有《う》を破《は》する法王、世に出でて、衆生の性欲に随つて、種々に説法すと云云。知るべし、如来種々の法門は、衆生迷倒の性欲に随つて、仮に説かれたることなり。もし直《ぢき》に衆生と仏と、未だ

（八）　どちらつかずの意。

（九）　無意味。

分かれざる本分に向かふ人は、種々の法門を聞くとも、その勝劣是非の中に、心を労せむや。古人云はく、仏一切の法を説くことは、一切の心を度《ど》せむがためなり。我に一切の心なし。何ぞ一切の法を用ひむやと云云。

［九二］　教外別伝の本旨並びに本朝禅宗の伝承

附＝聖徳太子片岡山伝説

問。　教者の中に禅宗を難じて云はく、仏説にもよらず、義理をもたださず、教外別伝と号して、(一)胸臆《きょうおく》の説をほしいままにす。信用に足らずと云云。その謂《いは》れあることとやらむ。

答。　かやうに申すことは、ただ教の文字を学《がく》して、教の本意を知らざる人なり。もし仏の教門を設け給へる本意を知らば、必ず教外別伝を信ずべし。これを真実の教者とは申すなり。楞伽経に云はく、始め鹿野苑より、終はり跋提河に至るまで、その二中間において、未だ曾て一字をも説かずと云云。もしこの経文によらば、一代の教法とて、実に有《う》と執着すべしや。(二)像法決疑経に云はく、文のごとく義をとる者は、三世の諸仏のあだなりと云云。経論の文に任せて、義理を論ずること、何ぞ仏意にかなはむや。円

［九二］

(一)　胸中。胸の奥。

(二)　七五段の注（九）参照。

覚経に云はく、(三)修多羅《しゆたら》の教は、月をさす指のごとしと云云。指を以て月をさすことは、人をして直《ぢき》に月を見せしめむためなり。もしその指に目をつけたる人の、月を見ることあたはず、臢《あまつさ》へその指の長短を論じ、大小を諍ふ。実にこれ迷中の迷なり。古への教家の先徳は、皆仏の本意を悟り給へる故に、教の指にかかはらず。然れども、中下の機根《きこん》の、直に月を見ることあたはざる者のために、仮に教の指を用ひ給へり。然れば則ち、その本意をあらはさむために、法相の(四)廃詮《はいせん》、三論の聖黙、天台の妙旨、華厳の果分(五)とて、諸宗に皆言説も及ばず、思慮も到らざる法門を立てられたり。密宗には顕教の無言無説と談ずるをば、なほこれ(六)遮情《しやじやう》の法門なりと嫌うて、その上に如義言説を談ず。如義言説といへるは、有言・無言の域を超出して、三世常恒《さんぜじやうごう》に談ずる所の、秘密不思議の言説なり。妄執言説等のごとく、心得べきにあらず。これ故に、至極深秘の処には、我本言《もとことば》あることなし。ただ利益のために説くといへる経文あり。大日経疏に云はく、如来自証(七)の境は、観者も見ることなく、説者も言なし。言語を以て人に授くべからず。(八)伝教大師の、(九)弘法大師の御もとへ(一〇)理趣釈《りしゆしやく》を借り申させ給ひける。御返事に云はく、(一一)秘蔵の奥旨は文字の伝ふる所にあらず。た

(三) 線。線で花をさしとおし、散らぬようにすること。言教が法義を貫き続けて散失させないのにたとえる。
(四) 真如は言語を離れて明らかにすべきをいう。
(五) 如来の果地の分際。
(六) 情を断ち切ること。
(七) みずから証悟する。
(八) わが国天台宗の開祖、最澄。比叡山延暦寺を開く。
(九) わが国真言宗の開祖、空海。高野山金剛峰寺を開く。
(一〇) 般若理趣経の注釈。
(一一) 大切。

だこれ心を以て心に伝ふるのみなり。文字はこれ糟粕《さうはく》、文字はこれ瓦礫と云云。教文の本意も文字語言の上にあらざること分明なり。教外別伝といへること、何ぞ胸臆の説ならむや。

伝教大師内証《ないしょう》（一二）仏法相承血脈《さうじようけちみやく》の譜に云はく、達磨大師付法相承師々の血脈（一三）一首、天台法花宗の相承師々の血脈一首、天台円頓《えんどん》（一四）菩薩戒の相承師々の血脈一首、胎（一五）蔵金剛両曼荼羅の相承師々の血脈一首と云云。伝教大師の禅宗を相承しおはしますこと、分明なり。

嵯峨（一六）天皇の御時、日本の僧慧《ゑ》萼《がく》勅定《ちよくぢやう》によりて、仏法流伝のために、大唐へ渡る。塩官（一七）の安国師に参じて、禅法を相承す。仍《よ》つてその（一八）会下《ゑか》の僧義空（一九）禅師を請じて我が朝に渡らしむ。東寺（二〇）の西院に寄宿し給へり。弘法大師この由を奏聞し給ふ。天皇及び皇后（二一）、御対面ありき。皇后宿習開発して、教外《けうげ》の宗旨を悟りましましき。嵯峨の内に檀林寺を建立せらる。仍って檀林皇后と名づけ奉る。義空禅師を請じてこの寺に住せしむ。禅師の云はく、禅宗のこの国にあまねく流布すべき時節、いまだ到来せず。この故に本朝の先徳も、ただ教乗を流伝して、未だ最上乗《さいじやうじよう》（二二）をば流布し給はず。我も亦この国にありては、利益《りやく》すくなかるべしとて、三年と

（一二）補注〔162〕
（一三）系図。
（一四）補注〔163〕
（一五）補注〔164〕
（一六）第五十二代の天皇。大同四年（八〇九）より弘仁十四年（八二三）まで在位。文教に意を用いられ、みずからも書に秀でていた。
（一七）補注〔165〕
（一八）門下。
（一九）補注〔166〕
（二〇）補注〔167〕
（二一）皇后は、檀林皇后、仏教を篤く信仰し、京都嵯峨の地に義空を開山として、仁明天皇の嘉祥三年（八五〇）檀林寺を建てられた。
（二二）至極の教法。ここでは禅の宗旨。

申すに、大唐へ帰り給ひき。このことを未来に知らしめむとて、唐より石碑を渡して、東寺に留め置かれたり。（二三）開元寺の沙門契元、その文を書せり。その始めの題目には、日本に首《はじ》めて禅宗を伝ふる記といへり。禅宗もしいたづらごとならば、弘法大師何ぞ彼《か》の禅師を（二四）挙達せしめ給はむや。

（二五）慈覚大師は山上に禅堂を造りて、禅法を御興行ありき。（二六）智証大師の教相同異集《けうさうどういしふ》に云はく、日本に八宗あり。南京《なんきやう》に六宗あり。（二七）倶舎宗・（二八）成実宗・律宗・法相宗・三論宗・花厳宗なり。北京《ほつきやう》に二宗あり。天台宗・真言宗なり。倶舎・成実の二宗は、皆小乗なり。律宗は大小乗に通ず。その余の五宗は、皆大乗なり。この外に禅門宗あり。八宗の摂にあらず。山上の大師たち皆相承し給へりと云云。顕密の奥義をきはめ給へること、誰人《たれびと》かこの四大師にまさり奉らむや。禅宗もし胸臆《きようおく》の説ならば、何の故にか、顕密の外に、又この一宗を崇め給ふことあらむや。（二九）安然《あんねん》和尚の教時諍論《けうじじやうろん》に、叡山の他山に勝れたることを歎《ほ》めて云はく、我が山には、禅門・真言・天台の三宗を安置せり。天竺晨旦にも、かかることは未だなしと云云。

（三〇）聖徳太子は、南岳《なんがく》大師の（三一）再誕《さいたん》なり。南岳大師は達磨の宗旨を相

（二三）　補注［168］

（二四）　取り上げて薦める。

（二五）　補注［169］

（二六）　補注［170］

（二七）　補注［171］

（二八）　補注［172］

（二九）　補注［173］

（三〇）　聖徳太子の方が少し古いので、南岳大師の生まれ変わりということはありえない。伝説である。補注［92］

（三一）　生まれ変わり。

承し給ひし、その因縁によりて、聖徳太子、仏法を御興行ありし時、大和の片岡山（三二）に、達磨大師顕現し在《まし》ます。大師御歌をあそばして、贈らせおはします。その歌に云はく、「しなてるや片岡山に飯《いひ》にうゑて、ふせる旅人あはれおやなし」。大師の御返歌に云はく、「いかるがやとみの小河のたえばこそ我が大君の御名《みな》を忘れめ」。幾程なくして、入滅の相を示し給ふ。太子自ら諸臣と同じく石を運び塚を築《つ》きて、大師の御棺《ぎよくわん》ををさめ給ふ。諸臣一同にそしり申しける間、太子仰せて云はく、さらばこの墓を掘り破《や》りて、棺を外《そと》へ捨つべし。諸臣御墓を掘りて、御棺をあけて見ければ、入滅の時、太子のおくりて、着せ奉り給ひける御衣《おんぞ》ばかり残りて、御躰《ぎよたい》は見えさせ給はず。諸臣皆奇特《きどく》の想ひをなして、もとの如く御棺ををさめ奉らる。その御墓、今も存せり。解脱上人（三三）、その上に塔を立て、大師と太子との両《ふた》つの御影《みえい》を安置し給へり。太子の（三四）説法明眼論《せつぽふめいげんろん》をつくらせ給ふその中に云はく、南天の祖師、朕《われ》に示して云はく、速やかに生死をいでむと思はば、（三五）根本一乗を学《がく》すべし。一乗の正義と云へるは、仏心なり。又云はく、南天の祖師、仏法を分かって、二種とす。教内・教外これなりと云云。達磨大師は南天の香至国の王子なり。この故に、南天の祖師

（三二）　この話も伝説である。補注［174］

（三三）　補注［175］

（三四）　太子の著と伝えるが、古く別人の作を仮託したもの。二巻。

（三五）　成仏する根本なる唯一の教え。

と名づく。我が朝の仏法は、聖徳太子始めて流布しおはします。禅宗もしいたづらごとならば、何の故にか、かやうに達磨大師を崇敬しましまさむや。

　伝教大師、諸宗について、（三六）界畔《かいはん》を論じ給ひしかども、禅宗においては、一言も勝劣の批判なし。弘法大師、（三七）十住心論《じふぢゆうしんろん》を作つて、顕密の界畔を分別し、乃至外道二乗の教までも、ことわり給ひしかども、禅宗をば批判し給はず。これ則ち、教外の宗旨は、義理の分別《ぶんべつ》にあづからざることを、悟りましまます故なり。智証大師の、禅宗は諸宗の摂にあらずと仰せられたるも、この意なり。（三八）智覚禅師云はく、教の中に禅あることを知らざるは、教者《けうしや》にあらず。禅の中に教あることを知らざるは、禅者にあらずと云云。教者の禅をそしるは、禅を知らざるのみにあらず、教をも知らざる故なり。禅者の教をそしるは教を知らざるのみにあらず、禅をも知らざる故なり。天台大師の、（三九）文字の法師、暗証の禅師と仰せられたるは、かやうの人のことなり。

　（四〇）忠国師の云はく、禅宗の学者、よろしく仏語に遵《したが》ふべし。了義の大乗は皆自心の源《みなもと》をきはむ。不了義の者は、相争《あひあらそ》ふ獅子身中の虫のごとしと云云。（四一）律部の中には、仏弟子も一日に一時のいと

（三六）　くぎり。区別。
（三七）　補注［176］
（三八）　宋の高僧、延寿。字は仲玄。宗鏡録（百巻）を著わす。前出参照。
（三九）　教法ばかりを学んで禅行をしない僧。また、反対に、坐禅工夫のみをやって、教文の義理にくらい僧。
（四〇）　補注［129］
（四一）　律部は三大部七十三帖の書物がある。

まを費やして、外道の法を習ふべし。もしその法門を知らざれば、彼れが見解に堕することを知らざる謬《あやま》りあり。又彼れが法門を知らざれば、彼れが見解を破《は》すること能はずと云云。然れば則ち、教者も禅をそしらむと思ひ給はば、先づ禅の知識に参じて、この宗旨を悟り給ふべし。禅者も又、教をそしりたく思ひ給はば、先づ諸〻の教門の源底をつくして、解了《げれう》せらるべし。もし尓《しか》らば、諍論《じやうろん》自然にやむべし。もし互ひに知らずして、面《おもて》をあかめ、音《こゑ》をあらくして、諍論せらるるとも、何《いづ》れの時か、勝負を決することあらむや。談論の勝負は、決することなくして、謗法《ばうほふ》の罪業《ざいごふ》は、必ず招き給ふべし。無益《むやく》なることの、これよりまされるは、あるべからず。

［九二］　本書公刊の趣旨

問。日来《ひごろ》(一)　相看《しやうかん》の次《つ》いでに問答申したることを、何となく仮《か》字《な》にて記し置きたり。これを清書して、在家の女性《によしやう》なむどの、道に志ある者に見せばやと存ずるは、苦しかるまじきやらむ。

答。禅僧の法門は、教家のごとく、習ひ伝へたる法門を、胸の

［九二］
(一)　お目にかかる。

中にたくはへ、紙の上に書きつけて、展転《てんてん》して、人に授け与ふることなし。ただ機に対する時、直下《ぢきげ》に指示するのみなり。これを覿面提持《てきめんていぢ》と名づく。撃石火閃電光にたとへたり。その蹤《しょう》を求むべからず。古人云はく、言外に意を悟るも、すでに第二に堕すと云云。いかにいはんや、その言を記録して、人に与へて見せしめむをや。然る故に、古への宗師皆同じく言句を記することを制し給へり。然れども、もし一向に記することなくば、誘引の路絶えぬべし。これによりて、やむことを得ず、古人の語録（二）、天下に流布せり。禅宗の本意にはあらず。

古人は大畧、内外典を博覧して後に、禅門に入り給へり。これの故に、その所解《しょげ》、皆偏見におちず。末代禅宗を信ずる人の中に、未だ因果の道理をもわきまへず、真妄の差別をも知らざる人あり。さやうの人の中にも、もし道心いるがせならず、百不知、百不会《ふゑ》（三）の処について、二六時中、直《ぢき》に本分を参決せば、なまじひなる小智のある人よりもまされり。世間を見れば、坐禅工夫は綿密ならず、経論聖教《しゃうげう》をば聴聞することなし。或は坐中に、外道二乗の見解の起これるをも、これは坐中より得たる智慧なれば、得法なりと思へる人あり。或は自然に教家に談ずる所の法門を解了

（二）禅の悟りの境地などを述べた詩文の集録。

（三）一切知らず解らず。

して、我は禅僧なれば、所解も亦、禅の宗旨なりと思へり。

予《よ》、常に経論を講ずることは、かやうなる今時の弊《へい》を救はむためなり。文言義理の上について、(四)委曲《ゐきよく》に談ずる因果真妄の法門をだにも、(五)愚存《ぐそん》のごとく受け取る人は少なし。各〻あらぬかたへ聞きなして、或は褒め、或は貶《そし》る。褒貶ともに愚存にはあらず。いはんや、夢中の問答を記し置き給はむこと、その益あるべしとも存ぜず。然れども、褒貶の語によりて、順逆の縁を結ばむこと、何ぞこれをいなまむや。

[九三]　足利直義に示した公案

問。如何《いかん》がこれ、和尚真実に人に示す法門。
答。(一)新羅夜半《しんらやはん》に(二)日頭《にっとう》明らかなり。

(四)　ことこまか。
(五)　自分を卑下していう。私。

[九三]
(一)　遠い新羅《しらぎ》の国。
(二)　日の出。

跋

一日、等持《とうぢ》の古先《こせん》禅師、此の帙《ちつ》を携へて以て余に示して曰く、此《これ》は乃《すなは》ち、左武衛将軍古山大居士、久しく夢窓国師に参ずる問答の語なり。茲《ここ》に一切の在家出家、或は女流等の道に志す者、或は有学無学をして、方便引導せしめ、その観覧に便ならしむることを欲する故に、乃ち日本の字書の所謂《いはゆ》る仮字《かな》といふ者を以て之を繕《うつ》す。目して夢中問答と曰《い》ふ。国師の参学の在家の弟子大高伊与の太守といふ者《ひと》、以て版に鏤《ちりば》む。尓《なんぢ》宜しく語を着けて証明と為す歟《か》と。余が曰く、吁《ああ》世の至人《しじん》出興して、智《ち》方便《はうべん》を以て千変万化逆順縦横して、以て之を導くこと有らずんば、知らず世の人之を若何《いかん》か其れ状《かたど》ることを為《せ》ん耶《や》と。抑《そもそ》も仏は一切の智人為《た》り。然れども、其れ唯能く彼の有縁《うえん》を度《ど》して、無縁《むえん》を化《くわ》すること能はざる也《なり》。又能く一切の譬喩《ひゆ》を以て種々の事を説く。譬喩能く此の法を説くこと有ること無し。心智《しんち》路絶《ろぜつ》、言語道断不思議を以ての故に。然れども、其の経教に尽くさざること有る所をば、方便して仮名仮字を以て、聊《いささ》か為に之を誘引するに非ざるということ無き耳《のみ》。仏云はず乎《や》。仏の方便説を除く、但し仮名の字を以て衆生を引導すと、此の謂《い》ひ也。然れども、此の方便の説は、仏去りて自《よ》り後、其の声を継ぐ者有ること謾《な》し。今其れ是の作、仏の再来に非ずんば、孰《たれ》か能く為《せ》ん哉《や》。惜しむらくは、余其の仮字を誦して、以て其の真義を観、其の真味を玩《もてあそ》び、節角の処に於て、之が為に掌を撫で節を撃つこと能はざるを恨みとする耳《のみ》。或は曰く、未だ能くこれ然而を誦せず、何を以て其の然而を知りて、輙《すなは》ち之を褒めて、直《ぢき》に以て仏の再来と謂はむや。余が曰く、天何をか言ふ哉《や》。四時行なへども、百物生《な》る。是れ天の道は聾瞽《ろうこ》の者と雖も、之を知らざる莫《な》き也。唯能く其の道の所以を知る者は鮮《すくな》き耳《のみ》。国師之道も亦猶《なほ》是のごとき歟《か》。吾《われ》既に知ること且《また》久し。此の書無しと雖も、亦之を知らざること莫《な》き也。況んや之れ有るをや。唯能く此の道の所以を知ること莫き耳《のみ》。又且つ仏といふ者《は》、覚《かく》也。其の能く斯の道を覚《さと》るを以て也。既に能く自ら覚し、乃ち能く人を覚す。即ち前の所謂《いはゆ》る導引の説是れ也。所謂る先覚を以て後覚を覚し、斯の道を以て斯の民を覚さしむ。其の揆《き》一耳《いつのみ》。而して斯の道たるや亦大いなる哉《かな》。横に十方に亘り、竪《たて》に三際《さんざい》を窮む。森々たる万有何《いづ》れか斯の道に由ること莫きや。所謂る人々本具《ほんぐ》、各〻円成《ゑんじやう》、物々皆然り。豈《あ》に唯国師独り然らん乎《や》哉。其の然らざる者は、唯覚《ただかく》と未覚《みかく》と一間耳《のみ》。然り而《しかう》して、孰《たれ》か有せざらん哉《や》。且つ夫れ尓《なんぢ》が未だ始めて覚らざる也、余則ち尓を指して、之に謂《い》つて曰く、尓は即ち是れ仏と。是の時に当たつて、尓が不覚を除いて、即ち之を覚せ使《し》めば、則ち何ぞ怪しまん哉《や》。其れ或は怪しむ者は、是れ未だ覚せず、而して未だ之を知らざれば也。茲《こ》れ亦復《また》何ぞ怪しまん哉《や》。曰く、是れ則ち信《まこと》に然り。それ、然して又所謂る至人《しじん》出興といふ者《は》、嘗て聞く至人夢無しと。而るに此《これ》は至人の書、乃ち夢中問答と曰ふと。亦何の謂《いひ》ぞや。曰く、尓固《まこと》に嘗て之を聞いて、亦固に未だ嘗て之を知らざる也。其の所謂る無しといふ者《は》、豈に所謂る有無の無ならん歟《や》。夢非夢《むひむ》を以て也《なり》。然らば則ち、尓其れ復《また》我に詒《つ》ぐること無けん。我尓が為に重ねて言はず。何とな

す。故に之を刊る。是れに由つて人皆帰を知つて大道を安行し、復妄りに邪径《じゃけい》に趨《はし》らざる也。余曰く、是の若《ごと》くなる哉《かな》云云。然も亦尓夫《なんぢか》の大道顕然、三世の諸仏、諸代の宗師、皆夢言なることを知るや。延曰く、請ふ書して以て之を誌《しる》せ。余曰く、是れ則ち妨ぐること無し。又一箇を添ふ。延復余に為《いっ》て曰く、大高伊与太守者《は》、海岸居士と号す。深く法門に入りて、心の大なること海の如く、殊に浄名之風有り。衆生を饒益《ねうやく》して、誠に未だ艾《や》艾は止也まざる也。今年の春又若狭の太守に遷ると云ふ。故に幷《あは》せて之を書す。甲申十月初八日、南禅東堂之東軒に寓する梵僊再び跋す。

補注

〔1〕声聞は仏の説法の声を聞き、その教えによって煩悩を断って悟り、四諦の理を観じても、阿羅漢果にとどまる仏弟子。縁覚はその上にある地位。十二因縁を観じて悟りに入る地位にあるもの。ともに小乗。なお後出の補注〔34〕〔143〕参照。

〔2〕転輪王・輪王ともいう。この王、身に三十二相を具え、即位の時、天から輪宝を与えられ、それを廻転して四方を降伏させたので、王名となった。

〔3〕菩薩の初発心から永い間の時間を地前《じぜん》といい、その間に十住・十行・十廻向の三十位の修行があり、これを三賢位という。地前の菩薩を凡夫の菩薩と称し、地上の菩薩を法身《ほっしん》の菩薩と称する。地上は地前の修行を終わった後の境地で、これに十地があり、その修行を満たせば仏果に至る。それが十地の聖者である。かように菩薩乗の階位を分けて説き、それにも種々の考えがあり、五十一位・五十二位等々がある。

〔4〕本地《ほんじ》垂迹《すいじゃく》。神仏混交の考え方で、インドの仏菩薩が衆生を救うため仮にすがたを変えて日本に出現したのが日本の神々であると説き、主な神々を皆仏に割り当て、神社には宮寺を営み、僧侶が神社を支配した。これは奈良朝からきざして明治維新まで続き、わが国に仏教信仰が流布する主因となった。

〔5〕内宮は天照大神《あまてらすおおみかみ》を祭り、皇室の祖先の神としてうやまい、五十鈴《いすず》川の下流、神路《かみじ》山の麓に宮造りをし、後、雄略天皇の時、農耕の神〔丹波国大江山の麓、与謝《よさ》から豊受《とようけ》大神〕を度会《わたらい》の地に遷し祭り、外宮とし、それより伊勢神宮は内・外両宮となった。

〔6〕戒は身心のあやまちをおかさぬよういましめること。五戒は俗人が保つべきものとされ、一に不殺生、二に不偸盗（与えぬものを盗らぬこと）。三に不邪淫、四に不妄語、五に不飲酒の五戒。五戒に、（六）華鬘を着け好香を身に塗らず、（七）歌舞倡伎せず、亦往いて観聴せず、（八）高広大牀上に坐するを得ず、（九）非時の食を得ず、（十）銭金銀

宝物を捉え得ずの五戒を加えて十戒とする。この十戒を保ち得たのを十善を修めたとする。前世で五戒を保てば人間界に生まれ、十善を保てば天に生まれるという。

〔7〕四十巻華厳経、普賢行願品に見える。(一)は敬礼諸仏、以下、(二)称讃如来、(三)広修供養、(四)懺悔業障、(五)随喜功徳、(六)請転法輪、(七)請仏住世、(八)常随仏学、(九)恒順衆生、(十)普皆廻向。

〔8〕密教の十法界は、天台等の顕教と異なり、五凡五聖を十法界とする。五凡は地獄・餓鬼・畜生・人・阿修天。五聖は声聞・縁覚・菩薩・権仏・実仏。天台の十法界は、六凡(五凡と阿修羅)に四聖(声聞・縁覚・菩薩・仏)を加える。

〔9〕密教では万有《すべてのもの》を分別するのに、六大・四種・三密という。六大は六界ともいう。地水火風空(五大)と識。六大を、顕教と密教とでは解釈を異にする所があるが、密教の六大は、その体性はもとから具わった変わらぬもので、金・胎(理・智)両部曼荼羅の法身(仏の真身)に分かれるとする。五大は理性に属する法、識は智性に配する法。

〔10〕四種曼荼羅《ししゅまんだら》。これは一切現象の分類を表わす。四種は、大・三昧耶《さんまや》・法・羯磨《かつま》で、初めの大は総体、後の三種ははたらきの別によって分けて考えたものである。補注〔141〕参照。

〔11〕身・語・意の三密。これに如来自証のものと衆生修行のものとがあるとする。身密は一切の色・形、語密は一切の音声、意密は一切の理をいう。これらの義は凡人にはわからず、また凡人もそれを本来具えているのにわからぬので密という。仏の三密を以て衆生の三業を加持するのを三密加持という。補注〔104〕参照。

〔12〕すぐれた宋僧。無学祖元。仏光はその国師号。蘭渓の歿後、北条時宗に招かれて弘安二年(一二七九)に来朝、蒙古の帝国なる元国の実状をも時宗に教示した。弘安四年に再び元軍来襲して滅亡。弘安五年、時宗は師のため円覚寺を建立、時宗は弘安七年に歿し、師も次いで弘安九年に歿した。六十一歳。無学祖元は、元の本国では無準和尚の法嗣で、祖元の法嗣は仏国国師(高峯顕日)、その後嗣が夢窓国師である。

〔13〕インドにおいて主として夏の雨期に九十日、

外出を禁じて坐禅修行をするのを安居《あんご》と呼ぶ。日本でも行なうが、その安居中に魔障を除くため楞厳壇を設け楞厳咒を衆僧が誦する。
〔14〕　禅寺で住持が事故があったり、または臨時の祈禱で、夜の坐禅（晩参）を放免することをいう。
〔15〕　金剛般若波羅蜜経。訳の異なるもの六種あるが、わが国中世に主として行なわれたのは秦の羅什の訳、一巻。
〔16〕　弥勒は南天竺波羅門の家に生まれ、釈迦如来の仏位をつぐ菩薩となり、仏に先立って入滅し、兜率天《とそつてん》の内院に生じ、四千歳（人間界の五十六億七千万歳）を経て、人間界に下生し、悟りを開き一切の人天を救うという誓いがある。
〔17〕　仏教では、穀物を産み出す田は衆生のため功徳の善縁を生み出すもとに譬え、これに敬田・悲田の二があるとする。敬田は聖賢を敬い施しをすること、悲田は生物を憐れみ施しをすることをいう。
〔18〕　天は一切の鬼神を指していう。龍は蛇のごときもので、神力を有し、雲雨を自由に変化させる。八部衆の一。夜叉は、すばやく勇ましい鬼で、人を食うという。これにもまたいろいろある。
〔19〕　仏が提謂・波利の二人の商人に人天教を説き、髪爪を与えて塔を造立させたという。
〔20〕　天台では別教の菩薩の行位として、円教の菩薩の行位、六即位を立てる。一に理即、二は名字即、三に観行即（この位に随喜読誦等の五品の観行を修するのを五品弟子位という。法花経に説く）、四に相似即（または六根清浄位）、五に分身即、六に究竟即。即は是の意。なお五品弟子位とは、一に随喜品（実相の法を聞いて信解随喜すること）、二に読誦品、三に説法品、四に兼行六度品、五に正行六度品である。
〔21〕　六即の第二位名字即で、経巻を読んで悟りの妙道が解けたこと。
〔22〕　六波羅蜜。六度。菩薩が悟りを得るために行なう六種の行。布施（檀波羅蜜）・持戒（戸羅波羅蜜）・忍辱（羼提《せんだい》波羅蜜）・精進（毘梨耶波羅蜜）・禅定（一心）（禅波羅蜜）・智慧（般若波羅蜜）。
〔23〕　元弘元年（一三三一）鎌倉幕府は兵を起こし、後醍醐天皇は笠置に逃れ、捕われて隠岐に遠

島、足利尊氏・直義兄弟は初め幕府方で働き、中途から朝廷に従い、幕府を倒して建武中興となった。後に後醍醐天皇に反して京都に幕府を開いて武家政治を再興し、いわゆる南北両朝の対立となった。

〔24〕 地方の豪族で田地などの領地を多く持ち、家の子などを多く養うもの。

〔25〕 五山版の原本には「訴詔」とあるが、詔は「訟」の誤刻であろう。

〔26〕 恵みある政治。鎌倉末期（永仁）から起こった質入れ・借入れ等を御破算にさせる法令。幕府が御家人の窮乏を救う方法として発令させた。

〔27〕 第三十三代推古天皇の摂政。天皇の十二年（六〇四）十七条憲法を定め、同元年四天王寺、同十五年法隆寺を創建。同二十三年法華経義疏（太子手訂本御物として残存）を著作、同三十年薨、四十九歳。他に維摩経義疏・勝鬘経義疏を作る。太子は唐土の法制にのっとり法治国家を営もうとされたが、その過渡期の処置として、仏法により徳治主義を以て国家を統治しようとした。

〔28〕 十七条憲法の第一は和を以て貴しとなす。すべての協和をはかられた。また、三宝を敬い、仏教を以て政治の拠り所とした。

〔29〕 姓、蕭氏、名は衍。斉の帝位を奪い梁王となる。文をよくし、儒・仏に達し、梵語の仏典を学ぶ。侯景が反逆し台城を陥れたため、帝は餓死した。在位四十八年に及び、諸種の著がある。侯景は、字は万景、武にすぐれ、次第に出世し、武帝により河南王に封ぜられたが、これを亡ぼし、簡文を擁立した。後に自立して漢帝と称したが、王僧弁等に敗れた。

〔30〕 人命を害し、人の善事を障げるものをすべて魔という。欲界の第六天におり、魔王の手下を魔民・魔人という。

〔31〕 天台大師の述作。十巻。観心のことを説く。

〔32〕 凡夫が生死往来する世界を三つに分かち、欲界・色界・無色界とする。

〔33〕 この尊号は、仏は万徳を具え、世に尊ばれるからであるという。また、仏は世において一人尊いからであるともいう。

〔34〕 人を悟りに導く（乗せる）のに種々あるが、まず声聞・縁覚の二乗がある。補注〔1〕〔143〕参照。

〔35〕　三乗に四種あるが、大乗の三乗は、声聞乗（小乗）、縁覚乗（中乗）、菩薩乗（大乗）。大乗は多くの福因により無上菩提を証するもの。その三乗の聖果を得た位。

〔36〕　インドの人。浄名居士。在俗のまま釈迦の教化を助けた。居士は僧にならず在俗のまま仏道修行をする者。

〔37〕　禅は禅那の略。思惟・静慮の意。凝念して心性を究明する方法。達磨が唐土にこの道を盛んにした。

〔38〕　仏法をことばで表わすのを教と言い、その教法は道に入る門戸ゆえに門という。

〔39〕　仏教に教内・教外の二つの道があり、仏が言句を以て伝え授けたのを教内（それが教）の法、言句を離れて直接に仏心を以て他の心にしっかりわからせるのを教外の法という。禅は教外の法、教外別伝である。心と心との響き合いで、生まれのよさ（感性）により悟りの極意を伝えることである。

〔40〕　如来智の作用を四種に分ける。大円鏡智・平等性智・妙観察智・成所作智の四。

〔41〕　インド、南部の人。唐土に渡り、南より北に移り、嵩山の少林寺で九年壁観の行をし、梁の大同二年入寂。禅を唐土へ伝えた始祖として仰がれる。

〔42〕　唐の断際禅師希運。黄檗山において出家し、ここを愛していたので、後に他に移って法を弘めたが、師を黄檗禅師と称する。その著、伝心法要（一巻）はわが国では弘安六年に鎌倉で出版され、禅宗関係書の出版物として最初に印行されたものの一つとなった。

〔43〕　地・水・火・風の四。物質の四元素を意味し、これが和合して人体をなすと考えている。人間の身体の意。

〔44〕　仏を念ずる者が、臨終の時、仏菩薩が迎えに来て極楽に導くこと。

〔45〕　五山版原本に「心ヲ志シテ」とあるが、後の版本には「志」を「忘」としている。ここでは原本に従った。

〔46〕　釈迦入滅後七百年、南インドに出て、仏教哲学の論理体系を立てたすぐれた菩薩。

〔47〕　仏は両足を具えるものの中で第一の尊貴であり、両足で法界を遊行されるからいう。その両足

とは、福智（戒定・福慧）の功徳。

〔48〕根本無明・無始無明ともいう。元品とは一切衆生の迷いの元初根本の意。これを断ち切って成仏の位となる。

〔49〕智徳と断徳。真理をすっかり明らかにするのを智徳、煩悩を断ち尽くすのを断徳という。

〔50〕自分だけ悟り、他に及ぼさないのが二乗。菩薩は自覚・覚他並行（等覚）するが、未だ円満でなく、仏のみ二覚円満して覚体不思議（妙覚）である。

〔51〕小乗の涅槃をいう。一切衆生は力足らず、最終の目的なる真の仏果を遂げることがむつかしいというので、方便を以て途中に幻の城を作り、その中間目標にすること。これを法花経化城喩品に説く。

〔52〕実智は本体、権智は用《はたらき》で、一時の便宜な法である。権は、かり。

〔53〕三界の煩悩を断ち切って三界に生を受けることがないと証知する阿羅漢果の智。生滅の煩悩を断ち切る智。

〔54〕補注〔51〕の化城のたとえは、その現われの一つで、卑近な方便としての仮の教え。ただ宗派の立場から、自宗の立脚点を実教とし、他を権教ともする。

〔55〕薄は逼、おいせまる。諸苦が逼迫する地位。凡夫の境界。

〔56〕断・常の二見。人間の身心は断絶して続生しないという考え方を断見と言い、常住不滅で間断なしとするのが常見。

〔57〕万物の実相は有ではなく、空でもない、非有・非空の中道（絶待の道）であるとの意。中は不二。

〔58〕達磨の教え。直《じか》に人心を指し示し、人間の本性を悟って成仏する。教外別伝で、文字を立てない。文字を立てるのは教内の仮の伝で、教外別伝とは教えの外のことではなく、教えの内の真の伝（教門真伝）の意という。

〔59〕進退とどこおりなく、また、心が煩悩のきずなを離れて自由なこと。

〔60〕唐の禅僧。韶州雲門山の文偃。雪峰和尚の嗣法雲門。雲門宗の祖。匡真禅師と号する。広録三巻がある。

〔61〕円覚を求めるについての四病（四つの欠点）。一に作病、二に任病、三に止病、四に滅病、任病は一切の縁に任じて円覚を求めようと欲すること。

〔62〕公府の案文、法律。これにのっとり、是非を断ずべきもの。仏祖の垂示は宗門の正令で、迷悟を判ずべきもの、公案と同類であるとの意。これを悟りを開く手掛かりとする。

〔63〕宋、四川の人、克勤。心要二巻、語録十巻。雪竇《せっちょう》禅師の頌古百則に評唱等を加えて碧巌集（十巻）を作る。

〔64〕饅頭は、穀物の粉をねった皮に肉などを包んで蒸したもの。宋から栄西禅師が帰朝の際伴った林浄因がわが国にもたらしたと伝える。中に包むものは肉の外にも種々あり、大いに発達した。

〔65〕五味は、味わいを仏道に当てて説いたもの。一、乳味。二、酪味。三、生酥味。四、熟酥味。五、醍醐味。六味は、苦・酸（また、醋）・甘・辛・鹹・滋（また、淡）。

〔66〕五家《ごけ》という。唐宋における禅宗の分派。潙仰宗・臨済宗・曹洞宗・雲門宗・法眼宗の五派。わが国へは臨済が先ず渡来、曹洞がこれに次ぎ、後には曹洞が流布した。

〔67〕後得智と対する。一切の法楽を生じ、一切の功徳大悲を出だす根本であるから根本智という。

〔68〕根本智の後に得る智。俗智。仏が大悲を発して衆生を救うのもこの後得智である。

〔69〕二我見。一は人我見、二は法我見。人我見は、人身に変わらぬ我体があると固執する考え。法我見は、色心等の法に実体があって自在を得ると、とらわれている考え。

〔70〕末から本に進むのを向上、本から末に下るのを向下という。

〔71〕那辺はあちら、どこ。這辺はこちら、ここ。

〔72〕把住は、とりおさえて動かさぬ意。放行に対する。放行は自由にまかせる意。

〔73〕擒縦はとらえることとゆるすこと。もと宋代文章法の一の意より、禅法にとり入れられた語。

〔74〕三つの奥深い義。宗旨の教えを説くのに一句の中に三玄を具え、一玄の中に三要を具えるという。

〔75〕曹洞宗の開祖、洞山禅師が易の卦爻を借り

て説いたもので、正位を体、偏位を用とし、その交互を作り、正中偏・偏中正・正中来・偏中至・兼中到とし、修学者の修学段階を示す。

〔76〕古い根拠によらず、自己の見解を説きくだすこと。

〔77〕人間の心の中に具わっていて、仏の教化にふれると発動し得る能力。気根。

〔78〕また注釈に「三云レ正、藐云レ等、又三云レ等、菩提云レ覚」と見える。

〔79〕娑婆は堪忍の意。忍土と訳す。衆生が人間界で苦を忍んで出離したがらないからであるという。

〔80〕この世は憂いものだが、生きながらえることのできぬ世の中に、せめて気に入った人があればよいが。

〔81〕生老病死の四苦と、愛別離苦・怨憎会苦・求不得苦・五盛陰苦の四を合わせていう。

〔82〕自然のままであること。無用のことをしないこと。仏教では、因縁の造作《はたらき》のない意。真理をいう。

〔83〕元の天目山の明本、中峰和尚。号を仏日広慧普国禅師という。至元三年六十一歳寂。日本にも多く影響を及ぼしている。

〔84〕修行の途中でよく本分（本領）を発揮すること。

〔85〕世間にありふれたこと。

〔86〕一切の妄想を払い尽くし、心智ともに尽きる境地。

〔87〕力量不足の菩薩は、空相に執着して自利他利を行なわぬこと。

〔88〕心に理を観じて、理のごとく身に行なう意。理はすべてに通ずるものごとの筋道。それゆえ、平等にかよう。

〔89〕三摩《さんま》地《じ》。三昧地。心を一所に定めて動かさぬ境地。三三摩地とは、有尋有伺摩地・無尋有伺摩地・無尋無伺摩地の三種の段階を示す。

〔90〕中国伝燈の第三祖、大祖慧可の法嗣。鑑智僧璨。隋の大業二年寂。信心銘を著わす。

〔91〕色・声・香・味・触・法の六境をいう。六境は六根を具えて身に入り浄心を汚すので、六塵という。

〔92〕唐の南岳観音院の懐譲、六祖慧能に得法し、

天宝三年寂。六十四歳。大慧普覚禅師と号する。嗣法の弟子、馬祖道一によりその流風が江西地方に弘まる。わが国から渡った禅僧はその流風を学んだ者が多い。

〔93〕唐の百丈山の大智禅師、懐海。馬祖道一の弟子。初めて禅宗の規式を定め、百丈清規《しんぎ》という。

〔94〕唐の禅僧。南岳懐譲（大慧）禅師の法嗣。姓、馬氏。江西によく法を弘めて馬祖と言われた。亮座主を南岳と冠称しているので、馬祖が南岳で亮座主を大悟させたものであろう。

〔95〕観無量寿経、正宗分に説く。一に日想観（西に向かい落日を観じて心をしずめ、一つにして動かさぬ）、二に水想観、三に地想観、四に宝樹観、五に八功徳水想観、六に総想観、七に華座想観、八に像想観、九に仏真身想観、十に観世音想観、十一に大勢至想観、十二に普想観、十三に雑想観、十四に上輩上生観、十五に中輩中生観、十六に下輩下生観。

〔96〕大陸の南、江西地方の名山で、仏教の霊場。

〔97〕非想の禅定。非想は、まだこまかい煩悩が残っているが、外道ではこれを涅槃の処とする。

〔98〕六識の作用をすべて滅して起こらないようにさせるのでいう。

〔99〕眼識の用《はたらき》を見、耳識の用を聞、鼻舌身の三識の用を覚、意識の用を知（または識）という。この六識は色・声・香・味・触・法の六境を分別する。その六境に対して作用を生ずるものを六根とする。この六識は大小乗に通じ、大乗の所説から言えば、その八識の中の前六識に相当し、意を所依とするので意識と名づける。まだ真如の識には到らない。

〔100〕仏の十大弟子の一。天眼第一で、かえって失明する。釈迦の従弟という。

〔101〕牛相比丘という。牛王《ごおう》。

〔102〕インド古代、波羅門種族の出身、大富豪の家に生まれて、財を捨て頭陀（托鉢）修行した。仏の十大弟子の一。

〔103〕天台の立てる根本の諦理。空諦・仮諦・中諦の三。ありとあるものが因縁によって生ずるまでもなく、自ら有るべくして有る、それが空。自性なく因縁によって生じ、仮に有の相を呈するものを仮。また、空諦でもなく仮諦でもない、空諦でもあ

り仮諦でもあるから、この二を具えたものを中諦という。そこに仏教の根本の論理がある。

〔104〕身・語・意の三密。これに如来の三密と衆生の三密とがあり、仏の三密を以て衆生の三密を加持するのである。如来の三密では、身語意の三業は本来平等で、一切の形色は身密、一切の音声は語密、一切の理は意密である。これは仏の本性で凡人の分ではないから密といい、また、凡人も具有するが、ぼかされているので密という。仏の大悲で衆生が三密を行ずると、如来の三密に加持されて、衆生の三業と如来の三密とが相応し、一切の悉地を成就する。補注〔11〕参照。

〔105〕雲門禅師が「如何是諸仏出身処」の問いに答えた語。山は動かぬものだが、今は流れてゆく。動と静との二相を超越した上の機語。

〔106〕知解（理を解し）と修行（事を行ずる）。証は真如本性をさとること。

〔107〕唐、曹州の人、従諗。郝氏。趙州の観音院に住し、乾寧四年寂。寿百二十。真際大師。著名な公案を多く残している。「無」と答えたのは、ある僧が趙州に「狗子に還って仏性ありやまた無しや」と問うたのに対してで、その答えを得た僧はまた「上は諸仏より下は螻蟻に至るまで皆仏性あり、狗子何として却って無きや」と問うた。趙州は「かれに業識性あるがためなり」と答え、僧はまた「狗子還って仏性ありやまた否や」と問い、趙州答えて「あり」。僧またまた「すでにこれ仏性、いずれとしてか、この皮袋裏に撞入するや」と問うて、趙州の「他の知ってことさらに犯すがためなり」との答えを得た。これを「狗子仏性」の公案とも「無」の公案ともいう。また、ある僧が「如何かこれ祖師西来の意」の問いに「庭前の栢樹子」と答えた「趙州栢樹子」の公案も著名である。

〔108〕仏弟子中の三須菩提の一人。五百生の間、天に生まれて妙果を得、その宿習で出家の後も衣食の善美を好み、これによって悟りを得たという。

〔109〕盧同《ろどう》。――唐の人。詩文をよくし、世を隠れて少室山に住み、茶を好む。甘露の変で宦官に殺された。陸羽。――唐の人。世に隠れ住み、召されても出仕せず、書を著わし、また、茶経三篇を作る。貞元の末歿。後世、茶をひさぐ者が茶神として祭った。

〔110〕　華厳律の僧。京都の北部、栂尾に高山寺を開き、茶を植え、喫茶をすすめた。坐禅をして夢を見、それを記した夢の記が多く残っている。貞永元年（一二三二）寂、六十歳。

〔111〕　もと天台のすぐれた学僧で、再度入宋して臨済禅をもたらし、わが国に宋風禅を初めて輸入した。鎌倉に寿福寺を開き、京都に建仁寺を立てた。建保三年（一二一五）寂、七十五歳。

〔112〕　華厳経を所依の経として宗派を開く。唐では杜順を始祖とし、賢首に至って大成した。わが国には天平八年（七三六）、唐の道璿律師が来朝してこれを伝え、また、賢首に学んだ新羅の審祥が来朝して大安寺に住し、良弁僧正がこれを東大寺に請じ、華厳を興し、東大寺がその本山となった。

〔113〕　中論・十二門論・百論の三論によって宗を立てる。羅什が唐土に来て三論を訳し、唐土でのこの宗の祖となり、その弟子吉蔵（嘉祥）より高麗の慧灌がこれを承けて、推古天皇三十三年わが国に来り、初め元興寺に住む。後、河内国に井上《いがみ》寺を創立して三論宗を弘めた。

〔114〕　一空。法性の実相、諸仏の実法であるという。一切の有為法も無為法も、至極は空であるというのが畢竟空。これは仏の境地。

〔115〕　万法の性相を究明する宗の意。唐土では玄奘がインドより受け、弟子の慈恩が大成した。故に慈恩宗ともいう。わが国へは、道昭が入唐し、玄奘に学んで伝えた。また、別に玄昉が入唐して、慈恩の弟子智周について伝受した。

〔116〕　世間卑近の事相そのままが深妙の道理である。即事而真も同じ意。真言宗で説く。

〔117〕　仏においては三達といい、羅漢では三明という。智の境を知ること明らかなる故に智明（または智証明）といい、これに（一）宿命明、（二）天眼明、（三）漏尽明がある。そして、この三明は六通の中の三通である。三明六通は羅漢に具わる徳で、その中の五通は智をもって証得する通力である。

〔118〕　大光明のくら。自らかがやくのを光、物を照らすのを明という。仏の光明は智恵の相である。三昧は、定（心を一処に定め動かぬ意）。

〔119〕　娑竭羅龍王の女。八歳で霊鷲山に参り成仏の相を現わすという（法花経提婆品）。

〔120〕色界の初禅天。欲界の婬欲を離れて清浄寂静ゆえに梵天という。その中に三天あり、第三を大梵天といい、常はその王を梵天という。

〔121〕帝釈は忉利天の主。須弥山の頂、喜見城にいて他の三十二天を統率する。

〔122〕天・龍は八部衆の中の二衆であるが、八部の中でこれを上首とするので、天・龍をあげて八部という。八部とは、天・龍・夜叉・乾闥婆・阿修羅・迦楼羅・緊那羅・摩睺羅迦をいう。

〔123〕過去（釈迦以前）七仏の第一仏。種々見と訳す。釈迦が菩薩第三阿僧祇劫の満つる時にこの仏にあって、初めて百大劫種相の福を修したので、七仏の首とした。また、その仏を讃する精進力で九劫を超えて成仏したので、この仏の出世は九十一大劫であることがわかるという。

〔124〕無生無滅の理に安住して動かないのをいう。

〔125〕真言宗八祖の第一を大日如来、第二祖を金剛薩埵とする。すなわち、執金剛《しつこんごう》で、普賢菩薩と同体。大日如来を中心として金剛界の主脳が三十七尊ある。

〔126〕識（了別の意）の第八識は、一切諸法の種子を含蔵するので蔵（阿頼耶）という。眼・耳・鼻・舌・身・意の前六識（大小乗通説）と第七の末那識と第八の阿頼耶識とで八識。末那は意。これは有漏・無漏一切有為法の根本であるとする。

〔127〕心王の主作用に対し、伴作用（所対の境に妄情を起こす）を心所という。密教では心王を金剛界の大日如来とする。

〔128〕無垢識・清浄識ともいう。真如・真心である。九識を立てない考え方もあり、それは第八識に染浄の二分があるとするからである。それが阿頼耶と菴摩羅の二である。

〔129〕慧忠。六祖の弟子。南陽の白崖山に住し、四十余年山を下らなかったが、粛宗に師の礼を以て招かれ、代宗の時、光宅寺に住した。大暦十年寂。大証禅師という。

〔130〕外道（仏教外）でいう実我。人間の身体は常実で霊妙不思議なものだとして神我という。

〔131〕数によって立てた論。数論を作ったものを数論者といい、それは仏教外の者ゆえ、数論外道（数論師）という。それらを説いてあるのが「金七十論」である。

〔132〕 数論師が宇宙万物の開展する状況順序を説明する根本原理である。自性は物質的本体、神我は精神的本体であるとし、自性は活動の動機を実現させるものだが、その動機を生ずるものは神我であるとする。この二相から中間の二十三諦を生ずるという。各自にある常住の神我が、万有を主宰すると考える。

〔133〕 有無相対をこえた境地。これを究極のものとして、そこに至ろうとする。老子が唱え始め、荘子等がこれを受け継いだ。道家の思想の根本である。

〔134〕 荘子、在宥篇に「無為而尊者天道也」とある。また、老子にも「是以聖人処二無為之事一、行二不言之教一。」とある。

〔135〕 唐の温州永嘉の人、玄覚禅師。天台の止観に精通し、後に六祖に参じ、言下に悟り、一宿して去る。故に一宿覚といわれた。真覚大師という。証道歌（四部録・五味禅の中に加わって流布する）を作り、また、永嘉集の著がある。

〔136〕 心は集起、意は思量、識は了別の義というが、その本体は一如であるとする。

〔137〕 中国湖北省荊州府江隲県の長沙寺に住した長沙景岑禅師。種々の公案問答が残っている。

〔138〕 不二平等。法性の理体が不二平等なのを如といい、また一切の諸法は皆、如なるゆえに如如という。

〔139〕 滅受想定ともいう。六識の心と心処（心のはたらき）をすっかりなくす禅定。非想天に属する。

〔140〕 地水火風空の五大は一切六塵の境をひっくるめたもので、その上に根・識の二大を立てる。根大は六根の作用、見大ともいう。識大は六根・六塵が和合して生じ、六塵を了別する識心である。大は周遍する意。根・識の二大は楞厳経が初めて説く。

〔141〕 四種曼荼羅。一に大曼荼羅。曼荼羅は壇場の意。諸尊を総集した壇場及びその他すべてを画くもの、曼荼羅の総体。二は三昧耶曼荼羅。諸尊の手にした器杖・印契を画くもの。三昧耶は諸尊の本誓。三は法曼荼羅。諸尊の種字を画く真言及び一切経の文義。四は羯磨曼荼羅。羯磨は作業。一は総体で諸尊の人体を、後の三は別徳で、二は諸尊の所持の器杖、三はその所説の法門、四はその所作とす

る。補注〔10〕参照。

〔142〕一、肉眼。二、天眼。三、慧眼。四、法眼。五、仏眼。さらに五つを加え、十眼を説く。

〔143〕声聞は仏の教え（声）を聞く意で、最下根（仏の教えをやっと聞ける程度の性質の者）が仏の教えを聞いて、見思のまどいを断ち切って悟るもの。また、因縁の理を観じて自ら独り悟るものを、縁覚という。補注〔1〕〔34〕参照。

〔144〕小乗の涅槃。その真理は空の一辺に偏ったものゆえ、偏真単空という。また、非空の空、大乗至極の真空をいう。

〔145〕これは夢窓国師が、師匠の仏国国師が、夢窓を上野国、世良田《せらだ》の長楽寺の住職に推挙し、出世させようとしたのを聞いて、これを避け、なお修行を続けようとして、甲斐国の浄居寺《じょうこじ》を出て、元翁等を伴い、駿河・遠江を経て、美濃国長瀬の虎渓山に落ち着くまでの間のことである。正和二年（一三一三）、国師三十九歳の頃のことである。

〔146〕唐の五祖山の演法禅師。楊岐の方会の嗣法。宋の徽宗、崇寧三年寂。

〔147〕如来三語の一。随自意語、随他意語、随自他意語。

〔148〕臨済は、唐の鎮州臨済の義玄。黄檗の嗣法、臨済宗の祖。慧能から六世の法孫。著に臨済録一巻がある。この宗は最初に栄西が持ち帰ったほか、以来わが国に多く伝わった。

〔149〕徳山は、唐の朗州の徳山院の宣鑑。龍潭に参じて大悟する。咸通六年寂、八十四歳。

〔150〕法眼は禅宗五家の一、法眼宗の祖。建康清涼寺の文益。羅漢の桂琛の法を嗣ぐ。大法眼禅師大智蔵大導師とおくりなする。

〔151〕法然（源空）上人が唱え始めた専修念仏の一派。弥陀の浄土に往生するのを願求する宗ゆえ、浄土宗という。法然上人は美作国の人、幼少よりすぐれ、父を討たれて仏道に入り、比叡山で勉学し、一切経を五遍も読み、四十にして、唐の善導の説を踏まえ、衆生を救う道を専修念仏に求め、選択本願念仏集を著わした。諸宗から攻撃されたが、ことごとくこれを論破した。

〔152〕仏道に二力があり、自分の修める善根を自力、仏の本願力・加被力を他力とする。一切の諸仏は衆生のため他力を有するが、ことに阿弥陀仏は他

力の一法を以て衆生の仏道を遂げさせるのが、その本願である。

〔153〕釈尊在世の頃、摩竭陀国、王舎城の王。母懐胎の時、占師がこの児生まれて父を害するという。父王は占師の言を恐れ、生まれた日、楼上から地に落としても、ただ指を損じて死ななかった。よって未生怨と名づけたという。父を殺した報いで身に悪瘡を生じたが、仏のおかげでなおった。しかし、如来の涅槃を知らずにいて、その夜、天地異変の夢の知らせを見た。

〔154〕了義とは究竟顕了の義を説示する意。それを説くための経が了義経。大乗から言えば、小乗は総じて不了義経であるが、大小乗の経典の中にも了義・不了義の別がある。大乗の中の不了義経は権教のものである。不了義経は、実義を隠して方便を説き、法性の実義を明示しない経典をいう。

〔155〕観無量寿経に説く。弥陀の浄土に往生するのに行業の優劣で九品に分かつ。上品上生、上品中生、上品下生、中品上生、中品中生、中品下生、下品上生、下品中生、下品下生。

〔156〕賢護菩薩の乞いにより仏立三昧の法を説いた経。般舟は仏立の意。この三昧を行ずれば、諸仏が現前するからである。

〔157〕その昔、威音王如来の時、常不軽という菩薩比丘がいて、誰かまわず礼拝して、誰でも皆菩薩の道を修行して仏になるのだから敬うのだと言っていた。それをののしられても、改めず続けているうち、常不軽の臨終の時に、威音王仏が法花経を説くのを聞いて、六根清浄となり、自らも法花経を説くのにつとめて成仏した。仏はこれが今のわが身だと言われたという。法花経常不軽品に説かれている。

〔158〕戒とは身心の悪を防ぎ禁ずること。仏教では戒律が大いに整っており、これを四科に分けて考えている。戒法・戒体・戒行・戒相である。戒法は如来がきめた法。戒体はしっかりおさめた戒法の功能が身中に現われること。戒行は戒体に随って法を行なうこと。戒相とはその行の差別、十戒乃至二百五十戒があるもの。

〔159〕僧尼の具足戒を類別する名目で、篇《ひん》と聚《じゅ》との二門がある。篇は結成した罪果と急要の義について五篇に区別し、一に波羅夷（断）罪（その中がまたこまかく分かれている、以下も同じ）、二に僧残

罪、三に波逸提（堕）罪、四に提舎尼（向彼悔）罪、五に突吉羅（悪作）罪。以上の五篇に、第三位に偸蘭遮（大障善道）罪を加えて六聚とし、また、前の六聚の中で、突吉羅罪を悪作悪説（身口の二業）に分かち、第六を突吉羅罪、第七を悪説として、七聚とする。他に八聚、九聚もある。

〔160〕 欲界の散に対して定という。色界の四禅定と無色界の四空定。四禅定は、初禅定（初禅天に生を受ける禅定、以下各禅天の生果を受けるもの）、第二禅定、第三禅定、第四禅定。四空定とは、第一に空無辺処定（空は無辺なりと解して一切の色相を破する禅定）、第二に識無辺処定、第三に無所有処定（無色界の無所有処に生ずべき禅定）、第四に非想非非想処定（無色界の有頂天に生ずべき禅定）。

〔161〕 唐の華厳宗第五祖、宗密禅師。終南山の別峰なる圭峰に住む。会昌元年正月寂。禅教一致を説いた禅源諸詮集はわが国にもよく読まれ、夢窓国師の法嗣妙葩の手で国師歿後間もなく延文三年（一三五八）に出版されている。

〔162〕 伝教大師天台関係の相承血脈譜一冊が写本で伝わっているものがある。

〔163〕 天台で大乗究極の教えについていう。円は円融円満、ありとあるものの本体をさす。頓はとみで、急速に仏果を得るのをいう。

〔164〕 胎蔵界曼荼羅は、胎蔵界真言の本経、大日経に説いているもの。大日如来を中心に一切の諸仏菩薩以下を配当してある。密教は法門を金胎両部に分かち、胎蔵界は衆生が本来具足する理性に属する法門とし、理と因に配し、金剛界は大日如来の智徳を示し、諸仏始成の果相に属する法門とし、智と果に配する。金剛界曼荼羅は、金剛頂経の所説による。金剛とは、大日如来の智徳が堅固で、一切の煩悩を破り摧くすぐれたはたらきを持つゆえという。胎蔵とは、隠覆・含蔵の意で、人間が母胎にあって隠れているごとく、理体が煩悩の中に隠れていて現われないが、その母胎に隠れているうちに、子体が育つごとく、理体が一切の功徳を具足して失わないのをいう。

〔165〕 唐、杭州塩官県の鎮国海昌院の斉安禅師、もと海門郡の人。出家の後、襲公山の大寂に参じ、正法を示された。

〔166〕 平安初期、檀林皇后が慧蕚を遣わして熱心

に招き、唐から来朝、百丈懐海禅師の法嗣で、早くに禅を伝え、檀林寺の開山となった。元亨釈書などに詳しく見えている。

〔167〕平安京を営む時（延暦十三年）、東西両寺を創立し、王城の鎮めとされた。後、弘仁十四年東寺を空海に賜わって真言の道場とされた。八幡山教王護国寺。また、左寺ともいう。

〔168〕開元寺は唐、福州閩城県の東芝山、唐の玄宗皇帝の聖節道場として開元元年建立の古刹である。南宋代には大蔵経を開版している。

〔169〕円仁。下野国都賀郡の生まれ。伝教大師に学び、承和五年（八三八）四十五歳で入唐、台密を修め、長安に住すること六年、在唐十年、承和十四年帰朝、在唐の日記を残し、入唐求法巡礼行記という。天台座主となり、晩年は関東北に布教し、山形の立石寺で入寂した。年七十一。大師の伝記資料に「赤山并禅院記」がある。

〔170〕円珍。延暦寺の義真に学び、仁寿三年（八五三）入唐し、在唐五年、台密を修め天安二年帰朝、貞観元年園城寺（三井寺）を開く。大友黒主の寄進による。後、延暦寺の座主となり、寛平三年寂。七十八歳。智証大師と諡号を賜わる。

〔171〕倶舎論の宗旨。倶舎は蔵の意という。日本・中国ともに法相を知るために学んだので、延暦十三年政府はこれを法相宗に付属させた。わが国に伝わったのは玄昉の時とも、それ以前ともいう。

〔172〕インドの小乗中、最後に立てられたもので、大乗によく似ている。成実論を宗旨とする。唐土では一宗として立てたが、日本では三論宗の付属とする。

〔173〕初め慈覚大師に学び、後に遍昭僧正につく。叡山に五大院をいとなみ、著述につとめた。元慶八年（八八四）勅により元慶寺の座主となる。教時諍論、二巻も安然の著。

〔174〕この話は、上宮聖徳法王帝説には見えないが、日本書紀推古紀二十一年十二月一日の条に記載されていて、著名である。片岡山は大和国葛下郡の地。

〔175〕山城国笠置寺の貞慶。藤原貞憲の子、興福寺の覚憲に法相を学び、朝廷の帰依篤く、後に海住山寺に移り、建暦三年（一二一三）寂。六十歳。

〔176〕秘密曼荼羅十住心論、十巻。十住心は真言

宗の教相を判じ釈したもので、空海が新しく説いたものである。十階に分けて真言宗の心地を教えるもの。

夢中問答集（現代語訳）

夢中問答集　上

この集に両本あるが、
この本の方が正しい。

〔一〕 今生の福報　附＝須達長者の福報

問《とう》。多くの人々の苦しみを取り去って楽を与えることは、仏の大慈悲《だいじひ》である。それなのに、仏の教えの中で、人間が福を求めるのをおさえるのは、何故《なにゆえ》か。

答《こたう》。世間で福を求める人は、あるいは商い・農作などの業《わざ》をやり、あるいは金儲《かねもう》け・売り買いなどの計《はかり》ごとを巡らし、あるいは手わざ・伎芸《ぎげい》の働きをやったり、あるいはまた、人に勤め仕えてしあわせを得ようとする。やることはそれぞれ違っているが、そのねらいは皆同じである。そのありさまを見ると、一生涯ただ身体《からだ》を苦労するばかりで、そのねらいのとおりに求められた福もないようだ。その中に、たまたま求め得て、一時的に楽しむことがあったとしても、あるいは火事に遭い、洪水に流され、あるいは泥棒に取られ、あるいはまた役人に召し上げられる。たとい一生の間、かような災難に遭わなかった者でも、寿命が尽きる時、その福が身についてゆくことはない（死んだら持ってはゆかれない）。福が多ければ、罪作りもまた多いからして、来世《らいせ》には必ず地獄に堕《お》ちる。ちょっとした利益《りやく》と思うことが大損になること、これ以上のものはあるまい。いまこの現世《げんせ》で貧人《ひんじん》となっているというのは、前世《ぜんせ》で欲張った行ないをした報いである。かような道理を知らないで、あるいは世渡りが下手なために、貧しい人間がいるのだと思っている。もし前世からの福因《ふくのもと》がなければ、たとい世渡りの法をさまざまに習って、そのとおりやってみても、この世でしあわせを多く受けるということはないのだ。しかとこのことを知るがよい。世渡りの法が下手だから貧しいのではない。要するに、福の受け分がない定めだから、世渡りの法もまずいのだ。それなのに、時にはわが身の貧しいのは、目をかけて下さってもよいはずなのに、そうして下さらないからだと、主人を恨む者もある。また、自分が治むべき領地を他人に奪い取られたがために貧しいのだと、腹を立てる者もある。これらもまた、御恩を蒙らず、領地を奪われたから貧しいのではないのだ。貧しくあるべき前世の報いの結果で、目をかけていただけるはずの御恩も給わらず、自分が治むべき領地をも治めることがかなわぬのである。それ故に、福を求めようとする欲心をさえ捨ててしまえば、福の受けまえは自然に満ち足りるであろう。こういうわけで、仏の教えでは人間がこの世で福を求めることをおさえるのである。福を求めないで、ただ貧しくしていよというわけではない。

昔、インドの須達《しゅだつ》長者が、老後に福の報いが衰えて、暮らしを立てるすべも尽き果て、長年仕えていた身内の者どももいなくなり、たった夫婦二人きりになってしまった。財宝はすっかりなくなってしまったが、もとからの倉だけはからっぽのままたくさんに残っていた。もしやまだ何か残ってていはしまいかと倉の内を探してみると、香木で作った升《ます》を一つ見つけだした。これを米四升（十キロ）と取り換えて、これで二、三日の命をつなげると嬉しく思った。ところで、須達は別な用事で外出したが、その後で、仏弟子舎利弗《しゃりほつ》が須達の家に行って食物を乞うた。須達の妻は、さきの四升の米を、一升分けてお供養《くよう》をした。その後、目《もく》連《れん》・迦葉《かしょう》の二人が来て乞われたので、また二升差し上げた。あと残りは一升になった。これさえあれば、今日一日ぐらいの命はつなげるだろうと思っているうちに、また釈迦如来《しゃかにょらい》がおいでになった。差し上げないわけにはいかない。すぐに残りをお供養してしまった。その後で、主人（須達）は外出しているが、疲れた体《てい》で帰って来た時どうしようと思うにつけても悲しく、また、仏僧をお供養するのも、時にこそよれ、自分の命すらつなぎにくい瀬戸際に、四升そっくり差し上げてしまうなどとんでもないことだと、須達に叱られるだろうと思うと、たまらなくなって、泣きふしていた。そこへ須達が外から帰って、妻が泣きふしているのを変に思って、そのわけを尋ねたところ、妻はありのままに答えた。須達がこれを聞いて言うよう「三宝《さんぼう》（仏法僧）の御ためには身命《しんみょう》をも惜しみ申してはならぬ。いますぐに餓死してしまおうと、なんでわが身のために、供養の物を惜しみ申すことがあろうか。それにしても、よくまあ気がついたことだ」と感歎した。その後、もしまたさきの升のような物がまだ倉に残っていはしまいかと、倉の中へ入って探そうとすると、どの倉も入口の戸が詰まって開《あ》かない。変だと思って、戸を打ち破って見たところが、米銭・絹布・金銀等の種々の財宝が、昔あったように、それぞれの倉に満ち満ちていた。そうなると、また身内の者どもも集まってきて、もう一度もとのような長者になった。

かような福分《しあわせ》が再び戻ってきたのは、四升の米の代わりに、仏がお与えになったというのではない。ただこれは、須達夫妻がともに無欲で清浄《きよらか》な心の中から起こったことである。たとい末代の世でも、もし人間がかように無欲ならば、無限の福徳《ふくとく》が即座に満ち足りるであろう。たとい生まれつきに、かようの心がなくても、眼前の小利を求める心を翻して、須達夫妻の無欲な心を学んだならば、どうしてかような大利を得られぬことがあろうか。須達の無欲な心を学ばないでおいて、ただかれのように、楽を得ようとのみ思って、欲情の赴くままに福を求めるならば、今生《こんじょう》に求め得る大利がないばかりでなく、来世《らいせ》は必ず餓鬼道《がきどう》に堕ちるであろう。

〔二〕　仏法は世法

問。　世渡りの業《わざ》をして福を求めるのは、罪業《ざいごう》の因縁《いんねん》になるから、まさに禁ずべきであろう。しかし、福を祈らんがために仏神をうやまい信じ、経《きょう》・陀羅尼《だらに》を誦《とな》え続けるのは、仏道の縁を結ぶことにもなるわけだから、許されてもよいのではないか。

答。　もし結縁《けちえん》ということから論ずるならば、世渡りの業をして、福を求めることよりも、まさっていると言ってよろしい。けれども、世間の福を求める程度の愚人は、論ずるに足りないとして、たまたま人間に生まれることができて、会いがたい仏法《ぶっぽう》に出会いながら、無上の悟りの道を求めないで、無駄に経・陀羅尼を誦え続けて、世間の福を追求する者は、殊に愚かなのではないか。古人が言っている。世俗のしきたりの上で情を忘れれば、それは仏法であるが、仏法の中において情を生ずれば、それは世法《せほう》になってしまうと。たとい仏法を修《しゅ》行《ぎょう》して、みずからも悟りを開き、また衆生《しゅじょう》を済度《さいど》しようと大願《だいがん》をおこした人でさえも、もし仏法において愛着《あいじゃく》の情を生ずれば、みずから悟りを開き、衆生を極楽往生《ごくらくおうじょう》させる道はすべて成就しない。いわんやわが身の出家のためでもなく、また衆生の利益《りやく》のためでもなく、ただ世間の名利を求めるための欲情で仏神を信仰し、経・陀羅尼を読誦《どくじゅ》するというようなことで、どうして神仏の思《おぼ》し召《め》しにかなおうか。もしも命をながらえて仏法を修行し、衆生を誘引する方便《てだて》のためであるならば、世間の種々の事業をやっても、それらは皆善根《ぜんこん》となるであろう。またそうしているうちに仏法を悟れば、前に営んだ世間の事業が、単に衆生の利益の因縁となり、仏法修行のたすけとなるのみならず、すなわちそれが、自由自在の悟りの境界《きょうがい》を得る妙《たえ》なる作用《はたらき》となるであろう。「法華経《ほけきょう》」に、日常の生業《なりわい》もすべて仏法の真《まこと》の相《すがた》と違背しないと説かれているのはこの意味である。

〔三〕　真の福　附＝宝蔵如来の出世

問。福徳を招く行ない（業《ごう》）に有漏《うろ》・無漏《むろ》の差別《しゃべつ》があるというのは、どういうわけか。

答。行ない（業）は因《もと》になるものである。それゆえ、業ということは、善悪両方に通じている。善根を修めるのは、よい報いを得られる業《おこないのもと》因である。漏《ろ》とは煩悩《ぼんのう》という意味である。人間世界・天人《てんにん》世界の福報《よいむくい》を求めるために善を修めるのは、貪欲《とんよく》の心を起こしてやっているのであるから、これを有漏の善根と名づけている。一つの善を修めても世《せ》福《ふく》を望まず、ひたすら仏道のために手向《たむ》けをするのを無漏の善根という。善根そのものに有漏・無漏の差別があるわけではない。もし善を修める人の心が有漏ならば、その修めたところの善根は、皆有漏の福業《ふくのおこない》となるのである。有漏心・無漏心ということにも、種々の段階がある。仏教では四種の区別をしてこれをはっきりさせている。一には唯有漏心《ゆいうろしん》。これはいわば凡夫《ぼんぶ》・外《げ》道《どう》の心をいう。二には唯無漏心《ゆいむろしん》。これは二乗心《にじょうしん》(補注1)(声聞・縁覚《えんがく》の境地)である。三には亦有《やくう》漏《ろ》・亦無漏心《やくむろしん》。これは菩薩《ぼさつ》の境地である。四には非有漏《ひうろ》・非無漏心。これはいわば仏心である。以上は、凡夫・小乗《しょうじょう》等の心境の差別をはっきりさせるために、仮に四種に分けて説明をしたのである。惣《そう》じて有漏・無漏の二つを考え分けると、凡夫・外道のみではなく、二乗・菩薩までもまた、有漏心がある。二乗は世間の果報《かほう》を求める心がないわけだから、本来、無漏ではあるが、なお生死《しょうじ》にかかわり、悟りを求める心があるので、真実の無漏心とは言えない。たとい十地(補注3)・等覚《とうがく》の境地に達した菩薩でも、迷いの世界を未だ断ち切ってしまえないために、真の無漏心とは言えない。けれども、世間の福報をも求めず、小乗の涅槃《ねはん》をも求めず、ただ無上の悟りを開くために修行するのを、無漏の福業と言ったのだ。

「非華経《ひけきょう》」に次のように説いてある。大昔に転輪聖王《てんりんじょうおう》という王様があって、無諍念王《むじょうねんおう》といった。さまざまの財宝が満ち足り、千人もの子供に取り囲まれていた。その時の摂政の臣を宝《ほう》海梵士《かいぼんし》といった。この宝海梵士の子が出家、仏道修行をして悟りを開かれた。それを宝蔵如《ほうぞうにょ》来《らい》という。無諍念王がこの宝蔵如来を信仰し奉って、庭園の中に黄金を敷きつめて、その上に七宝の高楼を建立《こんりゅう》し、ありったけの飾り立てを行ない、さまざまのお供え物を並べた。そして、その夜、仏および幾多《あまた》の仏弟子の前に数多くの燈火《ともしび》を捧げた。無諍念王の頭の上および左右の手、左右の膝《ひざ》の上におのおの一燈を置いて、夜通し如来を供養し奉った。かようにして供養を営み続けること三ヵ月に及んだ。王子および多くの諸小王等もまた、聖王と同じく供養すること三ヵ月。すると、宝海梵士が夢の中で見たことには、この無諍念王および諸王子等が、あるいは猪《いのしし》の面《つら》、あるいは象の面、あるいは獅子《しし》・狐狼・猿《さる》等の面で、その身体《からだ》が皆血で汚《けが》れていた。その中に人間の形で小さい破れ車に乗っている者が少しだけいた。梵士は夢がさめてから仏の所へまいって、この由をお話し申した。仏が言われるには、「聖王および王子等、私を供養する者の中に一人も大乗《だいじょう》を求める気持ちがない。皆ただ梵《ぼん》王《おう》・帝釈《たいしゃく》・魔王《まおう》・輪王《りんおう》・大富長者を願う者ばかりである。その中にたまたま人天《にんでん》の世界における果報を求めず、俗欲を離れることを願う者があるけれども、大乗をば求めない、ただ小乗なる声聞乗《しょうもんじょう》を願う志《こころざし》にとどまる。夢の中で見た人間の形、猪の面ないし猿面《さるめん》等は、王および諸王子等が、あるいは人間界あるいはまた地獄の餓鬼《がき》・畜生《ちくしょう》の世界の中において、久しい間、生死《しょうじ》の苦を受けている相《さま》をあらわしたものであって、弊車《やぶれぐるま》に乗っている者は、小乗を求める相《すがた》である」と。梵士はこれを聞いて、早速、聖王の所に参って申すには、「大王が先に仏を供養なさったことは、来世の福因《ふくのもと》になっている。禁戒《きんかい》を保って行ないをつつしまれることは、来世人天の因縁となり、また仏法を聴聞なさることは、来世に生まれる智慧の因《もと》となるものだ。それなのになぜ無上の悟りの道（仏道）を求める心を発《おこ》しなさらないのですか」と。聖王が答えて申されるには、「悟りの境界は甚深《じんじん》で得ることが難しい。それゆえ、先ず有為《うい》（因縁によって生ずる物事）の果報を求めるのである」と。梵士が言うには、「仏の道は鮮やかな（はっきりした）ものです。世俗の煩悩を離れてしまえば、この道は限りなく広大です。さまたげがないからして、この道はかように自由自在です。よく安楽の境地に達せましょう」と。これを聞いて聖王は王宮に帰って、もの静かなところで、一心に考えて真の仏道を求める心を発明し得た。また、梵士は諸王子の所に行って、聖王に勧めたとおりをやった。そして、諸王子一人一人が皆菩提心《ぼだいしん》を発した。その後、聖王および諸王子は揃って仏の所に参って、仏に申し上げるには、「私は先ず三月かかって仏および衆僧《しゅそう》にお供養をいたしました。その善根が今皆無上の悟りとなってめぐってまいりました」と。宝蔵如来が讃《ほ》めておっしゃることには、「よかったな、大王。今生で永い間かかって、安楽世界において真《まこと》の悟りを開いたのだから、阿弥陀如来《あみだにょらい》と称するがよい」と。また、王子も皆、発心《ほっしん》の度合いにより何《なに》の仏になるかを決めた記《しるし》を得られた。その第一は観音《かんのん》、第二は勢至《せいし》であるという。かの無諍念王および王子は、広大な善根を修められたけれども、それらはあるいは人天世界・鬼畜などの報いの因となるか、あるいは声聞小乗程度の仏果《ぶっか》を得るはずであったのを、宝海梵士の勧めによって、ひたすら念ずる向きを変えたので、すぐに菩提心を発明し得て、皆成仏《じょうぶつ》の記を獲得された。たとい、現今、末世の世の中であっても、無諍念王のように、有漏心を翻して、思惟観察するならば、どうして菩提心を発明会得できないことがあろうか。せめてそれまでにはゆかなくとも、仏の教えにより邪正をはかって、一善根《いちぜんこん》を修めるという程度であっても、それを無上の菩提に振り向ければ、必ず広大な功徳《くどく》を成就することができるであろう。こういう人を三宝（仏法僧）が護り祈り、諸天が保持なさるからして、いまだ菩提（悟り）を遂げられずにいても、あるいは浄土《じょうど》に生まれ、あるいは人天界《にんでんかい》に居ながら、災難《わざわい》を払う心を発《おこ》さないのに、災難が自然に除《さ》り、福分《しあわせ》を願う気持ちはないのに、福分が乏《とも》しくはないということになるのである。

〔四〕欲心の放下

問。福を求める欲心《よくしん》を捨ててしまえば、福報《よいむくい》が自然に満たされるであろうということは、よく判った。けれども、この欲心を捨てることの容易でないのをどうしたらよかろうか。

答。もし人間が欲心を捨てようと思う気持ちが、福を願う心のごとくにねんごろに行き届いていれば、決して捨てにくいとは言えない。ただし、欲心を捨てれば、大きな福が得られると思って、これを捨てようとするならば、金儲け等の計《はかり》ごとをめぐらして福を求める人となんら変わりはない。これは有為《うい》（因縁によって生ずる事物）の福報を求めるのを嫌うだけではない。声聞・縁覚の二乗は、無為・涅槃《ねはん》の悟りの境界を願う欲心がある故に、なお幻《まぼろし》の城（現象の世界）に止《とど》まっている。三賢《さんけん》・十聖《じゅうしょう》の菩薩も法を求める欲がまだなくならぬために、奥深い悟りの境地に達しない。もし人間が世間を出世しようとする一切の欲心をただちに投げ捨ててしまえば、本来の領分なる無尽蔵《むじんぞう》がたちまちに開けて、そこから限りない妙《たえ》なる働き、量《はか》り知《し》れぬ三昧《さんまい》等という種々の家財（に比すべきもの）を運び出して、自分も使い、他人にも役立たせること、無限際《むげんざい》ということになるのである。とてものことに、欲心を発《おこ》すのならば、なぜこのような大欲《だいよく》を発そうとしないのか。もしもこの大欲を発す人があれば、小乗の極果《ごくか》をも願わず、菩薩の高位をも羨まない。いわんや人中・天上の福報を羨むということがあろうか。

〔五〕　求道と福利

問。　昔の人のように、木食草衣《もくじきそうい》で樹下《じゆか》石上《せきじよう》に住むという自然発生的な生活ができない人間が、しばらく命《いのち》を長らえて、仏道の修行をするために福を求めることは、少しも差し支えないことではないか。

答。　仏道のために福を求めることは、なるほど世俗の欲とは異なるけれども、求めることができれば喜び、そうでなければ嘆く。たまたま一つあるかと思えば、一つは欠ける。今は満足しているが、また後が欲しい。かようなこまごました心用《こころもち》いにさまたげられて、日を送り月を過ごせば、仏道のさまたげにはなっても、仏道の資《たすけ》となるはずはない。こうして、いよいよ死ぬ時になって、仏道のために福を求めていたからして、いまだ修行は完結しない。しばらく生涯を延ばして、修行ができ上がってから死にたいなどと言われようか。

昔の人が言っている。「食べ物はただ生きてゆくだけのものがあればよい。衣服はただ寒さを防ぐだけのことだ」と。どんなに貧しい人でも、命をつなぎ寒さを防ぐに足る衣食はあるものだ。たとい衣食が豊かでないとしても、古代の人々の木食草衣の状態とは較べものにならない。もしも命を顧みず仏道修行に励めば、たとい前世の福因《ふくのもと》はなくとも、三宝・諸天の加護によって、仏道修行の資《たすけ》となる程度の衣食は満足できるであろう。伝教大師《でんぎょうだいし》がなくなられる時、弟子の光定《こうじょう》（別当大師《べっとうだいし》）がおいでになって、「いらっしゃる間は、（師匠の）御徳のお蔭で衆僧の養いの衣食も不足いたしませず、仏道修行にも差し支えございませんでした。いらっしゃらなくなった後、もしこの山（比叡山延暦寺）の資縁《たすけるえにし》がなくなるようなことがあれば、衆僧の行道もまたあと戻りしてしまいましょう。さような御処置もおっしゃっておいて下さいませ」と申されたところが、伝教大師は「衣食の中には道を求める心はないが、道心の中には衣食が具わっている（というものだ）」とおっしゃった。もしこの大師の名言を知るならば、仏道のために福を求めるということもまた、愚かなことである。

〔六〕 仏菩薩の真の功徳

附＝臼庭の旱害、江口西行、漢学の博士、病人の治療、清水参詣の尼君の祈願、北州、仏の三不能、瑠璃太子の悪業

問。仏菩薩は皆、一切衆生の願いを満たしてやろうという誓いがある。そこで衆生の方から祈り求めなくとも、苦しみのある者をば、その苦を抜いて楽をお与えなさるはずである。

しかるに、末代のありさまを見ると、心を尽くして祈っても、願いがかなうことが稀《まれ》であるのは一体どうしたわけか。

答。　私も三十年前（若い時）に、この疑問が起こったことがあった。常陸《ひたち》の国、臼庭《うすば》という所に独りで住んでいた時、夏の始め、庵《いおり》の外を歩き廻った。その頃（梅雨時《つゆどき》なのに）久しく雨が降らず、辺り一帯枯野のようになっていた。これを見て憐れむ心が深く起こった。心中に思うよう、どうして龍神にこれを憐れむ心がないのだろうかと。その時また反省して思うには、龍神には雨を降らす能力《ちから》はあるが、人を憐れむ心がない。自分には人を憐れむ心はあるけれども、雨を降らす徳力《よいはたらき》はない。仏菩薩は雨を降らす徳力も龍神にすぐれ、人を憐れむ心も自分らよりは深いはずだ。それなのに、このような厄難《やくなん》を助けなさらぬというのは、何故だろうか。もし衆生の業報《ごうほう》が拙いために、仏の功徳《くどく》もかなわぬと言うならば、凡夫が苦しみにあうのは、皆業《ごう》の報いからである。もしもその業の報いをば救ってはならぬというものならば、仏菩薩が凡夫の願を満たしなさるということは、虚言《うそ》と言えよう。もしまた、仏の教えの中に明らかにしてあることになんで虚言があろうかというならば、昔のことは知らないが、今のありさまを見ると、貴賤上下の中に、誰一人所願が満足していると思われる者もない。薬師如来《やくしにょらい》は、衆生の病をなくそうと誓われているが、世間を見ると、病人でないものは少ない。普賢菩薩《ふげんぼさつ》は、一切衆生にしたがって仕えようと誓われたが、世間を見ると、従者《とも》一人もなくて卑しい身分の人が多い。たまたま手下はたくさんいるけれども、誰それこそ普賢（すぐれた者）と思われて、主人の気に入った人もいない。ずっとそのかみには、大師《だいし》高僧が世に出て、霊験《れいげん》を施して衆生の厄難をお救いにもなった。昔は、世も末世ではなくて、人間の果報もよろしかったから、たとい大師高僧が霊験を施しなさらなくてもよかったであろう。しかしながら、今は世もいよいよ濁悪《じょくあく》になってしまい、人間もまた福が薄くなった。こういう時にこそ、ことさら霊験がおありの大師高僧が大切であるのに、あるいは入滅、あるいは入定《にゅうじょう》といって、世を隠れて、この世に現われなさらぬというのは、一体どうしたわけか。このような疑問がさまざまに起こった。けれども、自分にとっては、直接さほどの一大事の因縁ごとでもなかったから、うち捨てて心にとめずにいた。しかし、その後一、二ヵ月たって、いささか思い出したことがあった。

昔、西行《さいぎょう》法師が江口という宿場で、宿を借りたところ、主《あるじ》の遊君《ゆうくん》が許さない。そこで西行が一首の歌を口ずさんだ。「あなたは遊君の俗の身ですから、世の中を捨ててしまうのはむつかしいでしょうが、わずか一夜の宿さえ惜しむ（けちけちする）というのはひどい人です」。主の遊君がこれを聞いて、「あなたは世を捨てた方と承知しておりますから、この仮の宿に深く執着《しゅうじゃく》なさらないようにと申し上げたいのです」と詠んだ。世間普通に情《なさけ》と言っていることは、皆妄執《もうしゅう》にとらわれる因縁である。それ故、人の情もなく、世間の思うにまかせぬことは、かえって出家解脱《しゅっけさとり》の助けとなるというものだ。

昔、都に漢籍の学才抜群な人があった。その子の小児をそばに置いて、漢籍を学習させていた。自分が役所へ出る時は、この小児の身一つが坐れるような囲みをこしらえて、縄で梁《はり》に吊《つ》り上《あ》げて、書物をあてがって読ませた。その継母である人がこの小児をかわいそうに思い、父が出かけた後では、抱き下ろして、暫時遊ばせて、父が帰って来るはずの時節になると、もとのように坐らせておいた。かの小児の心では、父のしつけは恨めしく、継母の情は嬉しくてたまらなかった。成長の後、日ごろの勉強によってついに家業を継いで、太政官の書記に任官された。その時になって、幼少の折の気持ちとは逆に、恨めしかった父の誠心《まごころ》はありがたくなり、嬉しいと思った継母の情は冤《あだ》となったと述懐したと、伝え聞いた話も、この機会に思い出されて、いままで、菩薩の功徳を逆に考えて、末代の世には仏菩薩の功徳もないと思い込んでいた謬《あやま》った考えを捨てたことである。

仏菩薩の世を救う誓願《ちかい》は種々であるが、その本意を詮索すれば、要するに、衆生が六道《ろくどう》をめぐる迷いの境界《きょうがい》を抜け出て、本性《ほんしょう》なる清浄《きよらか》な悟りの彼岸《ひがん》に到達させようというためである。しかるに、凡夫が願っていることは、皆すべて迷いの輪廻《りんね》の基《もと》になるものばかりだ。そのような願望を満足させることを、聖賢《しょうけん》（仏菩薩）の慈悲《なさけ》などと言えようか。そうはいっても、やむなく、まず衆生の性質《たち》と好き好きとに随って、だんだんに誘い込もうとして、仮に所願をかなえてやることもある。そこで、その人間が仮に世間の所願が満足したことに自惚《うぬぼ》れて、いよいよ執着を生じて、ほしいままに恥知らずの心を発《おこ》すような者に対しては、その所願をかなえてやることもないはずだ。仏菩薩の功徳とはこういうものである。それ故、末代の凡夫が祈ることの効《しるし》がないことこそ、仏菩薩のまことの功徳の効というものだ。たとえて言えば、医者が病人を療治する場合に、あるいは苦い薬を飲ませ、時には熱い灸《きゅう》をすえようという。病人が愚かで医者の気持ちが判らず、自分が療治を求めるのは、身体の苦しみをなくすためだ。それなのに、今また療治によっていよいよ苦しみを増した。この医者は情《なさけ》のない人だと言うようなものである。これは医者が情心《なさけごころ》がないわけではない。病人の気持ちがひがんでいるのである。諸経の終わりの流通分《るずうぶん》において、諸天善神《ぜんしん》が願《がん》を発して言われるには、「我等はこの経文《きようもん》を信ずる人を守護して、必ず災難を除き財宝を与え病苦を救うであろう」と。その趣旨を見ると、仏法修行をしている人間が、もし前世の行ないが因《もと》で諸種の苦《く》厄《しみ》に遭って、仏道修行の障《さわ》害《わり》となるようならば、我らがその苦厄を除いて、修行者に嫌気《いやけ》を発させないようにしようというわけである。邪見《じやけん》で手前勝手な人間が仏法を修行せず、ただ世間の名利を求めていながら、災難に遭わぬように願う者のために、仏が救いの誓願を発しなされたのではない。よくよくこのことを考えてみるに、末代の人の祈ることが効験《しるし》のないのは、もっともなことである。

中古に、一人の老いた尼君《あまぎみ》があった。清水寺《きよみずでら》に参詣して、ねんごろに御本尊を拝んで、「どうか大悲《だいひ》の観音《かんのん》様、私がいやだと思いますものを早くなくして下さい」と繰り返し言っていた。傍らで聞いていた人が変に思って、「何を祈っていらっしゃるのですか」と尋ねたところ、「私は若い時から枇杷《びわ》の実が好きですが、あまり核《さね》が多いのがいやだと思いますので、毎年五月の頃にはここへお参りして、枇杷の核をなくして下さいと願いますけれども、まだ効験もございません」と答えた。誰でも枇杷を食べる時は、核が面倒くさいと思うことはあるが、観音にお祈りするまでのことでもないとして、この尼の話をおかしなはかないことと語り伝えている。世間を見ると、仏神にお参りして経・陀羅尼を読んで、身の上を祈る人もあるが、それも決して仏道のためではないようだ。ただ世間の福寿《しあわせ》を持ち続け、災厄を免かれようというためだと思われる。もしもその程度のことならば、枇杷の核を祈った尼君をはかないことなどと言えようか。たとえて言えば、誰かが金持ちの家に行って、わずかな軽物《かるもの》（絹布など）を寄附してもらおうというようなものだ。その程度の所望ならば、金持ちでない人にでも頼めるであろう。けれども、世間の金持ちというものは欲張りなものだから、重宝などをくれと言っても、おいそれとよこしはしないから、せめての所望に絹布などを乞うのだとも言えるだろう。仏菩薩は、世間の金持ちとは違って、慈悲《なさけ》が広大でいらっしゃるから、世間に形ある物の寿福《しあわせ》を祈ることを嫌って、仏道を願うようにすすめておられる。それなのに、仏神へ参って、ただ世事のみを祈る人は、金持ちの家に行ってわずかな絹布などを乞う人よりも、もっと愚かであると言ってよろしかろう。

　須弥山《しゅみせん》の北州《きたのくに》に生まれた者は、田畠を耕作しなくても、自然にお米があって、食物に不足することはない。綾錦を紡織《ぼうしょく》しなくても、結構な衣服で身を飾っている。寿命の長さは千年、その中途で早死《わかじ》にすることはない。人王《にんおう》の中に金銀銅鉄の四種の輪王《りんおう》がいる。その中の最も勝れた金輪聖王《こんりんじょうおう》（金輪王）は、人間第一の果報を得て、四大州を統べ治め、あらゆる宝を自由に受けて用いる。その寿命はあるいは量り知れずと言い、あるいは八万歳という。欲界《よくかい》の中に六欲天《ろくよくてん》があり、その初めをば四王天《しおうてん》と名づける。毘沙門《びしゃもん》等の四天王《してんのう》が住んでいる所である。福の乏《とも》しいということはない。その寿命は、人間の五十年を一日一夜として五百年に当たる分である。六欲天の第二を忉利天《とうりてん》と名づける。これは須弥山の頂上にあって、帝《たい》釈《しゃく》がその天王である。毘沙門等の四天王や日月星宿等も皆帝釈の手下に属する。その果報は決して低いとは言えない。その寿命は、人間の百年を一日一夜として、一千年分に当たる。それから上の四天は、次第に果報もすぐれ、寿命もそれぞれ一倍長くなり、第六の他化自在《たけじざい》天《てん》の寿命は、人間の一千六百年を一日一夜として、一万六千年分である。ここにいる者は天人とはいうが、なおいまだ欲界《よくかい》のうちに生まれているため、寿福が尽きる時には、必ず五種の衰えた相《すがた》を現わす。この欲界の上に色界《しきかい》・無色界《むしきかい》があり、欲界と合わせてこれを三界《さんがい》と言う。色界のうちに四禅天《しぜんてん》がある。この色界の天人は、皆皃姿《かおすがた》がすぐれ、身体からさす光が明るい。その初禅天には梵王がおられて、三界を一つに統べる王と認められている。寿命の長いこと、一劫《ごう》半。第四禅天には世の果てに一大破壊が発った際のあらゆる災害もやって来ない。第四禅天の中の広果天《こうかてん》では、寿命が五百劫である。無色界のうちに四場処の区別があり、この天に生まれた者は、色界の身でないが故に、衣食財宝等はすべていらない。その寿命は、初めの天は二万劫。第四の非想天《ひそうてん》は八万劫である。かようにこの天の人は果報が結構であるが、皆いずれも世間の善因《ぜんいん》に応じ、煩悩の中で悟りを得たものであるから、福寿ともに限りがあって、ついには地獄を輪廻する。

それ故、「法華経」（譬喩品）に言ってある。「三界は安らかなことはない。あたかも火の燃えている家の中にいるようなものだ」と。かような次第であるから、智者はこのような果報を願わない。五濁《ごじょく》の発る悪い世に生まれた人は、果報がよいように見えても、北州の人にさえも及ばない。いわんや諸天には及びもつかない。寿命が長いといわれる人でも百歳というのは珍しい。たとい百歳になったとしても、それは忉利天《とうりてん》の一日一夜に相当するに過ぎない。まして無色界の最高、有頂天《うちょうてん》の八万劫に較べてみれば、片時にも当たらない。このほどのあさはかな果報を仏神に祈り申すということは、あの枇杷の核《さね》を祈った尼君となんの差別があろうか。要するに、仏道を祈り求めるならば、早速に悟りの境界に達するというまでのことはなくても、みずからの善根の力により、また仏神が加え与えられる力によって、災難も自然に除去され、寿命も無事である程度の利益は、ただ現世のみでなく、永く後世《ごせ》までもあるはずであるのに、たとい祈り得て効験《しるし》があったとしても、いくらでもない果報を祈るというだけのことで、一生を無駄に暮らして、来世は地獄に堕ちるというのは、あさましいことではないか。

　仏は一切のことに皆自由自在の力を得ておられるけれども、その中に三つのできぬことというのがある。一つには、縁のない衆生は導くことができない。二つには、衆生界全体を残らず導くことはできない。三つには、定業《じょうごう》を転ずることはできない。定業とは、前世でやった善悪の行ないが因《もと》で身に受けた善悪の報いである。このように決定した業《おこない》の報いをば、仏菩薩の力も転ずることはできない。容貌《かおかたち》の美醜、福徳《ふくとく》の大小、寿命の長短、氏素性《うじすじよう》の貴賤、これらは皆、前世の業《おこない》に応じて決定している報いによるものだ。荘子《そうじ》などは、前世の業因によっていることを知らないから、貧富貴賤は皆おのずからそうなっていると考えている。仏教ではそうではない。前世の悪因《あくいん》によって悪果《あっか》を得た人が、因果応報《いんがおうほう》の道理を知って、この現世で悪い業《おこない》をやらなかったならば、来世は必ず善い果の報いを得るはずである。容易に転じがたい現世に受けている報いを、とかくいい加減に扱うので、来世のために善因をも修めない。こういうのが愚人《ぐにん》と言うものではないだろうか。たとえば、農夫が田を作るようなものである。春の季節に耕すこともしっかりやらず、堆肥《くきごえ》も入れず水もかけず、種を蒔き苗を植えることも疎略であったがために、秋になってみれば、形《かた》のごとく稲のなりはしていても、藁《わら》を取る程度の利得さえもありはしない。いわんや米を収穫するなど思いもよらぬことである。この時、農夫がこれを歎いて、今になって水をかけ堆肥を入れてみても、どうしようもないことだ。それなのに、ひょっとすればうまくいくかと、秋の稲をいじくり廻すのは愚かなことである。ただこの秋取り入れの時、利得のないのは、ひとえに春作の時いい加減だった罰であると悟って、明年の耕作をよくやるならば、必ずこの秋のような損失はないに相違ない。

経文の中に、仏力《ぶつりき》・法力《ほうりき》をはっきり現わせば、定業《じょうごう》もよく転じ得ると説いている文がある。しかし、また、仏力も業力《ごうりき》には勝てないとも言っている。もし人間が日常の情欲の生活を改めて、いつも真の仏法を志して、あるいは仏道修行を遂げんがため、あるいは他人に功徳を及ぼさんがために、現世の報いを祈りかえようと思って、仏力・法力にたよって、至誠心で修行したならば、たとい定業であろうとも、必ず転ずるであろう。この故に、定業もまたよく転ずるとも言うのである。もし人間がその欲情にとらわれて、寿命を延ばし福を保ちたいために仏神に祈るならば、さような欲心は、仏の思うところとぴったり合わないからして、仏と衆生との感応ということもあり得ない。この故に仏力も業力に勝たないと言うのだ。諸仏は大慈悲ということを動かぬもととしている。故に、一切衆生を憐れむこと、あたかもひとりっ子のようだと仏も説かれた。仏力がもしも容易に業の力を遮るものならば、地獄に堕ちる者はあるはずもなく、濁悪の世に生まれて諸々《もろもろ》の苦しみを受ける人も恐らくはないであろう。

釈迦如来《しゃかにょらい》在世の時、瑠璃《るり》太子が釈迦族と怨《あだ》を結んだ因縁によって、王位に即《つ》いて後、釈迦族を亡ぼすこと九千九百九十万人に及んだ。そこで目連尊者《もくれんそんじゃ》が仏に申されるには、「衆生の苦をば親疎を問わずお救いなさるのこそ、仏の大慈悲というものですから、よその人でも、かような難儀に遭っているのをお助けになることでしょう。しかるに、今亡びる人たちは、皆仏の御一族です。それをお助けなさらないのは何故ですか」と。仏の申されるには、「彼らが亡びるのは、皆前世の業《おこない》にもとづく報いだから、助けることはできない」と。その時、目連は、まさしく如来のおっしゃったことばを直《じか》に聞いたにもかかわらず、なお疑いの心が消えなかった。そこで神通力《じんずうりき》をもって、殺し残された者、五百人を引き連れて、四王天の辺《ほと》りに行って、鉢を広く作って五百人の上にかぶせて隠しておしまいになった。このようにしたならば、瑠璃太子の責めはきびしくとも遁れるすべもあろうかと思われたのである。目連が仏の許《もと》へ参ってこの由を申し上げると、仏の言われるには、「業力が生きていることは、どこであろうとおかまいなく、神通力にもさまたげられない。お前はえらそうにやったつもりだけれど、五百人は皆鉢の中で死んでしまった」と。目連はすぐにあの場所へ飛んでいって御覧になると、仏のおっしゃったことばに相違はなかった。経論の中にも、このような因縁の話はいくつも見える。業力が容易に転ずることができぬというのは、これでもよくお判りであろう。

〔七〕 神仏の効験　附＝伊勢と八幡、神仏混交のこと

問。　仏力・法力が容易に定業を転ずることができないのならば、何を仏法の功徳と言ったらよいのであろうか。

答。　業には種々の段階がある。まず、現世ですぐに報いるのを順現業《じゅんげんごう》と名づける。次の生に報いるのは順生業《じゅんしょうごう》という。順生の後に報いるのは、順後業《じゅんごごう》である。もしこの三種よりも軽い業は、いつでもついでの時に報いることになっている。このようなのを不定業《ふじょうごう》と名づけている。軽重によって遅い速いはあるが、作っておいた業が報わないで、そのままになることは決してない。仏力・法力でなければ、到底これを消滅することはできない。しかし、仏力・法力があったとしても、衆生にもしも憐れみを求め罪を悔い改めようとする心がなければ、業の報いが消滅することは不可能だ。たとえて言えば、唐土古代の耆婆《ぎば》扁鵲《へんじゃく》はすぐれた医者ではあるが、人間の病気をおさえてなおすことはできない。病人がもしその指図に随って療治すれば、病苦がたちまちにやまるようなものだ。仏の功徳もまた同じである。衆生の業の報いをおさえて転ずることはできない。仏は、三世《さんぜ》の世界にすっかりとどく智恵をもって衆生の種々の業の報いの因縁を見知って、貧苦は、けちで欲張った業因《ごういん》の結果だ、命が短

いのは殺生《せっしょう》をした報いだ、容貌がいやしくみにくいのは、恥を忍ばなかった故だ、氏素性が下賤なのは、他人を軽侮した報いだと説かれている。もしも人間がこの教えに随って、前非《ぜんぴ》を悔いて、今後一切かような業因を作らないようにするならば、定業だとてなんで転じないことがあろうか。今時の人を見ると、朝夕、内には悪い考えを抱き、外では悪い行ないばかりしていながら、やはり福分《しあわせ》もほしく、長生きもしたいというので、仏に祈り神に参るだけのことである。もしこういうことであるならば、なんで効験《しるし》などあり得ようか。

伊勢太神宮《いせだいじんぐう》では幣帛《ぬさ》を捧げることも禁ぜられているし、経・陀羅尼を読誦《どくじゅ》することも許されない。私は先年伊勢へ下って、外宮《げくう》の辺りに泊まったことがあった。その時、一の禰宜《ねぎ》という人にそのわけを尋ねたところ、この社に参詣する時には、内外の清浄《きよめ》というものがある。外《がい》の清浄というのは、精進潔斎《しょうじんけっさい》して身体をけがれに触れないことである。内《ない》の清浄とは、胸中に名利の望みを持たないことである。通例、幣帛《ぬさ》を捧げて神慮をなぐさめることは、皆この名利の望みをお祈り申すためであるから、内清浄ではない。それでこれを禁ぜられている。たとえば、政治向きを助けて働く役人が、訴訟をする人から賄賂《わいろ》を取らぬようなものだ。貧窮下賤で、名利ともに欠けているというのは、ひとえにこれは前世で名利のために悪業をつくったからである。それ故、ひたすら名利を求めることをやめて、内心が清浄になれば、名位福禄《みょういふくろく》（名利）も自然に満たされるであろう。もしそうでなければ、毎日毎晩参詣して、幣帛《ぬさ》や神馬《しんめ》などの賄賂を捧げて、経・陀羅尼を読誦して、神さまに追従《ついしょう》をせっせとやったとしても、その願いをかなえられるということはないはずだ。神さまの思《おぼ》し召《め》しはこのとおりである。このことは御託宣《おつげ》の記に見えているという。

この話のついでに、御社殿近く僧侶が入らないことになっているのは、どういうわけだろうと尋ねたところ、かの禰宜が答えて言うには、「世間ではいろいろとこのわけを説明する人もあるが、それらは皆あて推量の説明である。日本に仏法が渡ってきたのは、第三十代の帝《みかど》、欽明《きんめい》天皇の御時である。太古に神さまがこの地にお鎮まりなされた時は、仏法はいまだ世に行なわれず、僧侶などもいたわけはない。それ故、僧侶は参ってはならぬという御戒《いまし》めもありようはずがない。昔は宮中などへも、僧侶のなりで参ることはなかった。それが仏法が広まった時世になって、国王が御信仰になったために、智者高徳の僧を宮中へも召し入れられた。それ以来、僧侶も出入を許されることになったのである。この神社は、昔のしきたりを改めず、また、内清浄ということを人に示さんがために、法楽《ほうらく》を受けられないと御託宣《おつげ》があったために、自然に僧侶は出入しないしきたりになった。神は皆仏菩薩がこの日本の国に姿を変えて出現なさったものである。どうして、神が、真実、僧侶を憎まれることがあろう。それ故、昔、高僧で神殿の中に入られた方もあった」という話であった。本殿のそばまでは僧侶も差し支えないというので、翌日、内宮《ないくう》へお参りしてお宮の様子を拝見すると、古い崖に苔が重なり、大木が枝をさしかわしたありさまに、どれほどの歳月を経たのであろうと、遠い神代の昔を見る心持ちがした。高い山脈がずっとのび連なり、清流がみなぎって、本朝ならぬ遠く異国までも続いているかと思われるほど、奥の深い気色《けしき》である。社殿がその中にあって、土地を平らに地ならしをされたということもなく、ただ自然に傾斜した山容《やまのすがた》のままである。本殿は茅葺《かやぶき》で、椽《たるき》も皆まっすぐに、鳥居のおおいにもそりがない。お供えの米はただ三杵《みきね》つくだけである。神主《かんぬし》・巫女《みこ》および参詣の貴賤の人々も、おしゃべりをせず、静かに歩みを運ぶのも、敬虔な態度である。これはとりもなおさず、神が、まじり気なくすなおで正直な風《ふう》つきを諸人に示され、内外ともに清浄である功徳を万世に施しなさるということから出ているのである。このようにありがたい神の御恵《みめぐ》みにあずかっている効《かい》もなく、栄華に誇り名利にはしって淳素《じゅんそ》正直な風つきに背き、内外清浄の功徳に漏れてしまうということは、なんとあさはかなことではないか。

八幡大菩薩《はちまんだいぼさつ》が、その昔、豊前国《ぶぜんのくに》（大分県）宇佐《うさ》の宮に神として現前《げんぜん》なさって後、百十年経って、山城国《やましろのくに》（京都府）男山《おとこやま》にお遷《うつ》りになった時、行教《ぎょうきょう》和尚の袈裟《けさ》の袖に、弥陀《みだ》三尊《さんぞん》の尊いお姿を現わしなさった。今、男山の神殿におおさめしてあるしるしの箱というのがそれである。また、弘法大師《こうぼうだいし》が八幡の神にお目にかかった時には、神は僧侶の形を現わしなさった。大師はそのお姿をおかきになり、また八幡大菩薩もみずから大師のお姿をおかきになった。その二つのお姿は京都高雄《たかお》の神護寺《じんごじ》におさめ申してある。これすなわち、衆生を引導して、仏法に帰依させ、生死の苦厄から離れさせせんがための瑞相《めでたいさま》である。男山で放生会《ほうじょうえ》といって、毎年八月一日から十五日まで、諸方に人を派遣して百万尾の魚を買い求めて、山の下の小川に放って、その善根の供養のために、十五日の早朝に神霊をお遷しした御輿《みこし》が山の下へお下《くだ》りになる。そこで祭りをする者が法会《ほうえ》を行ない、楽人が舞楽を奏する。御輿が山上からおおりになる時は、神官たちはめいめい正式に衣服をととのえてお供をし、そのいでたちはまことにおごそかである。法会が終わってお還《かえ》りになる時は、先の儀式とはひきかえて、神主たちのお供をする者は、皆美しい服を脱いで、清らかな白衣を着、白い杖をつき、藁沓《わらぐつ》をはいてお送りする。いわば葬礼のやり方である。これはすなわち、朝《あした》には紅顔で世の中に栄えているが、暮には白骨となって野原に朽ちてしまうという人世のはかない道理をお示しになっているのだと言い伝えている。八幡大菩薩は正直な者の上に乗り移ろうというお約束がある。ただし正直というものに浅深がある。虚妄な考えを離れて、真正《まとも》な道を悟ったのが、真実正直な人間である。それほどまでにはゆかなくても、無常の理《ことわり》を知って、名を求めず、利をむさぼらず、仁義の道を学んで、殺生をせず、道理を曲げないというなら、これまた正直《まっすぐ》な人である。放生会の儀式は、そのまますべて、衆生を導いて、かような正直の道に入らせようという方便《てだて》である。それ故、貴賤・僧俗すべて八幡大菩薩を仰ぎ奉らない者はない。けれども、もしこの正直な道にはいらなければ、たとい貴人・高僧の御首《おんこうべ》であろうとも、八幡大菩薩が乗り移られるということはあり得ない。いわんやそれ以下の者においてはなおさらである。伊勢太神宮や八幡宮の御ことだけが、このようであるわけではない。その他の諸神もまた、逆順の方便は違っても、憐れみをかけられるという趣旨は同じであろう。日常の行動がすべて神慮に背きながら、自分の祈ることがかなわぬと恨み申すことは、見当が違っているのではないか。

〔八〕 方便を兼ねた祈り

問。もしそうならば、世間の名利を仏神に祈ることは、もっぱら禁止すべきではないか。

答。世間の名利を祈ることを愚かであると申すなら、実際には枇杷の核《さね》を祈ってなくなすことも、難しいことだ。また、たとい祈りがかなって、核もない枇杷を得たとしても、どれほど長生きして、これを食べることができるであろうか。名利を祈ることもまた、このようなものだ。定業を祈って転ずることも難しかろう。たとい祈りがかなったとしても、どのくらいこれを保つことができるであろうか。定業を転ずれば、世間の愛着《あいじゃく》がいよいよ増長して、来世は必ず地獄に堕ちるに違いない。とてものことに祈りをするとなれば、無上の仏道を祈りなさいと勧めようとして、世間の名利を祈ることを勧めるのである。けれども、普通に枇杷の核を祈る程度の愚かな人は、たといかような教訓によって、この種の祈りをやめたとしても、それなら仏神に参って極楽往生を祈ろうと思う気持ちはないに相違ない。かようにして一生を過ごしてしまえば、仏菩薩にお参りして、仏菩薩と出会いの縁を結ぶこともなくすんでしまうであろう。そこでかような人には、清水にお参りして枇杷の核をお祈りなさいと、わざと勧めるがよい。やめさせることはよろしくない。密教《みっきょう》の方で、悪魔降伏《ごうぶく》、災厄をとどめるなどの、形《かたち》がはっきり結果に現われる秘法を用意しているのは、このわけからである。「大日経《だいにちきょう》」に、甚深無相《じんじんむそう》のまことの法は、愚かな人には及びがたいので、相に現われる説を兼ね存しておくのだと説いているのも、この精神《こころ》からである。

〔九〕 真言秘法の本意

問。真言師《しんごんし》の中に、形がはっきり結果に現われる秘法を行なうのこそ、密教の真の意味であり、形に現われない法を貴ぶのは顕教《けんぎょう》の説くところだと言う人がある。それはどうだろうか。

答。真実の仏法の道理について言えば、有相《うそう》・無相《むそう》の異論があるはずはない。迷い・悟りの心の動きによって、仮に二つの分かれを立ててみたのである。外道《げどう》（異端）の法の中にも有無の二相を論じている。小乗や権教《ごんきょう》（かりの教え）にもまたこのことを明らかにしている。実大乗《じつだいじょう》の教えの中にもまたこれを説いている。その語《ことば》は同じであるが、その意味はそれぞれ違っている。「大日経」に甚深無相の法と説いているのは、顕教の説くところとも違う。いわんや外道（異端）の教えの説明と同じということがあろうか。「大日経疏《だいにちきょうしょ》」に言っていることには、「空《くう》と不空《ふくう》とは、つまるところ無相である。しかも一切の相をそなえているのを大空三昧《だいくうざんまい》と名づける」と。空とは無相であり、不空とは有相である。有相・無相ともに無相だと言ったのは、いかなる境地か。この無相の上に、しかも一切の相をそなえると言ったのは、これは凡夫が考えるところの有相であろうか。もしそうであるとするならば、密宗《みっしゅう》で説くところの無相の法と言うのは、甚深微細《じんじんみさい》な仏法の道である。凡夫の思いの及ぶところではない。故に、劣った知慧の届かないところだと説いてある。そうであるのに、無相を貴ぶのは、真言の本意ではないと言えようか。もし仮にこの無相の法を、顕教で説くところの無相のように心得たらば、まことに嫌うがよい。もしこの甚深無相の妙果《みょうか》を成就した人が、愚かな人を導く方便として、調伏《ちょうぶく》等の法を行なうのを、有相の法だと嫌ってはならぬ。そのわけは、その行《ぎょう》は有相であるが、その心は無相であるからだ。もしその人の心が有相に執着して、名利を求めようとして、自分自身のため、または他人のために、大法・秘法を行なうならば、有相の妙果を成就することも難しいであろう。いわんや無相の妙果を成就することなど到底できないことだ。

　たとえば、鋭利な刃物を子供に与えた場合、身をそこね、命を落とすことがある。たとい身のあやまちはないとしても、この剣《つるぎ》で泥土《でいど》瓦《が》石《せき》を切ったりするから、剣の刃《やいば》が駄目になって、値打ちがなくなってしまうようなものだ。真言宗の先徳も、この道理を説いておられる。真言宗で調伏の法ということは、悪い邪《よこしま》な衆生の心をば、秘法の力をもって降伏させて、仏法の正理《しょうり》に入らしめることである。あるいは、仏法のために障《さまた》げをする人が、どうしても邪心《じゃしん》を翻しそうもないのを、先ず彼の命を奪って、正法《しょうぼう》を世にしっかりとどめて後に、手段をめぐらして、彼《か》の悪人どもをも仏法に導き入らしめんためである。あるいは人が怨敵《おんてき》のために心を悩み乱して、仏法に入ることができないのを見て、彼の敵を調伏して、仏法に入らしめることもある。菩薩がこのように逆なやり方をするのは、いずれも仏法を隆興し衆生に利益を与えんがためである。世俗の名利を与えんがためではない。

「涅槃経《ねはんぎょう》」に言っている。釈迦如来がまだ仏道修行を成就しない間に国王であられた時、数《あま》多《た》の悪僧がいて、仏道修行をする一人の僧をねたんで、さまざまにあだをした。その時に国王みずからかの悪僧どもと戦い、皆うち従えて、正法を修行する僧を助けた。その本意は、ひとえに正法を流通《るずう》させんがためであったから、少しの罪をも得なかったという。わが国の聖徳太子が、物部守屋《もののべのもりや》の大臣を討たれたのも、これと同じわけである。もし正法を流布《るふ》させようというお志がなくて、ただ御敵を祈り殺して、御自身だけ世に栄えなさろうというためならば、このすぐに現世で報いが来る業《おこない》によって、政治をおとりになることも、久しかろうはずがない。その上、来世にはまた悪い報いをお受けなされよう。「涅槃経」に言っていることに、怨みをもって怨みに報いるのは、油をもって火を消そうとするようなものだと。仏菩薩が一切衆生を憐れみなさることは、あたかも一人子《ひとりご》に対するようなものだ。諸神もまた、いずれも仏菩薩が姿をかえて衆生を救うためにこの世に現われ出られたものであるから、その憐れみにも、なんで親疎《しんそ》偏頗《へんぱ》がおありなされようか。それなのに、お祈りをなさる僧侶も、正法を受け継いで盛んにするためではなくて、ひとえに自分自身のために、彼の御敵は亡んで、こちらの方は栄え給えと、仏神にお祈りなされば、仏神が祈る人に取り込まれて、それならばお前の望みに随って、あっちを亡ぼし、こっちを助けようなどと、思いなされようか。仏法を信ずる人は、天上の果報を得て、世に災いもなく、命を中途で失うこともないからと言って、それを貴いとは考えない。そのわけは、なまなかに長生きできぬ小さな果報にだまされて、仏法をば修行するわけではない。そんなことをすれば、しまいには地獄に堕ちることになるからだ。いわんや下界の人間世界の状態は、たとい唐土古代の皇帝（三皇五帝）の時代のようによく治まっていた時世であろうとも、仏法が行なわれていた時ではないから、仏法を信ずる者が願うべきことではない。たとえ乱れた世であろうとも、もし仏法さえ世にしっかり行なわれていさえすれば、嘆くにはあたらない。それ故に、禅《ぜん》・教《きょう》・律《りつ》と立場は変わったとしても、仏の弟子となった者は、皆同じく天下太平・仏法紹隆《しょうりゅう》とお祈りなさるであろう。もしそうならば、広く天下の中に、誰にしても、仏法を盛んに行ないなさるはずの前世の約束も、また威勢も具わっておられる方が、この祈りをば受け取って下さるに相違なかろう。

あるいはこういうことも言われている。武器などで人を殺すことこそ罪業であるが、秘法まじないの力で祈り殺すのは功徳となるものだと。これは大きな曲解である。たとい武器で殺しても、釈迦如来がいまだ修行中に、正法流布のために悪僧を亡ぼし、聖徳太子が守屋をお討ちになったお心持ちのようならば、それはまことに功徳となるであろう。たとい大法・秘法を行なわれても、その望みがもしも世俗の名利のためであるならば、皆罪業を招くことになろう。「梵網経《ぼんもうきょう》」に、殺生《せっしょう》を禁ずるということで、「それから、祈り殺すこともいけない」と説いているのは、この意味である。あるいはまた、彼の敵《かたき》を早く殺して成仏せよと調伏《ちょうぶく》するのだから、罪業とはならないとも言っている。まことにこの調伏によって、次に生まれ変わる時、すぐに成仏するものならば、なるほどすばらしいことである。もしそうであるならば、憎らしい敵を祈り殺して、成仏させるということよりも、まっ先に自分がかわいいと思う人を祈り殺して、早く成仏させてあげたいものだと、なんともじれったく思われることだ。

〔一〇〕 有力の檀那の祈禱　附＝唐人医智光

問。　仏がおっしゃるには、仏法をば国王大臣や勢力のある檀那《だんな》（後援者）にくっつけておく。そうであれば、檀那も無事で、仏法も続いて隆《さかん》になるであろうと。僧侶が檀那のために祈りをされるというのは、なんで道理に背くことがあろうか。

答。　仏が付属《ふぞく》なさったお考えは、国王大臣等が、あるいは外護者《げごしゃ》となりあるいは寄進者となって、仏法を弘め、自分たちもまた法に入って、世俗の煩悩から離れよというわけからである。この仏法をもって世俗の名利を祈りなさいというので、仏法を付属なさったのではない。それ故に、世の中もおさまり、檀家《だんか》も無事で、仏法を受け継いで隆《さかん》にし、衆生に功徳を与えんがために、お祈りをせよとおっしゃり、僧侶もこの志を励まして、お祈りをなされば、仏の付属に背かないであろう。今は末世ではあるが、さすがにまだ仏法の運もちゃんとしているので、禅・教・律などの僧侶をば、軍勢にもかり出されず、世間の公務にも召し使われないで、お祈りをしていよとおっしゃることは、皆結構なことであるから、万一、公《おおやけ》の御祈禱に勤めることがあっても、僧侶は無理に辞退申すべきではない。

けれども、近年は世の乱れによって、関東方も京都方も、御祈禱だと言ってなさること、一通りではない。しかし、そのなされ方を見ますと、これ式ではとてもお祈りにはなりそうもないと思われた。そもそも因縁が和合し、仏と衆生との感応が行き交って、一切のことを成就するものだということは、仏の教えのたしかなきまりである。昔の大師高僧が、国家を祈り災厄《わざわい》を払いなさることは、これを一つの手段として、衆生を導いて、深く道を求める士《ひと》であることをはっきりさせてやろうというためである。自分自身の名利のために祈りなさるということは、決してないわけだ。この大きな慈悲の徳を内に包蔵しておられるので、国王大臣の帰依《きえ》も異常で、下々《しもじも》の賤しい者どもまでも、一様に信仰し奉るのである。こういう次第で、万人の信ずる力と高僧の慈悲の力と仏法の力とが感じ合い行き交って、因縁が和合したので、あらたかな効験《ききめ》もそのかいがあり、祈願も皆成就したのである。現今は僧侶の内なる徳力も昔には及ばず、檀家の信心も中身がおろそかである。そんなわけで、僧侶をば、仏法関係の奉公に召し使われるという名目で、御祈禱という仕事の割り当てをかけられるやり方は、世俗の公のお仕事のやり口となんら変わりはない。大法・秘法を行なわれるけれども、そのお供《そな》え物《もの》などのお手当ても、きまりのようにはない。特別な御祈禱だと言って、たまには施し物も下げ渡されると口ぶれはあるが、大抵は有名無実である。御祈禱ばかりではない。仏様の御供養だといって執り行なわれる場合もまた、これ式である。これは皆、仏法の御信心が薄いからだ。こんなありさまでは、どうして御祈禱もかなない、御善根を積むということも成りましょうや。

近頃、鎌倉に智光《ちこう》という唐人がいて、医術の道に名声を博していた。ある時、蘇香円《そこうえん》という薬を調合していたが、傍《そば》に人がいて、この薬をなめてみようとして、ちょっぴり摘み欠いて、口に入れたのを見て、智光が、「なんだって薬をちょっぴりおなめなさるんです。もっとお飲みなさい」と申した。その人は合点がゆかなくて、そのわけを尋ねたところ、「薬は皆一服の分量がきまっている。その分量に足らないで飲むというと、薬は無駄になって、その効目《ききめ》がない。いっそお飲みになるなら、薬となるようにお飲みなさいとお勧めするのだ」と答えた。智光が申したように、せっかく御祈禱・御仏事といってなさるもったいないことを、どうせならその効《かい》もあるように御処置をなさるがよいと申すわけである。御祈禱の成否も、御善根の大小も、ひとえに御信心が浅いか深いかによるものだ。布施物《ふせぶつ》の多少によるものではない。こういう次第で、諸人の歎きもなく、また三宝も感応なさるように、御祈禱をも御仏事をも修めなされば、結構なことでござろう。

仏法は国王大臣、有力な檀那に付属すると仏が説かれたことは、下賤の身分の者は、各人の前世のならわしによって、どの法でもよい一宗《いっしゅう》を信心すれば、世俗の煩悩を離れる大事な道としてはそれで足りている。けれども、外護者となり、寄進者となって広く仏法を流通する力はない。この故に、国王大臣、有力な檀那に付属するとおっしゃったのだ。それだから、この付属をお受けなさった方は、ひとえに一宗をのみお信じなされて、他の宗派をお捨てになってはいけない。たとい諸宗を漏れなく信じなさっても、もしまた諸宗の仏法をもって、ただ世俗の名利の御祈禱にお使いになるならば、それもまたよろしくはありません。末代の世ではあっても、忝けなくも如来の御期待のお名ざしにお当たりなさったのは、喜ばしいことではありませんか。先ず第一に仏の付属に背くまいとの大きな願を発して、外では大小の寺院を盛んに営み、内では迷わず真実の道心《どうしん》に落ち着いて、諸宗を流通し、何につけても善縁《ぜんえん》を結び、万人を導いて皆一様に悟りの果を証《あかし》させようと、深くお誓いなさいませ。それができれば、それこそ真実の御祈禱、広大な御善根と言えましょう。十善《じゅうぜん》・五戒《ごかい》という前世のよい報いによって、国王大臣、有力《うりき》の檀那となっておられるのも、やはりそれは三宝《さんぼう》の恵みの力によるのである。もしまた、仏の付属にお背きなされば、仏の付属を受けない下賤の者となんら変わるところはありますまい。

〔一一〕後生の果報の祈り

問。今生《こんじょう》（現世）の名利《みょうり》を祈ることこそ愚かだが、後生《ごしょう》の果報を祈るというのなら賢いと言わねばならぬと思うがどうか。

答。普通に、皆が今生だと思っているものは、前世で後生と思っていた世である。今また、後生と思っている世は、後世《ごせ》の今生というわけだ。もしそうだとすれば、前世に後生のための祈りと思ってやったことは、今生の名利となったわけだ。今また、後生の祈りだといってやることも、後生の名利となるのである。今生の名利を祈るのを禁ずることは、今生の夢幻のような名利を祈るよりは、来世に無上の仏道を成し遂げることを祈りなさいと勧める所以だ。今生の名利をば打ち捨てて、来世の名利を祈る人は、前世の業因《ごういん》に応じて動かぬ業の転じがたいのを、もしや転ぜられはせぬかと祈る人よりも、利口そうには見えるけれども、夢幻のごとき身体に執着して、来世の果報を祈る思いが愚かなことは、また同じである。たとい無上の仏道を祈るとしても、もしまた自分一身の出離を祈るのみに止まるならば、これもまた愚かである。

「大智度論《だいちどろん》」に、菩薩は一身一衆生のために善根を積まないとある。それ故、一切衆生のために、諸々の善根を修めて、無上の仏道を求めるのを菩薩というのである。普賢菩薩《ふげんぼさつ》は、十の大願を発《おこ》しなさった。その初めに敬礼《きょうらい》諸仏の願がある。その願文に、どうかわが身を際限ない多くの数量に分かって、その数多い如来の前ごとに姿を現わして礼拝し奉ることを、未来永劫《えいごう》、怠らず続けて、絶え間なくいたしましょうとうたっている。また、その中に広修供《こうしゅく》養《よう》の願がある。その願文には、どうか限りない多く結構な供え物を生み出して、数知れぬ多くの仏の前に姿を現わして、それらの仏を供養し奉ることを、いつまでも果てなく続けてゆきたいと言ってある。他の願も皆これと同趣である。その第九は、恒順《ごうじゅん》衆生の願である。その願文には、願わくはわが身を限りなく多くに分かって、一切衆生の縁に随って仕えて用をたすこと、仏を敬うと同様にし、いつまでも限りなく、たゆまずやってゆこうとある。第十は、普皆廻向《ふかいえこう》の願である。その願文には、前にやった敬礼供養等のすべての功徳を、普《あまね》く一切衆生にことごとく及ぼして、悟りを得させたいと述べている。このような心を発すのを、無上の仏道を祈る人と言うのである。

愚かな人は、たまたま仏を礼拝することがあっても、その仏を敬う心は、ただ自分が信ずる一仏のみに止まっている。供養を執り行なうこともまた、これと同じ気持ちである。たまたま父母の追善《ついぜん》供養、寄進者の祈禱などといってすることも、その目的は、ひとえにただ我が身に対して、恩義ある人のためにするのである。全宇宙・一切衆生に及ぼすまでのこともない。この故に、得るところの功徳もまた広大ではない。場合により縁に随って、一仏を礼拝し、一人のために善根を積んでも、その手向《たむ》けの志が広大であれば、身に受けるところの功徳もまた、広大であろう。世俗の書物では、過去・現在・未来の三世ということを問題にしないので、現在の父母や主君から受けた恩を報ずることだけを論じている。経文に、衆生が六つの世界をぐるぐるめぐるさまは、車の輪のごとくであって、あるいは父ともなり母ともなり、男とも女ともなって、生まれ変わり生き変わり、互いに恩を受け合っていると言っている。仏道を求める大きな志を発す人は、七世の父母とも限らない。いわんや一世（この世）だけの父母ばかりと考えられようか。

〔一二〕　智増と悲増

問。　自分自身がもし煩悩から離脱しなければ、他人を悟りに導くこともできない。それなのに自身をさしおいて、先ず第一に衆生のために善根を修めるというのは、理屈が通らないのではないか。

答。　衆生が生死の迷いに沈んでいるのは、我が身にとらわれて、自分のために名利を求めて、種々の罪業を作るからだ。それ故に、ただ自分の身を忘れて、衆生を益する心を発《おこ》せば、大慈悲が心のうちにきざして、仏心と暗々に出会うために、自身のためにと言って善根を修めなくとも、限りない善根が自然によくそなわり、自身のために仏道を求めないけれども、仏道は速やかに成就する。それに反して、自身のためばかりに俗を離れようと願う者は、狭い小乗の心がけであるから、たとい無量の善根を修めたとしても、自分自身の成仏さえもかなわない。いわんや他人を済度することなどありえようか。また大きな菩薩心を発す人に、智増《ちぞう》・悲増《ひぞう》の差別がある。先ず一切衆生を導きつくして後、みずからの仏道を成就しようと誓約しているのは、悲増の菩薩である。我が身が先ず仏道を成就して後に、衆生を導こうとするのが、智増である。智増の人は、声聞・縁覚の二乗の考えに似ているけれども、一切衆生を導こうというために、先ず自身の成仏を求めるからして、菩薩心を成就することができる。智増・悲増は差別があるが、衆生を救い導こうとする心は変わっていない。この故に、一善を修め一行《いちぎょう》を行なっても、皆これを一切衆生のために手向けることは同じと言えよう。

〔一三〕　三種の慈悲

問。　禅宗のうやまうべき師の語《ことば》を見ると、先ず自分の心を悟って後、だんだんに元からのかかわり合いその他をすっかり整えて、それから他人に及ぼすがよいと勧められている。もしもそうだとすれば、教《きょう》（ことばにあらわした教え）の中で、自分が未だ悟りを開けないのに先ず他人を導こうとするのは、菩薩の願だと言っているのと違っているではないか。

答。慈悲《じひ》に三種ある。一つには衆生縁《しゅじょうえん》の慈悲。二つには法縁《ほうえん》の慈悲。三つには無縁《むえん》の慈悲である。衆生縁の慈悲と言うのは、眼前に生死の苦に迷っている衆生がいるのを見て、これを導いて世俗の煩悩から離脱させようとする慈悲で、これは小乗の菩薩の程度の慈悲である。自身ばかり離脱を求める声聞・縁覚二乗の考えにはまさってはいるが、まだ世間の迷いの世界を断ち切れない考え方に陥っていて、他に功徳を及ぼそうとする相《さま》を残しているが故に、真実の慈悲ではない。「維摩経《ゆいまきょう》」の中に、眼前の姿に心を引かれる大悲だとそしっているのは、これである。法縁の慈悲と言うのは、因縁によって生じたありとあらゆるものは、有情非情《うじょうひじょう》すべて皆、幻《まぼろし》に現われたものと同じだと見通して、幻のごとき一切の無実を救おうとの大悲を発《おこ》し、如幻《にょげん》の教えを説いて、如幻の衆生を救い導く。これがすなわち、大乗の立場にある菩薩の慈悲である。しかしながら、かような慈悲は、目の前にある姿に捉《とら》われる心から離れて、眼前の姿に心を引かれた大悲とは異なっているが、なおも如幻の相を残しているが故に、これもまた真実の慈悲とは言えない。無縁の慈悲と言うのは、悟りを得て後、もともと具えている本性のよき働きの慈悲が現われて、教化しようという心を発さなくても、自然に衆生を導くこと、あたかも月がどこの水にも影をうつすがごとくである。この故に、仏法を説くのに、口に出すとか出さぬとかという違いもなく、人を悟りに導くのに役に立つとか立たぬとかの区別もない。かように無条件に徹底しているのを真実の慈悲と言うのだ。衆生縁・法縁の慈悲に拘泥する人は、その慈悲に障《さまた》げられて、無縁の慈悲を発すことができない。小さい慈悲は大きな慈悲の障げだと言ったのは、この意味である。唐の百丈山《ひゃくじょうさん》の大智《だいち》禅師が、小功徳・小利益に捉われるなと誡められたのも、この意味である。禅宗のすぐれた師が、人に示す趣旨は以上のようなものだ。

〔一四〕 大乗の慈悲

問。実際に生死《しょうじ》の苦を受けている衆生が眼前にいると目に見えるので、これを憐れむ慈悲も発《おこ》るはずだが、それらは目先に捉われる大悲で、いけないというのはどういうわけか。もし一切衆生は皆 幻《まぼろし》 のごとき無常のものだと見る人には、どうして慈悲の心も発り得るだろうか。

答。世間の乞食《ものごい》に二種類ある。あるいは元来非人《ひにん》の家に生まれて、幼少から賤しい身分の者がある。あるいはもとは身分の高い家に生まれて、意外に零落《おちぶれ》た人もある。この両様の乞食の中で、もとは身分が高かったが、食禄を離れて乞食となった人を見る場合は、憐れむ情の起こることも、元来非人である者を見るよりも、格別深いであろう。菩薩の慈悲もこのようなものである。一切衆生は、本来諸仏と一体で、生死の相《すがた》はないものだ。それが、迷いの心がにわかにきざして、生死の相がないところへ、生死の相を生じたこと、あたかも夢 幻《ゆめまぼろし》のごとくである。これによってみれば、大乗の菩薩が衆生を見ることは、身分の高い家に生まれた人が、意外に零落《おちぶれ》たさまを見るようなものだ。小乗の菩薩が、目の前に生死の苦に沈んだ衆生がいるのを見て、目先に捉われた大悲を起こすのと同じではない。

〔一五〕真言の加持と禅宗の祈禱　附＝鎌倉の来朝宋僧

問。真言宗には、衆生の苦厄をとどめる加持《かじ》（祈禱）のやり方があるが、禅宗にはそのようなご利益《りやく》が欠けていると批難する人がある。そういうわけがあるのか。

答。真言宗では、十法界の凡・聖五つずつの世界が、それぞれ本《もと》の位どりを改めることはない。それはいずれも大日如来が引導のために身相《すがた》を現わしたものだとする。それ故、賢愚貴賤などの優劣もなく、禍福苦楽の差別もないわけだ。何を祈り何を求めることがあろうか。けれども、いまだこの深理に達しない人を誘引しようというために、相《かたち》が現われる秘法を行なって、真言の妙果を成就させることを、明らかにしているのである。かような便法をば、教えを説く行き方の宗派にまかせているので、禅宗では、直接に本分（本性）を示すだけのことである。もし本性を悟ってしまえば、元来、生死の相などはないことがわかる。まさにこれこそ真実《まこと》の延命《ながいき》の方法だ。また、わざわいの相《ありさま》などを見ない。これぞ真実の無事平穏である。貧福の相を離れてしまうから、まさに真実に増益《ふえること》である。怨敵《おんてき》だと言っているような者もない。これまさに真実の調伏《ちょうぶく》である。憎いとかかわいいとかの隔てもない。これこそ真実の敬愛というものだ。もしこの道理を信ずる人なら、禅宗には苦厄をやめるご利益が欠けていると批難するはずはないと思う。

　真言の加持（祈禱）のやり方と言うのも、普通にやっている平穏や増益等（補注9・10）を祈禱するのは、愚かな人間を引導する便法に過ぎない。衆生の全体が、地水火風空識の六つの世界、四《し》種曼荼羅《しゅまんだら》の一切の現象のすべてを揃えて、大日如来《だいにちにょらい》と、二でなく別でなく、一体であるが、愚かな人はこれを知らないので、如来が便法を用いられて、如来の三密《さんみつ》をもって衆生の三業《さんごう》を加持して知らしめるのを、真実の加持と言うのである。今の世にも真言を信じておられるお方は跡を絶たないが、その大切な奥儀を究めて、真実の加持の法によって、即身成仏《そくしんじょうぶつ》の理《ことわり》を証明しようとお考えになる方《かた》は稀になって、もっぱら世俗の利益のお祈りのためばかりになっているので、真言宗を受け継いで隆《さかん》にしようとされている高僧方も、自分の宗旨の本意とは思っていらっしゃらないが、大法・秘法を行なって、これをお勤めにしておられるようなことになっている。その中に真言宗の奥儀もよく御存知ない形だけの祈禱をする事相《じそう》真言師《しんごんし》は、その祈禱を本意と思って、自分の名利のために、寄進者の御祈りを申して、お役に立てていなさる方もある。こういうわけで、真言宗が次第にすたれて、占師《うらないし》のやりかたなどに変わらぬありさまになっている。それ故、今でも、心ある真言師は、このことを残念に思っておられる。けれども、真言宗ではこのような便法の道を用意しておかれたので、現在のようなありさまになっても、一部分の利益は残っている面があるのである。

　禅宗を信じておられる方が、たいした天下の大事でもないことに、禅寺へお祈りをせよとおっしゃることは、禅の教えを破滅させる因縁となるものだ。もしそういうことをすれば、罪業をお受けになることはあっても、お祈りになるわけはないのである。それ故に、禅僧には坐禅工夫を専一にして、根本を忘れずしっかりやれと励まされて、御自身もまた、仏道修行の用心をば禅僧にお尋ねになって、真実《まこと》に祖師の説く主旨を悟ろうと志をさえお励みになれば、その願いを仏も定めし憐れみ給い、諸神もまた受け入れて下さるであろう。そうなれば、たとい仏道を悟り仏法を会得するというまでには到らなくとも、世間のための御祈禱になる程度のご利益は、必ずあるはずのものである。

　鎌倉の最明寺《さいみょうじ》の禅門（北条時頼《ときより》公）は、建長寺《けんちょうじ》を建立して、禅の教えをたっとばれた。その頃には、禅僧と言って俗衆に交わる者は言うまでもなく、それと一緒に、坐禅を専一にしながら経論語録を学ぶものさえも、求道心《ぐどうしん》のない禅僧だと、建長寺の開山、大覚《だいかく》禅師は誡《いまし》めなさった。いわんや世間の名利にかかわることなどもっての外であった。これは単に僧侶のみではない。寄進をする人およびその家来たちも、この宗旨を信ずる人は、もっぱら本分を悟るということを肝腎とした。大覚禅師の後、兀庵普寧《ごったんふねい》・大休正念《だいきゅうしょうねん》（仏源《ぶつげん》禅師）・無学祖元《むがくそげん》（仏光国師《ぶっこうこくし》）等の諸大禅師が相次いで宋国から渡って来られた。それらの大禅師は皆同じく僧侶をいましめて、本分を究める以外には、他のことをされなかった。在俗の人々の信仰もまた同様であった。法光寺の禅門（北条時宗《ときむね》公）の時、弘安の頃、蒙古が来襲したと言って、天下が騒動したが、禅師等の施主なる時宗公は少しも動揺されず、毎日、建長寺の長老・仏光国師および多くの禅の高僧たちを招かれて禅法の談《はなし》をされた。その様態《ようだい》はまことにありにくく結構であったと、仏光国師の語録の中に収めた説法にも記されている。その後、円覚寺《えんがくじ》を建立して、おのが宗旨の禅宗を興されることも、ゆるがせにはされなかった。こういう理由《わけ》があったからか、蒙古も国を滅ぼすことができなかった。また、時頼・時宗父子二代、政治をとられることも無事で、亡くなる時のありさまも殊に立派であられたと申し伝えている。かの二代の後も相次いで仏法を崇敬されるかたちはとられたけれども、世間の方を重くし、仏法をば軽く信じなさったために、たいして天下に大事でないことまでも、お祈りをせよと絶えず禅寺へもおっしゃったので、どの禅寺も、いつとはなしに祈禱の位牌《いはい》をかけて、衆僧が経を読み陀羅尼をあげるのを仕事として、肝腎の坐禅工夫の修行は後退した。また寺々にちょっとした施主があって、それぞれ祈禱をあつらえられた。僧侶もまた、自分の名利を考える者は、これを大切に祈るために、真実《まこと》の一大事をば忘れてしまった。これこそ禅の教えが破滅する因縁ではなかろうか。

唐土の禅院では、毎朝、粥《かゆ》をいただいて後、大悲の咒《じゅ》（千手陀羅尼《せんじゅだらに》）一遍《いっぺん》などを誦するだけである。これはすなわち、坐禅を根本とするからである。夏安居《げあんご》の坐禅修行中に楞厳会《りょうごんえ》といって楞厳咒《りょうごんじゅ》をよむことも、近い世に始まったことだ。それも夏安居の間だけである。毎日の晩《くれ》ごとに放参《ほうさん》と名づけて楞厳咒をよむことは、日本から始まったことだ。唐土で放参というのは別のやり方をいう。建長寺の初めの頃には、日中のお勤めはなかった。それが、蒙古が襲来した時、天下の大事の御祈禱のために、日中に「観音経《かんのんぎょう》」をよんだ。それが、そのまま慣習になって、今では三時（朝昼晩）のお勤めとなっている。かようなお勤めも、禅宗の本意ではないけれども、年来慣習になったことだから、後の世の長老たちも中止されないでいる。また末世の様子を見ると、禅僧でありながら、坐禅をば、祈禱などの行《ぎょう》よりも、いやだと思っている者もあるらしい。こういう人のためには読経《どきょう》のお勤めを略すというのも、無《む》益《やく》であろう。その上、また、世間の名利を重くしておられる施主の御意《ぎょい》にも背くことにもなろう。そのお勤めの手向けの趣旨は、ひとえに天下太平、檀那方安穏《だんながたあんのん》の御ためである。毎月の一日十五日には、皇帝などの祝禱《しゅくとう》の説教法要のため法堂《はっとう》へ上《のぼ》ることがある。これまた皇帝の御ためばかりではない。四海清平《しかいせいへい》、万民和楽《ばんみんわらく》のためである。禅僧はお祈りも申さぬ者だと、非難してはならぬ。大悲の咒、楞厳咒の効能《ききめ》を経文の中に説かれていることは、どの大法・秘法に劣ることがあろうか。「観音経」・「金剛経《こんごうきょう》」の功力《ききめ》も、いい加減なものと言えようか。このような経・陀羅尼で、毎日三時（朝昼晩）に祈り奉ることがとどかなかったとしたら、このほかに経・陀羅尼の数を加えたとしても、それは坐禅工夫の修行の障げとはなっても、お祈りとはなるはずがない。

〔一六〕　末世に三宝を敬う謂れ

問。　末代の世は、禅・教・律の僧いずれも皆名利にはしって、仏道修行はすたれている。こんな坊主を供養してやることはできない。こんな坊主のいる所を伽藍《がらん》（寺院）として多くの領地を寄進し、修繕だ建造だと言って人に造作をかけなさるのを無駄だと言う人がある。そういうものだろうか。

答。　末世に生《しょう》を受ける人間は、皆前世の善果《ぜんか》が劣っているために、身分相応の果報《むくい》才学などのある人も、その先祖に勝っておられる方は少ない。もし先祖に及ばない人を、皆退《の》けられたらば、公家《くげ》・武家（朝廷も幕府も）ともに召し使われなさる人も稀になると思われる。先祖には及びなさらないとはいえ、さすがにその子孫として、家の風儀が今に残っているので、王道もいまだ絶えず、武家の威光もまた伝わっている。僧家もまたそのとおりである。昔の大師・先輩のすぐれた学僧たちには及び申さないが、さすがにその門流が連続しているがために、教・禅の宗派のゆきかたは、いまだ断絶しないでいる。

仏がいらっしゃった時は、生身《なまみ》の如来を仏宝《ぶっぽう》と名づけて、その仏のお口から直接耳にする尊い説法を法宝《ほうぼう》と称し、その仏の教化《きょうげ》をお助けになった賢聖を僧宝《そうぼう》と言った。仏がなくなられて後、末法の時世では、仏の木像・絵像《えぞう》等を仏宝と敬い、文字に書き伝えた経論を法宝と信じ、髪を剃《そ》り袈裟をかけた者を僧宝と崇めるがよい。これこそ末世にしっかり保持される三宝だと、聖教《しょうぎょう》（仏の教えを説いた書物）にはっきり述べられている。真実の三宝は、無数の法界《ほうかい》にあまねく満ちておられるが、末世に生まれた人間は、皆前世の善果が薄いので、かような仏僧を拝むこともなく、その説法を聞くこともできない。けれども、絵に描き木を刻んだ仏像を礼拝し、文字で書き伝えた経論を受け保ち、髪を剃り袈裟をかけた僧侶を供養なさるというのは、ありがたい善縁《ぜんえん》を結ぶことではないか。釈迦の法は滅亡し、弥勒《みろく》はいまだ出現なさらぬ。この二仏の中間に生まれたような者は、三宝という名称さえも聞くことがかなわぬ。いわんや今述べたような善い縁を結ぶことなどどうしてできようか。もし人間が、末世に保っている三宝を供養なさる信心の深さが、仏在世の時に三宝を供養した人と変わらないならば、功徳を受けることもまた変わるはずがなかろう。それ故に、僧宝が衰えたことを悪口《あっく》なさるよりは、自身の信心が昔の人に及ばないために、仏法を軽蔑し、僧侶をもそしって、それが罪業を招く因縁とはなっても、功徳を得る福のもとにはならないことを歎きなさるがよい。もし現在の僧は、羅漢《らかん》・菩薩《ぼさつ》のようでもない、大師先徳にも及び申さぬと言ってお捨てになれば、ただ僧宝だけをお捨てになるということではすまない。どれほど用意をして造り立て、描き奉った仏像でも、これを生き身の如来に較べ申せば、百千無量《ひゃくせんむりょう》の一分にも及ぶはずはなかろう。真実《まこと》の説法は、文字・言説《ことば》を離れたところにあるのであるから、書き伝えた経巻は、まことのさとしとは言えない。それなのに、真の仏、真のさとしではない仏像・経巻をば、それでもやはり信心をしておられる方も、僧宝だけを真僧《しんそう》に非ずとして、一向《ひとむき》に嫌って捨てておられるということは、はたして道理にかなっているであろうか。もし捨てて顧みないとすれば、末世に保っている三宝は、ただ二宝のみあって、一宝は欠けてしまうことになろう。もしまた、末世に保っている三宝は、皆無駄なことだと言われるならば、これこそ仏道に害をなす天魔《てんま》・外道である。全く議論の余地はない。

「大集月蔵経《だいじゅうがつぞうきょう》」に言ってある。未来末世になると、わが仏法の中において、頭《かしら》を剃り袈裟をかけて僧形《そうぎょう》をしていても、禁戒を破り、放逸《ほしいまま》な者が出るにちがいない。たといかような僧であっても、皆それはすべて仏の子である。これをそしれば、仏をそしることになり、これをそこなえば、仏をそこなうというものだ。もし誰かがこれを供養し、しっかり護れば、その人は無量の福を得るであろう。たとえて言えば、世の中の人間が、真金をかけがえのない宝とするようなものだ。もし真金がなければ、次の銀をそのようにする。銀がなければ銅を宝とする。銅がなければ鉄を宝とし、鉄がなければ、白鑞《びゃくろう》等を宝とする。仏法もまた同じである。仏を無上の宝とする。仏がない時には、菩薩を最上とする。菩薩がなければ羅漢を最上とし、羅漢がなければ、悟りを得た凡夫（人間）を最上とする。悟りを得た人がなければ、戒律を保つ人を最上とする。戒律を保つ人もなければ、戒律を汚している人を最上とする。戒律を汚した者がなければ、頭《かしら》を剃り袈裟をかけた者を、無上の宝とする。他の異信心《いしんじん》の者に較べれば、最も尊く第一である。お前たち、諸天・諸龍・諸夜叉《やしゃ》等の鬼神よ、わが弟子を護って、仏の種を断絶させることがないようにせよと説かれている。如来の憐れみとは、このようなものである。僧侶の行儀が悪いからと言って、如来の遺された願いに背かれてはならない。酒に酔った人を見ると、目もとろんとし、足もよろめき、舌ももつれ、心も狂っている。こういうしくじりをあらかじめ承知しながら、酒の好きな人は、皆そんなありさまをうとましいとは思わない。そういう中で、その醜態を見て、酒をいやだと憎む者は、もともと下戸《げこ》で酒を好かないからである。僧侶の醜態を見て、仏法をうとましく思う人は、仏法の下戸だからではないか。

衆生の功徳を生み出すものをば、福田《ふくでん》と名づける。これに二種がある。悲田《ひでん》と敬田《きょうでん》とである。すぐれた聖賢を敬って物を施し申すのは、敬田である。下賤の人ないし畜生などを憐れんで物を施すのを、悲田という。たとい無智で手前勝手な僧であっても、これを供養なされば、悲田の功徳をお受けになる程度のことはありましょう。木の切れはしをそのままに捨てておけば、善にもならず悪にもならない。もしこの木の切れはしを仏の形に刻んで、真の仏と思って信仰し奉れば、功徳を得ることは、真の仏と同じである。もしまた、この木像を軽んじ侮り申せば、罪業を得ることは疑いない。心ない木の切れはしでも、このとおりだ。いわんや人間たる者は、皆、仏の本性を具えている。たとい無智で恥知らずの僧であろうとも、これを信じ敬いなされば、福田となり、そしりなされば罪業を招かれること、疑いなしである。「梵網経《ぼんもうきょう》」には、五百羅漢を特別に招いて供養するということよりは、尊卑親疎を択ばず、誰でもよいから一人の凡夫の僧を順送りに招いて供養する方が、その功徳がまさっていると説いている。ただし、よく人を導く高僧に頼んで、煩悩の苦を離れる大事な道を聞こうというためならば、道徳ある人を特別に招いて供養しても、差し支えないと言っている。

僧侶が戒律を破り、罪を犯して恥じないのを見て、これをそしって、自分は在俗だから、こんなことをしても差し支えないと思っておられるのは、間違った考えである。一生の寿命がつきて、地獄の閻魔《えんま》大王の前に行かれた時に、この人は俗人だから、平素の罪業も差し支えないと言って、地獄に堕ちることを許して下さるであろうか。聖教の中に仏弟子の過失《あやまち》をそしるのを禁じていることは、必ずしも仏弟子を贔屓《ひいき》するためではない。これをそしって、仏法を破滅し、大罪を得ることをとどめようというためである。このような説法は、俗人のために申し上げることである。そうかと言って、僧侶の戒律を破り、罪を犯して恥じないのを差し支えないというのではない。在俗の人は、僧侶の行為《おこない》が正しい道理に合わないのを見て、誹謗《そしり》の罪業を忘れておられる。僧侶はまた、在俗の人がそしりなさるのは、自分たちが正しい理法を外れている責《とが》であるとは反省せず、僧をそしり、仏法を軽蔑なさるのは間違いだととがめなされる。ああ、まことに、ひっくり返して、僧侶の心を俗人にくっつけて差し上げ、俗人の心をば僧侶の方でお持ちになるということにでもなれば、この濁悪《じょくあく》の世も、たちまちに真《まこと》の仏法が行なわれる世となるであろうものを。

〔一七〕 政治と仏法　附＝聖徳太子、梁武帝、幕府政治の実態

問。あまりに善根に心を傾けたために、政治を行なう障害となって、世の中もうまく治まらなかったという者がある。それはどうであろうか。

答。聖教《しょうぎょう》の中に、つまらぬ福は三生の怨《あだ》になるということがある。そのわけは、愚かで世間の善事ばかりをして、一生を過ごすがために、心の奥底を明らかにするゆとりがない。これが一生の怨というものだ。この世間の善根を積むことによって、次の生に欲界の人天に生まれて、富貴の果報を得るために、世間の愛着《あいじゃく》もいよいよ深くなり、罪業の及ぼす力もまた重くなる。たとい罪業をそれほど作らぬ人であっても、政治の仕事に心を乱し、おもしろい遊びのためにひまがないので、真の仏法の修行をすることがない。これが二生の怨である。前世における世間の善根は、今生に受け尽くしてしまっている。広く長い迷いの及ぼす

力が、いよいよ重なってしまうために、また次生には地獄に堕ちる。こういうわけで癡福《ちふく》は三生の怨だと言うのである。「提謂経《だいいきょう》」等の中に、仏が五戒《ごかい》・十善《じゅうぜん》等の世間の善根を修むべきことを説いておられる。これを人天教《にんでんきょう》と言う。前世のならわしが拙いために、正しい仏法を修行せよと仏がお勧めになっても、できない人をば、先ず彼が願っているところの、人天の果報を得させて、次第に導いて、正しい仏法に入らしめんがために、しばらくの間、世間の善根を修むべきことをお教えになった。それ故に、今の末代のありさまでは、今生の祈りと来世の福のためだと言って、善根を修めなさることも、結構なことであるから、無理にお止《とど》めすべきことではないけれども、同じくは、三世の怨とならないように、勤め行ないなされば、すなわちそれが仏の本意である。

いまだ心の奥底を悟らない人は、たとい種々の善根を修めても、皆世間の善事となってしまうのだ。教・禅の宗師が、同じく先ず心の奥底を明らかにして、後に諸々の善根を修めよとお勧めになるのは、この趣旨である。天台《てんだい》大師が六即《ろくそく》の位を立て、行ないを修め理を証する階級を判別された中に、第二即の名字即《みょうじそく》において悟りの妙道《みょうどう》が解けて後、第三の観行即《かんぎょうそく》の五品《ごほん》のうちの初級の位に到るまでも、他人のために仏法を説き、自分のための修行に経・陀羅尼を読誦することをも、仏道の障りとしてこれを禁じている。勧行即の第二級の位になって初めて経・陀羅尼の読誦を許し、第三級に到って少々自分の内なる悟りを他人に説いて導くことを許している。第四級に到って布施・持戒《じかい》等六種の行を兼修して、衆生が悟りに入るのを助けよと見えている。宋の圜悟《えんご》禅師の著わした『心要《しんよう》』に、悟性勧善《ごしょうかんぜん》の文というのが載せられているのも、先ず心性《しんしょう》（真心）を悟って、しかる後に善根を修めよという意である。心の奥底を悟らない者は、行為《おこない》の善根がただ世間の果報の因となるだけだから、煩悩の苦を離れて悟りに入る大事な道とはならない。たまたま仏法を説き、人を導くけれども、目の前だけの大悲《だいひ》に陥っているがために、真実《まこと》の教化とは言えない。こういうわけで、世間の善根を禁じて、正しい仏法を修行することを勧めるのである。

あまりに善根に心を傾けなさるのをおいさめする人も、もしもこういう意味でならば、なるほど格別な忠告である。もし単に世俗を重んじ、仏法を軽く考えるために、そのように言われるのなら、それは全く悪心である。人間界に生を受ける人は、貴賤の身分は違っていても、それは皆前世に五戒・十善のよい行ないを積んだ報いである。その中で福のとり分も人にすぐれ、威勢も格別なお方は、前世に五戒・十善戒をよく保って、なおその上に諸々の善根を積まれたからである。今貴殿がわが国の武将として万人に仰がれておられることは、ひとえにこれ前世における善根の果報である。けれども、世の中にはなおもはむかう者もいる。また、御家人《ごけにん》（家来）と称してお仕えする人の中にも、言いつけに随って自分を顧みず尽くす人は稀である。このようなありさまを拝見しますと、前世の善因《ぜんいん》がまだ不足でいらっしゃるなと思われるのに、なおその上、今生の善根を修め過ぎておられるなどと言えましょうや。

元弘《げんこう》年間以来の御罪業と、その間の御善根とを較べてみたら、はたしてどちらが多いでしょうか。その間にも御敵《おんてき》として亡ぼされた人はどれほどですか。亡ぼされた跡に残留して、さすらう身となった妻子・手下のやからの思いは、どこへもゆき場がないでしょう。敵方ばかりではない。味方になって合戦して死んだものも、皆（貴殿の）罪業となるわけだ。その子は死んで父が残り、父は死んで子が生き残っているものもある。そのような歎きのある者も数えきれない。せめてその忠勤によって正しく恩賞を行なわれたならば、まだしも慰めようもあろうが、自身大名でもなく、強いかかわり合いとても持たぬ人たちをば、お耳に入れる者もないから、訴えも届かず、それらの連中の恨みも慰《いや》しがたい。今でも引き続き戦勝のめでたいことがあると申しますのは、御敵が多く亡んで、罪業の重なることです。都会でも地方でも、神社・仏寺、宿駅や人家などが、あるいは破損し、あるいは焼失したこと、どれほどでしょう。寺社の旧領地や本家の領地などが、あるいは兵粮《ひょうろう》に徴発され、あるいは占有されたために、お宮の祭礼《まつり》もほとんど行なわれず、寺院のお勤めも廃れてしまった。武士でない者は、領地があっても、支配することができない。住居をさえ押領されて、立ち寄る方もない者も多い。仁義の恵みある政治（徳政）はいまだに行なわれず、上下貴賤の人々の歎きはいよいよ重なるばかりだ。世の中が穏やかに治まらぬというのは、全くこのためである。どうして御心を善根に傾けなさるせいなどでありましょうや。ああ、まことに、お考えになるとおり、多くの人々も皆一緒に心を善根に傾けなされば、この世界はすぐに浄土にもなってしまうでしょう。いわんや治まることのないことなどありえましょうか。

昔から国王大臣として天下を統べ治められた方で、仏法を信敬《しんぎょう》なさったことは、外国にも日本にも少なくなかった。その中に、あるいは世の政治をうまくととのえんがために仏法をあがめられた人もある。あるいは仏法を興そうとして、世の政治をとられた方もある。世の政治のために仏法を信じられた方も、悪王・悪臣となって、全く仏法を信じない人よりは、まさっておられるけれども、わが身だけのはかない夢のような栄花によい気になり、万民をいつくしみ、暫時の飢寒を免れさせたばかりで、上下貴賤すべてついに六道の輪廻を免れることはできない。それ故、唐土古代、よく治まったと言われる三皇五帝の時世でも、まだ仏法流布の時世ではないから、羨むべきことではない。それ故に、仏法のために世の政治を行ない、万民を導いて仏法にお入れになるというのは、在俗の菩薩とも申すべきものだ。

我が国の聖徳太子は、すべての政《まつりごと》を行ないながら、その間に堂塔を建立し、仏像を安置し、経論を講義し、注釈を製作しなさって、これこそ仏法のために政治を興しなさった模範である。太子が定められた十七箇条の憲法の始めに、上下の和睦を説き、厚く三宝を敬えとお載せになったのも、政治を行なうのは、仏法のためだということである。それだからであろうか、おいでになる時、日本全土がその政治に従ったのみではない、七百年後の現在に至るまで、だれでも太子の遺業を仰がぬ者はない。この太子に背き申したのは、ただ物部守屋一人だけである。太子はついにこれを亡ぼしなされた。守屋と言えば政治をとっていた大臣である。政治家としては特別大事な存在であった。けれども、太子が善根を修められるのを、一途《いちず》に妨害されたので、これを誅罰《ちゅうばつ》されたのである。その旨《むね》は、太子御自筆の天王寺の記に記されている。

外国の朝廷を見ると、六朝の昔、梁の武帝が侯景《こうけい》のために政権を奪われたのは、あまりに善根に心を傾けて、政治の道を忘れなさったからだと非難する人がある。釈迦如来は、浄飯《じょうぼん》王《おう》の太子として、王の位を継承されるはずの身であったのを、世を遁れ出て、雪山《せっせん》に入って飢寒の苦しみをお受けになったのを、仏事に心を傾けて、王位の栄花《さかえ》を失われたと、そしり申すでしょうか。梁の武帝も、王位にはおるまいというので、たびたび遁れ出でなさったのを、臣下どもが追い返し申したのである。しまいには、どうあっても遁れなさろうとして、御身を売って寺の奴隷となられた。家臣どもはそれでも許し申さず、身代金《みのしろきん》を寺へ返して、本《もと》のように王位におつけした。かの梁の武帝のお気持ちをお察し申すに、侯景に政権を奪われなさることを、決して情けないことと思ってはいらっしゃりますまい。

今の（貴殿の）御様子をお見受けいたすに、釈迦如来や梁の武帝のように、ひたすらに世間をお捨てになることはおできにならない。ただ聖徳太子のごとくに、仏法のために世の政治の道をお興しなさるのは、奇特なことと申せましょう。この度、義兵を起こされたことは、ひとえに仏法を興すためだと承ったので、たとい天下の人がこぞって妨げ申しても、善心からの義兵が破れなさることは、よもやあるまいとは存じますが、そのようにおっしゃる人の悪心をもひっくり返しなされば、少しはおためになるかと思って、種々遠慮のないことを申し上げたわけである。

しわざとは知らず、自分の行なう功徳だと思って、いよいよ高慢の心を起こして、ついには魔道に入るのである。

〔二〇〕 執着心

問。 僧と俗とは違うが、凡夫が地上に生きている間は、誰も執着の心を離れることがない。もしこの執着の心をもって修行することが皆魔業となるならば、凡夫の修行が仏道を成就することがあろうとは思われない。

答。 世間の諸事には皆損があり得がある。これは、その事をする人が、よくするか悪くするかの差別によるものだ。悪くやれば損をする事実を見て、よくやる者が益のあるのをやめるわけではない。忠功をやった人が、恩賞に誇り、誅罰にあうのを見て、忠功をすることはつまらないと言ってはならぬ。誅罰にあうのは、忠功のとがではない。恩賞に誇って出過ぎた心を起こしたからだ。そうだとすれば、恩賞がほかの人より勝れていることによって、たとい誇る心が起こったとしても、このような心は身を亡ぼし家を失うことになる因縁と心得て、出過ぎた振舞をせず、ますます忠功を励めば、ただに身を立て家を起こすばかりでなく、主君のため世の中のために窮まりない大きな利益があると思う。仏法もまたそれと同じだ。仏道修行の功が積もって、その功徳を発揮するようになった人が、執着心にとらわれれば、魔道（悪魔の世界）に入るということを聞いて、欲心から離れようとする行《ぎょう》に嫌気がさしたとすれば、いずれの道に入って、生死の苦を遁れたらよいか、もう方法はない。

仏法の中には、いろいろ宗派が違っているが、もし執着の心にとらわれて、修行の功徳に誇る人があれば、魔道に入ることはまぬがれがたい。もしまた、仏法を捨てて、一向に修行をしないならば、魔道に入るまでもなく、直接地獄に堕ちるであろう。魔道に入ることは、仏法を修行したとがではない。仏道修行の功徳に誇り、慢心を起こしたからだ。いまだ三乗(補注35)の聖果《しょうか》の位に上《のぼ》らぬ人は、皆執着の心を持っている。たとい執着心が起こっても、かような心は皆魔業だと心得て、これに堅くとらわれず、あるいは普通と変わった小智・小徳を持っても、それで満足せず、もしまだちっともわからなくても、嫌気を起こさず、いよいよ修行の功を積むならば、本性の霊《くし》き光がたちまち目の前に現われ、果てしなき功徳の働きがおのずから成就するであろう。ただ自分ひとりの迷いを覚ますばかりでなく、一切衆生を導く広大な利益をもたらすであろう。もしもこういうことができるならば、一切の天魔・外道の悪者どもも、皆々よい連《つれ》となって、仏事の障げもなくなるであろう。維摩居士《ゆいまこじ》が一切の多くの悪魔および諸々の悪者どもも、皆自分の侍《さぶらい》だと説いておられるのは、この意味である。

〔二二〕　坐禅と狂乱

問。　坐禅をする人の中に狂乱することがあるのを見て、坐禅を尻ごみする者がある。かように狂乱することは、ほんとうに坐禅のとがであろうか。

答。　坐禅をする人の中に、狂乱する者があればとて、坐禅をいやがるのは、前世の果報が劣っているからだ。世間で俗事にのみ執着して、坐禅をしない人の中に狂乱する者がある。これを見て、なんで俗事をいやだと思わないのか。坐禅をする時に狂乱する人があるのは、あるいは少しばかり見解《ものわかり》が起こるために、高慢の心が生ずるので、魔の精《せい》がその心にくっついて狂乱する場合がある。あるいは前世の悪業によって、怪しのものに悩まされて狂乱するものもあり、あるいは執着心にとらわれて、速急に悟りを開きたいと思って、身体をひどく使ったがために、血管が乱れて狂乱するものもある。このような種々の因縁があって狂乱するのだ。坐禅のせいではない。それに、狂乱は一時的なことである。しまいにはきっとなおる時期がある。なおればすぐに仏道を修めようとする心にかえるであろう。狂乱を怖《おそ》れて坐禅をしない者は、永久に地獄に堕ちて、抜け出る機会はめったに来ない。それが本当の物狂いというものだ。この故に、坐禅をして物狂いになるのを怖れてはならぬ。物狂いを見て、坐禅をいやがる気持ちが起こることを怖れるがよい。

〔二二〕　魔障の対治　附＝道樹禅師

問。　悪魔の障害がもしも発《おこ》ったような場合には、どうしてこれを断ち切ったらよいか。

答。　教門では種々断ち切る方法がある。いま詳細に引用することはできないが、禅宗を学ぶ者が、もし教外《きょうげ》の極意は、ひとりひとりが円満に成就して、それらが皆智愚の優劣もなく、古今の移り易《かわ》りもないものだということを十分信ずるならば、たとい普通と変わり他人に勝った道徳や智の働きがあったとしても、皆これはみだりな幻《まぼろし》だと心得て、これを執着してはならぬ。古人が言っている。たとい一つの規則の涅槃《ねはん》にまさったものがあったとしても、斬ってずたずたにしてしまえと。自性天真《じしょうてんしん》の真の如来を信ずる人は、その三身《さんじん》・四智《ち》（補注40）の妙なる作用《はたらき》をも貴しとはしない。また、うごめく無智なるものや生きものなどをも、賤《いや》しいとは見ない。たとい身体《からだ》に顔の形を具え、頭の後ろに円輪の光明を発しようとも、殊勝なことだと思ってはならぬ。かようにちゃんとしてさえいれば、内外の諸々の悪魔が、どうしてつけいる隙《すき》を見つけることができようか。

　昔、唐の道樹《どうじゅ》禅師が三峯山におられた。そこへ服装が普通の様子と変わった異人がやって来て、絶えず庵《いおり》のあたりを歩き廻った。それが仏菩薩の形を現わす時もあり、天人や仙人の形に化《ば》ける時もある。あるいは不思議な光明を放ち、あるいはまた、怪しげな言葉を発する。このようにすること十年、その後は見えなくなった。禅師が門弟たちに語って言うには、この間中、天魔がやって来て、私を悩まそうとして、さまざまに変化《へんげ》したけれども、私はただ盲《もう》と聾《ろう》でこれに対《むか》った。あちらの変化はきわまる時があっても、こちらの盲と聾とは尽きることがない。この故に、あっちはついに逃げ去ったと。これがすなわち、悪魔を降伏させる秘訣である。単に魔境《まきょう》ばかりでなく、一切の逆順いずれの境界に処する時にも、道樹禅師のごとくであれば、仏道修行は自然に成就するであろう。達磨《だるま》大師が、外に諸々の縁を求めず、内心苦しむことなく、心が壁のように静まり定まっていれば、悟道に入ることができようとおっしゃったのも、この意味である。ただ平生のつながりの縁や境界に対処するばかりでなく、死に際（臨終）がやって来た時もまた、かくのごとく動揺することがなければ、悪業の縁に動かされることはないに相違ない。黄檗《おうばく》禅師の『伝心法要《でんしんぽうよう》』に言っている。凡夫は臨終の際、ひたすら観ずるがよい。五蘊《ごうん》（身・心）ともに皆実体なき空であって、四《し》大《だい》（人間の身体《からだ》）には我《が》（常一の我体《がたい》）はない。真心《まことのこころ》は姿のないもので、その本性には往き来はない（変化はない）、生の時のすがたも動かず、死の時のすがたもまた動かない。静かに動かず、すっかり悟りきって、心境は一つである。もしこういうふうになっていれば、世間の煩悩の苦を離れて悟りの境界に入った人である。もしも諸仏が極楽へ導こうと迎えに来て、種々のよさそうなことがらがあったとしても、それに誘われ惹かれる心を発《おこ》してはならぬ。もしまた諸々の悪い様子が現われることがあったとしても、おじおそれず、心をそちらに向けて、法界（実相）と一致させるがよい。これこそが、臨終におけるかなめである。

〔一二三〕　無心は降魔

問。　人間が酒に酔った時は、酔ったことを自覚しないように、魔境に入ってしまった人間は、魔境をわきまえるということはなかろう。そうだとすれば、たといそれに対処する秘訣を前もって習っておいても、使うことができないであろう。やりはじめの未熟な修学者が、なんとかして魔境に入らぬ便法があるだろうか。

答。　魔境を怖れて、これに入らぬ手立てを求めること、それこそが魔境というものだ。龍《りゅう》樹《じゅ》菩薩が言われるには、深く思うことがあると天魔のしかけた網にかかってしまう。思うところがなければ、魔網《まもう》の邪業《じゃごう》から遁れることができると。昔の高僧の言うことには、心の外に悪魔の障害はない。無心であるということがすなわち悪魔を降すのだと。道樹禅師が盲と聾とで悪魔を降伏されたのも、この意味である。仏の世界のかたちに心をとらわれれば、それが魔界《まかい》であり、魔界のすがたを忘れ去ってしまえば、それが仏の世界なのだ。真実、仏道修行をする人は、仏の世界をも愛せず、魔界をも怖れない。もしもこのように気をつけて、はっきり会得したいという思いをも発《おこ》さず、嫌気がさす気持ちをも発さなければ、諸種の障害は自然に消滅するに違いない。

　また、常に仏前において大願《だいがん》を発すがよい。「円覚経《えんがくきょう》」に説かれている。末世の衆生は清浄《きよめ》の大願を発すがよい。どうか私は今、仏の円満な悟りの世界にとどまって、よき導きの師を求めて、外道小乗《げどうしょうじょう》のものに出会うことなく、次第に諸種の魔障を断ち切って、束縛を脱れて悟りを開き、清浄《きよらか》な宝殿に登りたいものだと。もしこのようにやれるならば、初心の修学者であっても、この大願に乗じて生々世々《しょうじょうせぜ》に末長く、悪邪《あくじゃ》の魔鬼《まき》外道《げどう》のなかまとなるようなことはない。このような人をば、諸仏も大切に護り思い、諸天もお助け下さるからして、一切の障害災難を離れて、不退転の地位に到達すること、全く疑う余地がない。

夢中問答集　中

この集に両本あるが、
この本が正しい。

〔二四〕 本分の大智

問。　福を求めることを禁ずるのは、仏道の障害となる因縁だから、なるほどそれはもっともである。しかし、智慧は仏道の助けとなると思われる。それを禅宗では学んで知り、とっさに思いつくこととして嫌うのはどういうわけか。

答。　仏を両足尊《りょうそくそん》と申し上げるのは、福・智ともにすっかり整っておられるからである。それ故、福・智そのものを嫌うわけではない。けれども、仏道修行者が福・智を求めることを禁ずるのは、世間の因縁によって生ずる福の悪業や、煩悩にとらわれたとりとめもない智を捨てて、迷いの世界を抜け出し、煩悩の誘いの根を断った仏法という財物《たからもの》、本来具えている真実《まこと》の大智《だいち》を得させせんがためである。経文《きょうもん》の教えによってわかり、善知識《ぜんちしき》の言葉に随って学び取り、わがままな考えの上で思いはかった智恵は、皆すべて世間の種々な計略を運《めぐ》らして求め得た福となんら変わりはない。一往《いちおう》は、世間の愚かな者よりもすぐれているように見えるが、その智に障《さまた》げられて悟りを開くことができない。古人は言っている。愚かな者は愚《ぐ》痴《ち》のために障げられ、また智者は智のために障げられると。こういうわけだから、本分《ほんぶん》（本領）の大智は、誰でももともと具えているものであるけれども、愚痴と智慧とに障げられて、はっきり現われないのだということを信じて、心に浮かぶところの法をも非法をも捨てきれば、必ず本来の大智に相応ずることができるであろう。たとえば、酒に酔った人がたちまちに酔いが醒《さ》めて、本心《ほんしん》に立ちかえるようなものである。

〔二五〕　智慧と本分の大智

問。外道小乗（声聞・縁覚）等は、その智が正しい道ではないから仏道の障げとなるであろう。さすれば、三賢・十聖の菩薩の智慧をも障げとして嫌うのか。

答。経文の教えの中に、智がかえって惑《わく》（迷妄《めいもう》の心）となると言っている文句がある。たとえば、病気の苦痛をなおす時には、灸をすえることは大切だけれども、病苦がなおった後、身体を苦しめるものは、灸をすえることであるようなものだ。また、こういうことも言っている。前々の欠点がわかることが、後々の位に進むことになるのだと。十聖の場合に、初地（乾慧地《かんえち》）の智慧の欠点が判れば、第二地（性地《しょうじ》）の菩薩ということになり、その二地の智慧もまだいけないと改めるのを、第三地（八忍地《はちにんち》）の菩薩と号する。こうして、次第に上って第十地（仏地《ぶっち》）なる菩薩の極位《きょくい》の智をもって、真如実相《しんにょじっそう》の理をすっかり照らしても、なおやはりこれは悟っていない限られた世界である。故に、等覚智《とうがくち》もまた忘れ去って、本来具えている大智と知らぬ間に出会う時を、一切衆生の迷い始めの根元を断ち切って成仏の位に達することだと言うのである。このようにわかってしまえば、等覚《とうがく》（菩薩）智断《ちだん》か妙覚《みょうかく》（仏）智断《ちだん》かの論議も、いずれも枝葉末節である。それ故に、禅の道では等覚（菩薩）・妙覚（仏）の智慧をも貴ばない。いわんやそのほかの菩薩の智などなおさらのことである。黄檗《おうばく》禅師の言われたことに、妙覚もなお幻《まぼろし》の城（小乗の涅槃）で、至極《しごく》の仏果《ぶっか》ではないと。このような話を聞いて、禅を修める者は慢心を起こし、教法を学ぶ者は憤りの念を発《おこ》すであろう。それはいずれも禅宗の宗旨をほんとうに知らず、言葉によって解するからである。もしも本来具わっている大智にかなった人ならば、慢心をも起こすまいし、憤りの念をも起こすまいし、また智慧を貴んだり愚痴を嫌ったりもしないものである。

〔二六〕　仰信と本分の大智

問。　本来具わっている大智は、元始を知らない時からこのかた、いまだはっきり現われたことがないのは、愚痴に障げられているからだ。それなのに、今また智慧を捨てて愚痴に戻ってしまえば、大智がはっきり現われないこともまた、もとのとおりであろう。

答。　世間の物事の吉凶《よしあし》を自分でわきまえない人は、占師《うらないし》などに質問して、その言葉を信ずると、今はその兆候も見えないけれども、時節がやって来て、ついには吉凶の証拠がわかるようなものだ。はなはだ深い仏法を聞いて、すぐに自分で悟ることができない人は、暫時、仏の言葉をそのまま信じているのを、「仰信《ごうしん》」と言い、また「聖教量《しょうぎょうりょう》」とも言っている。教文を学んでわかることを仏道の障げだと言うことは、禅宗が初めて申すのではない。多くの経文の中に明白に記されているものがある。「法華経」に言っている。私（釈尊）と阿難《あなん》とが空王仏《くうおうぶつ》の御許《みもと》で同時に真の道を求める心を発《おこ》した。阿難は常に多く法文《ほうもん》を聞いて受持しようと願ったため、いまだ悟りを開くに到らない。私は常に行《ぎょう》を励んだから、すでに悟りを開いたと。「首楞厳経《しゅりょうごんきょう》」にも言っている、阿難はひたすら多くの法文を聞き学んだが、いまだ道を得て妙力《みょうりき》を発することができないと。「円覚経《えんがくきょう》」に言っていることには、末世の衆生は仏道を成就することを願っているが、肝腎の悟りを求めないで、多く教文を聞くことだけを好んで、自分勝手な考えを増長していると。また、ある人が言うには、多聞《たもん》を嫌うわけは、ただ文字語句のみを書き覚えて、道理を知らない人だからだと。しかし、このように言う人は、義理と語句との区別を知らないのだ。「楞伽経《りょうがきょう》」には、仏道を成就しようと思えば、多聞の人に親しみ近づくがよい。多聞というのは語句に通達しているのをいうのではない、義理に通達しているのをいうのだ。義（道理）とは、心にまつわるものの相《すがた》から離れ、言葉や説明の相を離れたものだと言っている。世間で普通に皆が義理と言っているのは、これまた言葉や文句のことである。

〔二七〕 船筏は彼岸への方便

問。菩薩の行《ぎょう》は六波羅蜜《ろくはらみつ》を本《もと》とする。その中で般若波羅蜜《はんにゃはらみつ》をすぐれているということは、その他の五波羅蜜も、もしも智慧（般若）がなければ成就しないからだ。それなのに、ひたすら智慧を嫌うというのは何故か。

答。般若《はんにゃ》は梵語である。漢語に訳すと智慧という。智慧と言う語は同じであるが、真智《しんち》・妄智《もうち》・権智《ごんち》・実智《じっち》など、種々の差別がある。普通に世間で智慧と思っているのは、諸種の仏法を了解して、これまでの愚かさを改めたことをいうのである。「円覚経」には、智慧も愚痴も通して、いずれも般若（智慧）であるといっている。この経文の意味は、愚痴を改めたのを真実の智慧といっているのではない。迷妄《まよい》に捉われた知識が発《おこ》るがために、円満な悟りの大智の中に、智慧・愚痴の二つの相《すがた》を見るのだ。これすなわち妄想《もうぞう》である。この妄想の上に執着して、愚痴を改めて智慧としようと願うのは、第二重の妄想である。「般若」をば、「覚」とも「道」とも翻訳している。古人の言に、仏道は知にも属せず、不知にも属しない。知というのは虚妄の悟り、不知はすなわち無記（善悪の別を記すことができない）であると言っている。

禅宗を学ぶ者の中に、本来の道理を了解するのを、仏道を悟ったことだと思っている者がある。もしそうだとすれば、どうして仏道は知にも属しないなどといえようか。あるいはまた、知識で説明することをすっかりなくして、思慮なき空々寂々《くうくうじゃくじゃく》としたところを、仏道を悟ったことだと思っている。もしそうならば、なんで仏道は不知にも属さないというのか。要するに、このような一切の理会を捨て去って、その捨ててしまった境地に立って、二六時中怠りなく猛烈に究めるならば、その時節が到来して、かねてそれと目指した本来の大智にゆき当たるに違いない。その時初めて、仏道の本体は、愚痴でもなく智慧でもないことを知るであろう。ここへ到着すれば、これまでの智慧も愚痴もともに、よその外廻りのものではなくして、皆すべて自分の家の内のこととなるであろう。一体、無常の理《ことわり》を知り、因果の謂《いわ》れをわきまえて、世間の名利を捨てるというのは、普通の愚人よりも賢い智慧には違いないが、まだその程度では、仏徳を成就することは不可能である。なおまた、三賢・十聖の菩薩の位では、あるいは無実の智をはっきりと知り、あるいは生滅《しょうめつ》の煩悩を断ち切る智を会得したとしても、いまだ仏道を成就することはできない。菩薩の極位に到達して、以前の三賢・十聖の諸智をすべて捨て去ってしまうのを、金剛喩定《こんごうゆじょう》と名づける。この境地になって初めて妙《たえ》なる覚《さと》りの大智がはっきり現われる。甚深《じんじん》の大智というものは、もともと誰でも具えていて、それぞれが円満に成就しているものである。それ故に、最上にさとい生まれつきの機縁《きえん》は、三賢・十聖等の段階を経ないで、まっすぐに本来具えている大智にさぐり当てる。古人が、一足《いっそく》飛びに、ただちに仏果に入ると言っているのは、この意味である。「華厳経《けごんきょう》」に、初めて仏道修行の志を発した時、即座に悟りを開いたと言っている。権《かり》の教えの仏法を信ずる人は、菩薩の極位（第十地）に上っても、妙なる覚りの大智をば容易に会得できないのに、諸苦に逼《せま》られる凡夫の境地の者が、すぐに大智を得ることなどあり得ないと思っているのは、本来具えているはずの大きな覚りを信ぜず、単に愚痴を改めた程度を智慧だと心得ているからだ。

六度の行《ぎょう》やさまざまの行を説き、修行会得に五十二の段階を立てるというのは、皆すべて中以下の生まれつき（中根《ちゅうこん》・下根《げこん》）の人々のためである。六度の中で智度を貴んでいるのは、ただちに本来具わった大智に行き当たることができない人のために、暫時の間、幻妄《げんもう》の智を船筏《ふないかだ》として、次第に本分なる彼岸《ひがん》（かなたの岸）に到達させるための手段《てだて》である。教文を学ぶ道に、一時、学び解くことを許容しているのは、このわけである。教の道の本意ではない。船筏が大切なのは、大河を渡って向かいの岸に到達させんがためである。それなのに、愚かな人がその船筏に執着して、それを捨てないのは、なぜ船筏が必要なのかを知らないからだ。釈尊が世俗の煩悩を離脱して、諸種の法を説かれるのは、迷いさからう大河なる世間を超越して、本分の悟りの彼岸へ到達させようというための船筏である。それ故、たといこの船筏に乗っても、これを愛着して捨てなかったならば、本体の基地に到達することは不可能である。もしまた、飛んで行くことが自由にできる人は、船筏の力をかりないで直に向うの岸へ行けるようなもので、生まれつきのよさの最もすぐれた人は、三賢・十聖の菩薩の智慧を借りることなしに、直に本体の基地に行ってしまう。こういう人に学び解くことを勧めるのは、飛行自在《ひぎょうじざい》の人に、船筏を与えるようなものだ。その船筏はかえって障げとなるであろう。こういうわけで、禅宗では、諸種の学び説きを嫌うのである。

それなのに、禅宗を学ぶ者の中に、敬う師の語話（ことばやはなし）を船筏として、仏法の教文を学ぶ者が用いる船筏よりもすぐれているとうぬぼれて、慢心を起こしている者がある。たとい大きな船筏に乗ったからと言って、その中で遊びたわむれて、これで至極安穏《あんのん》だと思っているなら、一生空しく世間というこちらの岸に執着して、船筏の手配さえもしない者には勝っていようが、ただいたずらに河の流れの中に漂っていて、彼岸に到達しないことは、全く同じである。三賢・十聖の菩薩の位にある者は、格別すぐれた船筏に乗ってはいても、依然としてその中に住みついているがために、容易に生死《しょうじ》の迷いの流れを越えることができないでいるのだ。いわんや権《かり》の小さい船筏の中に住みついて、満足に思っていてよいものであろうか。

〔二八〕　本有の智慧

問。　そのような仏法のゆきかたを信じて、智慧をも求めず、経文の教えをも学ぼうとしない者もある様子だが、それに随って悟るというようなことにならないのは、どういうわけか。

答。　学び解くことを積み重ねて、智慧を得たのを、仏法を会得したものだと思っているのは、間違っていると聞かされて、それならば学び解くことをやめて、仏道修行にうまく合わせようとする者がいる。これまた、この妄想に障げられて、仏道に添うことができない。

えている。ただ妄想・執着があるがために、その正体をはっきりさせることができないと。「華厳経」に言っている。不思議なことに、一切衆生すべて皆、仏の智慧、有徳の相《すがた》をそなえている。ただ妄想・執着があるがために、その正体をはっきりさせることができないと。

たとえば、世の中に身力強健で、才芸がずば抜けている人があるとする。にわかに大病に罹《かか》って、身力も弱り、才芸も忘れて、三歳の小児のようになってしまった。そのそばに無病の者がいて、才能を磨き、力量を存分に発揮しているのを見て、かの病人は、自分自身に本来才能も力量も具わっていることをうっかりして、他人の振舞を羨ましがって、病中にもかかわらず芸能を習い、力業《ちからわざ》を好いてやって、身体を苦労させたために、病勢が募って、自分の望みを達しないうちに、死の苦しみが早くもやって来たようなものだ。この病人がもしも、才能力量というものは、本来、身に具わったものだ、ただ単に病気に障げられて、一時現われないだけのことだと信じて、先ず第一にその病気を療治するならば、才芸力量もすべて本のごとくに現われるであろう。仏道を学ぶのも同じことだ。仏の智慧・有徳の相は、誰でも具えているけれども、妄想・誤解などの病に障げられて、そのままを受け取って用《つか》うことができない。この道理をわきまえないで、妄想の病床に沈みながら、多くの聖賢が智力を存分に発揮し、徳のはたらきを現わしておられるのを見聞きして、羨む心を起こして、あるいは仏教その外の典籍を習学し、あるいは祖師の言葉を書いて覚え、あるいは霊妙不可思議な働きを欲し、あるいは変わった才能、すぐれた弁説などを願望する。こういうのは、すべて皆、妄想の病を増長する因縁になるものばかりだ。本来具わった智慧・有徳の相など、いつになったら現われようか、決して現われはしないのである。

〔二九〕 妄 想

問。何を妄想《もうぞう》（とらわれた考え）というのか。

答。浄土《じょうど》と穢土《えど》とは隔たりがある、迷《めい》・悟《ご》・凡《ぼん》・聖《しょう》は異なっていると思っているのは、妄想である。また、聖者《しょうじゃ》・凡夫の隔てもなく、浄土・穢土の差別もないと思っているのも妄想だ。仏法に本来、大・小乗、権《ごん》・実《じつ》、顕《けん》・密《みつ》、禅《ぜん》・教《きょう》の差別があると思っているのも、妄想である。仏法は一つの同じ味わいで平等、すべて勝り劣りがないものと思っているのも妄想である。日常の起居動作、見聞覚知、すべて皆仏法と思っているのも、妄想である。一切の行為行動を離れたところに別に仏法があると思っているのも、妄想だ。すべての教えは、皆、虚妄でなく事実であると見るのは、凡夫の妄想である。すべての教えは皆これ無常と見るのは、小乗の妄想である。よろずの教の上において、人間の身心は断絶して常住不滅《じょうじゅうふめつ》ではない、あるいは常住不滅であるという考えを起こすのは、仏教を信じない者どもの妄想である。あるいはまた、万物は幻《まぼろし》のごとくで実体なしと心得、あるいは万物の実相は絶待《ぜつだい》の道だと悟るのは、菩薩の妄想である。教外別伝《きょうげべつでん》の禅の宗旨があることをうっかりして、教文を学ぶやり方に執着するのは、教文を学ぶ者の妄想だ。また、教外別伝といって、教文を学ぶやり方よりもすぐれた法の修め方があると思うのは、禅を学ぶ者の妄想である。かような仏法の教えを信じて、それでは一切が皆妄想であると心得るならば、これまた妄想というものだ。

昔、無業《むぎょう》国師が一生の間、禅を学ぶ者の質問に答えるのに、ただ莫妄想《まくもうぞう》（妄想することなかれ）の一句をもってした。誰でももしこの一句がほんとうに判れば、本来具えている智慧・有徳の相《すがた》が、たちまち目の前に現われるであろう。

〔三〇〕 本分に到れる言句

問。前に、それは好ましくないといった仏の教えは、あるいは経・論の説くところ、あるいは昔の高僧が話をしたものである。それなのに、それを皆妄想だと言うのはどういうわけか。

答。すでに本分を悟った境地の人が、それを学ぶ者のために便法を示して、種々の教えを説くことは、すべて少しも差し支えない。燃える火といえども、口を火傷しないようなものだ。まだ本分を悟る境地には到らない人が、自分の考えで、経論・古徳の言句に随って、そのわけを呑み込むのは、ことごとく妄想である。現時、教文を学ぶ道の口伝相承《くでんそうしょう》は、完全にこなしたと思っている人でも、その宗の大師・先輩のすぐれた学僧ほどでないのは何故か。よくよく思え、その口伝相承というものも、すべて先輩高徳の学僧の本意ではないということを。

天台大師が言われたことには、自分は南岳《なんがく》（慧思《えし》）禅師に受け継いで、そのたしかめは他には頼らないと。「大日経」の疏（解釈）に言っている。自分の心自身で心をたしかめ、自分の心自身で心を覚る、それを菩提《ぼだい》（さとり）を成就するというのである。他に頼って証《あかし》をし、他に頼って覚るのではないと。顕教・密教《みっきょう》の宗師《そうし》（敬うべき師）たちの中の誰が、文字や義理《わけ》を学び得たのを、仏法の教えの要旨だとおっしゃったか。禅宗の宗師と称して、古人の言葉を批判し、学ぶ者の程度をためすことに、よく通じていると思っている人も、生死・禍福のせと際に臨んだ時に、古人のように、思いのままにいかないというのは、どういうことか。これでよくよく悟るがよい。つね日ごろの説明は、すべて皆、古人の境界《きょうがい》ではないことを。雲門大師は言っている。このことがもし言句の上の問題ならば、「大蔵経《だいぞうきょう》」の教えの中に言句のないことがあろうか。それなら、祖師達磨大師が西から来てわざわざ禅法を行なうこともないのにと。

〔三二〕任病

問。仏道修行に心を用いることは、皆妄想だ、教法《きょうほう》・禅法《ぜんぽう》も枝葉末節だといって、迷いの心のままに行動する人を、真実《まこと》の道を求める人といってよかろうか。

答。もしそのような見解をする人は、妄想の中でも第一の妄想である。「円覚経」に、円覚を求める四病《しびょう》（四つの欠点）を説明している中に、任病《にんびょう》（一切の縁によって円覚を求めようとする欠点）といっているのがそれだ。

〔三二〕　公案の意義

問。福徳《ふくとく》、智慧を求めるのをことごとくこれを嫌っているのに、禅宗を学ぶ者が、一くだりの公案《こうあん》（仏祖の垂示）をさとしとして悟りを求めるのは、差し支えないのか。

答。古人が、心をもって悟りを求めてはならぬと言っている。学ぶ者が、もしも悟りを求める心があれば、公案をさとしとする人とはいえない。圜悟《えんご》禅師も言われた。よい生まれつきの人は、必ずしも古人の言句・公案などを見る必要はないと。これでよく判ることだが、公案を与えるというのも、決して宗師の本意ではないのだ。たとい情《なさけ》をかけて、一くだりの公案を与えたとしても、それは仏の名号《みょうごう》を唱えて、往生極楽《おうじょうごくらく》を求め、陀羅尼を誦し経を読んで、功徳を求めるのと同じではない。そのわけは、宗師が弟子たちに公案を与えることは、極楽浄土に往生するためでもなく、成仏得道《じょうぶつとくどう》を求めるためでもない。それは世間の変わったことでもなく、仏法の道理でもない、すべて人間の情識《じょうしき》（とらわれた考え）の届かないところである。それ故に、公案と名づけたのだ。これを鉄の饅頭《まんじゅう》に譬《たと》えている。ただ情識という舌のとどかないところに向かって、咬《か》んで咬んで咬みまくれば、きっと咬み破る時節があるであろう。その時初めて、この鉄の饅頭は、世間の種々な味わいでもなく、世間出世の妙《みょう》法《ほう》の滋味や義理を読み取る味わいでもないということがわかるであろう。

〔三三〕　教病と禅病

問。　教・禅の法の学び方を悪く理会して、片寄りとらわれてしまっている人は、確かに嫌われても仕方がない。けれども、教法の道をよく理会して教義に拘泥せず、また、禅の宗旨をよく理会して禅の欠点に陥らない人をば嫌う必要はあるまい。それなのに、教・禅両法の道ともに、真実《ほんとう》のところではないというならば、本来の悟りの境地に達した人は、愚かな人と同じわけなのだろうか。

答。　本来の悟りの境地には、智者の相《すがた》もなく、愚人の相もない。それなのに、妄《みだ》りに智者・愚人の相を見る、これを愚人と言うのだ。それ故、智者・愚人の相を見ないのを、真実の智者というのだ。世間一般の愚かな人と違って、才智弁説があるのを智者と言うのは、世俗の沙汰である。この故に、本来具えているはずの大智を会得した人は、「おれは智者だ」と慢心を起こさない。そのわけは、本来の大智に行き当たってしまえば、智とか愚とかの差別の相を見ないからだ。おれは智者だと思っていても、智者のふりをしないというのではない。

もし身体の具合が調和して、身体が軽くて楽な時は、医書の秘訣も必要がなく、良薬やすぐれた手当てもいらない。けれども、身体の調子が悪くて、いろいろの病気がたちまち起これば、医術・治療の方法がまことに大切だ。多くの医者が、これを診て、病気に応じて薬を与える。病状も一様ではないから、治療の方法もまた、千差万別である。治療法は千差万別であるが、その治療の趣旨を正せば、それは病人の苦痛をなくして、病気をしなかった時の安穏《あんのん》な状態へ返そうとするためである。病人が医者にあって、なおしてもらおうと望むのもまた、己《おの》が病《やまい》の苦痛をなくそうというためである。医書の才能学識を習おうというわけではない。医者の治術《なおすわざ》によって、病苦がもしなおれば、これは無病安穏な人というわけだ。病気の苦痛がなおるのは、治療の力である。身体がやすらかになるというのは、病気にかからなかった時の、本来の状態になったということだ。それは医者が初めてそうしてやったものではない。医書の才学を究め、治療の妙術《みょうじゅつ》を会得したのを、無病安穏の状態になった人といえるであろうか。仏法もまたそのとおりである。

誰でも、本来具えている悟りの境地では、迷・悟、凡・聖の病相のごときものはない。教と禅と、煩悩の苦を断つ法の説き方は、誰のために用うべきものなのか。けれども、迷いの病苦がたちまちに発《おこ》って、種々身もだえする苦痛が生ずる。仏がこれを憐れんで大医王《だいいおう》として、種々の性質《たち》・楽欲《すきずき》に随って、さまざまの教えを説かれた。仏法の教えは種々の差別があるけれども、その趣旨をつきつめれば、それはただ衆生の迷・悟、凡・聖を分別する病苦をなおして、本来具わった安穏の悟りの境地に到達させんがためである。種々の迷妄を断つ教法のあり方を衆生に教えようというためではない。誰でも、迷いの妄想という病苦がとりのけられてしまえば、生死の変化が輪廻するのも見ず、凡聖迷悟の差別もなくなる。これこそ、因縁の働きを断ち、煩悩の苦を脱れた人といってよい。これを大悟《だいご》の人と名づける。教法を修める各宗派の内容を究めつくし、禅宗の五つの派の行き方を会得したのを、大悟というのではない。それなのに、末代の今の世の仏道修行者の中には、教法を習学し、禅法を呑み込んで、仏法の本意はこのようなものだと思っている人がある。薬がかえって病気を発するというのは、この意味である。そこで、古人は、これをば教病《きょうびょう》・禅病《ぜんびょう》と名づけたのである。

〔三四〕　学解と修行

問。　初心未熟の修学者が仏法の深い真理をすっかり知って、その解釈によって修行してさえも、なお間違うことがあるようだ。それなのに、学んで解るということを禁じて、ただ修行をせよと勧めるのは間違いだと言う人がある。その言い分があるのではないか。

答。　たとえて言えば、重病に罹《かか》った人のようなものだ。それがもしも先ず医者にあって、医書の才学を習い究めたあとで病をなおそうと思えば、医の才学をまだ習い終わらぬうちに、病気がますます重くなって、たちまちに命を失ってしまうであろう。それ故、もっぱら名医にあって、自身の病状を話せば、医者はその病状をはっきり診察して、利《き》きめのある薬を与えたり、灸をすえたりする。その病人は、この薬はどんな薬種を調合したとも知らず、この灸はどのつぼへすえたのかもわからない。ただ医者の言うことを信じて、その薬をのみ、そのつぼに灸をすえれば、病気の軽重によって、遅い速いの相違はあるが、ついにはその病苦がなおらぬと言うことはない。仏道修行もまた、そのとおりである。

本来具わった悟りの境界にめぐり当たろうとするために、先ず種々の教法を習学して、その後にその学得の理会によって修行しようと思えば、人間の寿命は百年以内に限られており、習学せねばならぬ教法は、数限りもない。習学がまだ済みもせぬうちに、寿命はとうに終わってしまう。死んでしまっては、長年学んだ結果はすべて何にもならない。ただ茫然として悪業《あくごう》の縁に引かれて、迷いの境界をぐるぐる廻っているだけだ。それ故、禅宗のすぐれた師が、修学者に示す公案は、一言半句に過ぎない。その一言半句も、修行の用心《こころもちい》のためではなく、直《じか》に本体をさし示すためにのみやることである。学ぶ者が愚鈍で、たといすぐにのみこめなくとも、これを公案として、学び解き推し量っても及ばない目標に向かって、日夜に覚《さと》し導けば、いつか時節が到来して、永劫の迷妄も一時に消滅するであろう。

〔三五〕　意句倶到と長養

問。善知《ぜんち》識《しき》の一言《いちごん》のもとに悟りを開いて、教法・禅法の道にも関与しない境地に到達した人は、他人を教化する功徳が欠けているのではないか。

答。教法の中には、仏の智慧を明らかにするのに、二種ある。一つには根本智《こんぽんち》。これは仏の内に悟っている真理である。二つには後得智《ごとくち》。それは他を教化する手立てのためである。仏祖（如来）が俗世間を脱れて、教・禅の法をお説きになったのは、皆すべて他人を教化し救う方便《てだて》である。それ故に、禅・教を学ぶ者が、あるいは経文の教えを見、あるいは善知識の言葉に随って、心の上において了解する仏法の学び方は、皆これ後得智の限られた領域である。もしもすでに仏の内証《ないしょう》（心の中ではっきり悟る）の境界にゆきついているならば、後得智を発《おこ》して、他を利益する道に赴き、教・禅の法を説いて、衆生を救うであろう。三世の如来、歴代の祖師は、いずれもこのゆきかたである。もしまだ仏の根本智をはっきり悟らない人は、先ずもってこの根本内証の境地に到達しようと願うがよい。もしこの境地に到達しようと思えば、教・禅の分かれた領域を超越して、初めて到達できるであろう。もしなお教・禅の法を胸中にたくわえている人は、本分（本体）の悟りの境地に到達することができない。古人の言っていることに、仏祖の説教を見ること、仇敵《あだかたき》のごとくにして、初めてそれに相応した得分《とくぶん》があるであろうと。また、言っていることには、ただ根本を得さえすればよい、末節など気にかけるなと。

たとえて言えば、木を植えるようなものだ。その本《もと》の根さえうまく着けば、枝葉《えだは》も自然に繁茂し、花も菓《み》もまたなるものだ。それ故に、木を植える最初には、根本《ねもと》に気をつけて、枝葉には目をかけない。そこで、根がかたまらぬ間は、少しばかりある枝をも切り捨てるのである。そうかと言って、木を植えるのは、ただ根本のためばかりだと思うと、それは間違った考えだ。根本を大事に養うことは、枝葉・花菓のためである。

たとい本分に行き当たっている人でも、いまだ活祖《かっそ》の手段をのみ込まぬ者をば、大法未明《だいほうみみょう》（大法をいまだ悟らぬ）の人と名づける。こういう人は、自分ではっきり悟ったことは確かだけれど、人のためにやる手立てを持たないから、善知識となることはできない。心に思い量るだけで、それを言い表わすことができない人だというのは、これだ。また、少々古人の手段《やりかた》を推量することができても、自分の見かたがもしはっきりしていなければ、これまた善知識とはいえない。これは言い表わしはうまいが、真意は判っていない人だ。古人も言っている。すっかり判っていない人は、その表わし方に努めるよりも、もっぱら表わすべき中身に心を向けるがよい。すっかり判っている人は、表わすべき内容に心を向けるよりも、ただ表わし方に努めるがよいと。意というのは祖意《そい》である。祖意とは、誰でも具えている本体の根本である。言い表わし方は、禅宗の五派の宗派のそれぞれのゆき方である。要は、意が根本である。句は枝葉である。それ故に、初心の修学者は、先ず第一に祖意（根本の意味）を会得するがよい。句のもとにじっとしていてはならぬ。昔の人も、根本の中身が判ってから、三十年、五十年と綿密に練磨して、前世からの悪業の障害をかたづけることを、長養《ちょうよう》（長く修行する）の工夫と名づけている。長養がすっかり熟《う》れてしまえば、これをば打成一片《だじょういっぺん》（一つに成りきる）という。こうなると、自然にたくみな話しぶりのすぐれた働きも出て来るので、他人のためにつくす手立てもまた、自由自在である。これを意句倶到《いくぐとう》（中身も表現も、ともにととのった）の人と言う。自分の見かたもまだはっきりしておらず、禅宗の流派の修行のしかたも知らない人がいる。意・句ともに到らない（意句倶不到《いくぐふとう》）といっているのはこれだ。

　木を植えた後、日数が長くなったけれど、枝葉・花菓が思うほど栄えないのを、その根がまだよくつかないからだと思って、土をかい、水を灌《そそ》いで、久しい間、養いをすると、根本が自然に固まって、枝葉もまた繁茂するであろう。愚かな人は、枝葉が栄えないのは、根本がちゃんとしていないからだとは気づかずに、急いで枝をのばし、花を咲かせようと、あれこれするうちに、たちまち植えた根本が枯れてしまうことを忘れている。たとい根本の意味を会得したところがあっても、巧みな話しぶりのすぐれた働きも思うにまかせず、形を変えさせる神通力もまだ具わらないならば、枝葉末節には目をかけず、ひたすら根本の悟りを念ずることに専心して、人我見《にんがけん》・法我見《ほうがけん》のとらわれた妄見《もうけん》を除き、凡夫の思い、聖人の考えをつきつめるがよい。古人も、仏法を会得することはやさしいが、会得した仏法を守りとおすことは難しいと言っている。法を守るというのは、長く養う工夫である。末世の修学者の中に、少々すぐれた性《たち》の人が、真実の大悟ではない、それらしいものを認め得て、長養の工夫もしないで、自分は、根本は真正になっているが、他人を教化する神通力がまだ具わっていない、それ故、今はもっぱらそういう力を充足しようというので、教・禅の法を習学して、仏祖のすぐれた働きがかなうことを希望する。そのために、ますます根本の悟りの本体をば昧《くら》まして、ついには悪魔の世界に入ってしまう。あるいは、映った影を認め得たのを、本体にとどいたのだと思って、これを守っているのを長養の工夫であると言う人がある。そういうのは、たとい長養して、千年万年たったとて、ただ迷いを増長させるに過ぎない。たとい、その中で少々功徳になる働きをしてみても、それは迷いの世界をぐるぐる廻る基《もと》になるだけである。たとえてみれば、根もない木を植えて、土をかけ水を灌《そそ》ぐようなものだ。このように養って歳月を重ねれば、春雨などのよい縁にあって、一時は枝葉もきざし、あだ花などが咲くことはあろうが、仕舞《しまい》には朽木《くちき》となること必定《ひつじょう》だ。

〔三六〕 意・句

問。「句」に心がけ、「意」に心がけるという、その区別はどうなのか。

答。意・句ということは、詩の専門家の方から出たことだ。日本の歌道を論ずる時に、この歌の句の表現はすなおだけれど、その着想はまずいなどというようなものだ。禅宗で、その言葉を借りて、意・句と言う説き方をする。その言葉は同じではあるが、その意味は変わっている。禅宗の中には、向上《こうじょう》・向下《こうげ》、把住《はじゅう》・放行《ほうぎょう》、擒縦《きんしょう》・殺活《さっかつ》、三玄《さんげん》・三要《さんよう》、五位《ごい》・君臣《くんしん》などという種々の法の説き方がある。皆これらは句の分《ぶん》(領域)である。修学者の末輩の中には、このような法の説き方の区別をはっきりと知っているものを意到《いとう》と名づけ、この法を人に向かって説く際に、問答をすらすらとやってのけるのを、句到《くとう》だと思っている者がある。この人が意と思っているものは、これまた句の領分である。しかるに、かようにきつめてはっきりさせることは、意・句を一緒に究める行き方だと言う者がある。その説は一応もっとものようだけれども、その道理はすべて当たっていない。

〔三七〕祖　意

問。初心の修学者は、先ず意に心がけるがよいといっているのに、公案を与えて指導させるのは「句」に心がけることではないか。

答。必ずしも古人の言っている文句を見るからといって、「句」に心がける人というわけではない。ただこの言句の上において、把住《はじゅう》（つかまえて動かさぬ）か放行《ほうぎょう》（自由にまかせる）かを筋道を立てて論じ、あっちだこっちだということを、はっきり究明する。これを句に心がける人というのだ。たとい、黙って壁に向かって坐禅しても、胸中にくだらぬ知識やいい加減な解釈をたくわえていて、並べてみたり、較べてみたりするのは、これまた句に心がける程度である。それ故に、一切の説明や推量を捨て去って、直に一くだり《じか》公案を見せるのは、「意」に向かわせる手段である。たとい古人の語録を見、善知識の説法を聞いても、直に懐《ふところ》（中心）を志して、義理の筋道の上で知解をすることがないならば、それこそ「意」に心がける人というべきである。修学者がもしはっきりと祖意を悟ってしまえば、善知識が、その人に対して、五派の宗派の行き方の区別を論じ量り、把住・放行、擒縦・殺活、抑揚《よくよう》・褒貶《ほうへん》等の手段《てだて》・体裁《ようす》などを推し量ることも差し支えない。このような「句」を呑み込んでいないと、善知識として人を教化することはできない。古人が、法を悟った人に対して、言句を考えてみようとしないのが大きな欠点だ、と言ったのは、この意味だ。これはただに禅宗の手立てを心得ておくのみに止まらず、教法の宗派のしくみ、ないしは孔孟・老荘の教え、仏教の外の教えや世俗の論までも、心得ていなければならない。今時の学ぶ者は、ほとんどが真実《まこと》に仏道を求める心がない。世の聞えを求めたり、うぬぼれたりすることが先に立つので、自分がまだ悟れもしないのに、禅・教の教えを習学することを努めとする。そのうちにちょっとだけわかると、すぐに善知識と称して愚かな人々をたぶらかし、その少しばかりの知識を人にひけらかして、もし修学者の考えが、自分の思っている考えに適合する場合には、これをはっきり認めて許す。これは大変な間違いだ。昔の人が、まだ悟りを得られない者は、先ず「意」に心がけよと示されたことを、よくよく考えるがよい。こういう見地が、何かのものを取捨しようとする執着のない中での取捨というものだ。このような意・句を立てて説くことも、宗師の本意ではない。古人も言っている。「意」がひどく「句」を犯し、「句」がうんとこさ「意」を犯して、「意」と「句」とが互いにかけ廻る。これをよくよく気をつけねばならぬと。

〔三八〕　知行合一

問。　末世にはなっているが、仏典・漢籍などの伝統系譜は受け継がれて絶えない。それぞれ昔の高徳の人々の趣旨を呑み込んで、その家の教えを末永く説き聞かせる人はあるけれども、儒者の中でも孔子・孟子のように、心に五常の徳を守っている人もいない。仏教の諸宗を学ぶ者も、その宗の先輩の高徳の僧の行ないにも似つかない。禅宗で、下語《あぎょ》（自己の見解を述べる）、説禅《せつぜん》、機弁《きべん》（巧みな話しぶり）などが自由自在な者も、死生禍福《ししょうかふく》の間に処して、昔の人のように束縛されないものは稀である。仏法の受け継ぎは昔も今も変わらないようだが、学ぶ者の行ないの優劣が同じでないのはどうしたことか。

答。経文に、法文を多く聞いて知っていても、行《ぎょう》を修めなければ、無知の愚人と違《たが》わぬと説かれている。俗世間のさまざまなことも、そのわけがらを知っていて、人に語るのはやさしいが、言ったとおりに、そのことを実行するのは難しい。大工の仕事、建具の技術は、みんな自分たちでも普通の大工には劣るまいと思っているけれども、実際に手斧《ちょうな》や鉋《かんな》を持って、木を削ることはうまくゆかない。そのわけは、大工の家業を継がねばならぬとも考えないから、その仕事を稽古したことがないからだ。この程度では下手な大工の仲間にも入れはしない。大工の家に生まれた者は、幼少の時からその仕事を練磨しているから、どんなにその器《うつわ》でない者でも、やはりその家業を継いだだけのものはあるのである。今時、仏典・漢籍の学問を受け継いでいる人は、その家の才学だけ問題にして、心の修行をする練磨はしない。先輩のすぐれた学者のようでないのは、もっぱらこの理由である。

昔、孔子が世に現われて、五常《ごじょう》の人倫の道を述べられた時、その門弟となった人々は、それぞれに仁義礼智信（五常）の道理を心がけて修行したものである。だれそれは仁を学び得た、だれそれは義を学び得たと、孔子がはっきり認めて許されたのは、その心に仁があり義がある人のことである。単に仁義の才学のみを語り論じて、心に仁義のない人をば、それと認めてよいと言われることはなかった。今時、儒教を学びなさる方は、単に仁義の意味を習得しさえすれば、自分はもう儒教の達人だと思って、仁義の道を心に修練なさることはない。こんなわけで、仁義の才学は孔孟にも劣らぬように見えるけれども、その心に仁義の徳が欠けていることは、世間一般の愚人となんら変わったところはない。仏教もまたそのとおりだ。

仏がおられた時だからといって、誰でもが皆、生まれつきがすぐれていて、すぐに世俗の煩悩を遁れ、自在な境地を会得したというわけではない。けれども、中以下の生まれの人も、仏の説法を聴聞して、聞いてわかったとおりに修練したために、それぞれの程度に随って、利益《りやく》を受けない者はなかったのだ。仏が入滅《にゅうめつ》して後でも、上代には一つの宗派の説法を聞く者が、それぞれ、その宗派で教えているとおりに修行したので、皆その利益を得たというだけのことはあった。そのわけは、利根《りこん》か愚鈍かの違いはあっても、前世からの積もった学殖が深く厚い人が、仏法を信仰するのは、ひとえに生死の迷いの苦を離れ、衆生を済度《さいど》せんがためであって、世俗の名利《みょうり》などを考えることがなかったためである。

末代に生まれた人は、前世からのよい果報《かほう》が浅薄であるために、在俗の人の中に、たまたま仏法を信仰される方があっても、おおよそは世俗の名利のためである。出家（僧）の形になって、仏法を学ぶ人も、多くはただ、栄花・名誉の欲のためである。それ故に、修練の功を積まれることもない。単に諸宗の教義程度のものでも学びおおせると、もうこれで十分だと思っておられる。故に、学び解くことが進むにつれて、うぬぼれもまた強くなる。世間一般の凡夫は、ただ自分本位の人我見だけがあるが、仏法を学んだ人は、本の人我見の上に、二重に法我見の執着を加えている。そのため、説法を談じ論ずることは、上古のすぐれた高徳の学僧にも劣らないが、行ないを較べ合わせれば、下賤の凡夫と全く変わりめはない。

大工・鍛冶などの才芸を学ぶ者は、たといその才学を述べ立てる弁説がずば抜けていても、木を削る技法《ぎわ》も持たず、釘《くぎ》をさえ作ることのできぬ程度ならば、鍛冶・大工の仲間にも入れない。いわんやこの方面の才学を方便《てだて》として、世を渡るなりわいとすることができようか。こういうわけで、彼ら大工・鍛冶の家に生まれた者は、幼少からその業《わざ》を練磨するからして、末代になっても、上古の昔にひけを取ることはない。仏典・漢籍等を学びなさる方も、大工・鍛冶のようでさえあれば、なんで上古にひけを取ることがあろうか。たとい鈍な生まれつきであって、容易に煩悩の苦を遁れ自由な境地が得られなくても、どうして一般世間の凡夫よりも、人間の欲情や我執《がしゅう》が和らぐ程度のことのないということがあろうか。けれども、今時は、ただ人にすぐれた学識さえあれば、その心がひがんでいてもかまわず、その行ないが浮わついて浅はかであるのも恥じなさらない。だから、諸宗の修学者が、昔のすぐれた高徳の学僧のようでおいでなさらぬのも、道理である。

古人も、一丈の長さを説きつけて取得するよりは、一尺を行ないによって取得する方がまさっていると言っている。それだからこそ、禅宗の宗師は、同じように、一切の知識を投げ捨てて、自分で直《じか》に向かっていって、自分の力で究めよと勧めておられる。それなのに、今時の禅宗の修学者もまた、語録を読み、文章を心がけ、それらの才学が普通より勝った点があると、大うぬぼれを発《おこ》して、真実の悟りに入ることのないのを、恥ずかしいと思われることがない。この故に、教・禅両宗の学ぶ道は違っていても、祖師・先徳の行ないに背《そむ》いていることは、いずれも皆同じである。これこそ末世で仏法破滅のすがたである。歎かわしいことの、これより勝るものが世にあろうとは思われない。

〔三九〕 学と行

問。ひたすらに禅・教の知識ばかりを心がけて、修行の方をやらない人をば、世間の愚かな人と同じとして嫌うべきであるか。

答。布袋《ほてい》和尚が言っている。行《ぎょう》と学とをすべてやりおおせれば、僧の形になる必要はないと。出家の形になって、行もせず学もしない者がある。これを仏弟子とはいえない。こういう者に較べれば、せめては学ばかりを好む人も、まだ結構な方だといってよい。けれども、同じくは、真実の仏弟子とおなりなさいとの、これは布袋和尚の諫《いさ》めの言葉である。

教法の道ですっかりわかることを奨励するのは、何のためか。それは、そのわかったことによって修行をさせようというためだ。修行を主張するのは、どういう考えからか。正智《しょうち》をもって本性《ほんしょう》をはっきり悟らせようというためだ。あいがたい真正の仏法にあった効《かい》もなく、惜しいかな、知識をただ世間の名利の代償にして、仏道成就の資《たすけ》にはなさらぬ人をば、これを智者ということができようか。教法の道を進む人でさえも、知識に傾くのは過《あやま》ちであるのに、いわんや禅宗を学ぶ者においてはなおのことだ。

〔四〇〕　菩提心

問。ほとけ心を発《おこ》すということは、どのように心を発すことなのか。

答。仏法に触れる衆生の根性《こんじょう》を論ずれば、上中下の三段階がある。そのうちの上の根性のものを菩薩《ぼさつ》と名づける。菩薩というのは梵語である。詳しくは菩提薩埵《ぼだいさった》と言っている。菩提を覚《かく》とも翻訳し、また、道とも翻訳している。薩埵とは有情《うじょう》（衆生）という言葉である。こういうわけで、在家《ざいけ》（俗人）と出家《しゅっけ》（僧侶）との別はあるが、衆生のために仏道を求める人を菩薩というのである。仏法の教えの中に、菩提心《ぼだいしん》（仏心）を論ずるのに、種々の差別がある。要点をかいつまんで言えば、二種があり、それは卑近な求道心《ぐどうしん》と真実の求道心とである。生者必滅《しょうじゃひつめつ》、盛者必衰《じょうじゃひっすい》の道理を知って、世間の名利を心にかけず、ひとえに世俗の苦悩を離れようとして道を求めるのを、卑近な求道心と名づける。龍樹《りゅうじゅ》菩薩は、世間の無常を観ずるのを、仮に菩提心と名づけると言っている。浅い所から深い所へ入るというのが原則だから、卑近の求道心も発らぬ人は、真実の求道心を発すこともないに違いない。古来の宗師は、直《じか》に本分の悟りの境地を指し示しているが、普通には、学ぶ者に向かって、無常は迅速だという道理を説いておられるのも、この趣旨からである。けれども、ただ生死の無常を怖れて、世俗の名利を求めないということだけに止まって、真実の求道心を発すことがないならば、それもまた愚かな人間だ。昔、唐土古代に許由《きょゆう》という人が、唐堯《とうぎょう》が天子の位を譲りなさる話を聞いて、俗な話を耳にして汚れたといって、潁川《えいせん》の水で耳を洗ったところ、巣父《そうふ》は、その耳を洗った流れも汚れているから飲ますまいとて、牛をひいて帰ってしまった。この人たちのありさまを見ると、王位さえも心にかけない。いわんや世間一般の名利はなおのことだ。真《まこと》にこれは結構な話のようではあるが、要するにこれは世間の賢人と言う程度の人だ。真実の求道者ということはできない。しかるに、一般の人々は、世間の名利を捨てて、山林に庵を結んで、滝の音や松の嵐に心を澄ましているのを、求道心だと思っている。これらは、許由・巣父と同類である。真実の求道心とはいえない。「無行経《むぎょうきょう》」に言っている。もしも清い山林の静かなところに住んで、自分は貴い、人は賤しいと思っている人は、天上に生まれかえることさえもできない。いわんや成仏などもってのほかだ。真実の求道心とは、無上菩提《むじょうぼだい》を信ずる心が発ったことだ。諸々の経文の中に、阿耨多羅三藐三菩提《あのくたらさんみゃくさんぼだい》と説いているのは、これだ。阿耨多羅とは無上の意味である。三藐三菩提とは、正等正覚《しょうとうしょうがく》という言葉である。菩提をば道とも翻訳するので、諸経の中に、無上道《むじょうどう》と説いているのは、阿耨菩提のことだ。この無上菩提は、人間誰でも本来具足しているもので、それぞれ円満成就しているものである。凡夫においても、足りないことはなく、聖人においても余分にあるというものでもない。古今に亘って、一向に変わりはないと信ずるのを、真実の求道心というのだ。経文に説かれている。菩薩は、最初に菩提心を発した時、ひたすら菩提を求めて、しっかりとして動かないと。この経文の意味するところも、菩薩は初めに求道心を発した時から、ひたすらに無上の道を求めて、単に世間の名利だけではなく、小乗・権教《ごんきょう》の見解をも発さぬことを説かれたのである。たといこのようであっても、これもなお、本来具えている無上菩提を信ずるだけのことで、いまだ相応ずるという領域を持っていなくては、真実の道心ではない。菩提心は、生滅無常《しょうめつむじょう》である。常住不滅《じょうじゅうふめつ》の変改なき仏性《ぶっしょう》（覚悟の本性）とはいえないと「涅《ね》槃経《はんぎょう》」に説いているのは、この意味である。「華厳経」に、阿耨菩提は、過去において後戻りもなく、現在における後戻りもなく、未来における後戻りもないと説いているのは、人間が具足している、本来持っている菩提心のことである。真言宗では、これを浄菩提心《じょうぼだいしん》と名づけている。「大日経」に言っている、どういうのを菩提というのか、如実に自心を知ることだと。同じく「大日経」の疏（注釈）の中に、これについての問答があって、「もし自分の心がそのまま菩提ならば、衆生はどうして仏にならないのか」との問いに答えて、「それは如実に知らないからだ。もし如実に知っていれば、初めて菩提心を発《おこ》した時、すぐに真正の覚《さとり》を成就することができるはずだ」と言っている。

　いまだこの本来具足している菩提心に相応しない人は、二六時中絶えず、もし万事が心に執着せず、純一に修行ができる行は、自分は求道心が堅くて、修行する力があるからだと思って、高慢の心を発す。それ故に必ず悪魔の世界に陥《おちい》る。もしまた、反対に、この求道心が弱くなって、世俗の業縁《ごうえん》のために乱れ、気が沈んで落ち着かぬために侵される場合には、こんな状態で生死が到来したら、迷妄の世界をぐるぐる廻るのを免れがたいという恐怖が発る。かかる恐怖と高慢とに障げられて、ますます本来具足している菩提心をわからなくしてしまう。初心の修行者に、もしこのような心が発ったような時には、自分はまだ無上道に相応じないために、このような妄想が起こったのだと心得て、一切を投げ捨てて、まっすぐにどこまでも向かってゆけば、必ず相応ずる時節が来るであろう。その時になって初めて、真実の菩提心は発ることもなく、さめることもないものだということを、みずからさとるであろう。「無行経《むぎょうきょう》」に、もし誰かが菩提心を求めるならば、その人には菩提はない。もし菩提の相《すがた》を見たとすれば、それは菩提を遠ざかったのであると言っている。

〔四一〕 理入と行入　附＝闘諍好きの僧、教院の播器

問。もし人間が生まれつきがごくすぐれていて、直《じか》に本分（本性《ほんしょう》）を悟ったならば、境界《きょうがい》だとて障げをするものはあるはずがない。たとい直に悟ることはなくても、求道心が堅固ならば、境界に障げられることもないであろう。けれども、生まれつきのごくよくない人は、求道心も堅固でないから、たまたま仏法を信じても、名利の心も抑え切れず、逆順二つの境界も侵し合うために坐禅の工夫も純一とはならない。このような人を勧めて、先ず世俗の情を和らげる手立てはないものだろうか。

答。境界というものに二種ある。それは順と逆とである。自分の心にかなっていることを順境界《じゅんきょうがい》と名づけ、自分の心に背いていることを、逆境界《ぎゃくきょうがい》といっている。逆境界をばこれを憎み、順境界をばこれを愛している。愛によって生《しょう》をひき起こし、憎《ぞう》によって死を受け入れ

る。こういう次第で、順逆の境界は、ともに、生死の迷いの世界をぐるぐる廻る因縁となる。愚かな人はこれを知らない。自分の心に合わないことを、いやだと捨ててしまい、自分の心にかなったことのみを願い求める。「娑婆《しゃば》」というのは梵語《ぼんご》である。ここでは「欠滅《けつげん》」と翻訳した。この人間世界に生まれる者は、皆前世からの善業《ぜんごう》が薄いために、何事もすべて心にかなって満足することがないからという意味である。しかるに、この娑婆世界にありながら、心にかなうことを求めるのは、火の中に入って、涼しいことを求めるようなものだ。何事も心にかなうことを得ようと思えば、速やかにこの娑婆を遁れ出るための計《はか》りごとをめぐらすべきである。この欠滅世界の中において、心にかなうことを求めているので、朝夕に身体を苦労して、仕舞には来世の悪い結果を予感することになってしまう。古歌に、「うかれただありはつまじき世の中に、心のとまる人もこそあれ」というのがある。もしもこの道理を知っていれば、この娑婆世界に生まれて、何事も思うようにならないのは、諸人のために、煩悩の苦を離れよと勧める善知識ともいうべきものだ。もし人間が自分の心にかなう(気に入る)ことを愛さなかったら、心に背くこともないに相違ない。もしそうならば、己を悩ますものは、外の境界ではない。ひとえにこれは自分の心の過ちである。

　私が、昔、地方の小さな寺に住んでいた時、一緒に住んでいた僧の中に、喧嘩《けんか》の好きな者があった。ある時、この僧が私のところへ来て懺悔《さんげ》して言うには、「私にこういう癖があります。どうこれを断ち切ったらよいでしょうか」と。私は次のように答えた。「喧嘩を上手にするやり方がわかれば、喧嘩しようという気は起こらぬものだ。喧嘩を上手にするやり方をお教えしましょう。世間で軍《いくさ》を上手にする人は、先ず敵の大将に目をつけて、雑兵《ぞうひょう》などを相手にしない。大将をさえ打ち取ってしまえば、雑兵は自然に亡びてしまうからだ。貴殿《あなた》の心に背いた敵人の中で、どいつがその大将かと注意して見るがよい。たとい他人に罵《ののし》られ打たれようとも、それによって決して地獄に堕ちることはない。このような悪縁《あくえん》にあって起こる思いつめたいきどおりは、永い間の善根をことごとく焼失して、ついには己を地獄に堕としてしまう。そうすると、己を損害する大将は、他人ではない。それはただ、自らの心なのだ。争いの気持ちが起こるような時は、先ずこの自分の心に注目して、それを打ち取るがよろしい」と。この僧はこれを聞いて涙をこぼして出て行った。その後は、うって変わって、柔和な僧になってしまった。

その頃、その小さな寺には、まだ浴場を造っていなかった。そこで、近隣にある教門の寺院へ行って、湯を浴びたものだ。その湯屋《ゆや》のかいだしは、竹の筒の五寸ぐらいの中に節《ふし》を中心にして、両方で湯を汲むように作ってあった。湯を多く汲まさせまいとの工夫である。私が一緒に住んでいる僧の中に一人、このかいだしを見るたびごとに悪念《あくねん》を起こして、その教院の坊主の狭量なことを、折にふれて罵った。私はその僧にこう言った。「ありとあるもの、本来大小の相《すがた》はないものだ。大小は人間の情《こころ》にある。それ故に、大小の妄情《もうじょう》を忘れ去って、不思議な解脱《げだつ》をはっきりと会得した境地の菩薩は、芥子《けし》粒《つぶ》の中に高広な須弥山《しゅみせん》を納めることができるが、芥子そのものは大きくなったこともなく、須弥山が小さくなったこともない。浄名居士《じょうみょうこじ》の住む部屋は、わずかに一丈四方であったが、八万四千由旬《ゆじゅん》もある高座《こうざ》を三万二千も納《い》れることができた。貴殿《あなた》の心の中に、大小の相に執着する気持ちがなければ、あの小さな竹筒で大海《だいかい》をも汲み取ることができよう。そう思うと、あの坊主の心が狭いのではなく、貴殿の心が狭いのだ。私もいまだ不思議の解脱をはっきり会得できないので、大小の相《すがた》にとらわれてはいるが、この道理を信じてはっきりとわかっているからして、貴殿のように、悪念を起こすことはない」と。この僧がこれを聞いて後は、あの竹のかいだしを見ても、悪念は一向《いっこう》に起こらないと言った。

ただ単に、かいだしの大小ばかりではない。果報の大小、寿命の長短、財宝の多少、官位の高下、世間の治乱、人倫（人間）の怨親など、かような世俗のことは、さまざまではあるが、それはただ、とらわれた迷いの情《こころ》に浮んだ夢幻《ゆめまぼろし》の相である。この幻の相の上において、これを取りあれを捨てようと苦労するひまに、この幻相《げんそう》をえりわける自らの心の思い量りを一切投げ捨てるがよい。もしこの幻相の分別の思い量りを放下《ほうげ》することを望み得たならば、浄土・穢土《えど》、凡夫・聖賢《しょうけん》などという隔てもまたなくなってしまうであろう。何を悲しみ何を喜ぶことがあろうか。けれども、もしまた自心の幻相にとらわれた思い量りを放下することができずに、世俗の幻相に心を乱すようなことがあれば、よくよく繰り返し考えるがよい。果報も大きく、寿命も長く、財宝も豊かに、官位も高く、怨敵もなくて、治まった世の中に暮らしていても、天上の果報に較べれば及びもつかない。たとい天上の果報に等しいとしても、いつまでも生きながらえることはできないのだから、これを結構だと思ってはならぬ。もしまた、果報・官位等も、皆卑しい身分になって、乱世に閉じこめられたとしても、さすがに人間の世界だから、地獄以下の悪い世界の果報よりは勝っていると思って、歎いてはならぬ。いわんや仏法に出会った大きな慶びがあるのだ。どうして世俗の小利を心にかけようぞ。

　このような説法は、経文の教えの中に、種々の因縁を譬《たと》え話《ばなし》で説かれている。ただ教門《きようもん》の中だけではなく、禅宗を主張しておられる祖師たちもまた、同じくそれを勧めておられる。達磨《だるま》大師は、仏法を悟入しようとする人について、理入《りにゆう》・行入《ぎようにゆう》の二種を考えておられる。理入というのは修行をかりないで、直に本性をめざしてゆき当たろうとする人である。行入というのは、本性を悟るべき説法を聞いて、それを信じてわかりはしたが、まだ相応の分際《ぶんざい》がない人のために、一定の手立てがない自由な手立てをもって相応させようとする手段である。行入について、四行《しぎよう》ということを説明している。一には報冤行《ほうおんぎよう》、二には随縁行《ずいえんぎよう》、三には無所求行《むしよぐぎよう》、四には称法行《しようほうぎよう》である。

　世間に多い貴賤男女の中で、自分が気に入らず、自分に冤《あだ》をする人がある。それから畜生・鬼類の中にも己に毒害をするものがある。人間の八苦《はちく》の中に怨憎会苦《おんぞうえく》（憎む者と会合する苦）というのはこれだ。これは皆、前世に彼らを敵視した報いである。あるいはまた、貧苦病苦に責められるのも、己が欲張ったり戒《いまし》めを破ったりした報いだと思って、怒ることも悲しむこともない。このような気持ちに安らかに落ち着くのを、報冤行と名づける。もしまた、しあわせがあって、官位も進み、財宝も多く、名誉も人にすぐれ、芸能も抜群であったとしても、それらは皆、前世に修めた一切の善根に報いた果報・威勢《いきおい》である。久しく保っていられるわけがないと思って、これに誇り、これに執着する心がないのを、随縁行と名づけている。

この二つの行《ぎょう》の道理は、たいして甚深《じんじん》の説法ではないけれども、教外《きょうげ》の修行の宗旨を信ずる人の中にも、前世からのよい報いの薄い人は、逆順の境界を侵し合う縁に出会うと、心を乱して仏法を忘れてしまう。それでもまだ仏法を心のどこかの端には気にかけているふうではあるが、逆順の縁が連続して隙間もないので、工夫のよくよく熟する余地がない。この二《に》行《ぎょう》の道理は、無智の人でもきっとわかるであろう。先ずこのような道理をわきまえて、逆順の境界の縁に対《むか》う時に、心を乱すことがなければ、自然に工夫も純一になるであろう。この故に、達磨大師が先ずこの二行を立てられたのである。荘子《そうじ》らが、苦楽逆順に心を動かさないのを、自然のままに作為をしないという無為の道にかなっていると考えているのとは、同じではない。こういうわけで、中古《なかむかし》の宗師たちの中にも、このような道理を示されている人がある。近頃では、元《げん》の天目山《てんもくざん》の中峰《ちゅうほう》和尚の垂誡《すいかい》の中に、主として世俗の人情のひがんでいる点を誡められているのも、この趣旨である。それなのに、なまじっか少しばかり智ある者がこれを見て、このような道理は、仏法以外もしくは小乗等の教えだ、祖師達磨大師の宗旨ではないと、そしっている。祖師門下の宗師は、教門のやり方のように、浅深それぞれの説法を設けて、機会に応じて、これを説くというのではない。ある時は世間の道理を説き、ある時は世間の煩悩の苦を離脱する説法を話す。というように、きまった筋道はない。すべてこれ皆、衆生のために、執着をときはなち束縛をきりさく手段だ。古人も言っている。会得すれば、すなわち修行の途中でよく本分を発揮し、会得しなければ、すなわち世間普通のことだと。たとい悟りをめざす奥深い旨《むね》を示しても、学ぶ者がもし会得しなければ、それは世俗の道理に過ぎないものとなってしまう。もし誰かが世俗の道理を説いているのを聞いて、日ごろの執着・束縛を離脱して、直《じか》に本分に行き当たることがあれば、この世俗の道理は、そのまま甚深の説法となる。もしも順逆の境界の縁に遇って、心を乱す程度のことはなくても、それだけに止まって、本性《ほんしょう》をすっかり悟ることがなければ、ただ単に北州《きたのくに》天上の定命《じょうみょう》千年の果報を得る人となるに過ぎない。羅漢《らかん》の修行を果たした人は、貪瞋痴《とんじんち》の三毒《さんどく》の迷心《めいしん》を永く断ち切って、三界《さんがい》の迷苦《めいく》を離脱はしたが、まだ大乗の正理《しょうり》を悟るまでには至らない。故に、「円覚経」に、心に深く思うことを動かすのも迷いであり、またこれを止《や》めるのも迷いであると言っている。

けれども、もしも先ずさきに卑近な道理を知って世間の情欲を和らげ、その後、仏法を修行しようというのを嫌ってはならぬ。たとい世俗の情欲も和らぎ、純一に仏法を修行したとしても、もしまた、悟入《ごにゅう》を求め、成仏《じょうぶつ》を求め、神通力を求め、弁説を求める欲な心があるならば、本分の悟りを遂げることはできない。そこで達磨大師は、第三に無所求行《むしょぐぎょう》を立てられた。「金剛経」に、法さえも捨てねばならぬ、いわんや非法などはなおさらのことだと言っているのは、この意味である。そうかと言って、禅宗を学ぶ者が、求めるところのないのを窮極《きゅうきょく》としているのではない。求めるところがないから、容易に本原にゆきあって、諸種の因縁・境界《きょうがい》も己を悩まさず、天魔・悪鬼も障げをするようすがないのだ。このような境地に到達して初めて、寝たり醒めたり、覚えたり忘れたりというような隔てもなくなり、見たり聞いたり覚ったり知ったりということも別のことではなくなる。故に第四に称法《しょうぼう》（法にかなう）行《ぎょう》を立てられたのである。しかし、たといこのようになっても、なおまだこれは、どうやらよかった、お手柄という程度のことだ。大悟徹底した境地と思ってはならぬ。

〔四二〕　世情と本分の工夫

問。　世俗の感情の上に浮いている喜怒憎愛の悩みがやまない間は、ひとえにこの欲念を断ち切ることを心がけて、かような凡夫の情欲が皆なくなって後に、初めて本分（本性）を悟る工夫をばすべきであろうか。

答。　たまたま人間界に生《しょう》を受けて、遇いがたい仏法に遇いながら、今生《こんじょう》にこれをはっきり知らなければ、いつの生まれ変わりまで待ったらよいのか。人間の命は、呼吸をするつかの間も頼みがたいものだ。ちょっとの間も世俗の事に心を移してよいものかと、かように志を励ます人は、世俗の情欲にひかれて、悟道《ごどう》の工夫を忘れることもあるまい。たとい逆順の境界に出会って、世俗の情欲が起こることがあっても、その憎愛の念が起こる所について、猛烈に工夫をするからして、その憎愛の念も、かえって修行の力となるであろう。けれども、求道心が深く切でないために、順逆の因縁にさまたげられて、ひたすらに工夫をすることを忘れる人のために、方便として先ず卑近な世俗の道理で、世俗の情欲を和らげることを勧めるのである。されぱと言って、先ずこの世俗の情欲をなくしてしまってから、その後で初めて本分を悟る修行をせよというのではない。羅漢の修行をすっかりやってしまった人は、順逆の境界の因縁にあっても、憎愛の念は起こらないけれども、これを仏法を会得した人とはいえない。諸苦に迫られている境界の凡夫から悟りに入る人は、喜怒の情欲はなお尽きないけれども、これをば仏法を会得した人と言っている。それ故、先ず世俗の情欲をなくして後に悟るべしと申すわけではない。妄情の起こる時、これを和らげる道理を思い出したような際にも、本分を悟る工夫をば捨ててはならぬ。求道心の深く切なる人は、寝ることも忘れ、食することも忘れると言われている。こういう人は、ときどきは困ることもあり、飢《ひも》じいこともあるけれども、工夫の中で休み、工夫の中で食するからして、寝食の間もさまたげがない。それ程までの求道心はない人が、飢じさに堪え、睡《ねむ》いのをこらえていると、身体も疲れ病気も起こって、かえって仏道修行の障げとなるからして、飢《う》えをしずめるためには物を食し、身体を休めるためには枕をせよと勧めるけれども、寝食の間は暫時工夫をするのをやめよというのではない。古人も言っている。歩く時は歩くことそのものをしっかり見てとれ、坐っている時は坐っていることそれ自身をよく見てとれ、臥している時は臥していることそれ自身をよく見てとれ、見聞く時は見聞くこと自体をよく見てとれ、覚り知る時は覚り知ること自体をよく見てとれ、喜びの時は喜ぶことそれ自体をよく見てとれ、怒りの時は怒ることそれ自体をよく見てとれと。これこそ、古人がされた、口に苦い丁寧な誡《いまし》めである。このように修行をすれば悟らぬということはあるまい。

〔四三〕　如幻の観と本分の悟り

問。「大乗経《だいじようきよう》」（「華厳経《けごんきよう》」「大般若経《だいはんにやきよう》」など）の中に、多くは如夢《によむ》・如幻《によげん》の説法を説いている。禅師の語る中にもまた、この説法がある。そうすると、大乗を修行するものは、如幻の観察をして達得するのを根本とすべきものか。

答。ありとあるものは夢幻《ゆめまぼろし》のごとしという説法は、その言葉は同じでも、諸宗で言っているその趣旨は、それぞれ違っている。けれども、その大体は変わっていない。世俗の人の諺に、この世は夢幻のごとしなどいうのは、無常の意味である。大乗の方で夢幻の譬《たと》えを取るのは、そうではない。夢の中に見えるところの種々の物像《もののすがた》は、すべて実体はないものだ。実体はないけれども、諸種の形相《かたちすがた》はそっくりそのままである。幻術使いが、巾《きれ》をまるめて、あるいは人の形とし、あるいは馬の形とするけれども、実際には人馬の相《すがた》ではない。幻のごとしというのはこれだ。インドにはこの術をする者が多い。それで譬えにしたのである。こういうわけで、ありとあるものが、実体がなくて、しかもさまざまな相《すがた》がはっきりしているありさまに譬えたのだ。水中の月、鏡中の像などといった譬えもまた、この意味である。

また、教法の中に、不思議幻などと談ずる説法がある。これは縁生如幻《えんしようによげん》の意義とは異なる。仏法を修行する人が、ややもすれば、仏教の外や声聞《しようもん》・縁覚《えんがく》の二乗の見解におちいる。仏教外の考え方はたくさんあるが、断《だん》・常《じよう》の二見《にけん》（二つの考え方）が根本である。断というのは無《む》のことであり、常というのは有《う》のことである。これを四つに分けて説明する。身心《しんじん》のあらゆるものにおいて、あるいは、一概に有だと推しはかるのは常見《じょうけん》である。これに反して、一概に無だと推しはかるのは断見《だんけん》である。あるいは、有なる方もあり、無なる方もあると推しはかるのは、亦有《やくう》亦無《やくむ》の見《けん》である。あるいは、一概に有でもなく、また無でもないと推しはかるのを、非有非無《ひうひむ》の見と言う。

今時、大乗を修行する人が、語《ことば》の上で談ずる説法は、大乗らしくは見えるが、その考え方をよく探ってみると、仏教外の上述の四句（四つに分けた見）を出ない人がある。仏の説法も四句を出ないけれども、真実の仏の智慧は、四句の内にあるのではない。有の見を破らんがためには、ありとあるものは空無であることを説き、無の見を破らんがためには、ありとあるものは常住《じょうじゅう》であると演《の》べておられる。仏の意《こころ》を知らない者は、方便を求めて、それを真実と思っている。二乗の見とは、声聞・縁覚で、その学ぶところの教えは少々違っているが、身心をあとかたもなくして、一切の因縁を離脱した境地になって、三界の輪廻《りんね》の苦を免れることができると思っている。それは、はなはだ大乗の法理に背いている。もしもこの如幻の説法が解りきれば、自然に仏教外や二乗の考え方にはおちいらない。それ故に、如幻の説法が解りきった人は、ありとあるものは有ではあっても、その考え方は、実有《じつう》ではない。ありとあるものは空《くう》だと説くが、その智慧は実空《じっくう》におちいらない。故に、ありとあるものの実相《じっそう》は、有でも空でもない中道にあるという真理をはっきり会得するのによい手掛かりとなる。それがために、如幻の説法をば大乗の初門《しょもん》と名づけたのだ。これを真実窮極の説法とするものではない。けれども、凡夫や仏教外の者どもの実有・実空の考え方を打ち破り、二乗の菩薩が空相に執着する見解を起こさせないために、教法の中に、仮に如幻の観を勧めたのである。「大日経《だいにちきょう》」の住心品《じゅうしんぼん》にも、因縁によって生じたありとあるものは、すべて如幻であるという道理をもっぱら説いてある。「円覚《えんがく》」・「楞厳《りょうごん》」両経の中には、如幻の智をも遠く離脱せよと説かれている。

けれども、三種の観心《かんじん》の行法《ぎょうほう》を説明する際、三摩《さんま》波《は》提《だい》といったのは、これは如幻の観である。これを立てているのは、暫時の間、幻智《げんち》を起こして、幻妄を消してしまって、本分の清浄な宝殿に登らせようという手段である。このような方便をば、教法に譲っているからして、禅宗を学ぶ者は、如幻の観をも用いてはならぬ。禅宗の宗師が夢幻の説法をするのは、この道理を心の中において、観じ念ぜよというためにではない。仏法も世俗の法も皆すべて夢幻のごとくであると知ったならば、一切を投げ捨てて、直《じか》に本分の悟りをめざすようにと勧めるためである。三祖大師は、夢《む》幻空花《げんくうげ》などをつかまえようと骨を折るな、得失・是非など一時に全部投げ捨ててしまえと言っている。

〔四四〕　大乗の工夫

問。　夢幻と観ずるのも、無駄なこととは知りながら、諸種の縁に対する際に、常にこの気持ちが浮かんで来るのは、過ちであろうか。

答。一切を投げ捨てよと申せばとて、外道（異端）・二乗などが悪念を抑えて起こすまいとするのとは、同じでない。そのようにすることは、血で血を洗うようなものだ。目に翳《かげり》病《やまい》のある人が、空を見ると、いろいろな花が、乱れて出たり消えたりする相《すがた》が現われる。愚かな人は、これを翳病《かげりやまい》のせいとは知らないで、実《まこと》に花があると思って、あるいはこれをいやがって払いのけようとする者もあり、あるいはまた、これを愛してのけまいとする者もある。その一時のかげりが、もしやんでしまえば、乱れて出たり消えたりする花もないわけだ。それならば何もいやがったり愛したりすることもない。仏道修行もまた、それと同じだ。迷妄の一時のかげりで、自分の眼《まなこ》を障げられて、本分の真空なる上に、仏法や世俗の法、あるいは善悪の念などという種々の空花《くうげ》の相《すがた》を見るのだ。この道理がはっきりわかってしまえば、たとい目のかげりがすっかりのけられないために、善悪の念の空花の相がなお浮かんでいても、みずからつかさどる頭《かしら》となることができて、あわてふためくことはない。あたかも鏡が容易に万物を照らし出すがごとくに、心力を労することもない。このように心を用いるのを、大乗の工夫と言うのである。古人も、一切の善悪すべてを思い量ってはならぬと言っている。また、直《じか》に無上の菩提をめざして、一切の是非にかかわってはならぬとも、また、とりたてて工夫ということもない、一切を投げ捨てれば、それでよいのだとも言っている。

〔四五〕　悟　入

問。一切を投げ捨てて、仏法や世俗の法を胸中にとどめておかないようになれば、それを悟りの本分の境地（田地《でんち》）といってよろしいか。

答。達磨大師はこう言っている、外には諸々の縁を追いかけず、内心にもだえることがなくて、心が壁のようにしっかり動かなくなれば、道に入ることができるであろうと。宋の大《だい》慧《え》禅師は、この達磨大師の語をとりあげて、諸縁を投げ捨てて、内心が動じないのは、それが仏道に入る方便になるのだという意味である。しかし、もしこの程度の境地を、真実の道だと思ったら、それは祖師（達磨大師）の本意に背いていると言っている。

〔四六〕　是非の念と大悟

附＝南岳懐譲和尚六祖の印証、百丈の下堂の句、亮座主の大悟

問。古人は、真実仏道修行をしている者は他人の是非を言わないと言っている。この言葉を信ずるけれども、僧俗に対する時、ややもすれば是非の念が起こるのをどう断ち切ったらよろしいか。

答。真実の仏道修行者が他人の是非を言わないということは、是非は実際にあるが、これを口にしないということではない。自他の相《すがた》を一切見ないので、是非の口にすべきものがな

いからである。三祖大師が言っておられる。真如《しんによ》・法界《ほうかい》（かわらぬまことのすがた）には、他もなく自もない。教法の中に法性《ほっしょう》（法界）は大海のようなものだ。是・非があると説いてはならぬと。この道理に相応じないからして、自他の相《すがた》があるのだ。自他の相があるために、どうしても是非を見てしまうことになるのだ。もし是非の相を見るならば、たとい口には出して言わなくても、真実仏道を修行する者とはいえない。それ故に、大乗を学ぶ者は、他人の是非を口にすまいとするよりは、ひたすらみずから裏表をかえしてよくみるがよい。他人の是非を口にする者は、一体誰だ。「円覚経」に、肉体を認めて自身の相とし、汚れた心の影像を自心の相と見ていると言っている。この経の意味は、凡夫が自己だと思っているのは、真実の自己ではない。自己と思っている者が、もし誤りならば、他人と見るのもまた、当たっていない。もし自他ともに実《まこと》でないとすれば、何を是非と言ったらよいのか。世間一般に求道者だといって、他人の是非をば口にせぬ人でも、自心においては善悪の相を分別し、利口か馬鹿かを区別し、知識に浅深を論じ、修行に邪正を比較する。こういう人は、直《じか》に無上の菩提（さとり）に入ることはできない。こういうわけで、一切の是非を目にかけてはならぬと勧めているのだ。一切の是非を投げ捨てて、自他の相《すがた》を見なくとも、もしなお、父母が生まれる以前の、本来の面目を見ないならば、真実の道を求める人ということはできない。よくよく自己の本分を照らしてかえり見るがよい。自他の身体の相を分別し、是非・得失の念を心に浮かべるものは、一体何物ぞ。

昔、唐、南岳の懐譲《えじょう》和尚（大慧禅師）が六祖《ろくそ》（慧能《えのう》）の許《もと》に参じた。六祖が他の道人が来たのを見て、「何物がこのようにやって来るのか」と問うた。南岳は答えることができないで退かれた。その後、八年経って、初めて大悟《だいご》した。再び六祖の許に参じて、前の問に答えて「本分について一言でもすれば、すなわちあたらない」と言った。これで初めて六祖の印《いん》可《か》（ゆるし）を受けられた。南岳和尚が六祖に参ぜられた時、一言の下《もと》にただちにゆき当たらなかったのは、鈍根《どんこん》のようではあるが、「来《きた》る者は何物か」と問われて、即座につまって帰られたのは、利口であったからだ。もしそうでなかったならば、たとい千年経ったとしても大悟することはできまい。

今時、鈍根の者が来て、仏法を問う時に、「このように仏法を問う者は、何者だ」と言えば、あるいはぼんやりとして、日ごろの妄想を本《もと》にして、「私《わたくし》」と名乗る者がある。あるいは、「問う者は誰かと疑ってみるべきか」という者もあり、あるいは自心《じしん》はこれ仏だと言っている言葉に随って解こうとして、眉を吊り上げ、目をまたたき、手をあげ、拳をさしあげる者もある。あるいは識心《しきしん》（心）には実体がなくして、諸種の形相を離れているところを求めて、南岳和尚の「説似一物即不中」と答えられた語《ことば》にとり合わせて、上によじのぼって仰ぐことができず、下に身みずからを断ち切ると答える者もある。あるいはわずかに問があり答がありとすれば、それは皆、外辺《そとまわり》のことだと心得て、一喝《いっかつ》をやる者もある。あるいは、このようにいろいろの比較調和にかかわらないところを宗旨だと思って、袖を払って、そのまま立ち去る者もある。もしこんな風ならば、たとい末世になって弥勒菩薩《みろくぼさつ》が人間に生まれ変わって救いに来る世になったとしても、大悟することはできまい。

百丈《ひゃくじょう》の大智禅師は、法堂《はっとう》に上って説法の終わりには、その度ごとに、退出する多くの僧を「大衆《だいしゅ》」（皆の衆）と呼ばれた。大衆はこれを聞いて、振り向く。すると、百丈禅師は「これは何だ」と言われた。当時の人がこれを百丈下堂《げどう》の句と名づけた。百丈がかように示されたことは、学ぶ者に工夫用心を教えられたのでもない。また、めいめいの考えを問われたわけでもない。つまるところ、百丈の本意はどこにあるのか。誰でもまっすぐに悟れば、永劫《えいごう》の迷妄も一時に消滅するであろう。

昔、亮座主《りょうざす》という教者《きょうしゃ》（教法を学ぶ者）がいた。経論《きょうろん》を博くあさり、義理に通達して、仲間を集めて長年仏法を説いていた。ある時、馬祖《ばそ》の許に参じて、種々の問答をしたが、亮座主はそれを納得しないで出ていった。そこで馬祖は「座主」と呼びとめられた。座主が振り返ると、馬祖は「これは何だ」と言われた。その時、亮座主は、からっとして大悟した。この座主は、年来、経論の義理を学び通したけれども、いまだ悟りに入ってはいなかった。馬祖が「これは何だ」と示された一言の下《もと》に大悟したのは、何故であるか。確かに知れ。その悟る所は、経論の義理ではないことを。一生の間、身体を苦労して、学び解くのに努めるひまをひきかえて、行住坐臥《ねてもさめても》、本性のところへ直《じか》にぶつかって解決すれば、南岳の亮座主のような悟入も、できないことがあろうかと、休む間も惜しいように思われたことである。ましてや他人の是非を論じ、世間の名利にのみ奔走《はし》って、あたら一生を過ごす人などは、たまたま遇いがたい人間の身を受けた効《かい》があるものと言えようか。

〔四七〕　円満具足の本分

問。　この宗（禅宗）を信じて長年修行をするけれども、いまだに効験《しるし》がないとがっかりしている者がある。あるいは一生のうちに悟りを開ければ、いうことはない。もしそうでなければ、ただ一生の間身体を苦労するばかりで、来世もまた迷いの世界を輪廻《りんね》するのを免れまいと恐れる者もある。その言い分があるのではないか。

答。　久しく修行するけれども、いまだ効験もないというのは、どんなことに効験がないというのだろうか。あるいは、世間に奔走して、名声を求め、利益をむさぼり、あるいは、仏神に祈って、災害を除き、福利《ふくり》を願い、あるいは仏典・漢籍を学習して智慧を望み、あるいは真言秘密《しんごんひみつ》の法を行なって、そのよい結果を仰ぎ願い、あるいは芸能をせっせとやって、人にすぐれようと思い、あるいは療治を施して、病気をなおそうとする。このようなことにこそ、効験のありなしの言い分はあるが、禅宗の宗旨は、こういう道理とは違う。それならどういう効験があるのか。古人が言っている。この一くぎりのことは、誰でもが具えており、めいめい円満に成就しているものだ。凡夫でも不足はなく、聖人《しょうにん》でも変わりはないと。また、同じく、それが円いことは大空と同じである。欠けていることもなく、はみ出ていることもないとも言っている。もしも、自分は仏法を修行して、効験があると思ったなら、それは大空にはみ出た相《すがた》を見るようなものだ。自分はまだ効験がないと思えば、大空に欠けた相を見るようなものだ。もしこのようなことであれば、凡夫も聖者も増減なしと言われた仏祖《ぶっそ》のお示しは、皆虚言《いつわり》となろう。

また、仏法を修行しても、もし悟りを開くことがなければ、その工夫も無駄であろうと疑って、まだやってもみないで、やる前にいやけがさす人は、愚かな中にも愚かな者だ。もしさような疑いを起こすなら、単に仏法のみではない、世間の凡夫の営みだとて、どんなことが、かねてからはっきりあてがあることだというのか。けれども、望みをかけて、うまくいきそうもないことまでも、ひょっとしたらと、秘策を練って、身を苦しめる人もあるものだ。まだ仏法を修行してもみないで、嫌気がさす人は、悪業の力が深くて、仏法の志がいい加減だからだ。仏法を修行してさえも、悟ることができないだろうかと疑わしいのに、仏法に嫌気がさして過ごしたならば、来世にはどうなるであろうか。自分の力でみずから修行をやってみても効験がなければ、他人を雇って悟りを開こうとでもいうのか。もし他人の力で悟りを開くということならば、世界中にあまねく満ち満ちておられる仏菩薩がたが、いままで衆生を迷いの世界に輪廻させておくことがあろうか。

〔四八〕 坐禅の本意

問。古人が、用心《こころもちい》がぼんやりしていると、坐禅は役に立たないと言っている。それならば、愚かな者が坐禅をして壁に向かって坐るのは、無駄なことだと言う人がある。これはどうか。

答。　古人がこのように教えているのは、一大事（生死の悟り）のために一所懸命やっている人が、善知識の許《もと》にも参ぜず、単に坐禅と称して、ぼんやりと坐っている人を進めて、その用心《こころもちい》を正しくさせようというためである。愚かな者が坐禅することは効《かい》がないと申すのではない。用心のぼんやりしている者が坐禅しても役には立たぬといって、坐禅をしないで、愚鈍のままで月日を送る者に、なんの利得があるであろうか。仏法に入るということは、一世・一時の感化によって修めるものではない。今生に利根《りこん》（さとい性質）の生まれを受けて、すぐに悟る人は、前生《ぜんしょう》ではぼんやりで坐禅をした人である。今生ではぼんやりで坐禅をする人は、来世には必ずちょっと聞いてもたくさん悟る人となるであろう。あるいは、坐禅は難しい行為だから、愚鈍の身には届きそうもない。経を読み陀羅尼を誦し、念仏を申すことは、事《じ》の行《ぎょう》でやさしいから、これはちょうど似合いの行であろうと言っている。教文の中に、発心《ほっしん》がねじけて間違っていると、多くの行を無駄にやってしまうと言っている。事の行・理《り》の行《ぎょう》と言うのは、一応の差別である。いずれの行なりとも、用心が間違ってしまうと、それは皆三界の迷苦を輪廻する悪業の因《もと》となる。それ故に、大乗修行の用心が正しい人は、その中で多くの行をしても錯《あやま》ちはない。もしもその分際《ぶんざい》がなければ、事理の二行ともに無駄になってしまう。それなのに、坐禅の用心は難しいから、先ず事の行を修めようと言ったのは、間違った考えである。坐禅を難しい行だと思っているのは、いまだ坐禅の極意《ごくい》を知らないからだ。

坐禅修行というものは、禅宗ばかりでやることではない。顕・密の諸宗でも説いている。ないしは小乗・仏教外《ぶっきょうげ》の法にもあるものだ。ただし、坐禅という語《ことば》は同じだが、その趣旨はそれぞれ異なっている。小乗・外道（仏教外）の坐禅は、有漏《うろ》のそれで、大乗の無漏《むろ》のそれとは趣きを異にするけれども、身体を動かさず、妄念《もうねん》を起こすまいと修行する体《てい》は、全く同じだ。浄土宗の坐禅は、日想観《じっそうかん》（補注95）以下の十六想観等である。盧山《ろざん》の遠法師《おんほうし》等は、この行をもっぱらやった。顕・密の諸宗の坐禅は、それぞれ変わっているが、おのおの、その宗の深理《しんり》を観ずることを用心としている。いま末代になって、諸宗の坐禅は、大方すたれてしまったために、坐禅するのは、禅宗の修行ばかりだと思っているのは、誤っている。

禅宗の坐禅というのは、念を落ち着かせ、身体を動かすまいとするものでもないから、そんなに壁に向かって、念をやめることは難しいとも言えない。仏法の理を観ずることもないので、自分は鈍な性質《たち》だから、仏法の深理を習うことも難しいとも言えない。お金のかかることでもないから、自分は貧しいからやれそうもないとも言えない。体力がいることでもないから、自分は力が弱いから難儀だとも言えない。世俗の煩わしい苦労の中には仏法はないともきまっていないから、自分は俗人だから、修行のよすががないとは言えない。香をたいたり礼拝《らいはい》したりする行《ぎょう》は、身体でするものだから、身体が何かほかのことをやる時は、その行はできない。読経・誦咒《じゅじゅ》・念仏《ねんぶつ》等の行は、口でするものだから、別のことを話す時には、その行はやめになる。仏法の理を観ずることは、意《こころ》でするものだから、別な事を思う時は、その観はすることができない。禅宗の工夫は、身体でもってするものでもなく、口をもってするものでもなく、意をもってするものでもない。何を難しいなどと言うのか。

〔四九〕　真実の修行

問。　この宗（禅宗）の修行は、身体や口の所作ではないということは、そのとおりであろう。しかし、もしも心をもってもしないことならば、なぜに工夫用心というのか。

答。　身《しん》・口《く》・意《い》をもって行《ぎょう》をしないからと言って、仏教外の非想《ひそう》のところでの禅定《ぜんじょう》、小乗の滅尽定《めつじんじょう》を修める人が、身体をすべて滅するというのとは違っている。凡夫が身体だと思っているものは、幻《まぼろし》の花のようなものだ。これを実在だと思って、自分は、身《からだ》で礼拝・苦行をし、口で経を読み咒を誦し、意《こころ》で観行《かんぎょう》をすると思っているのを嫌うのだ。「般若経《はんにゃぎょう》」に、眼耳《げんに》鼻《び》舌身意《ぜっしんい》も無だと説いてあるのは、このわけである。「大集経《だいじゅうきょう》」には、一体、菩提（悟り）というものは、身をもっても得られるものではないし、心をもっても得ることはできない。身・心は皆、幻のようなものである故にと言っている。「般舟三昧経《はんじゅざんまいきょう》」には、心をもっても仏を会得することはできないし、色をもっても仏を会得することはできないと言っている。また、同じく、身をもって会得するのでもない、智慧をもって会得するのでもないとも言っている。世間一般の愚かな人は、色を見るのは眼の働きである、声を聞くのは耳のお陰である、それから、世俗の煩悩から離脱する法をさとるのは、意のしわざだと思っている。そのため、眼が見えなくなれば、色が見えない。耳がつぶれてしまえば声が聞こえない。意がぼけてしまえば、仏法をわきまえられない。心にこもる妄執《もうしゅう》のために、このような見《けん》と不《ふ》見《けん》と、聞《もん》と不聞《ふもん》と、知《ち》と不知《ふち》との差別を起こしている。「楞厳経《りょうごんきょう》」の中に、身体の働きをかりないで、見聞覚知《けんもんかくち》する証拠を挙げて、次のように言っている。仏の十大弟子の一人、目がよかった阿那律《あなりつ》は、かえって眼がつぶれて後、三千世界《さんぜんせかい》を見ること、手のひらの中の物を見るように容易であった。跋難陀龍王《ばつなんだりゅうおう》は、耳がなくて声を聞いた。恒河《ごうが》の神《かみ》は、鼻がなくて香りをかいだ。憍梵波提《きょうぼんはだい》（牛王《ごおう》）は変わった舌で味わいをした。虚空《こくう》神は、身を用いないで感触を知った。摩訶迦葉《まかかしょう》は、六識《ろくしき》（補注99）をなくしてしまって、すっかり悟りきったと言っている。かような説法を知らない者は、真実の修行は、身《しん》・口《く》・意《い》の三方面の働きにかかわらぬということを聞いて、大いにびっくりしている。

〔五〇〕　無用心の用心

問。　大乗の教えの中に、あるいは修行者の一心専念《いっしんせんねん》について、三諦《さんだい》（補注103）の観心の行法を修めさせ、あるいは修行者の当《とう》の身体について、三密《さんみつ》（補注104）の加持をやらせるかような教えは、皆、身・心の所作であるから無駄なことと言ってもよいか。

答。　仏事の行き方の中には、一切衆生の戒を持《たも》った善根、小乗の菩薩の修行までも、漏らすことはない。いわんや顕・密（天台・真言）大乗の深旨《しんし》を漏らすはずはない。けれども、衆生を教導するそれぞれの手段には、その差別がないわけではない。禅宗の宗師の手段が、どうして教家のやり方と同じということがあろうか。教家のやり方は、衆生と仏とがすでに分かれた境界《きょうがい》について、衆生を引導して、仏の悟りの境界に入らせる説き方をしている。禅宗では衆生と仏とがまだ別れないさきの無二無別《むにむべつ》の本分の境界に直《じか》に到らしめようとする。それ故に、身《しん》・口《く》・意《い》の三つの働きの修行をも問題にせず、一心三密《いっしんさんみつ》の観行の法をもさせない。三祖大師は、心をもって心を用いるのは、大きな間違いだと言われた。また、昔のすぐれた学僧も、用心のない境地が、すなわち諸仏用心《しょぶつようじん》の境地であると言われた。

〔五一〕　禅宗の玄旨（極意）

問。　用心をしないのが用心だと言うならば、求道の心もなくて、無駄に月日を過ごすのを禅者と言ってよいか。

答。　仏法の用心《こころもちい》をさえ嫌っているのに、まして世俗の情欲にひきずられて、無駄に過ごしている者を、修道の人と言えようか。古人も言っている。修行に勤めれば、菩薩の二乗の世界に入り、修行を忘れれば、凡夫の境界に落ちると。これこそ、禅宗の極意である。

〔五二〕　本分直示の題目

問。　禅宗では、衆生と仏と一如《いちにょ》の本分を挙げるがために、一心三密の観行をも問題にしないというのに、古来の禅宗の修学者が坐禅工夫を心がけ、善知識もまた、修行用心のよしあしをさし示しているのは、どういうことか。

答。漢詩を作ったり、和歌を詠んだりする人は、先ず第一に、その題をよく心得なければならぬ。月の題をとって、花のことを思案すれば、それは具合が悪い。仏法とてもそのとおりだ。禅宗で本分のことと言ったのは、どういうことか。凡人においても欠けることなく、聖者においてもはみ出たことがなく、誰でも具足し、それぞれが円満に成就しているものだと言われている。この本分の題目をとりながら、自分は迷っている人間だと思って、悟りを開くべき修行を習おうとする者は、本分の題に背いた人だ。たとい詩歌の趣きは心に浮かばなくとも、月の題をとった人は、花のことは思案しないように、本分の題を信ずる人が、自分は迷っている人間だととらわれていて、別に悟りを求めることなど、できっこない。けれども、いまだそれぞれが円満に成就している境地《きょうち》（本分）を、はっきりと納得することができない間は、日ごろ、迷悟《めいご》をともに存し、凡・聖をわけ隔てる妄情をば投げ捨てて、あるいは自分で直《じか》に究め、あるいは善知識の下《もと》に参ずる。そうではあるが、これは、念仏を申して往生の行にあて、陀羅尼を誦して、よい結果を求め、さらには、教法の中に明らかにしてある観念を凝らして、理を悟るのを待つのとは違う。このような人は、本分の題目を忘れない修学者である。

古人が仏道を悟った機縁を見ると、昔のことであったからだろうか。直に大悟することはなかった人も、本分の題目を信じたために、本分に届かんがための工夫用心だと言って、人に探り探り問うたことはない。ただ直に問うて言うことには「何が仏か」「何が禅か」「何が仏法の的確な大意か」「何が達磨大師が西から来られたわけか（仏法の極意は何か）」「どれが諸仏出身の処か」等々。修学者の問も、このように直の問である。善知識の答えもまた直答であって、あるいは「即心即仏《そくしんそくぶつ》」と答え、あるいは「庭前の栢樹子《はくじゅし》」と示し、あるいは「東山が水に流れてゆく」と言う。宗師がこのように答えたのは、すべて皆、本分を直に示したものだ。この語《ことば》をもって修行の資料にさせようというためではない。けれども、修学者がもし愚鈍で、善知識の直の示しをさとれなければ、その示された話のいとぐち（ヒント）に、額《ひたい》に手をついて、あるいは一両日、あるいは一両月、さらにまた五年十年も、この直示《じきし》を究めたものだ。その間が修行とでもいったものだろう。けれども、教家《きょうけ》で解《げ》・行《ぎょう》・証《しょう》を設けて、諸々の観を修する用心とは同じでない。教外別伝《きょうげべつでん》といった題目は、これを言うのだ。今時の人は、ほとんど皆、この題目を忘れて、善知識に会って修行の用心を探り探り問う。善知識である人の中にも、学ぶ者のために、修行の用心を教えなさる方がある。あるいは公案を人に与えるのも、往生のために念仏を申し、悉地《しつじ》のために陀羅尼をあげるように、この公案を指導して、本分に到らしめようと思っている。そのため、学ぶ者もめいめい用心の体《てい》（様子）を話し合って、その勝劣を比較し、善知識の語の変わっている点について、その是非を批判している。こんなのは皆、世俗のたわいもない議論に過ぎない。

〔五三〕 覿面提持の疑・不疑

問。 公案を見るのについて、疑ってみよというのと疑ってはならぬというのと両論がある。どちらを本《もと》としたらよいか。

答。 宗師のやり方は、すべてきまった筋道はない。石を撃った火花のごとくでもあり、雷電のひらめく光のようでもある。ある時は、疑ってみよと示し、ある時は疑うなと言う。皆これは、学ぶ者に向かい会った時に、直接に教えを垂れる語《ことば》である。善知識の胸の中に、かねてたくわえておいた説法ではない。それ故に、これを覿面提持《てきめんていじ》（目の前で出して見せる）と名づけている。石火・電光の痕跡《あと》を求めて、議論を決めるべきものではない。もしこれが悟った宗師ならば、疑《ぎ》えと言って示し、疑うなと言っても、なんら差し支えはない。もし悟らない宗師ならば、疑・不疑《ふぎ》ともに学ぶ者の目をくらますことになるであろう。

〔五四〕 公案の取捨

問。 あるものは、初心の修行者は、必ず先ず第一に公案を受け入れるがよいと言い、またあるものは、公案を持つことは枝葉末節だと言う。この両論は、どちらが正しいと見たらよいか。

答。　これもまた、前の疑《ぎ》・不疑《ふぎ》の論と同じことだ。ある時は公案を与えてみさせ、またある時は、これを奪って捨てさせる。それは皆、宗師のやり方による。どちらと決めてしまうわけにはゆかない。昔の人が修学者にこう問うたことがある、「お前は公案と一つになっているかどうか」と。もしも公案と一つになってしまえば、指導する人もいらないし、指導される公案もなくてよい。ここまで到達することができれば、このような両論を起こすこともなかろうではないか。そうではあるが、いまだこの境地に到らない人のために、宗師が仮に手段を施して、公案をやったりとったりすることは、凡夫の気持ちで論を決めるべきことではない。もしもよく見抜けない（悟らない）人が、古人の語《ことば》を引用して、解釈を加え、一くだりの説法を説いて学ぶ者に示すのは、大きな誤りだ。古人が、真実の仏法をもって、人間を束縛するものだとそしったのはこのことだ。

〔五五〕　古則着語の公案　附＝趙州和尚無の公案

問。　大慧普覚《だいえふがく》禅師等の多くの善知識が、唐の趙州《じょうしゅう》の「無」の字の公案を与えられたのは、皆もとの古則のままに挙げて、これをみよと言って示されている。しかるに、近来、唐土のすぐれた宗師なる中峰和尚が、本《もと》の古則の上に語《ことば》をつけ加えて、「趙州はどうしてこの無の字を言ったのか」と公案を示された。その意味はどうか。

答。　昔の学ぶ者は、仏道のために発心《ほっしん》することが一通りではなかった。そのため、身の苦しみを忘れ、路の遠いのをものともせず、諸方へ赴いて、善知識の下《もと》に参じた。宗師もこれを気の毒に思って、一言半句の公案を示した。皆それは、本分を直《じか》に指し示したものだ。その意《こころ》は、言句の表面にあるのではない。それ故に、利根の学者は、言外にその本旨を悟った。なんで、さらに他の言句の上で、とかくの論に及ぶ必要があろうか。たとい愚鈍であって、暫時、言句のもとに足踏みをしている人でも、宗師の示すところの言句が、鉄のくさびのごとくゆるがぬものであるから、自分勝手な考えで推し量ることはできない。けれども、求道心が堅固であるから、その大きな疑問のかたまりが胸の中にふさがっていて、寝る間も食べる間も思案を続ける。あるいは一両日を経て後、この大きな疑問がとけた人もあった。あるいはまた一両月さらには十年二十年たった後にとけた人もあった。それは前世の果報の厚薄によって遅いか速いかに差はあっても、一生のうちについにとけないという人はなかった。古人が、大疑の下に大悟ありと言ったのは、このわけだ。

こういうわけで、昔は、善知識の方から、自分の語《ことば》を公案にして、めざめよとすすめたこともない。疑ってはならぬとも また言わない。今時《いまどき》の人は、前世の果報も薄く、求道心も深くない。それ故に、善知識の一言を耳にした際、あるいは自分勝手な考えで推量して悟りを得たつもりになって、それでやめてしまう。あるいはとても愚鈍で推量の頭もまわらぬ者は、いやになってしまう。これを気の毒だと思うので、圜悟《えんご》・大慧の両禅師以来、公案指導覚醒の手段を設けられたのである。

近来の修学者は、求道心がますます薄くなったがために、おのれ自身が大疑《だいぎ》の下に物凄いひらめきを起こすことはできない。型《かた》のごとく、公案指導と名づけて、古人の公案を見る人も、ただ他人があつらえた物を持っているようなふうにして明《あ》かし暮らすのを、日ごとの工夫だと思っている。そのために中峰和尚が、人を励まして、大きな疑いのかたまりを起こさせる手立てを設けなされた。ある僧が、趙州《じょうしゅう》和尚に問うて言うには、「狗子《いぬころ》に仏性があるかどうか」と。趙州和尚は答えて「無」と言った。この僧がもしこの言外にその意《こころ》を会得すれば、疑問のかたまりはないはずだ。もしこの答えの話《ことば》を悟らなければ、趙州和尚がどういうわけで無と答えられたかという疑いが起こるはずだ。もしこの大疑が起こるような人ならば、その疑いの点について、この語に参ずれば、必ず大悟するであろう。けれども、今時、仏道のために修行しようとする志が深くない人は、直接に悟入することがないばかりか、大疑もまた起こらず、ぼんやりと日を暮らしている。しかしながら、このような人も、やはり仏道修行はしているということで、仏道に縁を結んでいるというだけのことはあるけれども、直接に悟入することなど、ありえようはずはない。こういうわけだから、中峰和尚は親切心が至れりつくせりで、趙州和尚はどうして無と答えられたかと激励をされた。それなのに、あるいは、公案をば疑心を起こして悟るべきものであるから、中峰和尚がこのようにお示しになったのだという者がある。もしそうならば、大慧禅師が、意根《いこん》の下に向かって思慮分別してはならぬと示されたのに、そむいてはいないか。あるいは、古人の公案の上に、さらに話柄《わへい》を附けられたことを、適当でないと言う人がいる。いずれも中峰和尚の手立てを知らない人である。

〔五六〕 無工夫の工夫、無用心の用心

問。万事の中に工夫をする人があり、工夫の中に万事をする人があるというのは、どう変わっているのだろうか。

答。工夫ということは、唐土の世俗の言葉である。日本で「いとま」と言っている語と同じだ。一切のしわざに通じている。耕作は農夫の工夫である。造作は大工の工夫である。このような世俗の言葉に托して、求道者が仏法を修行することを工夫と名づけたのだ。本分の工夫をする人が、万事の中か、工夫の中かと区別せねばならぬことはない。けれども、初心の修学者について考えると、かりそめに、こういうわけがある。道に向かう志の浅い人は、世間の万事を、まともにして、その中に時間をきめて坐禅するのを日課としている。今の禅寺において、四時《しじ》の坐禅というのも、二百年よりこのかた、このやり方を始めた。上古には禅僧といって、あるいは樹の下石の上に坐し、あるいは叢林に集まった人は、皆この生死の悟りを開くという一大事のためであったからして、各々寝食を忘れて、一日中、工夫でない時はなかった。今は末代になったがために、一大事のためということはないけれども、父母の命令《いいつけ》によって、心ならずも僧の姿になった人もあり、あるいは世間であくせくしていれば、心苦しいことが多いから、それを遁れんがために、寺に入った人もある。このような人も、やはり前世からの因縁があるために、心ならずも僧侶になったことだから、全く坐禅を

すまいとまでは思わないものの、忠実な求道心もないために、飯を食し、茶を飲んだりすると、食欲に障げられて、仏道を忘れ、経を読み、陀羅尼をあげると、事《じ》の行《ぎょう》に心を奪われて本分に背いてしまう。さほどでもないつまらぬことにもつきあったりするので、本分の工夫をばしないままに、無駄に一生を過ごしてしまうことになるのであろう。このような人のために、方便を設けて、四時の坐禅といって、規定を決めたのである。しかし、それは、四つの時期の外は工夫をやめよというわけではない。

それ故に、実《まこと》に求道心のある者は、今は坐禅の時ではないといって無駄に時間を過ごしてはならぬ。食事をし、衣服をまとい、経を読み、咒《じゅ》を誦し、厠《かわや》に赴き、洗面所へ行く、一切の行動をする時、衆僧に交わって礼をし、人に対《むか》って物語りをする時も、本分の工夫を忘れない人がある。このようなのを、万事の中に工夫をする人と言ってよかろう。これは万事をまともにして、その中に時間を決めて坐禅をする人よりも勝ってはいるけれども、いかにも万事と工夫とを差別しているから、ともすると、万事に心を奪われて、工夫を忘れる懸念があるであろう。これは心の外に一切を見るからである。古人が、山河《さんが》大地《だいち》、森羅《しんら》万象《ばんしょう》（ありとあるもの）、ことごとく自己であると言っている。もしこの旨《むね》を会得できれば、工夫の外に万事はない。工夫のうちに衣服を着、飯を食し、工夫の中に寝たり起きたりし、工夫のうちに見聞覚知《けんもんかくち》し、工夫のうちに喜怒哀楽《きどあいらく》する。もしこういうことがよくできれば、工夫の中に万事をする人と言ってよかろう。これこそ無工夫の工夫、無用心の用心である。このように用心する人は、思い出すも忘れるも、ともにわが工夫であり、寝ても寤《さ》めても変わりがないわけである。古人も、苦楽・逆順の境界、そのすべての中に道はあると言っている。また、すべての物事にこの道はあるとも言っている。これらは皆この意味である。しかし、たといこの程度に会得できたとしても、なおそれは、どうやらお手柄という程度のことである。まさしく祖師に契《かな》い得た人ではない。

〔五七〕 仏法と世法　附＝天須菩提、山水の愛好、喫茶養生

問。万事と工夫と差別がないならば、どういうわけで、教・禅の宗師の中の多くの宗師は、学ぶ者に勧めて、万事を投げ捨て諸縁を遠く離れよ、と教示なさるのか。

答。古人は言っている。仏法にきまった相《かたち》はない。縁にあえば、それが宗《もと》になる。善知識が学ぶ者を導く法の道にも、すべてきまった相《かたち》はない。仏法も世俗の法も変わりないことは、大乗の通理《つうり》である。教・禅それぞれ行き方が違っているが、大乗を推挙なさる宗師たちが、なんで万事の外に仏法の修行があると示されることがあろうか。けれども、まだこの道理を悟らない人の考え方につけば世間の万事はことごとく虚妄顛倒《きょもうてんどう》である。宗師はこれを気の毒に思うが故に、仮に方便を設けて、しばらく学ぶ者の執着を捨てさせんがために、万事を投げ捨てよと勧めたのである。宗師が機会に随って法を説くのに、すべてきまった相《かたち》はない。

釈尊《しゃくそん》がおられた時、天須菩提《てんしゅぼだい》という人がいた。長い間、常に天上に生きていた。今生《こんじょう》でも

王様の家に生まれ変わって、住居《すまい》・衣服・持ち物などまことに贅沢であった。釈尊の父浄飯王《じょうぼんのう》は釈迦種族を勧めて出家させること多数、この天須菩提もその中に入っていた。この人は久しく天人《てんにん》であった名残りで、美麗な衣服を好み、華奢《きゃしゃ》な住居を好いていた。釈尊があまたの僧に向かって、衣服・住居を飾ってはならぬと誡《いまし》められるのを聞いて、ひとりひそかに考えた。自分は富貴の家に生まれて、建物に金銀をちりばめ、衣服に美しい錦繍《きんしゅう》を飾っている。けれども、なおまだ満足できないことがある。いわんや粗末な衣服を着て、あばらやなどに住むことができようか。しばらくの間、家に帰って、自分の気持ちを十分満足させて、それからやって来よう。そう思うと、釈尊のところへ行って、いとまを告げた。釈尊が阿難《あなん》尊者《そんじゃ》に言いつけて、王宮へ赴いてたくさんの立派な道具を借りて、この僧の気に入るだけ屋内を飾って、今夜一晩住まわせよと言われた。阿難は釈尊の仰せに随って、種々の立派な飾りをありったけやった。天須菩提はその中にやどった。平生の希望が、その一晩で満ち足りた。すると妄想が自然になくなって、悟りがたちまちに発《おこ》った。夜おそくなって、羅漢の果を会得して、空中に飛び上がってしまった。阿難はこれを見て不思議に思って、釈尊にお尋ねした。釈尊がおっしゃるには、衣服・住居を飾っていながら、求道《ぐどう》の心を励ましている者がある。そういう人は、衣服住居を飾るのもまた、仏道修行の助けとなることであろう。衣服・住居を飾ることによって、求道心をそこなう者もある。もしそのようならば、求道者は慎まなければならぬことだ。仏道を悟り果報を得るというのは、ひとえに修行者の心がけによるものだ。衣服や住居に関係するものではないと。今時の人も、天須菩提のようであれば、住居・衣服・持ち物の華美を好んでも、仏道修行の障りになると言ってとめなくてもよろしい。しかし、こういう前例があるのにかこつけて、仏法の用心はさっぱりない人が、住居を飾り珍奇な品物を翫《もてあそ》ぶのを、それをも仏法《ぶっぽう》の障りではないと言うならば、それは天魔の所説である。

昔から今に至るまで、山水《せんずい》（造園）と言って、山を築《つ》き石を立て、樹を植え水を流して、愛好する人が多い。その山水の趣きは同じようでも、その考えはそれぞれ違っている。あるいは、自分の心では、大しておもしろいとも思わないのに、ただ家の飾りにして、よその人によさそうな住居だなと言われたいために構える人もある。あるいは万事に欲張る心があるために、世間の珍宝を集めて愛好する中に、山水をもまた愛して、奇石珍木をえらび求めて、集めて置いている人もある。こういう類の人は、山水の風雅な点を愛するわけではなく、ただ浮き世の塵を愛する人だ。かの唐の白楽天は、小さい池を掘って、その辺《ほと》りに竹を植えて、これを愛《め》でられた。その池上篇《ちじょうへん》の語《ことば》に、「竹はそのたちがさっぱりしているから、わが友とする。水はほんとにそのたちが清らかだから、わが師とするのだ」と言っている。世間で山水を好まれる方々が、なろうことなら白楽天のような気持ちであれば、まことにこれは浮き世の塵に交わらない人と言ってよかろう。あるいは、生まれつきがあっさりしていて、世俗のことにはかかわらず、ただ詩歌を吟じ、庭園で気をはいて、心を養う人もある。自然の山水にとらわれた業病《ごうびょう》、庭園にとりつかれた不治の病というのは、こういう人をいう語《ことば》だ。こういうのを世間の風流人といってよろしい。

たといこのようであっても、もし求道の心がなければ、またこれは妄執が輪廻する基となるものである。あるいは、この山水に向かって眠りをさまし、徒然《つれづれ》を慰めて、仏道修行の助けとしている人がある。これは世間一般の山水を愛好する考えとは違っている。まことに貴いといってもよろしかろう。けれども、山水と仏道修行と差別しているからして、真実の仏道修行者とはいえない。あるいは、山河大地、草木瓦石、ありとあるものすべて皆、自己の本分であると信ずる人が、一時的に山水を愛好することは、世間の人情に似ているけれども、そのままその世間の人情を求道の心として、泉石草木の四季折節に移り変わる気色《けしき》を、心の工夫とする人がある。もしこのようであれば、求道者が山水を愛する模範とするがよい。こう考えると、山水を愛好するのは悪事ともきめかねるし、また、必ず善事とも言いにくい。山水そのものには利害得失はない。それは人間の心にあるのだ。

唐土の人の平素の習慣で、皆喫茶を愛好するのは、消化をよくし、また気ばらしをする養生《ようじょう》のためである。薬というものも皆、一服《いっぷく》の分量はきまっている。多過ぎると、かえって害をする。この故に、茶でも飲み過ごすのを、医書でもこれを止めている。昔、唐土で盧同《ろどう》・陸羽《りくう》等が茶を愛好したのは、睡気をさまし、気のふさぎをはらして、学びを心がけようとするためだと申し伝えている。わが国の栂尾《とがのお》の明恵上人《みょうえしょうにん》や建仁寺《けんにんじ》の開山、栄西《えいさい》禅師が茶を愛好されたのは、気のふさぎをはらし、睡気をさまして仏道修行の助けとなさろうというためであった。今時、世間で、異常に茶を愛玩《あいがん》なさるありさまを見ると、養生の役にも立っていない。いわんやその中に、学びのため道のためと思っている人など、あるはずはない。あまつさえ、これは世間の損失ともなり、仏法のすたる因縁ともなる。それ故に、茶を好むことは同じであっても、その人の心がけによって、損もあり益もある。ただ単に、山水を好み茶を好むことばかりではない。詩歌・管絃《かんげん》（音楽）等の一切のこともまた、これと同じだ。詩歌・管絃は、それぞれその種類は違っても、人間の心が邪悪であるのを調和して清雅にさせようというためである。けれども、今時（当世）のありさまを見ると、これを芸能として我執をおこしておられるために、清雅の道はすたれて、邪悪の因縁にばかりなっている。このために、教・禅の宗師が、万事の外に工夫用心なしと示される時もあり、また、万事を投げ捨てて、別に工夫をせよと勧められた時もある。決してあやしむべきことではない。

〔五八〕 禅宗の放下

問。　古人は、別に工夫はない、放下《ほうげ》（投げ捨てる）すればそれでよいのだ、と言っている。また、一切の善悪をすべて思い量ってはならぬとも言い、また、得失是非を一時に投げ捨てよとも言っている。かように示されるとおりならば、一切の説明を掃《はら》い捨てるのを禅宗の工夫といってよい。もしそうならば、華厳《けごん》宗で明らかにしている頓教《とんぎょう》の説法に、一切の名目《みょうもく》の相《すがた》を嫌って、本体の自性の清浄な境地を貴ぶのと同じである。三論《さんろん》宗で独空《どくくう》（一空）・畢竟空《ひっきょうくう》を談ずるのにも似ている。また、真言宗で談ずる情《じょう》を断ち切るという説き方とも違うところがないではないか。

答。　その言句《ことば》は似ているけれども、その趣旨は同じではない。先ず一切の説明を掃い捨てるのを、禅宗の修行と心得ていることは、大きな誤りである。古人も言っている。有心《うしん》をもってても求められない。また無心《むしん》をもっても求められない。語句をもっても到達できない。寂《じゃく》黙《もく》をもっても通達することができないと。あるいはまた、有心・無心、語句・寂黙、皆これ仏法であるとも言っている。古人がこのように示すことは、天と地とほどに遥かに隔たっているということだ。どれを本《もと》としたらよいのか。すべてこれは宗師の手立てだ。語《ことば》どおりに受け取ってはいけないことだ。それ故に、一切を放下せよと示すのも、教門（教の道）でいう掃蕩《そうとう》・遮情《しゃじょう》の意味ではない。真・妄の差別を談ずるけれども、法相宗《ほっそう》で立てている法の行き方とは変わっている。真言宗では、世間卑近な事相《じそう》がそのまま深妙《しんみょう》の道理であると示すが、本分を直示すると談ずるところとは違っている。その趣旨は悟って後に初めてはっきりわかるであろう。義理をもって会得してはならぬ。もし言語《ことば》が似ているのをもって同じだと言えば、なんでそれはただ教家の法の行き方のみに限ろうか。儒教・道教、ないしは世間のたわむれ言《ごと》ともまた同じであろう。禅宗を学ぶ者の中に、古人の語《ことば》に随って理解をして、一切の義理をも用いず、地位の高下をも立てず、仏法・世法《せほう》のあとかたを胸の中にとどめないのを宗旨だと思っている者がある。古人がこれを笑って「剗子禅《さんすぜん》」と名づけた。剗子（木鋤《こすき》）という物は、一切の物をすいて捨てるのをその働きとするから、一切の説明を掃い捨てるのを、宗旨と思っているのに譬《たと》えたのだ。

〔五九〕 那一通　附＝六通

問。　法を悟った人は、必ず神通力の妙《たえ》なる働きを具足するであろうか。

答。　仏法を知らない天魔・悪鬼も神通力をやってみせる。神通力を具えている人だからといって、法を悟った人とは言えない。たとい仏弟子として羅漢の果《か》をはっきり会得した人でも、三明六通《さんみょうろくつう》（補注117）は得たけれども、いまだ大乗の法理《ほうり》を悟らないがために、それをば法を悟った人とは言わない。三賢・十聖と菩薩修行の位の進むにつれて、神通の妙なる働きをやってみせても、法を悟った人とは言わない。普通に六通というのは、一には天眼通《てんげんつう》で、山川を遠く隔てたことでも、はっきりと見える。二には天耳通《てんにつう》で、山川を隔てた声をも聞くことができる。三には他心通《たしんつう》で、他人の心念《しんねん》がすっかりわかる。四には宿命通《しゅくみょうつう》で、前世のことを忘れないのである。五には神境通《じんきょうつう》で、飛んで行くことが自在である。六には漏尽通《ろじんずう》で、煩悩をすっかり断ち切ったのである。六通の名称は同じだけれども、これを会得した人によって、その勝劣は随分隔たっている。天魔・悪鬼は、一旦五通は得られるが、漏尽通を受けることができない。故に、ついには通力を失って、苦界《くがい》の輪廻をまぬかれない。羅漢は三界の煩悩を掃いつくした故に、漏尽通を得たとはいっても、いまだすべての迷妄を断ちつくさないからして、真実の漏尽《ろじん》（断ちつくす）ではない。三賢・十聖の菩薩も迷妄をいまだ断ちつくさない。

る。古人も、たとい六通を得たとしても、さらに那《あの》一通があることを知るがよいと言ってい　那一通とは、凡夫も聖人も本来具えていて、少しも増減なく勝劣もない。一切の神通力の妙《たえ》なる働き、および見聞覚知、日常一切の動作、ことごとく、これ皆すべて那一通の恵みの力である。けれども、凡夫は毎日用いていて気がつかない。外に向かって世俗の通力を求める。馬祖《ばそ》の弟子、龐居士《ほうこじ》が、神通並《じんずう》びに妙用《みょうよう》が水を運び柴を運ぶと示されたのも、日常の生活《くらし》の中に那一通があるということである。古人が、人々はめいめいに霊光《くしきひかり》（ひらめき）を具えていると言っている。「円覚経」に、大光明蔵三昧《だいこうみょうぞう》と説いているのも、一切衆生が本来具えている霊光《くしきひかり》である。諸仏の身光《しんこう》・智光・通光《つうこう》というのも、皆この大光明蔵から出生している。それからまた、凡夫が東西をわきまえ、黒白をわかつのも、皆ことごとくこの霊光の妙用でないというものはない。

愚かな人は、本来具足の霊光を忘れて、外に向かって世俗の光明を求める。もしこの霊光を知らなければ、たとい身体から無量《むりよう》の光を放っても、蛍《ほたる》の光となんら変わりはない。それ故に、諸々の天人も光はあるけれども、ついには冥途《めいど》に入る。極位を得た羅漢や地上の菩薩も、各々光を放つけれども、いまだ迷妄の境界《きょうがい》を出ることができない。皆これは、小光明《しょうこうみょう》に化かされて、本分の大神通《だいじんつう》・大光明《だいこうみょう》を忘れてしまったためである。それ故に、大乗を学ぶ者は、もっぱら、先ず第一に本分の大光明・大神通があることを信ずるがよい。もしよくこのことを悟ってしまえば、永劫の迷妄もことごとくなくなって、多生《たしょう》の業縁の束縛に障げられることもない。その時初めて、限りない光明を放って、衆生の迷暗を破り、広大無辺の神通妙用を行なって、悪魔の外《ほか》の邪見を降参させることができるであろう。

〔六〇〕 臨終の相 附＝龍女

問。一般に仏道修行者として、仏法を勤め行なう者も、命を終える時、悪い相《すがた》を現わすものもあり、また平生の時は、大した求道者とも思われなかったけれども、臨終（死に際）の相が、殊にすぐれているものもある。また、平生はそれほど貴い相は見えないのに、死んだ後にはお舎利になった人もある。智もあり徳も高い人でも、死後にお舎利を現わさぬものもある。どういう因縁なのか。

答。一切の物事の現われた相は、本来、定まった相はない。善のようであって悪であることもあり、悪に似て善なることもある。死に際（臨終）の相もまた同様だ。臨終の相はよさそうに見えても、貴ぶことができない者がある。そのわけは、あるいは天魔のしわざで、その修行者をたぶらかし、よその人をもまどわせようとして、かりに奇特な相を現わすことがある。あるいは一切の事物の善根の力で、一旦は、人間世界の中や天上界に生まれるはずの人は、臨終の相がすぐれている。経の中に、死後に人・天の世界に生を受くべき人の、臨終の相を説いてある。それには、病気中、人に対して悪く思わず、世間に執着を残さず、病苦も軽く、心念も乱れず、あるいは仏菩薩の名号を称し、あるいは神仏の名号を唱えて命を終わる。その中にもし忉利天《とうりてん》などに生まれ変わるはずの人は、天人が来迎《らいごう》するからして、妙《たえ》なる香りが部屋に匂い、妓女の舞楽が天に響くに違いないと。たとい、このようによさそうであっても、その果報がつきてしまえば、また地獄（悪道《あくどう》）に帰るであろう。

こういうわけで、一旦はすぐれているが、ついには貴ばれるようなことにはならず、臨終の相はよくないけれども、ついには貴ばれるような者もある。そのわけは、天魔のしわざで、修行者の臨終の相を悪く見せかけて、見聞く人の善心をそこなおうとして、悪相《あくそう》を現わすことがある。けれども、その修行者は悪相を見ない。あるいは今生には正しい仏法を行なったが、まだそのせっせとやった功績も積もらず、前世の業の障《さわ》りもまた尽きないために、煩悩の苦を脱れて自由自在の分際がない。これによって一旦は悪道に堕《お》ちる人もある。このような人は、臨終の相は悪いけれども、王たるものの道の及ぼすよい力がなくならないために、ついには悟りの境界に到達する。娑竭《しゃかつ》龍王の女《むすめ》は、前世の業《ごう》によって一旦は畜生道《ちくしょうどう》に堕ちたが、その中において、大乗の及ぼすよい力が発現したがために、八歳で、はやくに悟りを成し遂げた。この龍女の前世を思うに、畜生道に赴いたのだから、死に際の相が、どうしてすぐれているということがあろうか。

昔、釈迦如来が出歩かれた時、路の辺《ほと》りの草の中に捨て子が一人あった。その形が真白で尋常でない様子であった。多くの人が集まってのぞいている。仏はその小児の所へ行って、仏法を問われた。小児がそれに答え申した。仏はその子を拾って、励まして言われるには、お前は過去の善根を心中に深く思いこんで、神通力を現わせと。小児は仏の語《ことば》を聞いてたちまちに飛び上がり、空中にとまって身体から光明を放った。その光は三千世界を照らした。

その光を見て、梵天《ぼんてん》・帝釈、天龍八部衆《てんりゆうはちぶしゆう》などが皆来り集まって、不思議の善い利益《りやく》を受けた。この故に、この小児を不思議光菩薩《ふしぎこうぼさつ》と名づけるがよいと、仏がはっきり認められたのである。如来がその不思議光菩薩の因縁を説いてこう言われた。過去、九十一劫《ごう》の前、毘婆尸《びばし》仏《ぶつ》が出世をなさった。その時二人の菩薩があった。一人をば賢天《けんてん》と名づける。無生無滅《むしようむめつ》の理に安住して動かぬという無生忍《むしようにん》を会得して、少欲少事で、独住を好んだ。もう一人を饒財《にようざい》と名づけた。托鉢行脚《たくはつあんぎや》の行を好んで、賢天菩薩に親しく近づいてお世話をするけれども、常に在俗の家へ行って、世俗のことに奔走する気持ちがある。賢天がこれをさとした。饒財はこれを聞いて、憤りの思いを起こして、怒り罵って、御辺《あなた》の根本《もと》は捨て子で、父母もわからない人だと言った。この口のとがによって、九十一劫の間、生まれ変わる度ごとに、婬女《いんじよ》の腹に宿って、捨て子となった。今その悪業をすっかり報い尽くして、昔の善根が現われたのであるということだ。

このようなさまざまの因縁があるので、一旦、臨終が悪くても、ついにはすぐれる人もあり、あるいは臨終の相も悪くて、ついには悪道に沈む人もある。これは平生、仏法をも修行せず、ただ罪業だけを作った者である。あるいは臨終の時、坐《い》ながらに解脱《げだつ》し、立ちながら亡くなって、自在《じざい》を得る人もある。これは内と外と相応じて、生死の関を透《とお》り得た人である。古人も言っている。坐脱立亡《ざだつりつぼう》は悟る力によるものだと。たとい法を悟った人であっても、悟る力がまだすっかり熟していない人は、解脱自在《げだつじざい》の分際がない。そうではあるが、臨終に悪相を現わすまではないに相違ない。たとい解脱自在の分際はなくても、生死の相を心の中に持つことがなければ、大乗の修行者と言ってよい。羅漢の果報を確かにしたものは、臨終の時に十八種の神変《じんぺん》を現わして、解脱自在であるが、法を悟った人とは名づけない。教・禅の宗師の中にも、災難にあって滅った人《なくな》がある。前世の業《ごう》によって、一旦、臨終に悪相が現われても、これをもって引導の方便とするので、臨終の相が悪い人とそしってはならぬ。

小乗を修学する人に二種類ある。声聞《しょうもん》と縁覚《えんがく》とである。これを二乗と名づける。縁覚をば梵語では辟支仏《びゃくしぶつ》と言っている。この辟支仏も、滅後にはお舎利《しゃり》を現わすということだ。けれども、これは小乗の人であるから、法を悟った人と言うことはできない。世間一般の凡夫の中にも、物事に一途《いちず》になる三昧《さんまい》の生活を成し遂げると、滅後にお舎利を現わすものだと言う。三世《さんぜ》の如来《にょらい》といって、順番に出世をなさる仏は、皆必ず滅後にお舎利を残して、人間・天人が福業（仕合《しあわせ》のもと）を成就する手立てとする。仏滅の後、教・禅の宗師として、仏法を流通《るずう》しておられる人の中には、滅後にお舎利を出現させた人もある。臨終の相《すがた》はすぐれていても、滅後にお舎利とはならぬ人もある。その因縁は推量しがたい。「大宝積経《だいほうしゃくぎょう》」にはこう言っている。如来のお舎利は、無相般若《むそうはんにゃ》の中から流出する。般若はすなわち舎利の体（本体）、舎利はすなわち般若の用（はたらき）である。愚かな者は、有相《うそう》のお舎利を見て、無《む》相《そう》の般若をば信じないと。仏光《ぶっこう》禅師の頌《しょう》に次のように言っている。諸仏も凡夫もともに同じく幻《まぼろし》である。もし実《まこと》の相《すがた》を求めるならば、それは眼中の埃《ちり》である。老僧（私）の舎利は天地をつつんでいる。人気ない寂《しず》かな山に向かって冷たい灰を撒き散らすなと。それ故に、滅後にお舎利が出現するのをば、善根とはいえよう。しかし、これをもって必ずしも法を悟った人とは申せない。

この集に両本あるが、この本が正しい。

夢中問答集　下

〔六二〕　本分の田地

問。本分《ほんぶん》の田地《でんち》というのは、どういう境地なのか。

答。凡夫・聖人、迷妄・悟達《ごたつ》が、いまだ分かれない境地というものは、世間の名目《みようもく》・形相《ぎようそう》でも説明が難しいし、仏法の出世《しゆつせ》の説法《せつぽう》でもとどかない。そうではあるが、迷っている人を誘い導こうというために、語《ことば》を考えて、あるいは本分の田地と名づけたり、あるいは一大事《いちだいじ》と名づけたのである。本来の面目《めんもく》、主人公などというのも、皆同じ意味である。迷悟・凡聖《ぼんしよう》というものは、念慮《ねんりよ》の上に仮に立っているものだ。それを刹那《せつな》刹那《せつな》に相続してゆくために、迷悟・凡聖の相《すがた》が妄《みだ》りに起こって、人間をたぶらかす。このまどわかしによって、本分の田地をくらまされるのだ。

〔六二〕　本分の田地と教家の所説

問。　教法の中に、あるいは心地《しんじ》と言い、あるいは仏性《ぶっしょう》と言うのは、本分の田地と言っているのと違っているのか。

答。　教家《きょうけ》でも、真実の大乗において説いている点では違いはない。けれども、教家では、念慮の迷妄が起こった上に、仮に衆生・仏の二つが分かれた境地について、一時的に心地を談じ、仏性を論ずるのである。そのため、禅家で生・仏の未分の境地を、本分の田地と言うのとは同じではない。誰でも、この本分の田地に相応すれば、教家で言うところの、仏性・心地・如来蔵《にょらいぞう》・真如《しんにょ》・法性《ほっしょう》等や、それから凡夫が考えるところの山河大地、草木瓦石にいたるまで、皆ことごとく本分の田地であろう。必ずしも本分の田地という名目《みょうもく》を貴ぶべきものではない。

〔六三〕　本分の田地の正体

問。　本分の田地は人々が具えていて、めいめいが円満に成就するものだと言っても、その形を見ることができない。はたしてどこにあるのか。身体の中にあるとしようか。心の中にあるとしようか。この身体全体、これが本分の田地だとしたらよかろうか。この身体を離れて別にあるとしたらよかろうか。

答。　古人が言っている。当の場処（その本分の田地）を離れず、常に平然と落ち着いている。求めてみて初めて分かる。その境地は余人には分からないということがと。本分の田地は、身体の中にあるのでもない。身体の外にあるのでもない。身体が全部そっくり本分の処だと言うのも当たらない。生物・無生物のたぐいでもない。諸仏・賢聖《けんじょう》の知慧でもない。諸仏・賢聖の知慧、ないしは衆生の身体、および世界国土は皆この中から出生している。それだから、仮に本分の田地と名づけたのだ。「金剛経」に、諸仏および諸仏の阿耨多羅三藐三《あのくたらさんみゃくさん》菩提《ぼだい》（無上の知慧）の法も、皆この経から出ていると言っている。金剛般若というのは、本分の田地である。「円覚経」には、一切の清浄《しょうじょう》・真如、菩提・涅槃、および諸々の波羅蜜《はらみつ》（悟ること）もまた、円満の霊覚《りょうかく》から流出していると言っている。円覚とは、本分の田地である。「蓮華三昧経《れんげざんまいきょう》」に、金剛界の三十七尊も心城《しんじょう》にとどまっていると言っている。心城とは、本分の田地である。

　密宗《みっしゅう》（真言宗）で言う大日如来、金剛薩埵《こんごうさった》（執金剛神《しっこんごうしん》）以下の三十七尊も、皆この心城にとどまっておられた。これによって、知るべし。本分の田地とは、真如の妙理《みょうり》、および一切の仏菩薩の依り処であることを。いわんや、一切の浄穢《じょうえ》も、世界衆生も皆これを離れるものではない。

〔六四〕　本分の田地の信用

問。もしこの本分の境地が、世間の相《すがた》でもなく出世の法でもないとすれば、どうやってこの境地に到達することができるのか。

答。一般に、この宗（禅宗）を信じて修行しようとする人は、多くこの疑問を持つ。それは何故かと言うと、本分の題目をいい加減に心得ておられるからである。もしもこの本分を、世間の芸能だと考えれば、自分はその力もない、どうして稽古することができようかという疑問も抱くであろう。また、もしもこの本分を、出世の法だと言えば、自分は智慧もないし、どうして悟ることができようかとも、疑うに違いない。すでに、これは世間出世の法（すじめ）ではないという題目を聞いていながら、どうしてその処に行ったらよいだろうかという疑いを起こす人は、愚かな人だ。本分の田地に到るということは、田舎から京《きょう》（みやこ）へ上ったり、日本から唐土へ渡ったりするようなものではない。譬《たと》えて言えば、人が自分の家の中でぐっすり睡って、種々の夢を見るようなものだ。あるいは汚れたきたない処に暮らして、日夜苦悩することもあるし、あるいは結構な神仙境に入って、身の快い時もある。この時は、傍らに睡らない人がいて、夢を見る人に向かって、さとして言おうは、「お前が見ているきたない処も、結構な場所も、それは皆夢の中の妄想だ。お前の本分（本拠）の家の中には、そんなことは何にもない」と。この言《ことば》を聞いても、自分が夢の中で見ていたことが正しいと思っている者は、全くこれを信じない。それ故に、苦難な目にあった時は、その苦難をのがれようと計略をめぐらし、安楽な目にあった時は、その安楽にいい気になっている。

このように、夢の中で見ているところに化かされて、全く本分の境界を知らずにいる。夢を見る人の中には、たまたま善知識の教えによって、本分の安穏《あんのん》の家があることを信じはするものの、大きな夢がまださめないからして、依然として夢の中で見ているものを、放り捨ててしまうことができない。あるいは善知識に向かって問うて言うには、どうしたら本分の家に帰れるだろうか。この目の前の山を上り、河を渡っていけるだろうか。飛行《ひぎょう》の術法を習得して、この山河を飛び越えていけるだろうかと。あるいはまた疑って言うには、本分の家は、私が見ている山河大地の内にあるのだろうか、外にあるのだろうかと。この山河大地をあらためてみないで、全体が本分の家だということがどうして分かろうか。このような種々の疑いが起こるのは、すべて大きい夢がまださめていないからだ。たとい大きい夢はまださめなくても、自分が見聞する境界は、皆夢の中の妄見である。その中でのあらゆる行動もまた、夢の中の妄想であると悟っているからして、見ることは盲者のごとくであり、聞くことは聾人のごとくであって、取捨分別をすることができない人は、大きい夢がさめた人と違わない。こういう人をば、夢のほかに現実の境界があることを信ずる分際はあるものと言ってよい。仏法もまた、これと同じである。

本分の田地には、凡聖の相《すがた》もなく、浄穢《じょうえ》の境もない。迷妄にとらわれた知識の夢が起こるがために、無相《むそう》（涅槃）の中に浄・穢の境界が現われ、無為《むい》（真理）の中に凡・聖の差別が出てくる。己《おのれ》は凡夫だと思っていると、あちこち馳け廻って、名利を求め、名利が求められない時は嘆き悲しむ。また、自分は智慧ある人間だと思っていると、一切の人を軽蔑して、高慢の心を起こす。このような種々の道理はずれにごまかされて、本分の安楽な田地があることを信じない。これはあたかも、夢中の妄境《もうきょう》に心をそらされて、現実の境界を信じないようなものである。その中に、たまたま利根（利口）な人があって、凡聖・浄穢にとらわれた知識の上に浮かんだ仮の相《すがた》である。本分の田地は、こういうことはないと信じてはいるものの、いまだ大悟していないからして、ややもすれば、幻《まぼろし》にまどわされて、自分は迷っている人間だと思いならされている我執が、まだ消えてしまわないために、得法《とくほう》・悟道を願い、巧妙な弁説や神通力などを羨む。そういうことで、修行・用心について、邪正《じゃしょう》を論じ、応用・問答において優劣を争う。これはすなわち、夢を見る人が、自分の見るところは皆夢だと信じてはいるが、大きな夢がまださめないからして、夢の境界に化かされて、その中について、是非得失を論ずるようなものだ。もしこれが最上根《さいじょうこん》の人ならば、たといいまだ大悟の分際はないにしても、自他の身心を推し量ることは、皆すべてとらわれた知識の妄想だと、はっきり分かるからして、輪廻をも嫌わず、解脱をも求めようとしない。もしこのようであるならば、考えの正しい人と申してよい。しかし、考えの正しいのを頼んで、満足の気持ちでいると、それはまた間違いである。

「円覚経」に、衆生は真理を妄見して、みだりに肉体を認めて自身の相《すがた》と思い、汚れた心の影像を自心の相《さま》と見ると言っている。たとえば、病んだ目が、空中に幻の花や月の影を見るようなものだ。これによって妄《みだ》りに生死《しようじ》の迷いの世界を輪廻することがある。この故に無明《むみよう》（痴）と名づける。無明というのは、実《まこと》に本体があるわけではない。夢の中で人を見る時には、その本体がないわけではないが、夢がさめてしまえば、その人の存在はないようなものだ。「首楞厳経《しゆりようごんきよう》」に、妙《たえ》なる本性は円満分明で、諸々の名目と形相とから離脱している。本来、世界・衆生などはないものだと言っている。諸々の「大乗経」は皆同じくこのように説いている。どうしてこれを信じないで、身体を労役して、外に向かって追い求めたりするのか。

世間の吉凶《よしあし》というものは、その相がまだ現われないうちは、愚かな者はこれを知らない。世間の巫女《みこ》・陰陽師《おんみようじ》（占師《うらないし》）等が占いを示す語《ことば》を信じて、それに随って行動すると、時節が来て、その効験《しるし》が現われることがある。本分の一くだりは、誰でも具えているけれども、いまだ行き当たらぬ者は、毎日用いているのに知らないでいる。そのために、仏祖が大慈悲《だいじひ》を垂れて、丁寧にお示しになったのである。たとい前世の果報が少なくて、直《じか》に行き当たることがなくても、世間の占師等を信ずるごとくに、仏祖の言《ことば》を信じて、それに随って用心すれば、どうして効験のないことがあろうか。

〔六五〕 真 心 附＝南陽の慧忠国師、馮済川と大慧禅師の偈

問。この身体は、貴賤の差別があっても、同じく皆生老病死《しょうろうびょうし》に変化《へんげ》させられる。実に幻《まぼろし》に現われたごとくだ。この心は色形がないから、恐らく常住不滅であろう。それなのに、身・心ともに幻化《げんけ》のごとしと言ったのはどういうわけか。経文の中に、心は幻のごとしと説いた文句もある。また、心は常住不滅と説明した言《ことば》もある。どちらの意味を正しいとすべきであろうか。

答。心と言っている言葉は同じであるが、その意味に種々の差別がある。樹木の外皮が皆朽ちてなくなって、その中の堅くて朽ち残ったところを、木心《もくしん》と名づける。梵語では、これを乾栗駄《けんりつだ》と言っている。また、紇栗陀耶《きりだや》とも言っている。真言宗では肉団心《にくだんしん》（中心）と説明している。『宗鏡録《すぎょうろく》』の中には、肉団心の梵語は、紇利陀耶《きりだや》と言っている。木石等が年を経て、精霊《こだま》があるのをも心という。梵語ではこれを矣栗駄《いりつだ》と言っている。知慮分別《ちりょふんべつ》するのも心と名づける。生き物の類にはこれがある。梵語では質多《しった》と言っている。凡夫が我心《がしん》と推し量るのは、これである。小乗の教えの中に心と言うのも、この質多心《しったしん》をさすのである。真言宗の教えに、質多心を菩提心と言うことがある。これは凡夫が推し量る質多ではない。梵語で阿頼耶《あらや》と言うのを、漢語では含蔵識《がんぞうしき》といっている。これは識《しき》（了別《りょうべつ》）の中の第八識である。また、梵語で末那《まな》というのを、漢語では染汚意《ぜんまい》と名づける。すなわち、これが第七識であ

る。そして、これらは皆生き物が具足する心法《しんぽう》の類である。この第七・第八の二識は、大乗になって初めて説明してある。凡夫・小乗ではこのような考えがあるとも知らない。第八識は、無明（迷妄）と法性（悟り）と和合している境地であるから、唯妄《ゆいもう》でもなく、唯真《ゆいしん》でもない。この第八識を心王《しんおう》といっている教えもある。あるいはまた、その上に第九識を立てている。それを梵語では菴摩羅《あんまら》と名づけている。漢語では清浄無垢識《しょうじょうむくしき》と言っている。これはすなわち、衆生の本心である。それは迷った時も、その迷いに汚されない。故に、清浄《きよらかで》無垢《けがれがない》と名づけたのである。

　こういう種々のわけがあるので、一心（ありとあるものの実体、真如）について、仮に真・妄を分けたのである。凡夫の知慮分別は、ことごとくこれ妄心《もうしん》である。物質が和合して、仮にこの人間の相《すがた》が現われる。しかし、全く実体はない。故に、これを幻《まぼろし》の花に喩《たと》え、幻の現われに喩える。このような妄心は、真心《しんじん》によって、仮に起こったものだ。故に、全く自分の本体はない。たとえば、人間が本《もと》の月によって、その月影を見るようなものだ。月に二つの相があるわけはないが、目をひねりまわす者の見方にかずけて、第二の月と名づけたのである。心に二つの相はないけれども、迷っている人が我が心と思っているものは、実《まこと》の心ではない。故に、幻心《げんしん》と名づける。または生滅心《しょうめつしん》とも言う。妄心だとて、実《まこと》には生きたり死んだりするものではない。聖人の考えるところについて言えば、それは常住不滅である。故に、これを真心《しんじん》と名づけている。このような区別をはっきり知らせようとして、真心を梵語で説く時には、乾栗駄《けんりつだ》と言っている。樹木の心《しん》が堅くて砕けないという意味になぞらえて、衆生の本心が堅くて強く、こわれないのを説明している。「楞伽経」の中に、あるいは自心と説き、あるいは妙心《みょうしん》と説いている心の字の下に、いずれも梵語では乾栗駄と注しているのは、この意《こころ》である。梵語の「心経《しんぎょう》」に、心の字を紇栗陀耶《きりだや》と言っている。『宗鏡録』の中には、心《しん》に幾多《あまた》の分類があることを説明して、その中で乾栗駄《けんりつだ》心《しん》（真実心）を宗《もと》とすると言っている。

凡夫が心と思っているものは、色や形は見えないけれども、瞬間に生滅して、少しの間もじっとしていないこと、水が流れ注ぎ、灯《ともしび》の焔《ほのお》が燃え続いているがごとくである。色や身体と同じように絶えず変化する。それなのに、身体は生滅（変化）するが、心は常住（不変）だと思っているのは、仏教外《ぶっきょうげ》（外道）の考え方である。心を常住だということは、凡・聖は同体で、心・身一体なる真如実相を示すのである。それ故に、悟った人の考え方について言えば、単に心のみが常住（不変）であるばかりでなく、身体もまた常住である。それなのに、身体は生滅（変化）し、心は常住（不変）だというのは、大乗の説き方ではない。「大日経疏」には、一切衆生《いっさいしゅじょう》の身・心は、実相《まことのすがた》であって、本来、毘盧遮那《びるしゃな》（仏）の一切平等の智身《ちしん》であると言っている。

昔、唐土、南陽の慧忠《えちゅう》国師が、ある僧に「お前はどこから来た」と問うた。僧は「南方から来た」と答えた。そこで国師が「南方の宗師（善知識）は何とお前に示したか」と聞くと、僧は「身体は滅びるが、心は変わらない」と答えた。国師は、「それこそ、仏教外の神《しん》我《が》（霊妙《れいみょう》な我《われ》）の考えだ」と言った。これに対し、僧が「和尚（あなた）ならどう示しますか」と問うたところ、国師は「私はとうから身心一如《しんじんいちにょ》だ」と答えたという。

　昔、馮済川《ひょうさいせん》という俗人があった。壁の上に死骸を絵に描《か》いてあるのを見て、これを題にして一つの偈《げ》を作った。「屍《しかばね》はこのうちにあるが、その人はどこにいるのか。心（一霊《いちりょう》）と身体《からだ》（皮袋）とは一緒にいないと判った」と。この偈の意《こころ》は、一霊とは心をさし、皮袋とは身体をたとえている。この人はまだ外道《げどう》の神我の考え方を抜け出していない。故に、大慧禅師はこれを承認されず、別に一つの偈を作られた。「この死骸その物が、即《そく》その人だ。心は身体、身体は心だ」と。済川の偈はその意《こころ》がわかりやすい。大慧の頌《しょう》をば、どう心得たらよいか。身・心一如なる説き方は、大乗の広く通ずる筋道であるから、その口先で言っていることを受け取れば、大慧禅師の意にそむくことはないであろう。その心中のおもんぱかりを論ずれば、済川の考えを出ない人も多いであろう。真心・妄心の差別は、「円覚」「楞厳」等の経の中に詳しく説明してある。詳細に引いて話すには及ばない。

〔六六〕　数論師の神我と大乗の一心

問。神我《しんが》の考えとは、どういう考えか。

答。数論師《すろんし》が二十五諦《たい》というものを立てて、世間の一切を説明したものだ。その第一をば冥諦《めいたい》と名づける。天地がいまだ分かれない前《さき》は、吉凶・禍福も関係がなく、見聞覚知も及ぶことがない。名目をつけにくいけれども、強《し》いて冥諦《くらい》と言った。これは常住で、変化に動かされない。第二十五を神我諦《しんがたい》と名づける。いわゆる、一般に凡夫の心と名づけ、魂《たましい》と思っているものだ。これをも推し量って常住だと言っている。その中間の二十三諦は、世間の吉凶・禍福等の諸種の変転する相《すがた》である。これをば推し量って、この世の現象の法とする。神我がもし吉凶・禍福の情《じょう》を起こせば、冥諦が変わってその相《すがた》を見せる。神我がもし長短・方円の相《かたち》を生ずれば、冥諦も変転してその形を現わす。これによれば、世間の現象が変転するのは、もっぱら神我が情を起こすからである。神我がもし一切の情を起こさないで、冥諦にとどまっていれば、現象の変転は永久に止《や》んで、真実《まこと》（無為）の安楽が自然に来る。身体は滅びるけれども、神我は常住（不変）で滅びない。たとえば、家が焼ける時、その家の主《あるじ》は出ていってしまうようなものだと言っている。忠国師がそしられた神我の見とは、これである。震旦《しんたん》に流布している荘子《そうじ》・老子《ろうし》の考え方も、これから出てはいない。老子が虚無、荘子が無為の大道と言ったのは、あの数論外道《すろんげどう》（数論師）の冥諦に当たっている。

今時（当世）、大乗を学ぶ者の中に、この考え方を持っている者がある。「円覚経」に言っている。たとえば、摩尼《まに》（如意《にょい》）宝珠《ほうじゅ》が五色に輝いて、その色が現われる際、愚かな者は、ある宝珠に実《まこと》に五色があると思うようなものだ。円覚《えんがく》（悟り）の浄性《じょうしょう》（きよい本性）に、仮に身体の相《すがた》を現わせば、愚かな者はこれに迷って、実に身体の相があると思っている。この故に、身体は幻《まぼろし》のごとくで汚れていると説くのであると。永嘉《えいか》大師は、仏法という財《たから》を損じ、その功徳《くどく》を亡《な》くすのは、全くこの心の働きによるものだと言っている。長沙《ちょうさ》禅師は、求道者《ぐどうしゃ》が真実を悟らないのは、一に、いつでも心魂《たましい》を認めているからだと言っている。初心の学者が、坐禅と称して返照《へんじょう》（反省）する際、この心というものが、形もなく限りもなくて、明らかに霊《くす》しい点を見て、それを主人公（主体）と思い、本来の面目《めんもく》（すがた）だと推し量っている。古人はこれを精魂《たましい》をもてあそび、心魂を認めるものだとそしっている。「円覚経」の中に、賊《ぞく》を認めて子とするものだと説くのも、この意味である。

仏が言われた、一切世界の事物はことごとく一心より起こる、心の外に別の事物はないと。一心という語《ことば》は同じであるが、諸宗の解くところはそれぞれ異なっている。小乗の人は、六識を分別するのを一心と思っている。大乗の中には、あるいは六識の分別よりも、なお微細なところに、第七識・第八識があることを説明している。ありとあるものは皆この八種の識の変わるところであると説いているため、三界一心《さんがいいっしん》というのは、この八識の心の中心の働きのことだと思っている。あるいは八識の上に第九識（真如識《しんにょしき》）を立て、ありとあるものはこの識の縁に随って現われる相《すがた》である。この故に、三界一心と説いたのだという。小乗の学者は、微細な心識《しんしき》（第七・八・九識）があることを知らないからして、境界に対処する際に、執着分別《しゅうじゃくふんべつ》の念《おも》いさえ起こらなければ、これを至極のことだと思っている。今時、大乗を修行する者の中に、一切の境界に向かう時、分別にわたらず、山をば山と見、水をば水と見、僧をば僧と見、俗人をば俗人と見るけれども、是非・善悪の執着にわたらない境地を、本心だと思っている人がある。これはすなわち、六識中の前五識の分際であって、本心ではない。

この心法こそは不可思議である。大空《おおぞら》にひろがるけれども、広くはない。こまかい芥《あくた》の中に入ってしまうけれども、狭くはない。一切の相を離れていて、一切の相を具え、限りない徳を具えて、限りない徳におちいらない。こういうわけだから、真妄《しんもう》をも分かつことができず、粗いか細かいかをも論じにくい。けれども、迷いさからっている者の前では、真妄麁細《そさい》も等しくはない。それなのに、いまだ迷倒《めいとう》の考えを離れない人が、即心即仏という語《ことば》に随って解釈をして、喜怒哀楽の妄情がすなわち仏心だとやっている。その語は仏法のように見えても、その考え方は全く邪道《じゃどう》と同じだ。このような人のために、諸種の聖教《しょうぎょう》にその区別を説いてあるのだ。もしもこの理《ことわり》をはっきりと知り得たらば、たとい大悟の分際はなくとも、魚の目を認めて明珠《みょうしゅ》とするような誤りをすることはあるまい。末代に生まれた人は、前世の果報も浅薄であるがために、教の道を学ぶ者は、諸宗で心法の理《ことわり》を説いた種々の経文のわけを学び得たのをこの上ないことととして、みずからその心法の源《みなもと》を悟ることもない。禅宗に入った分際では、このようなことは、教家《きょうけ》のやることである、禅者が学ぶべきことではないと思っている。もし実《まこと》に世間の妄想、出世の説法をも、ともに投げ捨てて、直《じか》に無上の菩提（悟り）に赴く人ならば、それは大いに禅宗で勧めているところである。けれども、経論の文の意義をば修学せず、自分の心の分別にひかれて妄想を起こし、心魂《たましい》を認めて本心だと思っているのは、誤りではないか。

〔六七〕　真心と妄心

問。もしそうだとするならば、妄心《もうしん》の外に、別に真心《しんじん》を求めるのは誤りではないか。

答。真・妄の差別は容易には説明しにくい。同と説き別と説く。皆それは誤りだ。たとえば、人が指で目を抑える時、真《まこと》の月の外に、第二の月を見るようなものだ。この第二の月という幻《まぼろし》は、目を抑えた人の前にある。実際には第二の月と言って、真の月の外に、その形があることはない。それ故に、第二の月を見るのがいやだからといって、この妄月《もうげつ》を払いのけて、別の真の月を見よというのではない。単にその目を抑える指をのければ、本月《ほんげつ》の外に第二の月があるわけはない。もしその指をのけないで、この第二の月を払いのけようと思えば、いつまでたっても、払いのけることはできない。あるいはこの第二の月の外に、真の月はないと言って、これを愛する人がある。また、これは大きな錯《あやま》ちである。目を抑えることがない人は、もとより第二の月を見ることはない。なんで、第二の月を払うがよい、払いのけないのがよいなどという、二つの論があろうか。こう考えると、妄心・真心の同別を論ずることは、迷いの転倒の指で、本分の目を抑えるからである。

か。

〔六八〕 本心の二種の根本 附＝阿難の本心

問。ゆがんだ物をおしなおせばまっすぐになるように、凡夫の妄心が邪僻《じゃへき》なのをためなおして真正《しんしょう》にすれば、仏心にもなるはずと思われるのに、妄心は第二の月と同じだと言ってひたすらに嫌うのはどうしたことか。もしそれならば、凡夫が仏に成ることはないものだろうか。

答。この疑いはちょうど、「円覚経《えんがくきょう》」の中の普賢菩薩の疑問である。「首楞厳経《しゅりょうごんきょう》」の中に、阿難《あなん》もまたこの疑いを起こしている。仏が阿難に告げて言われるには、「お前は本心を失って、知慮分別の心を認めて、自分の心と思っている。それはお前の心ではないぞ」と。阿難は耳を疑って、「六道に輪廻することも、この心によっている。さらに仏果を得ることもまた、この心によるものであろう。それなのに、この心がもし我が心でなかったならば、何をもって修行をして、仏果を遂ぐべきか。もしこの心がなければ、草木瓦石となんの相違があろう」と言った。仏は、「お前の心を抑えてみて、なしと思えと言うのではない。お前が心と思っているものが、実《まこと》にあるものならば、必ず在所《ありどころ》があるだろう。どこにあるか」と問われた時、阿難が最初は、「この心は身体の内にある」と答えなされた。仏がお前の身の内にもこの心はないぞとお責めになったら、阿難は身体の外にあると言う。仏はまた、それをそうではないとお責めになる。阿難はこうして七処《ななところ》まで指し示された。そして、最後には、わが心は、内にあるのでもなく、外にあるのでもなく、中間にあるのでもない。一切執着《いっさいしゅうじゃく》の念がないのが、わが心だと述べられた。けれども、仏はすべてこれをお許しにならない。この故に、阿難は茫然として考え分けることができない。

　そうした時に仏が言われるには、「一切衆生が、何もない始めから、妄りに輪廻を受けたというのは、本心を失って、知慮の心を認めて、我が心と思っているからだ。このために、たまたま仏法を修行しても、二種の根本を知らないで、錯《あやま》って修行するからして、二乗・外道（異端《いたん》）および天魔の境界《きょうがい》に堕《お》ちるのだ。二種の根本とは、一つには、本来覚知《ほんらいかくち》の徳があり、それは霊妙円明《れいみょうえんみょう》で、自性清浄《じしょうしょうじょう》の本体である。これこそ、衆生の自心の本源《ほんげん》だ。この根本を忘れてしまっている。二つには無始輪廻《むしりんね》の根本である。お前が知慮分別を認めて、自心と思っているものだ。もしこの心をもって修行するならば、それは輪廻の業にはなっても、本源に到ることはないに相違ない。たとえば、砂を煮て飯にしようと思うようなものだ。たとい何万年たっても、熱砂にはなろうが、飯になることはあるまい」と。

　南岳大師の一乗止観《いちじょうしかん》に、止観の修行者は、先ず心と心の働きを清浄な心に依頼して離れないようにするがよい。もしゆれ動く心をもって修行すれば、成就することはできないと言っている。「大日経疏《だいにちきょうしょ》」には、凡夫・二乗・異端等は、無生滅《むしょうめつ》の心を知らないのみでなく、生滅（変化）の心をもまた知らないと言っている。また、心性（心の本体）は、念ずる働きを離れたものだ。推し量ったりして知るべき境地ではないとも言っている。「占察業報経《せんさつごうほうきょう》」に言ってある。心の相《すがた》に二種ある。一つには真、二つには妄である。真とは、心の本性は不二《ふに》平等《びょうどう》、清浄円満《しょうじょうえんまん》で、一切の境界にあまねく及んで、ありとあるものを生長させる。妄とは分別覚知《ふんべつかくち》の心である。実体がなくて、うそいつわりの万法を生み出すものだと。

〔六九〕 縁生と法尓

問。孔子《こうし》・老子《ろうし》なども皆菩薩の生まれ変わりだと言うが、皆この知慮の心を修める道を教えられた。教の行き方の諸宗は、その説いているところは違っているが、この知慮の心に就いて、平生の邪心《じゃしん》をひるがえして正しい智とさせる説法である。それなのに、「円覚」や「楞厳」の経文に、もっぱらこの心をば、亀毛兎角《きもうとかく》(名があって実がない喩《たと》え)のように説いているのは何故か。

答。色(身)と心の二法に、それぞれ縁生《えんしょう》と法尓《ほうに》(天然)との差別がある。諸縁が和合して、仮に生ずる相《すがた》があるのを、縁生と名づける。煩悩の中にある真如のうちに円満具足《えんまんぐそく》している性徳《しょうとく》(よい働き)をば、法尓と言っている。世間の縁生の火は、実体はないものだけれど、縁に随ってその働きを示すからして、この火をうまく使えば、寒さを防ぎ、食べ物を調える大きな利益がある。これを悪く使えば、家を焼き、財産を失う大損害がある。それ故、この火を損のないように使うがよいと教えるのは、世間の利益のためである。この教えによって、火を用いる方法を知ったとしても、それはまだ法尓の広大な心性の火をば知らない人だ。もしこの心性の火を知らせようと思えば、この世間の因縁生《いんねんしょう》の火の損益に目をかけることを禁ずるがよい。この心法もまたそれと同じだ。この縁生の幻心は、実体はないけれども、この心がもし悪いことをすれば、悪道に堕《お》ちて、種々の苦を受けるし、またもしこの心が善いことをすれば、善い処（浄土）に生まれて、種々の安楽を受ける。この道理をわきまえているから、凡夫・外道（異端）の中にも、この心をおさめて、悪事をしないものがある。けれども、縁生の幻心をおさめて、仮に人間界《にんげんかい》・天上界《てんじょうかい》の果報を得ただけのことで、いまだ本心（真心）を悟らないからして、ついには迷いの世界に輪廻することをまぬかれない。それから三賢・十聖の位にある菩薩も、この幻心の邪僻をひるがえして、幻智とした程度に止《とど》まって、いまだ本心に行き当たらない。そのために、変易《へんにゃく》（かわる）生死《しょうじ》をまぬかれない。これは皆、世間の縁生の火をよく受け用いて、過《あやま》ちをしない分際に相当している。こういうわけで、「円覚」「楞厳」両経の中には、この縁火《えんか》を離れて、初めて性火《しょうか》があるものだということを説き明かし、縁心を離れてこそ真心があるものだと論じているのだ。他の宗の説き方では、仮に幻智を起こして、幻妄をすっかりなくして後には、自然に本心に行き当たるものだと言っている。また、「円覚」「楞厳」両経にも、幻智を起こして、幻妄を除いて後、境界も智識もともに忘却して、非幻《ひげん》の境地に到るべきことを説いているのは、同じ意味である。

それなのに、末輩の中には、この幻智を談ずるのを、仏祖の本意だと思っている者がある。「円覚経」に言っている。幻身がなくなってしまうがために、幻心もまたなくなる。幻心がなくなるが故に、幻塵《まぼろしけがれ》もまたなくなる。幻塵がなくなるからして、幻滅《げんめつ》（まぼろしの悟り）もまたなくなる。幻滅がなくなるからして、非幻はなくならない。たとえば鏡を磨くと、垢がなくなって、はっきりして来るようなものだ。そこで、確かに悟るがよい。身・心はみな汚れた仮のものだ。その汚れた相《すがた》がすっかりなくなってしまって、初めて十方が清浄になるものであると。このように、経文を悪く解釈して、まだ本心を悟らない人が、身・心がすべて滅びつくして、すべて皆空《くう》なる境地を、真実《まこと》の仏法だと思っている者がある。これは声聞・縁覚二乗の滅尽定《めつじんじょう》、外道（異端）の非想定《ひそうじょう》である。たとえば、縁生の火を真《まこと》の火ではないと嫌っているのを聞いて、この縁火をすっかり打ち滅ぼして、まっ暗なところを、真の火と思うようなものだ。孔子・老子ないしは小乗・権教《かりのおしえ》等の中に、この幻心を修行することを語っているのは、いずれも皆、方便の説である。

〔七〇〕心・性

問。古人が、達磨《だるま》大師は西からやって来て、文言《もんごん》によらず、直《じか》に人の心を指し示し、性を見て成仏させたと言っている。大乗の説き方では、皆自心是仏《じしんぜぶつ》と語っている。それなのに、見心成仏《けんしんじょうぶつ》とは言わないで、見性成仏《けんしょうじょうぶつ》と言った、その意《わけ》はどうか。

答。昔、ある僧が、この疑問を起こして忠国師の下《もと》に参じ、心と性との差別を問い申した。国師が言われるには、たとえば、寒い時は水をかたまらせて氷にし、暖かい時は氷を融かして水にするようなものだ、迷う時は性をかたまらせて心とし、悟る時は心を融かして性とする、心と性とは同じではあるが、迷・悟によって差別していると。忠国師が、このように心・性の区別を示されたのも、それは一応の説である。単に語《ことば》の上で解釈してはならない。性という文字は一つだけれども、その意味は幾多《あまた》ある。教の中では、仮に三種の意味を明らかにしている。一には不改《ふかい》の意味。いわゆる胡椒《こしょう》・甘草《かんぞう》等の性で、それぞれが入れ代わって、胡椒は甘くはならず、甘草は辛くはならないようなものだ。二つには差別の意味。いわゆる有情《うじょう》（生物）・非情《ひじょう》（無生物）のそれぞれの差別の体性《たいしょう》（からだのたち）だ。三つには法性《ほっしょう》（実相）の意味。いわゆる、ありとあるものの本源・不二《ふに》の自性《じしょう》（変わらぬ性）だ。外典《げてん》（仏教外《ぶっきょうげ》の書物）および小乗の教えの中では、法性を語らない。単に不改の性、差別の性について、性の意味を論じている。大乗の教えの中で法性を語るについて、諸宗の説明に差別がある。

　禅宗は、すなわち教外別伝《きょうげべつでん》である。まさに知るべし（はっきりわきまえるがよい）。見性《けんしょう》とは言うが、教の行き方で語る所の法性の意味ではないということを。いわんや外典（仏教外の書物）等に説明している性の意味などであろうか。人々の本分という一まとまりは、心とも名づけられず、また、性とも言えないものだ。けれども、この心性の言《ことば》によせて、本分を分からせようとして、ある時は一心と説き、ある時は一性と言う。直指人心見性成仏《じきしにんしんけんしょうじょうぶつ》（ただちに人心を指し示して、仏性を見透して成仏させる）ということは、一般に迷っている人の心だと思っているのは、第二の月（月のかげ）のようなものだと、分からせようとして、性と言って、心とは言わないのだ。見性と言えばとて、眼で見るわけのものでもなく、心識で明らかにすることでもない。成仏というのも、今新しく仏になって、容貌《かおかたち》を具え、光明を放つというのではない。たとえば、酒に酔って本心を失った人が、醒める時が来て、よっぱらいがたちまちに醒めて、本心になるようなものだ。平生の迷いがたちまちにやまって、直接に本分に行き当たるのを、見性成仏と言ったのである。大慧禅師が言われた。本当のことが分からない宗師が人に示すことは、皆曲げて人心を指し示して、性を説明して成仏させようとするものだと。今時(当世)の善知識の中には、単に心性の意味を説明して、人に知らせるのを、直《じか》に指し示すことだと思っている者がある。学ぶ者の中にも、かような仏法の道を呑み込むことを、悟りを得たものだと思っている人がある。こういうのを説性《せっしょう》(本性《ほんしょう》を説くもの)と言ったらよい。見性(本性を見透すもの)とは言えない。

〔七二〕 虚妄と常住

問。経文の中に、ありとあるものは皆虚妄だという説もあり、あるいはまた、ありとあるものはすべて常住(不変)で実相《まことのすがた》だとも説明している。どれを真の意義と考えたらよいのか。

答。本分の境地には、常住(不変)の相《すがた》もなく、虚妄の意義もない。けれども、凡夫の考え方にかずけては、これを虚妄だと説き、また、聖人の考え方にかずけては、これを常住と説明する。真実《まこと》に大悟した人は、凡夫の見方でもなく、聖人の見方でもない。それ故に、虚妄と説き、常住というのは、すべてこれは方便の説である。「楞伽経《りょうがきょう》」の中に、外道《げどう》（異端者）が仏に問い申した。「ありとあるものは、皆無常であるか」。仏が言われるには、「お前の質問は、世俗の戯論《けろん》だ」と。外道が重ねて問うて言うには、「ありとあるものは、皆常住であるか」と。すると、仏は「この質問もまた、世俗の論だ」と言われた。「維摩経《ゆいまきょう》」に、生滅（変化）の心をもって、実相を論じてはならぬと言っている。もし誰かが、その所見は凡夫と変わりなくて、ありとあるものは実相だと言えば、皆それは戯論だ。よこしまな人間が正法《しょうぼう》（正しい仏法）を説けば、それも邪法《じゃほう》となる。正しい人間が邪法を説けば、邪法もそれが正法となると言ったのは、この意味である。

〔七二〕凡・聖　附＝七大

問。　凡夫と聖人との考え方の差別はどうか。

答。　禅宗では直《じか》に本分を示すからして、そのようなことは論じない。教の中では種々の意味がある。ここでは仮に「首楞厳経《しゅりょうごんきょう》」の教説《きょうせつ》の相《さま》について、大略申しましょう。かの経の中に七大《しちだい》を説明してある。七大とは、地大《ちだい》・水大《すいだい》・火大《かだい》・風大《ふうだい》・空大《くうだい》・根大《こんだい》・識大《しきだい》である。この七大は皆、如来蔵の中の性徳（本性のよいはたらき）として、十方法界《じっぽうほうかい》にあまねく及んで、とどこおりなく自由に流通するのである。これを性火《しょうか》・性風《しょうふう》等と名づける。真言宗《しんごんしゅう》の中で、六大《ろくだい》（地水火風空識）が、法界にあまねく及んで、ありとあるものの本体だと説くのも、この意味である。ただし、真言宗では根大を説かない。根大とは、眼・耳・鼻・舌・身・意等の六根《ろっこん》も皆法界にあまねく及ぶという意味である。真言では、六大を法界の実体とする。「楞厳経《りょうごんきょう》」では、如来蔵をありとあるものの本体とする。真言では、七大は皆如来蔵が具えているところのよきはたらきだと説いている。これらはいずれも如来が、衆生の性質《たち》と機会とに応じて演《の》べられた説法から来ている。真言では六大と言っても、縁によって生まれた水火等を意味するのではない。「楞厳経」に性火・性水《しょうすい》等と言っている六大である。四《し》種曼荼羅《しゅまんだら》と言っているのは、縁によって生まれたありとあるものである。この故に六大を体《たい》（本体）とし、四曼《しまん》を相《そう》（すがた）とし、三密（身・語・意）を用《ゆう》（はたらき）とすると説明している。

　七大に皆同じく性徳と縁生との差別がある。先ずその中の一大《いちだい》がよく分かれば、諸大もまたよく分かるであろう。世間で、木の中から鑽《き》り出《だ》し、石の中から打ち出した火は、縁によって生まれた火である。この火には実体がない。薪《たきぎ》でもよし、油でもよし、なにか縁になるものがなくては燃えることはない。薪・油等の縁があれば、仮に火の相《すがた》を現わす。故に、虚妄で実体がないと説明している。顕・密両教の諸経においても、縁によって生まれたありとあるものが、実体のないことは、同一説である。性火というのは、法界にあまねく及んで、燃えることもなく、消滅することもない。凡夫は単に縁生の火のみを見て、性火をば知らない。もし性火をよく知ってしまえば、縁火だとて嫌うにもあたらない。縁火というものは、性火の用《ゆう》（はたらき）であるからして、この火大のごとく、ほかの大もまた同様である。それから識大というのは、衆生の心識である。それも、普通に凡夫が心だと思っているのは、縁生の心のことだ。経文の中に、これを縁心《えんしん》と言っている。この心にはすべて実体はない。六塵《ろくじん》の縁によって、仮に見聞覚知の相《すがた》がある。縁生の火の薪・油等の縁によって、仮に燃える相があるようなものだ。愚かな人は、単に縁心のみを知っていて、性心を知らない。外典（仏教外の書物）ないしは小乗の教えの中に心と言っているのは、皆、縁心のことである。大乗の中で、八識《はっしき》と言っているのも、やはりそれは縁心の分際である。それ故に、至極の大乗の中に第九識というものを立てたのだ。これはすなわち、性徳の識大を知らしめようというためだ。

諸法（ありとあるもの）というのは、色・心の二法である。七大の中で、識大はつまり心法である。その外の六大は皆、色法《しきほう》である。けれども、この七大はともに如来蔵の中に具足していて、互いに自由に流通しているからして、色・心の差別はない。これを一真法界《いっしんほうかい》（極理）と名づける。差別ということはないが、色・心が紛れ乱れることはない。それ故に、その色法も生滅盛衰《しょうめつじょうすい》の形相ではなく、また、その心法も動静起滅《どうじょうきめつ》の転変はない。経文の中に、諸法（ありとあるもの）は実相で常住（不変）だと説いているのは、この意味である。凡夫の妄りな考えが起こる時には、この如来蔵は、虚妄の縁に随って、色・心諸法の相《すがた》を現わす。凡夫の妄見が転変するがために、その考えるところの諸法もまた、皆転変の相が現われる。たとえば、舟が行く時、岸が移っていると見えるようなものだ。また、かすんだ眼で見る時、大空が一面に花となって、むやみに消えたり現われたりするようなものだ。諸法（ありとあるもの）は皆虚妄だと説いたのは、この意味である。こういうわけで、或は諸法は虚妄だと説き、あるいは諸法は常住だと言う。その言句《ことば》は違っているけれども、その法体《ほうたい》（諸法の体性）は同じだ。仏の本意《ほんい》を知らない者は、その言句の差別に随って、こっちを取ったり、あっちを捨てたりする。これは皆、世俗の戯論《けろん》（いい加減な考え）だ。かげり目の人とさとい目の人と、二人同じ所に立って、大空に向かった時、かげり目の前には、種々の花があって、むやみに消えたり現われたりする相《さま》がある。けれども、さとい目の人は、乱起《らんき》乱滅《らんめつ》の境地をそのままに清浄の大空と見るようなものだ。煩悩即《そく》菩提、生死即涅槃《ねはん》、当位《とうい》即妙《そくみょう》、本位《ほんい》を改めずと言ったのも、この意味である。当相《とうそう》（そのままのすがた）が、それで道理であり、物事の相《すがた》の上におのずから真理があるというのも、同じくこの意味である。それなのに、凡夫の所見のままで、そっくりそれが仏の知見だと心得ているのは、大きな錯《あやま》りだ。もしそうであるならば、諸仏が出世なさるのは、何事のためだと言ったらよいのか。顕密の宗師が、口を揃えて学ぶ者のために修行を勧めなさるのは、何事を断ち切ろうというためなのか。古《いにし》えの大師たちは、村里の外に寺院を立てて、女人を入れられず、酒肉等を禁じなさったのは、どういうわけであろうか。

〔七三〕仏眼　附＝五眼

問。仏眼《ぶつげん》（仏の眼）では、凡夫と同じように縁生の諸法（ありとあるもの）を見ることはないのだろうか。

答。　教の中で五眼《ごげん》を明らかにしている。その意義は一つではないが、今仮に一つの意義を述べてみよう。一つには肉眼《にくげん》、世間一般に凡夫の見えているところである。六根《ろっこん》（身体）が清浄になった人は、肉眼のままで、三千世界を見ることができる。二つには天眼《てんげん》。これは天人の見るところである。遠く山川や牆壁《しょうへき》を隔てた物がよく見られる。これも凡夫が見るところである。聖者の天眼は、三千世界をも見ることができる。三つには慧眼《えげん》。諸法は皆空だということを見通す智慧である。これはもっぱら菩薩の見るところである。声聞《しょうもん》・縁覚の二乗も少しの分際、この見通す智慧を得たと許される場合がある。四つには法眼《ほうげん》。これは諸法が如幻だという相《さま》を見ることのできる智慧である。これも菩薩の見るところである。以上の四眼は、世間と出世（涅槃の境）とは異なる点があるが、いずれも縁生の法の上について、見方を変えた分際である。五つには仏眼《ぶつげん》。すなわちこれは仏の心の内に悟った真理の智慧だ。凡夫および菩薩も知ることはできない。「涅槃経」に言っている。声聞（最下根《さいげこん》）の人は、天眼があるのだが、これを肉眼にしている。大乗を学ぶ者は、肉眼があるのだが、これを名づけて仏眼とすると。この経文のごとくであるならば、仏眼は如来（仏）のみが具えておられる、凡夫には欠けていると思ってはならぬ。昔の宗師が、四眼・二智《にち》（真智と方便智《ほうべんち》）は、あらゆる象《かたち》が並んで見え、仏眼・一切種々を知る仏智は、真空で何も見えないと言っている。けれども、仏は五眼ともに具足しておられるからして、凡夫と同じ分際になって、世間の相《さま》をも見られ、また菩薩と同じ分際になって、諸法が空理《くうり》であることをも明らかにし、縁生が如幻であることをもお解りになる。しかし、凡夫と同じ分際になられても、変化の相《すがた》にとらわれない。菩薩の分際になっても、空理・幻《まぼろしのすがた》相にもとどまらない。

それ故に、五眼の差別を分かつことは、凡夫の心情について、仮に論ずることである。仏の知見について見れば、迷悟・真俗《しんぞく》の隔てもなく、また、性相《しょうそう》・事理《じり》（本体とその現われ）の分け目もない。たとえば、凡夫の目の前では、金銀・瓦石・水火・草木、すべて同類ではない。しかし、仏は金を石ともし、火を水ともなさるからして、金銀だからといって、瓦石にまさったこともなく、水に入っても、冷たいこともないのだ。金銀だからといって、火に入っても熱いこともなく、瓦石だからといって、金銀よりもいやしいということもないようなものだ。けれども、いまだ自在の力を得ない者が、水火も隔てなし、金石も同じだなどというのは、誤りである。仏の知見を悟らない人が、迷悟・性相の隔てなしということもまた、それと同じことだ。

〔七四〕　大小権実の方便

問。仏教に、大乗・小乗、権教《ごんきょう》・実教《じっきょう》の差別があるというのはどういうことか。

答。真実《まこと》の仏法の理《ことわり》には、大小・権実《ごんじつ》の差別はないものだ。けれども、学ぶ者の智慧に浅深があるからして、解き聞かせる仏法にもまた、差別が起こる。「法華経」に言っている。如来の説法は、ただ一つの相《さま》、一つの味わいであるけれども、衆生の性質《たち》・楽欲《すきずき》がめいめい異なっているので、解き聞かせる仏法を、それぞれ差別しているのだ。たとえて見れば、天から同じく一斉に雨を降らしても、諸々の草木が、その根茎枝葉の大小に随って潤いを受けるのが相違しているようなものだと。

〔七五〕　不二の摩訶衍（大乗）　附＝五性

問。　仏法の理《ことわり》に差別があることは、衆生の根性《こんじょう》が同じでないからだ。その根性が同じでないというのはどういうわけか。

答。　至極の法理《ほうり》では、人もなく、法もない。迷った情念に就いて、仮に人・法を分けているのだ。衆生の根性は種々だと言っても、ひっくるめてこれを挙げれば、五種類である。一つには声聞性《しょうもんしょう》、二つには縁覚性《えんがくしょう》、三つには菩薩性《ぼさつしょう》、四つには不定性《ふじょうしょう》、五つには闡提性《せんだいしょう》である。声聞・縁覚の二乗は、学ぶ所の行き方が違うが、単に自分だけが迷妄の苦を離れる道を求めるだけで、他を益する心持ちがない。この故に、同じく小乗の心と名づける。衆生に利益を及ぼそうとして、大乗の道を求めるのを、菩薩と称する。また、ある時は小乗心を発《おこ》し、ある時は大乗心を発して、根性が定まらぬのが不定性である。一切の仏法をすべて信じないのを、闡提性と名づける。一切平等の性である中に、刹那《せつな》の迷妄が起こるからして、仮に五性《ごしょう》の差別ができるのだ。めいめいの根性の変わったところを論ずれば、実《まこと》に同じというわけにはいかない。この故に、五性それぞれ別の説き方がある。「円覚経」に言っている。

一切衆生が欲張りを本《もと》とするがために、迷妄を発揮して、五性の差別をはっきり出したのだと。また、円満な霊覚《りょうかく》の自性は五性ではない。五性に随って差別の相《すがた》を現わす。実相（悟りのまことのすがた）の中には菩薩および諸々の衆生の差別はない。どういうわけから、菩薩・衆生は皆すべて幻化《げんけ》のごとしとなるのかと言っている。

「像法決疑経《ぞうほうけつぎきょう》」に言っている。如来は、有《う》でもなく無《む》でもなく、出でもなく没でもなく、色《しき》でもなく、非色《ひしき》でもない。初めて成道《じょうどう》（さとり）に入ってから涅槃（入寂《にゅうじゃく》）に至るまで、その中間において、一句の法をも説いてはいない。それなのに愚かな人は、如来が世に出て法を説いて、人々を済度《さいど》すると思っている。如来の境界《きょうがい》は不可思議である。識をもっても知ることができず、智をもっても知ることができないと。また、同経に、衆生の身体の相《さま》は幻化のごとく、鏡の像のごとく、水に映じた月のごとくだ。衆生の心の相も不可思議なものだ。来《くる》でもなく去《さる》でもなく、有でもなく、無でもなく、内でもなく、外でもない。けれども、衆生は迷い乱れて、深く我見《がけん》に執着するからして、妄《みだ》りに輪廻《りんね》の苦を受けているとも言っている。

「楞伽経《りょうがきょう》」にも言っている。如来が初めて法を説いた鹿野苑《ろくやおん》より終わり跋提河《ばつだいが》の涅槃に至るまで、いまだかつて一字も談じないと。「華厳経《けごんきょう》」には、真の浄界《じょうかい》の中では、仏もなく衆生もないと言っている。また、釈論《しゃくろん》に、不二の摩訶衍《まかえん》は根性を離れ、教説を離れたものだと言っている。摩訶衍とは、大乗の梵語である。大乗・小乗・権教・実教が、いまだ分かれないところを、不二の摩訶衍と名づけたのだ。このような仏の尊い教えをば信ぜず、方便の説き方に心がけて、仏教に大小権実を論じ、機根《きこん》（根性）に上中下根を分かつからして、あるいは高慢の心を起こして悪魔の世界に入り、あるいは嫌気がさして、迷いの世界に返ってしまう。これを智ある人と言えようか。

〔七六〕　教外別伝の玄旨　附＝富士西湖の清興

問。　教の中でも、仏の相もなく衆生の相もないと言っている。禅宗で、衆生と仏と未分の境地をいうのと同じではないか。

答。　教の中で、凡・聖の相がないというのは、凡夫と聖人と分かれた境地について、その体相が無相であることを言っているのだ。禅宗で生仏已前《しょうぶついぜん》と言うのは、その意味ではない。その語《ことば》が似ているので、禅・教同じであるとは言えない。たとえば、人の面《おもて》の様子を、そらで話す時に、額の中に眉があり、眉の下に眼があり、眼の下に鼻があり、鼻の下に口があると言えば、貴賤の男女皆同じ面《つら》のように聞こえるが、実際にその顔を見れば、めいめい違っているようなものだ。教の行き方では言句《ことば》や義理《わけ》（意味合い）をもって仏法を説いてゆくので、義理の分際について、大小乗《だいしょうじょう》、権実教《ごんじつきょう》を決めている。教外別伝《きょうげべつでん》・不立文字《ふりゅうもんじ》と言った題目を見ながら、宗師の言句について、教・禅の同異を論ずれば、それは当たっていない。今時の禅者《ぜんしゃ》の中に、宗師が人に示した言句の中で、教家の説法と変わった点があるのを見て、これを禅のすぐれた証拠とするものがある。もし教家の説法と変わっているが故に、禅はすぐれていると言うならば、禅とは変わっているから、教をもすぐれていると言わねばならぬ。こういうわけだから、教外別伝の宗旨《しゅうし》が、なんで言句義理の同異にかかわろうか。

あるいは、教は皆言句義理の上でやっている。言句義理にかかわらないところが、禅の行き方の宗旨であるとも言っている。もしそうだとすれば、教の中でも言句を立てない説き方がある。これを禅宗と言うだろうか。あるいは教者の中に、教外別伝・不立文字と言っているのに、禅師が人に示す言句が多い。それでは不立文字と言えようかと非難する者がある。禅師の言句はたくさんあるが、その言句の義理を人に学習させようというためのものではない。要するに、仏法の正理は言句の上にないということを示さんがためである。言句の上のものではないと言ったからとて、言葉では言いあらわせぬところを宗旨とするわけでもない。寂黙沈空《じゃくもくちんぐう》の処を指示するものでもない。古人も言っている。達磨が西からやって来て、別に一法を人のために伝授したことはない。ただ誰でも本来具足《ぐそく》していて、それぞれが円満に成就している根底をはっきり指摘しただけのことだと。すでに誰でも具足していると言っているのだ。なんでひとり禅者だけが具足していて、教者には欠けているなどと言っていようか。ただ単に教者・禅者のみが円満に成就しているのではない。野良仕事をする者が農業をせっせとやっている処にもあり、鍛冶・大工などのたくみわざをやっている処にもある。要領よく説明すれば、一切衆生の行動、見聞覚知、日常生活、遊戯談論そのものが、皆ことごとく祖師《そし》が西来して示した奥深い旨でないということはない。その上、仏の教えに随って種々の善行《ぜんぎょう》を修める人ならば、なおさらのことだ。

けれども、この奥深い旨のあることを知らないがために、世間の幻相にごまかされて、妄《みだ》りに輪廻の苦を受ける者が多い。仏はこの妄想をなくそうとして、種々の仏法をお説きになったけれど、また、この法の行き方に執着して、その奥深い旨を分からなくしている者がある。それ故に、祖師が西来して、本分の一まとまりをはっきり指摘したのである。これを、心をもって心に伝える教外《きょうげ》の奥深い旨と名づけるのだ。教外の奥深い旨と言って、諸教とは変わった一まとまりの仏法を受け継いでいるわけではない。もし言句で受け継ぐべき仏法であれば、単にこれは珍しい教法であろう。教外別伝とは言えない。六祖《ろくそ》からこのかた、五派に分かれて、それぞれその宗派の風を立てているけれども、いずれも同じく誰でも具足していることを悟らせようというためである。それなのに、今時の学ぶ者は、この奥深い旨を悟らないで、宗師があれこれと言った文句《もんく》を書き記しておぼえて、五派の宗旨について、よしあしを推し量り、諸教の説法の行き方と優劣を批判する。祖師西来の本意を失っているものではないか。

私が昔、遊山《ゆさん》のついでに、同伴の僧七、八人を連れて、富士山の辺《ほと》りの、西の湖《うみ》という所に行った。幽邃《ゆうすい》な神仙境に入ったようで、見るものすべて目を驚かさないというものはない。その湖畔の漁師を雇って舟を漕がせて、入り江入り江に漕ぎ入れて見ると、なんとも珍しい景勝の地である。僧たちも感に堪えず、一同に舷《ふなばた》をたたいて、皆々歓声を上げていた。舟を漕ぐ老人は、幼少の時からこの湖畔に住んでいて、朝に夕にこの景色を見ているけれども、その中の清らかな楽しみを味わう気持ちを持たない。僧たちが感嘆するのを見て、問うて言うには、「何事を見て、かようにわめきなさるのか」と。僧たちは「この山の景色、湖《みずうみ》のありさまのおもしろいのを感嘆しているのだ」と答えた。この老人は、いよいよ不審気な顔つきで、「これをご覧になろうとて、わざわざ来られたのですか」と言って、不思議そうな顔をしている。そこで、私は僧たちに次のように語って聞かせた。もしこの老人がわれわれの興に入った境地を伝授してほしいと言ったら、どうやって彼に教えたらよいか。もしもこの山水の景色を指し示して、われらがおもしろいと思うのは、こういう処にあると言ったら、この老人は、それでは自分が年来見つくしている境界だ、決して珍しくはないと言うであろう。もしまた、その間違った考えを改めさせようとして、われらがおもしろいと思うことは、お前の考えとは変わっていると言えば、それでは西湖《さいこ》の外に、別にすぐれた名所があるので、自分の考えを嫌っているのだと思うであろう。教外別伝の宗旨もまた、同じようなものだと。

一切衆生のいとなみと変わっているわけでもない、内典（仏書）・外典（漢籍ほか）の言句・義理と異なっているのでもない。けれども、その中に奥深い旨があることを知らない者は、教外別伝というのを聞いて、種々の疑問を起こす。あるいは貪瞋痴《とんじんち》の三毒の煩悩を思う存分にして、この外に奥深い旨はないという者もある。あるいは儒教・道教を習得して、祖師の奥深い旨に変わらないと思っている者もある。あるいは教家の諸宗をすっかり判って、教外別伝の奥深い旨とても、別にあるものではないという者もある。あるいは禅宗の五派の宗風《しゅうふう》を推し量って、これを祖師の本旨《ほんし》だという者もある。このような見解は、すべて皆、あの老漁夫が僧たちの清らかな楽しみは、自分が毎日見ている所そのものだと思っているようなものである。このような見解を捨てさせようとして、宗師が手段を改めて、内外の法の説き方も奥深い旨ではない。一切のいとなみは皆妄想だと指し示すと、愚かな者はこれを聞いて、凡夫の日ごとのはたらきの外に奥深い旨を求め、内外典の外に別伝をたずねる。これは、あの老漁夫が西湖の外の名所を求めるようなものだ。僧たちが老漁夫と変わっている点は、その見る所の山林水石の優劣にあるのではない。その中に清らかな楽しみがあることを、知ると知らぬとの差別である。この清らかな楽しみをば、人に教えて習わせるというものでもない。また、ひねり出して人に見させるものでもない。その時期がやって来て、このような清らかな楽しみの心に相応じた時、初めて自ら知るであろう。本分の一まとまりもまた、このようなものである。自分で直接この田地（本来の境地）に到達して、初めて知るであろう。自分でははっきり判っていても、ひねり出して人に示すことはできない。それ故に、誰でも具足しているけれども、相応じない場合は、その行動が皆すべて輪廻の業縁となる。古人が、全く是《ぜ》であり、全く不是《ふぜ》であると言ったのは、この意味である。それなのに、内外典の言句を、禅宗の言句にとり合わせて、同異・勝劣を批判するのは、いまだ祖師の本意を悟らないからである。

〔七七〕 禅宗の五家　附＝法演和尚の小艶詩

問。禅宗に五家と言って宗派が分かれていることは、法を悟るのに多くの段階があるということだろうか。

答。法を悟る段階がたくさんあるがために、五家が分かれたのではない。学ぶ者を本分に到達させようとする手段が変わっているためである。教家の説き方がそれぞれの解釈が変わっているために、語るところの宗旨もまた、相違しているのとは、同じでない。禅宗では、直接に本分の田地に行き当たるのを法を悟ると言っている。仏祖の法の行き方がすっかり解るのを得法というのではない。それ故に、人に示す言句も、すっかり解るための説法ではない。学ぶ者を、直《じか》に悟らせようとする手段である。ある時には筋道を説き、ある時は手掛りを示す。皆これは手前勝手な解釈ではない。これを祖師の関《かん》（公案）と名づけている。大慧禅師は、たとい実悟《じつご》・実証《じっしょう》があっても、もしいまだ大法《だいほう》をはっきり悟らない者は、自証《じしょう》・自悟《じご》の境地を説いて人に示すからして、人の眼をくらますと言っている。これによって悟るがよい。悟った宗師が示すところは、自証自悟の境地ではないことを。

昔、役人がいて、五祖山の法演《ほうえん》和尚の下《もと》に参じて、禅家の宗風を問い申した。演和尚が言うには、「わが家の宗風は、手前勝手な考えでわかるわけのものではない。けれども、美しい乙女の詩に、自分の思いを通わせようと思うがうまくゆかない。寝所《ねや》の奥深い処で、愁いの情を表わそうと、しきりに小女《こおんな》（侍女）を呼ぶ。それが本音ではなく、檀郎《だんろう》（旦那《だんな》、あの方）に声をわからせようとのためであるとある。この詩の意味に托して、おおよそを知るがよい」と。この詩は女性の作である。檀郎とは、この女性がひそかに思いを通じていた男である。ある時、かの男がこの女の住んでいる寝室のそばに来て遊んでいた。この時、女が自分はこの寝室の内にいると知らせたいとは思っても、外聞にも気をつけなければならぬと考えるので、召し使う侍女をしきりに呼んで、障子をあけよ、簾《すだれ》をおろせなどと言うけれども、その気持ちはすべてそのような用事にはない。ただひとえにかの男がこの声を聞きつけて、この女房はこの内にいるなと知って欲しいのである。五派の宗風もまた、同じことだ。皆これは侍女を呼ぶ手段である。その言句や体裁が変わっているのによって、勝劣得失（よしあし）を批判するのは、宗師の本意を知らない者だ。

〔七八〕　抑揚褒貶

問。古人が機《き》・縁《えん》に応じて問答する中にも、互いに褒《ほ》めたり貶《けな》したりする語《ことば》がある。どうして学ぶ者の批判をいやがるのか。

答。宗師が互いに褒貶するのは、これまた、例の侍女を呼ぶ手段である。これを抑揚《おさえたり》・褒貶《あげたり》と名づける。人情《ひとのきもち》や我執の上で、論じ量るのとは同じでない。永嘉大師は言う。是かあるいは非か、人には分からない。また、逆行《ぎゃくぎょう》か順行《じゅんぎょう》かは、天にも分からないであろうと。

〔七九〕 如来説法の本意

問。 如来の一代における説法の時も、このような手段を施しなさったことがあるか。

答。 禅宗の眼で見れば、如来が一代に説いたところも、皆すべてかの侍女を呼ぶ手段である。ある時は、諸法（ありとあるもの）は無常《むじょう》だと説き、またある時は、諸法は常住だと言う。あるいは、諸法は皆すべて虚妄と説明し、あるいは諸法は実相だと演《の》べている。あるいは一切の文字に記されたものは、仏法ではないと教え、あるいは語《ことば》で説くところは皆すべて法身《ほっしん》（仏の真身）だと言っている。このような種々の説き方は、皆すべて侍女を呼んで、ある時は障子をあけろと言い、ある時はしめよと言うようなものだ。如来の本意は、かような言句の上にあるのではない。それなのに、仏の本意を知らない人が、その言句の義理をとって、自分の妄情に適当している言《ことば》を信じて、仏の本意だと思っている。侍女を呼ぶ言《ことば》について、障子をしめよというのこそ、この女性の本意だ、あけろと言うのこそ本意だと、論ずるようなものだ。

あるいはこういうことも言われている。如来は、法には定まった相《すがた》がないことを悟っておられたからして、一定の所説がない。ある時は無相だと説かれるのは、実際の理の境地に少しの汚れをも起こさない意味である。ある時は、諸相が明らかだと説かれるのは、因縁に随って生じた事物一切に、十法界の正《しょう》・依《え》（よられる所とよりたのむもの）があることを示されたからであると。このように心がける人は、仏の一法を信じて、かたよってとらわれてしまった人よりもすぐれてはいるが、これもまた仏の本意を知らない者だ。侍女を呼ぶところについて、推量をめぐらして、障子をしめよというのは、風を懸念するからでもあり、あけろというのは、気がこもっていたのを散らそうというためでもある。この故に、決まった説はないのだ。一概に信じてはならぬと言うようなものだ。このように量り選ぶのも、女の本意を知らない人だ。「起世経《きせいきょう》」に言っている。火の神が水に入れば、水も火となり、水の神が火に入れば、火も水となると。仏法もまたそのとおりだ。禅の眼で見れば、教法もまた、禅の宗旨だ。教の眼で見れば、禅の宗旨もまた、教法と異なるところはない。教・禅の差別ばかりでもない。仏法・世法の差別もまた、かくのごとくだ。仏法の悟った解釈がわかってしまえば、世間の相も皆仏法である。世間の情欲《じょうよく》を離脱しない場合は、甚深の妙理と心得ているものも、皆すべて世法である。

〔八〇〕　教・禅

問。　如来の説法に二種があり、その一は随他意語《ずいたいご》。すなわち、仏が機縁に随って示された方便の説法。その二は随自意語《ずいじいご》。すなわち仏の本意のままに説かれた説法である。禅宗で侍女を呼ぶ手段と言ったのは、この随他意語に相当しているのではないか。

答。 如来の説教について、これは随他意、これは随自意と決定して談ずるのは、教の行き方のしくみである。禅宗の宗師が仏説《ぶっせつ》を挙げる時、あるいはこれを随他意説と示し、あるいはこれを随自意語というのは、皆すべて侍女を呼ぶ手段である。決まっている説ではない。それ故に、今日、随自意語と言った仏説を、明日は随他意語ということもあるであろう。単にこの両語ばかりではない、浅略《せんりゃく》・深秘《じんぴ》、ないしは妄執の言説、如義《にょぎ》言説《ごんぜつ》等の説き方もまた、かくのごとくだ。古人も言っている。禅宗の宗旨は、教家の説き方の、一尺はどこまでも一尺、二尺はどこまでも二尺だというのと同じではないと。釈迦如来は、自分は教者だともおっしゃらず、禅者だとも名乗りなさらない。説かれた法の行き方においても、これは禅の分《ぶん》だとも分けておられない。如来の内証（心の内に証《あか》した真理）は、教でもなく、禅でもないからである。この内証の不思議な応用が、機縁に随って、教・禅の差異となっている。経文に、一声で法をお説きになると、衆生はその類に随って、それぞれ会得することができると言っている。仏が在世の時は、その会得は異なっていても、禅僧《ぜんそう》・教僧《きょうそう》と言って、分かれていることはなかった。仏滅の後に、初めて禅・教の二門に分かれて、教に顕・密の諸宗があり、禅に五家の差別ができた。

そのわけは、先ずそれぞれの会得の性質《たち》と好き好きとに随って、手立てを用いて、如来の本分の宗旨を分からせようとして、如来の教化の方法を受け継いで盛んにされた大智・大徳《だいとく》の人々が、あるいは教家の宗師となり、あるいは禅宗の祖師となって、それぞれ片方の手を差し延べて、迷いさからいにとらわれているのを打ち破り、教・禅の二つの分かれを乗り越えて、本分の田地に到達させようとする。それ故に、真実の教師は、その本意が、教の内にあるのでもない。悟った禅師は、その本意が禅の中にあるのではない。けれども、面々に談ずるところが変わっているのは、皆すべて例の侍女を呼ぶ手段だからである。末代になって、禅・教を学ぶ者の中に、初めからとらわれてかたよっている人は、是非の海の中に沈んでしまって、仏祖の本意を分からなくしている。「像法決疑経《ぞうほうけつぎきょう》」に、経文のとおりに意味を取るのは、三世の諸仏の害であると言っている。悟った宗師は、胸の中に前から蓄えている法の説きようがあるわけではない。ただ機縁に当たって取り出し、口に信《まか》せて言い表わす。すべて決まったつぼなどはない。もし誰かが禅を問うた場合、あるいは孔・孟、老・荘等の言《ことば》をもって答えることもあり、あるいは教家が談ずる所の法の説き方で答える時もある。あるいは世俗の諺《ことわざ》で答えることもあり、あるいは目の前の境界を指し示す時もある。あるいは棒を使い、喝《かつ》を下し、指を挙げ、拳を挙げる。これも皆宗師の手段である。これを禅宗の活弄《かつろう》（こねること）と名づける。いまだこの田地に到らない者が、わがまま勝手な考えをもって推し量るべきことではない。

〔八二〕　理致と機関　附＝庭前栢樹子の公案

問。理致《りち》・機関《きかん》ということはどういう意味か。

答。もしも本分を論ずれば、理致と名づけ、機関と名づくべき説き方はない。けれども、方便の行き方を用いて、宗旨を挙揚する場合に、義理をもって学ぶ者を励ます行き方を理致と名づける。あるいは棒・喝を行ない、あるいは義理にわたらない話のいと口を示すのを、機関と名づける。いずれも皆、例の侍女を呼ぶ手段だ。古人が言っている。馬祖《ばそ》・百丈両禅師以前は、多くは理致を談じ、少々は機関を示した。馬祖・百丈両禅師以来、多くは機関を用い、少々理致を示した。これこそ、風を見て帆を使う手段であると。今時の学ぶ者の中で、理致を尊ぶ者は、機関を嫌い、また機関を好む者は、理致をいやがる。これは皆、祖師の手段を知らない者だ。もし機関の行き方がすぐれているとしたならば、馬祖・百丈以前の宗師は、眼がないと言い得るか。もしまた、理致の行き方がすぐれているとしたならば、臨済《りんざい》・徳山《とくざん》両禅師は、禅の宗旨を知らないと決められるか。

釈迦如来《しゃかにょらい》の説法は、五十年間に三百余会の説法があった。しかるに、「楞伽経《りょうがきょう》」の中に、始めの鹿野苑《ろくやおん》より終わりの跋提河《ばつだいが》に至るまで、その二つの中間において、かつて一字も説かないと言っている。もしこの趣旨が判ったならば、理致と言って嫌うべき説き方があろうか。昔、法眼《ほうげん》禅師が覚鉄觜《かくてつし》に問うて「趙州《じょうしゅう》和尚に庭前の栢樹子《はくじゅし》の語《ことば》があるというが、本当かどうか」と言ったところ、答えて言うには、「先《せん》の師匠にはその語はない。先師をそしってはなりません」と。覚鉄觜はすなわち、趙州和尚の高弟である。しかるに、先師にこの語はないと言ったのは何故か。趙州和尚の庭前の栢樹子と示された語の上について、とかくの解釈を行なう人が、なんで覚鉄觜の意にかなおうか。単にこの公案だけが、そうであるのではない。宗師が示すところの他の公案も、皆これと同じことだ。その手段が変わるたびごとに、別な解き方が生まれれば、それは祖意をくらましている人と言えよう。迷いの世界から抜けだして自在を得ている人は、金を握って土とし、土を取って金とする。この人の手の中に入れる物を、これは金だ、これは土だと決められようか。仏法の説き方もまた、かくのごとくだ。悟った人の示す法の説き方を、これは理致だ、これは機関だと言って決めようとしても、それは当たるはずがない。

〔八二〕　易行門と難行門　附＝阿闍世王

問。浄土宗《じょうどしゅう》を信ずる人が言うには、末代の人は大乗を修行しても、悟りの証《しるし》などあるはずがない。それだから、先ず念仏の行《ぎょう》を修めて、浄土に生まれて後、大乗に入るがよいと。あるいはまた、上代・末世《まっせ》を論ぜず、諸宗の中では、念仏専修《ねんぶつせんじゅ》の行き方が最上である。そのわけは、罪悪の衆生をも嫌わず、愚痴の凡夫をも捨てることなく、ただ弥陀《みだ》の名号を唱えれば、浄土に往生してそのまま悟りを開く。この故に、これを易行門《いぎょうもん》（修行しやすい道）と名づけている。また、超世《ちょうせ》（つねなみでない）の願《がん》とも言っている。それ故、難行門《なんぎょうもん》（難儀な修行の道）を修める人は、むだなことだと云々。このような仏法の行き方は、そのいわれがあるものなのか。

答。念仏の行き方を立てられた人も、釈尊の説を受けておられる。諸々の大乗経は釈尊の説ではないか。諸大乗経の中には、未来・末世に大乗を修めようとする者のためにと説かれている。末代の衆生は、大乗を修行してはならぬ、ただ念仏の行を修めるがよいと、説かれた大乗経は全くない。ただし、人間の根性がまちまちであるから、大乗を修める前世からの果報がない故に、念仏の法を信ずることをばそしってはならぬ。そういう根性の人のために、如来はこの一つの行法《ぎょうほう》を説いておかれた。たまたま前世からの果報によって、大乗を学ぶ人の中に、大乗の法の行き方に随って修行をしても、ただ妄念ばかりが起こって、真心は発ってこない。こうして一生を過ごしてしまえば、今生の悪い報いは遁れることができない。それ故、他力本願《たりきほんがん》を頼んで、西方の弥陀の極楽浄土《ごくらくじょうど》を願うがよいという人がある。こういう人は、大乗の行き方を学びながら、いまだ大乗の題目をすら知らぬ者だ。悪道の外に浄土を願い、自力《じりき》・他力《たりき》を分かち、難行《なんぎょう》・易行《いぎょう》を論ずるのは、皆すべて了義《りょうぎ》（真実）大乗の題《だい》目《もく》ではない。もしもこの題目を信ずる人は、いまだはっきりと悟りを開くことはなくても、妄念が起こることによって、嫌気がさしてはならぬ。いわんや悪道・浄土を論じ、自力・他力を分かったりなどしてよいものか。悪道・浄土の差別は、一心専念《いっしんせんねん》の上に浮かんだ仮の相《すがた》である。

「円覚経」には、一切の仏の世界も、まぼろしの花のようなものだと言っている。大乗の題目を寝ても寤《さ》めても忘れなければ、すぐに悟りを開くことはなくても、悪道に堕ちることはあるまい。たとい前世の業の報いが重く、修行する力の弱い人でも、一旦は悪道に入るけれども、大乗を信じて疑わず、心の内に悟解《ごげ》した分が消えてしまわぬために、やがては、その中から解脱《げだつ》（苦界を脱け出す）することもできるであろう。かの龍王の女《むすめ》は、畜生道に堕ちたけれど、八歳の時に即身《そくしん》（肉身《にくしん》のまま）成仏《じょうぶつ》をした。これがその証拠である。阿闍世王《あじゃせ》は、今生で父を殺して、逆罪《さかさのつみ》を造ったが、釈尊の入滅《にゅうめつ》の日になって、仏果を証《あかし》した。仏が阿闍世に告げて言われるには、「お前と私とは、毘婆尸仏《びばしぶつ》に出会った時、同時に大乗心を発した。けれども、お前は怠って修行をしない。それ故に、今に至るまで仏道を成就できない。けれども、大乗を信じて疑わぬ心が消えてしまわぬために、毘婆尸仏の時からこのかた、ついに悪道に生まれず、国王大臣の家に生まれた。その前世からの果報が開発《かいほつ》したために、今生で逆罪を造ったけれども、今私にあって、仏の満果《まんか》を証得《しょうとく》した」と。また、経文に言っている。大乗をそしって地獄に堕ちたのは、百年も保つ塔婆《とうば》を造立するよりは勝っている。たとえば、人間が地に因《よ》って倒れ、またその地に因って起きるようなものだと。この経文の意味する所は、大乗をそしった罪によって、一度は地獄に堕ちたけれども、大乗の教えを聞いた縁によって、ついには苦界を離脱することができるというわけである。その上、大乗の題目を忘れないで、きまりに応じて修行している者は、なおさらである。大乗の題目は、凡夫も聖人も隔てはないと言っていることを信ずるけれども、いまだはっきりとこの理《ことわり》を知らない人のために、種々の修行を明らかにしたのである。大乗の修行の相《さま》は種々であるけれども、小乗の修行が、生死の苦を脱れて涅槃を求め、権教《ごんきょう》の修行が妄心を離れて真心を求めるのとは同じでない。格別修行と言わないで修行し、ことさらに証《あかし》と言わずに証《あかし》すると言っているのは、この意味である。大乗の題目をば忘れないで、その中で経を読み咒を誦し、仏の名号を唱えることは、少しも妨げにはならない。迷いや妄相《もうそう》にだまされて、大乗は難しい修行だ、他力を頼むがよいという人は、大乗を学んだ人とは言えない。

それなのに、自分は大乗の教えを学んだけれども、これは難行だから、念仏を修めようというのは、大乗をそしる人だ。大乗の教えを知らないから、ただ念仏の行を修めると言われるならば、それは一応もっともであろう。あるいはまた、念仏の教えは、罪悪をも嫌わず、愚痴の者も捨てないで、ただ名号を唱えれば、浄土に生まれて、そのまま成仏する。この故に、最上の教えである。ほかの宗派の教えは、皆難行だから、下劣だと言う人がある。もしまことに、罪悪愚痴の人も、ただ弥陀の名号を唱えれば、そのまま悟りを開くことならば、末代下根《げこん》の衆生ばかりに相応した教とは限らない。上代上根《じょうこん》の人のためにも、難行の教えを説くことは、枝葉末節であろう。しかるに、釈尊一代の説法は、多くは皆、浄土宗から嫌われる難行の行き方の説である。その中に念仏往生《ねんぶつおうじょう》を説いた経は少ない。正しく浄土の行《ぎょう》のゆき方を説いてあるのは、浄土の三部経《さんぶきょう》だけである。如来は無智《むち》で、このように枝葉末節の教えを多く説かれたのであろうか。

〔八三〕　了義・不了義

問。念仏の教えの行き方も大乗だという人がある。その謂《いわ》れがあるか。

答。念仏を一心に唱えるのに大小乗の相はない。根性の悟り具合によって差別がある。「涅槃」「宝積《ほうしゃく》」等の経の中に言っている。仏説の中に、了義《りょうぎ》（実義《じつぎ》をすっかり明らかにした）経と不了義《ふりょうぎ》（実義を隠して方便を説く）経との二種がある。末代の衆生は、了義経の説に依って、不了義の説に依ってはならぬ。凡夫の外に仏があり、穢土《えど》の外に浄土があると説いているのは、不了義の経である。凡聖・浄穢、皆差別なしと説明しているのは、了義大乗《りょうぎだいじょう》の説であると。この経文のとおりであるならば、浄土宗では、穢土の外に浄土があり、凡夫の外に仏があると立てている。了義大乗の説というわけにはまいらぬ。念仏の行を修めて、浄土に生まれた人も、下品下生《げぼんげしょう》（浄土の最下級）の者は、浄土の蓮《はちす》の台《うてな》の中で、十二大劫もの長い時が経って後、観音・勢至両菩薩が、甚深な大乗の法を説かれるのを聞いて、初めて菩提心を発《おこ》すと、「観無量寿経《かんむりょうじゅきょう》」には説かれている。浄土に生まれた人も、すぐに悟りが開けるのではない。念仏の行《ぎょう》が、もしも至極の大乗だということならば、どうして往生の後に、別にまた大乗の法理を聞いて、初めて菩提心を発すと説かれようか。はっきりわきまえておくがよい。あるいは前世からの大乗の果報がない者を導いて、先ず浄土に往生させて、その後、大乗を悟らせようというために、この念仏の行をお勧めになったのである。あるいは大乗を修行する人の中にも、障《さわ》りも重く、智も劣っていて、たやすく悟りに入りにくいのを、諸仏の護り念ずる力を修行の助けとして、速やかに大きな行《ぎょう》を遂げさせんがために、この念仏の行をお勧めになったのである。もしまた、利口な人は、この仮の相《すがた》の専心念仏《せんしんねんぶつ》において、やがては真の悟りの相の専心念仏を成就するであろう。「般舟三昧経《はんじゅざんまいきょう》」に説いているところと同じである。たといそのようであっても、最上了義《さいじょうりょうぎ》の教法ではない。

〔八四〕 了義大乗の念仏

問。 古来、了義大乗を談じた人も念仏の行《ぎょう》を修めたことがある。禅師《ぜんじ》の中にも念仏をほめられた人も多い。どうして念仏を軽んずることができようか。

答。 必ずしも仏の名号《みょうごう》を唱えるのを不了義だというのではない。「涅槃経」に言っている。あらい言い方も、こまかい言いまわしも皆、最上究極の真理に帰すると。「法華経」には、暮らしを立てることも世渡りの仕事も、皆実相ともとるところはないと言っている。もし大乗の理法《りほう》を悟ってしまえば、世間の一切の語《ことば》、一切の業《わざ》、これすべて了義（実義を分明にした）の大乗であろう。いわんや仏の名号を唱えるのを、小乗だなどと申そうか。浄土宗を立てられた宗師も、自心は大乗の深理をよく解っておられたけれども、愚かな人を誘《いざな》わんがために、しばらく浄土・穢土《えど》を分かち、自力・他力を分けて説明される人がある。このようなのを、無智の人と言うことはできない。これはすなわち、菩薩の大悲に基づく方便である。けれども、浄土宗を信ずる人の中に、穢土の外に浄土を求めて念仏を申すものがあるのを、了義の大乗と言うことはできない。仏説にも不了義（実義を隠して方便を説く）はあるけれども、それは誘う方便のやり方であるから、これをむだごとだとは言えない。「涅槃経」等に、不了義を嫌っているのは、仏の本意が了義にあることを知らしめようというためである。

真言宗の中にも、念仏の秘訣がある。その説は浄土宗の人の解くところと同じではない。禅者も念仏を申すけれど、その趣旨は、普通の念仏者と同じではない。禅宗には決まった修行の相《かたち》はない。楞厳呪《りょうごんじゅ》・大悲呪《だいひじゅ》などを誦することも、近来やりつけたことだ。本尊《ほんぞん》も何仏を信ぜよと定めたこともない。観音・地蔵《じぞう》等を信じ奉る人は、それぞれその名号を唱える。もしまた、阿弥陀如来を信ずる人が、その名号を唱え奉るということがあっても、なんの妨げがあろうか。今時禅宗を信ずる人の中に、念仏の法は小乗だ、念仏者と言って愚痴な人だと思って、ひたすらにこれを分け隔てる者がある。これもまた、祖師の宗旨は、誰でも本来具足しているものだということを知らないからだ。「思益経《しやくきょう》」に言っている。大乗の法を聞いて、これを信じないで、いやがって捨ててしまう者がある。たとえば、愚かな人が大空をいやがって走り出るようなものだ。傍らに人がいて、この愚かな人を憐れんで、なんとかしてこの大空を走り出た者を呼び返して、再び大空に戻らせようというのもまた、愚かな人だ。大乗を捨てる者を見て、これを憐れんで、なんとかしてこの愚かな人を、わが大乗に入れようというのも、それこそそれと同じことだと。

〔八五〕　正行と余行

問。　もしそうだとすれば、念仏を信ずる人をも祖師の宗旨と変わらないとして、そのままでおいといてよいのではなかろうか。

答。　祖師の宗旨を信ずる人は、一切の行動がことごとく仏道《ぶつどう》とは別の事でないとわかっているからして、ある時は念仏を申し、経咒《きょうじゅ》をよむ。それ故、これらの人が念仏するのを嫌わない。世間で念仏を信ずる人の中には、名号を唱えることばかりが正しい行だ、余法《よほう》・余事《よじ》は一切むだなことだと思っている者がある。この心得は、大乗の正理《しょうり》にそむいている。このような人を祖師の宗旨と同じと言うわけにはいかない。たとい禅宗を信じていても、坐禅をするだけが正しい行だ、余事・余行《よぎょう》はむだなことだと思うなら、それは誤りである。ただし、取捨をしない中の取捨として、初心の修学者が、暫時の間、余行・余事をなげうって、ひたすらに坐禅するのを嫌ってはならぬ。浄土宗を立てられた先徳《せんとく》が、余行を嫌われたのも、先ずこの念仏の一行三昧《いちぎょうざんまい》を成就させようというためである。余行をそしられたのではない。

悟った宗師が念仏宗をそしることは、その趣旨が普通の言い争いと同じではない。単に念仏宗のみではなく、諸宗をそしることもまた同じである。ないしは、外道（異端）・天魔がやって来て、さし（相対《あいたい》）で論ずる時も、悟った人がこれを見て、向こうは賤しくて、こっちは尊いとは思っていない。けれども、向こうが聖人と凡夫とほんのわずかの差別もないことを知らないからして、自分の考えはすぐれている、仏の教法は劣っていると思っているひがんだ考えを打ち破ろうというために、向こうをそしるのだ。「円覚経」に、菩薩も外道も成就する所の法は、すべて同じく菩提であると言っている。「法華経」に説かれている常不軽《じょうふきょう》菩薩は、一切の天魔・外道・悪人《あくにん》・善人《ぜんにん》をも区別せず、皆ことごとく礼拝をして、「私は深くお前がたを敬う。決して軽蔑はしない。そのわけは、お前がたは皆菩薩の道を修行しているのだから」と言った。諸々の大乗を学ぶ者が、先ずこの境地に到って後、方便のやり方を用いる時、是非を分かたぬ中に仮に是非を立てて、人をそしり法を嫌うことがあるかもしれない。もしその時、人我《にんが》・法我《ほうが》の執着《しゅうじゃく》を強くして、是非を論ずるようなことがあれば、それは仏弟子とは言えない。なんでそれが真理にかなっていると言えようか。

〔八六〕　抑揚褒貶の本意

問。　ある人が言うには、さとった宗師が、ある時は仏を呪い祖師をそしり、ある時は仏をほめ祖師を敬う。これを抑揚《よくよう》・褒貶《ほうへん》（あげたりさげたり）と名づける。これは禅宗の手段だ。学ぶ者が悪い考えをそしり正しい考えをほめるのは、これは実《まこと》にそしり、実にほめるのである。仏祖をそしったりほめたりするのとは同じではないと言っている。そのことわりは当たっているだろうか。

答。　悟った宗師が仏祖をそしったりほめたりするのは、仏祖のためではない、学ぶ者のために施す手段である。古人が言っている。お前らは、仏祖と少しも変わらないと。悟った人の前には、仏祖だからといって崇め、凡夫だからといって軽んじなければならぬわけがあろうか。ただこの凡《ぼん》・聖《しょう》の分け隔てのない本分の境地に到らせようとして、種々の手段を施して、ある時はほめ、ある時はそしるのだ。その本意は、全く褒貶そのものにあるのではない。愚かな修学者はこれを知らないで、その語《ことば》に随って、褒める時は悦び、貶《そし》る時は怒る。たとい怒るまではないとしても、なんの過ちがあって自分をそしるのかと思って、またこれを改めてほしいと要求する。今時は、善知識を敬っている人でも、凡・聖は分け隔てのないものだということを、言葉の上ではそうかと思っているけれども、いまだこの境地に到ったことのない者は、学ぶ者に対処する時、現実に是非の相を見てしまって、そしったりほめたりする。「円覚経」に言っている。末世に菩提を習う者は、少しばかりの証《あかし》を会得して、いまだ我執の相の根底を知りつくさないので、自分の説くことを信ずる者があれば、これを悦び、そしる者があればこれを怒ると。

〔八七〕 明眼・無眼

問。凡・聖少しも分け隔てがないと言っているのに、善知識（よく人を導く高僧）に、悟っているかいないかを論じ、学ぶ者に利口と馬鹿とを分別するのはどういうことか。

答。人の上で利口か馬鹿かを区別することも、世間一般の論とは違っている。たとい一切の仏法をすっかり解ったとしても、仏祖と変わらないことを信じないのを愚鈍だと言うのである。実際に愚かな者と言って、仏祖と変わった者があるのではない。善知識について、悟っているか悟っていないかを分けるというのは、迷《めい》・悟《ご》の差別はないものだと悟ることをめざしながら、自分は悟っている、学ぶ者は迷っていると思って、我執・法執《ほうしゅう》の上にとらわれて仏法を談ずるのを、悟らない善知識と言うのだ。本来愚痴で、悟っている宗師よりも劣った人間がいるのではない。このような教えは、わがまま勝手なとらわれた考えで解釈すべきことではない。この境地に到達した人が初めて分かることである。

〔八八〕　禅僧の清規　附＝戒・定・慧

問。　大乗を修行する人は必ずしも戒律の規則を守らなくてもよいと言う人がある。そのことわりが当たっているかどうか。

答。　諸仏の説法は限りなくあるけれども、要するに、戒《かい》・定《じょう》（心の散乱を静めること）・慧《え》の三学《さんがく》に尽きる。その三学は衆生の一心（本体《ほんたい》）の中に具わっているものだ。故に、もし一心の本源に到達すれば、三学の妙《たえ》なるよい働きは、皆ことごとく満ち足りている。たとえば、如意宝珠《にょいほうじゅ》（好きなものをなんでも打ち出せる珠《たま》）を手に入れれば、一切の財宝をその中から降らすことができるようなものだ。それ故に、一心の本源を究めるのを大乗の修行と名づける。必ずしも戒相《かいそう》だと言って、特別守る必要もないと言うのは、この意味である。「涅槃経」に言っている。大乗を修行して心に怠ることのないのを、持戒《じかい》（戒をたもつ）と名づけると。それなのに、大乗の修行者は破戒《はかい》（戒を破る）でも差し支えないというのは、悪い考えである。仏がおられた時は言うに及ばず、仏の入滅後も、如来の法を受け継いで盛んにしておられる教・禅の宗師は、皆同じく戒相を具足しておられる。仏が在世の時は、禅《ぜん》・教《きょう》

・律《りつ》の僧といって、形や服装が変わっていることはなかった。その形は皆戒律の行儀をととのえ、その心は同じく定・慧を修めたのである。末代になって三学すべてを兼ねて修める人は得がたくなったからして、そのすじが三種に分かれたということは、いわれのないことではない。それぞれ一つの学びを根本として、互いにそしり合っているのは誤りだ。「像法決疑経」の中に、末世になると、禅僧《ぜんそう》・律僧《りっそう》・教僧《きょうそう》と、その種類が別になって、互いにそしり合って、わが仏法を破滅させるであろう、子の身体に巣食う虫が、獅子の肉を喰べるようなものだと。禅・教・律の僧が、凡人の情欲がすっかりなくならぬために、我執が起こることがあろうとも、仏弟子と号しながら、なんで仏の遺された教えにそむいてよいということがあろうか。

震旦《しんたん》の仏法は、後漢の明帝《めいてい》の時、初めて渡って来た。その後も、僧の形は皆仏の在世の時と同じだ。唐の代《よ》になって、百丈の大智禅師の時から、初めて禅僧は律師《りっし》と同居せず、別に禅の寺院を立てて、行儀作法をきちんとする法則も、律の寺院とは別になった。百丈の大智禅師は、その趣旨を述べて言われるには、末代は愚鈍になったので、戒・定・慧を兼ねて修める人は得がたくなった。禅を修行する者が、もし律師の処に同居すれば、戒相をたもったり犯したり、許したり禁じたりで、五篇《ひん》・七聚《じゅ》(補注130)等の種々の戒律の法を習学すると言って、一大事のための因縁を心がけるようになるに相違ない。この故に、別に禅の寺院を建立したのであると。百丈の本意も、禅僧は戒律を用いてはならぬというのではない。それ故に、百丈清規《しんぎ》の中に、禅僧の行儀作法をしっかり修むべき次第を説かれていることは、大変に微細に亘っている。

〔八九〕 諸宗の禅定と禅宗

問。 禅定《ぜんじょう》は諸宗で皆明らかにしている。それなのに、教外別伝を禅宗のものというのはどういうわけか。

答。 禅定を修めることは仏教のみではない。外道（異端）の教えでも、これを修める。色界（物の世界）・無色界（心の世界）に生まれることは、皆禅定の力である。四禅《しぜん》（出世間《しゅつせけん》禅《ぜん》の観《かん》・練《れん》・薫《くん》・修《じゅ》の四禅）・八定《はちじょう》（補注190）（色界の四禅定《しぜんじょう》と無色界の四空定《しくうじょう》）など言うのは、これである。外道はこれを修行して至極究竟《しごくくきょう》（ゆきどまり）と思っている。禅宗だからと言って、諸宗で説明している禅定を修めるのではない。けれども、末代諸宗の禅定で、その意義を談ずることは絶えていないが、その行を修める人は稀になって、禅宗を信ずる人だけが坐禅と言って修行するからして、禅宗とは禅定を修める宗派だと、他宗の人も申し、この宗を信ずる者もまた、皆そう思っている。もしそうだとすれば、祖師が西から来られた本意は、そのかいがないことであろう。

「楞伽経」の中に、四種の禅を説明している。一つには愚夫所行禅《ぐふしょぎょうぜん》、これは凡夫・外道が心念を起こさず、分別を生じないのを禅定だと思っている者だ。二つには観察相義禅《かんさつそうぎぜん》、これは小乗および三賢位《さんけんい》の菩薩が、教えの義理を観察し思惟する分際である。三つには攀縁如実《はんえんにょじつ》禅《ぜん》、これは地上の菩薩が、非有《ひう》・非空《ひくう》の実相が中道であるとの真理に安住して、身・口・意の動作をかりない妙行《みょうぎょう》である。四つには、如来清浄禅《にょらいしょうじょうぜん》、これは如来の境地に入って、みずから覚った聖智《しょうち》が現われた相《すがた》である。祖師の門下で如来禅《にょらいぜん》というのは、これを指している。古人が禅を学ぶ者に向かって、お前は単に如来禅を明らかにしただけで、いまだ祖師禅《そしぜん》を悟っていないと言ったことがある。これによって知るがよい。禅宗といえばとて、諸宗が談ずるところの禅定とは同じでないことを。

禅とは、梵語である。詳しくは禅那《ぜんな》という。漢語では正思惟《しょうしい》と翻している。または静慮《じょうりょ》とも言っている。「円覚経」等に、三観《さんがん》を明らかにしている中に禅那と言っているのは、これだ。定・慧二《に》観《かん》の外にこれを立てている。圭峰《けいほう》の宗密《しゅうみつ》禅師がこれを絶待霊心観《ぜつだいれいしんかん》と名づけられた。圭峰の『禅源諸詮集《ぜんげんしょせんしゅう》』には、ただ達磨が伝えた宗旨のみが、真実の禅那に相応している、この故に禅宗と名づけたのだと言っている。

〔九〇〕 真実の正法

問。 真実《まこと》に大悟した人は、邪正《じゃしょう》に迷わされない。それ故、天魔・外道がやって来て、種々の教えを説いても、たぶらかされることはないはずだ。しかし、まだまさしく悟りを得ないでいる者は、どうして邪正を分別することができようか。それなのに、古えの先達の談ずるところの法の道も一致しておらず、また今時の善知識が示される修行の用心もまたまちまちである。初心の修学者は、どうやってその邪正を判断したらよいのか。

答。末代は邪説《じゃせつ》が盛んであって、正しい仏法を乱すことが多い。世間の相撲《すもう》・競馬・囲碁・双六《すごろく》などは、その勝負のやり方を、あらかじめ決めておいてあるからして、勝劣をただす上で、まぎらわしいことはない。領地争いの論じ合いや罪科の軽重のごときも、その理非《りひ》は真に決断しがたいことはあるけれども、お上《かみ》の裁きを仰ぐからして、ついにかたづかないということはない。しかしながら、仏法には、かねてから決めておいた勝負の基準もない。それぞれが、自分の心得ていることを根拠にして、こっちの教えがすぐれていると思っていても、別人はこれを承知しない。世間の訴訟のようなものでもないから、お上の裁きと言ってそれを仰ぐ人もいない。面々が引用する証拠の経文は、仏祖の言語であるけれども、経文はとらわれた見方によって変わるものであるから、証拠とするには足りない。それぞれ自分が信ずるところの善知識の印可（認め合い）をもって証明としているだけだ。それも縁がある者の証人だから、信用できない。それなのに、愚かな人は、己《おの》が妄想の信ずるところを根拠として、何宗でも、先ず一つの教えを信じてしまえば、他の宗派はすべてこれを嫌ってしまう。自分の善知識として信じ始めると、他の人の説法は皆劣っていると思って、耳にも触れまいとする者がある。これこそ愚人中の愚人だ。あるいは諸宗の説法も変わっており、善知識の示すことも同じでない場合に、自分で決断することができず、茫然として、浪にもつかず、磯にもつかぬ人がある。このような人は、どれもまだ教外別伝の題目を信じない者だ。

たとい悟りを開かなくとも、もしもよく教外の題目を信ずる人は、真実の正法は、言語の上にはないものだということを知っているからして、一人の宗師の言語を堅く執着して、それだけを貴ぶこともあるまいし、諸師の言語が変わっているのによって迷うこともないに相違ない。世間の食物は、その味が一種ではない。その中でどれを基準としたらよいか。人間の生まれつきはまちまちだから、甘い物を好む者もあり、辛い物が好きな者もある。もしも自分が好む味を基準として、他の味は皆無意味だと言ったならば、愚かな人であろう。仏法もまたそのとおりだ。衆生の性欲《しょうよく》（性質《たち》と好き好き）が同じでないからして、自分の心ではこの教えを貴いと思うと言えば、それはそうでもあろう。もし自分の思いを基準として、この教えは正理である、他の教えは皆真実ではないと固執すれば、それは邪説である。「法華経」に、事物の世界を打ち破る仏法の王が、世に出られて、衆生の性欲に随って種々に説法されると言っている。はっきりわきまえるがよい。如来の種々の説法は、衆生の迷妄の性欲に随って、仮に説かれたことである。もしも直接に衆生と仏といまだ分かれない前《さき》の本分に志す人は、種々の説法を聞いたとしても、その勝劣是非について、心を労してよいものであろうか。古人も言っている。仏が一切《いっさい》の教えを説くのは、一切の衆生の心を救おうというためである。自分には一切の心がない。どうして一切の法を用いることができようかと。

〔九二〕　教外別伝の本旨並びに本朝禅宗の伝承　附＝聖徳太子片岡山伝説

問。　教家の中に禅宗を非難して、仏説にもよらず義理をもたださず、教外別伝と号して胸中の説を気ままに談ずる。とても信用ができないと言っている。そう言われるわけがあるだろうか。

答。　そのように言うことは、ただ教の文字づらだけを学んで、教の本意を知らない人だ。もし仏が教の行き方を設けられた本意を知ったならば、必ず教外別伝を信ずるに相違あるまい。これを真実の教を学ぶ者というのである。「楞伽経」に言っている。仏が始め鹿野苑《ろくやおん》から終わりの跋提河《ばつだいが》に至るまで、その二つの中間において、いまだかつて一字も説かないと。もしこの経文によれば、釈尊一代の教法だと言って、実《まこと》に有《う》の世界に執着してよいものであろうか。「像法決疑経」に、文句のとおりに意味をとる者は、三世の諸仏の害であると言っている。経論の文句に随って義理を論ずることが、なんで仏の本意にかなおうか。「円覚経」に言っている。修多羅《しゅたら》の教えは、月を指し示す指のようなものだと。指をもって月を指すのは、直接人に月を見せようというためである。もしその指に目をつけた人が、月を見ることができず、あまつさえ、その指の長短を論じ、その大小を諍ったりするのは、実に迷いの中の迷いである。古えの教家の先徳は、皆仏の本意を悟っておられるからして、教の指にかかわらない。けれども、中・下の根性で、直《じか》に月を見ることができない者のために、仮に教の指を使われたのである。それ故に、その本意をあらわそうとして、法相宗の廃詮《はいせん》、三論宗の聖黙《しょうもく》、天台宗《てんだいしゅう》の妙なる趣旨、華厳宗の果分《かぶん》といって、諸宗で皆言説も及ばず、思慮も到らない説法の行き方を立てられている。真言宗では顕教の無言無説《むごんむせつ》と談ずるのを、遮情《しゃじょう》の教えだと嫌って、その上に如義《にょぎ》言説を談ずる。如義言説というのは、有言《うごん》・無言《むごん》の域を超越して、三世において常に変わらず談ずるところの秘密不思議の言説である。妄執の言説等のごとくに心得てはならぬ。この故に、至極深秘《しごくじんぴ》の境地においては、本来言葉で説くことはできない、ただ衆生の利益のために説くのだと言った経文がある。「大日経疏」に言っている。如来がみずから証《あか》し悟った境地は、観者《かんじゃ》も見ることができず、説者《せっしゃ》も表わす言葉がない。言語をもって人に授けることはできないと。

伝教大師が弟子の弘法大師の御許《みもと》へ「理趣釈《りしゅしゃく》」をお借りなされた御返事に言っている。大切な奥旨《おうし》は、文字では伝えられない。ただそれは心をもって心に伝えるだけである。文字は糟粕《かす》であり、また瓦礫《がれき》だと。教の文言の本意も文字や語言《ごげん》の上にないことははっきりしている。教外別伝と言うことは、なんで胸の中に思っている説であろうか。

伝教大師の内証の仏法相承 血脈《ぶっぽうそうじょうけちみゃく》（系図）の譜《ふ》（表）に見えている。達磨大師付法相承師師の血脈一首、天台法華宗の相承血脈師師の血脈一首、天台円頓菩薩戒《えんどんぼさつかい》の相承師師の血脈一首、胎蔵金剛《たいぞうこんごう》両曼荼羅《まんだら》の相承師師の血脈一首と云々。これによって伝教大師が禅宗を相承しておられることが、はっきりしている。

嵯峨《さが》天皇の御時に、日本の僧慧蕚《えがく》という者が、勅命によって、仏法をわが国に弘め伝えるために、大唐へ渡った。塩官県《えんかん》の斉安《せいあん》国師の下《もと》に参じて禅法を受け継いだ。そこで、その門下の僧義空《ぎくう》禅師を招いて、わが国に渡らせた。日本では京都東寺の西院《さいいん》に身を寄せておられた。弘法大師がこの次第を申し上げた。そこで天皇および皇后が義空禅師にお会いになった。皇后（檀林《だんりん》皇后）は前世からの果報が開かれて、教外の宗旨をお悟りになった。そして、嵯峨の地に檀林寺を建立された。よって檀林皇后と申し上げた。義空禅師を招いてこの寺に住まわせた。しかし、禅師が言われるには、禅宗がこの日本の国に広く流布すると思われる時節がまだやって来ない。そのため、唐土の先徳も、ただに教家の教えを流伝させて、いまだ最上乗《さいじょうじょう》（至極の宗旨）をば流布しておられない。私もまた、この日本の国に滞在しても、衆生を利益することは少ないであろうと言って、三年ほどたったところで大唐へ帰ってしまわれた。ただこの事実を将来に知らせようとして、唐から石碑をこちらへよこして、東寺に留めておかれた。唐の開元寺《かいげんじ》の僧契元《けいげん》がその文章を書いている。その始めの題目には、「日本に首《はじ》めて禅宗を伝ふるの記」と言っている。禅宗がもし無駄なことならば、弘法大師が、何でかの禅師を挙げすすめるようなことをなされようか。

慈覚《じかく》大師は比叡山《ひえいざん》の上に禅院を造って禅の法を興された。智証《ちしょう》大師の『教相同異集《きょうそうどういしゅう》』には、日本に八つの宗派があって、南の京（南都）に六宗があり、倶舎宗《くしゃしゅう》・成実宗《じょうじつしゅう》・律宗《りっしゅう》・法相宗《ほっそうしゅう》・三論宗・華厳宗《けごんしゅう》である。北の京（平安京）に二宗があり、天台宗・真言宗である。倶舎・成実の二宗は皆小乗である。律宗は大小乗に共通しており、その他の五宗は皆大乗である。その外《ほか》に禅門宗がある。これは八宗にくっついているものではない。比叡山の大師たちも皆相承されていると。顕・密の奥儀を究めておられることにおいて、何者がこの四大師にまさっておられるであろうか。禅宗がもし胸中の説ならば、いかなる理由で、顕密の外に、またこの一宗を崇めなさることがあろうか。安然《あんねん》和尚の『教時諍論《きょうじじょうろん》』に、叡山が他山にすぐれたことを歎《ほ》めて、「わが山には、禅・真言・天台の三宗をおいてある。天竺《てんじく》（インド）・震旦《しんたん》（唐土）にも、このようなことはいまだないことだ」と言っている。

聖徳太子は、唐の南岳《なんがく》大師の生まれ変わりである。南岳大師は達磨の宗旨を受け継がれなさった因縁によって、聖徳太子が仏法を興された時、大和国の片岡山《かたおかやま》に、達磨大師がはっきり現われなさった。太子が御歌をお詠みになって、お贈りになった。その歌は、「しなてるや片岡山に飯にうゑて、ふせる旅人あはれ親なし」というのである。達磨大師の御返歌に「いかるがや、とみの小河《をがは》の絶えばこそわが大君の御名《みな》を忘れめ」とあった。しかし、まもなくなくなられる相《さま》をお示しになった。そこで太子みずから諸臣と一緒に石を運んでお墓を築き、大師の御棺をお収めになった。諸臣揃ってこれを非難したので、太子がおっしゃるには、「それならばこの墓を掘り破って、棺を外へ捨てるがよい」と。諸臣がお墓を掘って御棺をあけて見たところが、なくなられた時、太子が差し上げて、お着せした御衣《おんぞ》だけが残っていて、お身体（死骸）はお見えにならなかった。諸臣はいずれも不思議なことだと思って、もとのように御棺をお収めした。そのお墓は今も残っている。後に解脱《げだつ》上人が、その上に塔を立てて、大師と太子との二つのお姿を安置なさった。太子が『説法明眼論《せっぽうめいげんろん》』をお作りになったその中に、南天竺の祖師（達磨）が私に示して言われるには、速かに生死《しょうじ》の迷苦を遁《のが》れ出ようと思うならば、根本唯一の成仏の教えを学ぶがよい。成仏の唯一の教えの正義《しょうぎ》と言うのは、仏心《ぶっしん》であると。またさらに、南天竺の祖師が仏法を分けて二種とした。教内《きょうない》・教外《きょう》《げ》がそれであると言われたと。達磨大師は、南天竺の香至《かし》国の王子である。それで、南天の祖師と名づける。わが日本の仏法は、聖徳太子が初めて流布なされたのである。禅宗がもし無駄なことならば、何故に、かように達磨大師を崇敬なさることがあろうか。

伝教大師は、諸宗について区別を論じなさったが、禅宗について一言も勝劣の批判をされていない。弘法大師が『十住心論《じゅうじゅうしんろん》』を作って、顕・密のくぎりを分け、さらに外道・二乗の教えまでも、説明をつけられたが、禅宗をば批判されなかった。これというのも、教外の宗旨は、義理の分別にかかわらぬことを悟っておられたからである。智証大師が、禅宗は諸宗にくっついているものではないとおっしゃったのも、この意味である。智覚禅師が、教の中に禅があることを知らないのは、教を学ぶ者とは言えない。禅の中に教があることを知らないのは、禅を学ぶ者ではないと言っている。禅を学ぶ者が禅をそしるのは、禅を知らぬのみではなく、教をも知らないからだ。教を学ぶ者が教をそしるのは、教を知らぬのみではなく、禅をも知らないからであると。天台大師が、文字の法師《ほうし》、暗証の禅師《ぜんじ》とおっしゃったのは、このような人のことである。

慧忠《えちゅう》国師が言っている。禅宗を学ぶ者は、仏の語《ことば》によくよく遵《したが》うがよい。真実の大乗は、皆自心の本源を究める。方便の説法は、相争う獅子身中の虫のようなものだと。律部《りつぶ》（律の書物）の中には、仏の弟子も一日に一時《いっとき》のひまを費やして外道の法を習うがよい。もしその法を知らなければ、自分の見解にかたよってしまうことをうっかりするという誤りを起こす。また、自分の法を知らなければ、自分の見解を突き抜けることができないと見えている。それ故に、教を学ぶ者も、禅をそしろうと思いなされば、先ず禅の善知識の下《もと》に参じて、その宗旨を悟られるがよろしい。禅を学ぶ者もまた、教をそしりたいとお思いならば、先ず諸々の教法を洗いざらいお分かりなさるがよい。もしそうなったら、諍論《じょうろん》（あらそい）は自然にやむに違いない。お互いに知らないで、顔を真っ赤にし、音《こえ》をあらげて言い争いをされたとて、いつになっても勝負が決まることなどありようがない。談論の勝負は決まる時がなくて、仏法をそしる罪業を必ず招きなさるであろう。無益《むやく》なことの、これに上越《うえ》すものがあろうとは思われぬ。

〔九二〕 本書公刊の趣旨

問。 日ごろお目にかかったついでに問答申したことを何の気なしに仮名文字で記しておきました。これを清書して、在俗の女性などで、仏道に志のある者に見せたいと思いますが、差し支えありませんか。

答。 禅僧が教えを説くのは、教家のように、習い伝えた教えを胸の中にたくわえ、紙の上に書きつけて、これをのべひろげて人に授け与えるなどということはないものだ。機会に応じて直《じか》に指示するだけのことである。これを覿面提持《てきめんていじ》（面と向かって示す）と名づける。撃《げき》石火《せっか》・閃電光《せんでんこう》にたとえている。そのあとづけを求めてはならない。古人も言っている。言外に意を悟るのも、すでに第二義に陥っていると。それなのに、なおさらのことだ、その言葉を記録して人に与えて見せるなどということは。この故に、古えの宗師は皆一同に、言句を記すことを禁じておられる。けれども、もし全く記すことがなければ、いざない導く路が絶えてしまうであろう。そのために止むなく、古人の語録が、世の中に広く流布しているのだ。しかし、これは禅宗の本意ではない。

　古人は、大よそ内外の典籍を博く学んで後に、禅の道に入られた。そのために、その解くところが、皆偏《かたよ》った見方に陥らなかった。末代の禅宗を信ずる人の中には、いまだ因縁の道理さえもわきまえず、真《しん》・妄《もう》の差別をも知らない者がいる。そういう人の中でも、もしも仏道を修める心がいい加減でなく、一切知らずわからずの境地について、一日中、直《じか》に本分をつきつめるならば、なまなかの小智《しょうち》ある人よりもまさっている。世間を眺め渡すと、坐禅工夫は綿密でなく、経論《きょうろん》聖教《しょうぎょう》（仏典《ぶってん》）をば聴問することもない。あるいは坐禅中に、外道・二乗の見解が起こってくるのも、これは坐禅中に得た智慧だから、法を悟ったものだと思っている者がある。あるいは自然に教家で談じている説法を呑み込んで、自分は禅僧であるのだから、解った分もまた、禅の宗旨だなどと思っているようだ。

　私が平素経論を講ずるのは、このような現在の弊害を救おうというためである。文言《もんごん》・義理の上について、ことこまかに談ずる因果・真妄の説法さえも、私のように受け取る人は少ない。めいめい見当違いの方へ聞きなして、褒めたりそしったりする。褒貶《ほうへん》ともに私には関係ない。いわんや、夢中の問答を記しておかれたことが、お役に立つとも思われない。けれども、褒貶の語によって、順《じゅん》・逆《ぎゃく》の縁を結ぶことがあれば、それは結構なことで、なんでこれをいやだと申しましょうや。

〔九三〕 足利直義に示した公案

問。何でしょう、和尚あなたが真実に人に（私に）示す教えは。

答。新羅《しんら》夜《や》半《はん》に日頭《にっとう》明らかなり（遠い新羅《しらぎ》の国の夜半に、日の出が分明である）。

解　説

夢窓国師について

一　はじめに

夢窓《むそう》国師については、昭和四十三年七月に『夢窓国師・禅と庭園』（講談社刊・A４判一冊）を公刊し、詳細に考究したつもりであって、その後、新しく附け加うべきものは、遺跡の調査の一、二と国師の筆蹟・画像の二、三が知られた程度である。また、『夢中問答集』に関しては、それより先、書誌学復刊新二・三号誌上に「夢窓国師の仮名法語――夢中問答集と谷響集――」（昭和四十年十一月、同四十一年三月）と題して公表してあるので、詳しくはそれらを参照して頂くこととして、ここに大要を述べ、『夢中問答集』を読解されるための参考に資したいと思う。在来、夢窓国師については、日本仏教史上また中世の歴史の中で、有力な活動をされた人物であるのに、その伝記的な記述なども詳細な調査がなく、またその数もあまり多くはないのである。また、近年、国師の伝など書かれたものを見ると、国師の人物内容についてはなはだ見方が足りないように思われるので、国師のまことの姿を明らかにしたいと考えて、関係資料を探索し、国師の足跡を全国的に踏査して研究したのが、上述の拙著である。しかし、本書の序文にも述べたように、山内得立先生の『ロゴスとレンマ』のお蔭で仏教の論理の本質を教示されてみると、国師の仏教者としての内容が、さらにはっきりと捉えられるような気がするので、前の拙著も少し書き改めたいと思うところもある。それには、今回『夢中問答集』を熟読する機会を持ったことも大いに作用している。私は、今さらながら、すぐれた人物に立ち向かって、自分の枡目でしか相手を汲み取ることができないもどかしさを深く痛感している。

二　夢窓《むそう》国師の生涯

夢窓国師の生涯は、五十までみずからを修行し続けて自利に努めた前半生と、出世して政治家の指導に任じ社会教化に力を尽くした他利の後半生とにはっきり分かれている。七十七歳で入寂されたから、後半生の活動は約三十年に及んでいる。これは仏教者として理想的な姿と言えよう。

国師は、後宇多天皇の建治元年（一二七五）、伊勢国三宅村で出生、父は源氏（佐佐木氏）、母は平氏、一族の争いから四歳の時、甲斐国へ移住、その八月生母を喪った。父が甲州へ移ったのは、同じ源氏姓の由縁、武田源氏を頼ってのことであろうと思われる。幼より温和で資質すぐれ、仏典のほか孔孟老荘その他世間の伎芸才能に至るまであらゆる方面を学んだ。幼少の頃の逸話も種々伝えられている。九歳の時、平塩山の空阿につき出家を志す。

顕密の教学と共に樹下石上で坐禅修行をし、少年の頃から乾徳山によじ上り、独坐澄心、その際、徳和の八右衛門に介抱された（八右衛門の子孫は今も続いており、国師は慧林寺を営む際、本堂の内に八右衛門座敷というのを設けて報恩している）。十八歳で南都へ赴き、慈観律師より受戒、戻って平塩寺にいたが、受講の天台の学僧の臨終の覚悟の乱れを見て、たとい多聞博学でも、仏法の悟りは得られない、禅で教外別伝《きょうげべつでん》というのはもっともであると反省し、密教修法の土壇を設けて仏像を安置し、その前で百日懺悔して一心に祈り、満願の三日前の夕、導かれて疎山・石頭の両禅寺に参り、達磨半身の画像を授けられるとの夢想を得て、禅宗と縁を契るべきことを知った。

禅に転じた国師（二十歳）は、紀州由良の興国寺（当時は西方寺）の法燈国師（無本覚心）に参禅しようと郷国（甲州）を出て途中京洛に立ち寄ったところ、旧知の徳照（禅人）に出会ったのがもとで、その徳照の忠告により、建仁寺の無隠円範禅師（蘭渓道隆の弟子）の許に参禅することになった。その際、前年夢想を得た折の「疎石《そせき》」と名乗りを改め、また「夢窓」と号することになった。徳照の忠告は、「由良は禅院としては未だ叢林を成していないから、その前に組織の整っている禅寺に入り、日用修行の清規《しんぎ》（規則）をも身につけ、その後、深山巌崖にもっぱら坐禅修行を志す由良の道場を訪うがよかろう」というのであった。これは青年時身につける修行の方法として適当な注意であったと思われる。

その後、国師は京都と鎌倉との禅寺に参禅修行していたが、秀才の聞こえ高く、二十三歳で円覚寺の桃渓徳悟和尚の会下《えか》に在った時、夏居《げご》が終わって京都へ帰る僧を送る和尚の偈《げ》に

和韻して、

万水千山の外より来り、また千山万水に向かって帰る。這回別に真の消息あり、風渓林を攪して落葉飛ぶ

ともしたのを、仏燈国師が聞いて、こんな伶俐《れいり》な後輩もいるものか、将来どんな者になるか判らぬと感嘆したという。国師の詩文が、すばらしい詩魂とともに、その用語がよくこなれた表現になっているのは、その基礎に四歳からという漢字漢語に対するよほどの習熟があることを示すものであって、その直門に後年、義堂や絶海など詩文の才では五山文学随一と称される人々が輩出したのも当然であろう。またその年、痴鈍空性が建長寺へ入寺する際、桃渓和尚は国師を参随させたが、入寺の当日にわかに問答の問いの役が欠けたので、急に国師が代わりを勤めることになったところ、すこぶる美事に問話したので、一山の衆が舌を巻いたという。国師はまた音声がよく音楽的才能に秀でていて、人の耳を楽しませたから、建長寺で結夏の初日、楞厳会《りょうごんえ》の時、楞厳頭《じゅう》（行道の音頭とり）に選ばれたが、以来皆がこの役を勤めることを栄誉とするようになった。

国師二十五歳の時、元から一寧一山が来朝し鎌倉建長寺に住したので、京に在った国師は一山を追って関東へ下った。しかるに、建長寺では一山を慕って掛《か》搭《た》を希望して全国から集まった僧があまりに多くて収容しきれないため、偈頌の試験をして、上中下科の三等に分けて掛搭を許すことにしたが、数十人の中で上科に登った者はただ二人で、国師はその一人となった。かくて、国師は一山の許で首座となり、大いに励んだが、翌正安二年（国師二十六

歳）の秋、出羽の国の旧識を訪れようとして鎌倉の地を離れた。ところが、途中でその旧識の訃報を聞いたため、奥州の松島寺（当時、天台宗。後、禅宗瑞巌寺）にとどまった。その附近に草河の真観上人（もと天台の学僧、入宋して北磵に参禅、その嗣法を受けて帰朝、草河に籠っていた）の門弟で天台の止観を講じている者がいたから、国師はこれを聴聞した。その講義がはなはだ明快であったので、日頃分別できずにいた諸宗の差別異旨をはっきり国師に区別させる機縁となり、一夜坐禅の後、深更に及んでたちまち覚ることができたという。

国師はそれより、さらに真実の悟りを求めて、年末に那須の雲巌寺に赴き、仏国国師に参じようとしたが、仏国国師は幕府から招かれて鎌倉の浄妙寺を董《ただ》すために出向して不在であった。寺には弟子の太平妙準が留守をしていた。国師は脚気《かつけ》病をひどく患って寺に滞留して年を越したが、その間にも観音懺法などを勤修《ごんしゅ》して行《ぎょう》につとめ、二月雲巌寺を下り、鎌倉で再び建長寺の一山に参じて指導を受けた。翌乾元元年（二十八歳）、一山は円覚寺をも兼任することになったので、国師も一山に随侍して円覚寺へ遷った。その頃、国師は祖師の話頭はことごとく理解せざるなしと自負していたが、ある日、その非を悟って、自分は教学の門を出て禅宗に入ってからすでに十年たったが、その間にやったことと言えば、禅門の祖師の語句をあさったに留まる。それは禅の悟りに達する道標を扱ったに過ぎない。無用のものを愛したことは愚の骨頂であったと、文字に拘泥して抜けきれない非を悟り、これまで多年集録した大小の書冊を全部焼き棄ててしまった。そして、一山の前に出て再三教えを乞うたが、埒《らち》があかなかった。国師は在来幾人かの師に参じたが、一山和尚には来朝の初めにまみえて喜び受け入れられて以来、和尚を慕って教えを受けること数年、国師の生涯の中で最も長く随侍した師であった。禅は不立文字《ふりゆうもんじ》ということを唱えるが、仏者として悟達を得るには、禅宗とても仏教の教義をわきまえ、その論理体系を究めなければ、真の禅者とはなり得ないのであるから、それをば漢字・漢語によって学ぶ日本人にとっては、漢民族よりも不立文字の条件の負担ははなはだしいと言わねばならぬ。国師ほどに漢字・漢語の素養があってもなお、一山和尚との関係に言語文字の問題が存在していたのは止むないことと思われる。する国師は一山和尚に参じて悟達を得ることをあきらめ、仏国国師の許に参じたのである。すると仏国国師は、一山とのやりとりを詳しく国師に問いただした。一山和尚は「わが宗には語句なく、また一法の人に与うることなし」と示されたと答えると、仏国国師は、「和尚とてこれまで語句で私を導いたではありませんかと、なぜ反問しなかったのか」と激しく注意された。言下に国師は深く反省したが、まだその際の問答にも語句に拘泥するところがあった。そこで師に対し、「もし悟れませんでしたら二度とお目にかかりますまい」と誓って辞去し、道友の招きに応じて、遠く陸奥《むつ》の白鳥郷《しろとり》に赴いた。

仏国国師は後嵯峨天皇の皇子で、禅に志し、初め東福寺の聖一国師（円爾）につき、後に元から来朝した兀庵普寧《ごったん》（円爾・祖元と同門）に従って鎌倉に下ったが、兀庵が本国へ戻ってしまったので、下野国那須に雲巌寺を開いて隠棲した。しかるに、北条時宗に招かれて元から無学祖元（仏光国師）が来朝すると、もと彼の地で祖元と同門で、上野国世良田の長楽寺に住していた一翁院豪の紹介により、仏国国師は祖元の嗣法の弟子となった。祖元は無準和尚の法を嗣いだすぐれた禅僧で、本国にある時、蒙古兵が南宋に侵入し、温州の能元寺で祖元を捕えて頭に刃を擬した際、「珍重す大元三尺の剣、電光影裏春風を斬る」と偈を唱えて元兵を去らしめたという有名な腹の据わった傑僧であった。かねて日本の為政者が仏法を尊重すると聞いて来朝したい意向を抱いていたのが、北条時宗の招請に喜んで渡海したのである。祖元禅師は仏国国師を門弟に得たため望郷の思いを消すことができたと言ったというほどの間柄であった。

国師は陸奥の白鳥（平泉の北）から常陸《ひたち》国多賀郡（今は高萩市）内草《うちのくさ》という山間の奥地に立ち寄り、大北川に沿うて下った海辺の地、臼庭《うすば》を過ぎて比左居士《ひさこじ》（臼庭長円）という者の接待を受けて、またここに留まり、ある種の悟りを得て、鎌倉へ戻り、時に浄智寺に住していた仏国国師に再参の志を遂げたのである。その間三年、国師三十一歳の十月であった。浄智寺に参ずると、仏国国師は国師の姿が見えるや否や問いかけられた。その時の問答は国師の年譜に詳しく記されているが、この応答によって国師は仏国国師から印可を与えられた。即日辞去して甲斐の親許へ帰省された。禅道修行のため郷国を出てからちょうど十年目であった。郷国の牧庄の主（二階堂貞藤かという）が国師を敬って浄居寺を建てて棲居を乞うたので、翌徳治元年は浄居に滞在し、越えて二年、三十三歳の時、国師は鎌倉で万寿寺に再住の仏国国師の許へ参り、用意して行った仏国国師の頂相《ちんぞう》（肖像画。これに自賛を与えて嗣法の弟子の印とした）に題を求めた。仏国国師はそれに、脱体無依にして寰宇を坐断し、黒漆の竹篦《しっぺい》仏祖を号令す。

石侍者横に黙首して円石を千仞に転ばし、鈯斧《とっぷ》を両手に付す。

と書いたところ、国師が「鈯斧」の二字を指して、「好児、爺《や》の財を受けず」（好い伜《せがれ》はおやじの財産をただはもらわぬ）と言ったので、仏国国師が「いかなるかこれ自受用底（そんならなんだ、自分でもうけたものは）」と言うと、国師は師に平手打ちをくわした。仏国国師はからからと大笑して、侍者を召し、法衣を把《と》ってこさせて、国師に与えて、「これこそは仏光国師の説法の衣である。今私はお前に授けて伝法の信を表わす印とする。ここに一緒にいて、私を助けてくれ」と言われたので、国師は師の許に参じて年を越した。仏国国師は鎌倉幕府から尊重されて特に北条貞時夫妻が深く帰依し、その指導を受けていたようである。仏国国師は鎌倉の官寺に住し、弟子の指導と共に幕府の当路の在俗をも教化していると、俗に染まるというので、官寺在住の任期を果たすと、那須の雲巌寺へ隠棲されるのが常で、那須と鎌倉五山官寺在住とを交互にしておられる形であった。幕府が鎌倉五山の官寺にすぐれた禅僧を住持に招くのは、禅家の門弟子を養成するというよりは、常に北条執権を中心とする為政者の指導を仰ぐためであったと言ってよい。しばらくして国師は辞して甲斐国へ帰ろうとしたが、帰国の前に、建長寺中の玉雲庵に隠棲の先師寧一山の許に参り、拝別したところ、寧一山は特に長偈を書いて贈った。国師も師の恩を謝し、一山和尚も亦、その弟子の成道を悦んだのである。このことは特に注目すべきである。


郷国へ帰って、八月、もと学んだ教院（平塩寺であろう）に旧師静達上人を見舞ったところ、喜び迎えた上人は、「あなたは若年でわが法の奥を究めたのに、中途で禅に変わったのはなんとも惜しい。他に弟子中で奥を究めた者はいない。そのかみ龍樹菩薩は、顕密をすっかり兼ねおさめてから、また教外《きょうげ》（禅）の祖となった。そのごとくにあなたもまた密教を伝流し、傍ら人を益する法を説いても、禅宗に害はあるまい」と説いたが、国師はただはいと言うのみで、師の伝授を受けることはしなかった。後年になって国師は、この時兼修しなかったことについて、「末世は仏法が薄くなっているから、教者・禅者の流れがひどく分かれて互いに全く相容れない。そういう時節にたとい龍樹のようなすぐれた者が再来して兼ね行なっても、世の中に益することは不可能である」と弟子に説明されたという。

翌延慶二年（国師三十五歳）、仏国国師が鎌倉から那須の雲巌寺に帰隠されたので、国師は見舞いに赴いたが、師の許にあると、全国から法を求めて参集する禅者が多く、その応接に師の仏国国師は倦んでしまう。すると、代わって、すぐれた夢窓国師に教えを乞おうとするので、兄弟子の中には快からぬ者もあるけわいであった。それを感じた国師は、天性物と争わず、韜晦《とうかい》の志の堅い人であったので、夏居が未だ終わらないうちに師に暇を乞うた。仏国国師は別れ去る国師を無理に引き留めず、先師仏光国師が仏国国師に遺した書を国師に附与して、自分の心持ちをそれに託した。その書には、「手紙をもらって嬉しい（云々）。お前が遠く離れた所にいて、そばで私を助けてくれないのは淋しいけれども、仏法の流行は一人の手ではできないのだから、別な処でしっかり仏法を守って仏徳に報ずるがよい」という意味の言葉があった。また、仏国国師は別れに臨んで、「道人もし世出世において、毫釐《ごうり》も

迎えるようにと仏国国師の指示があったので、京都にいる国師を北条高時の母（貞時夫人）覚海尼は無理に関東に招請しようとした。国師はそれを伝え聞き、正式の招請を受け取らぬうちに、それを避けて土佐まで逃れたのであった。しかし、幕府は土佐へ身を隠した国師を追い求め、使者に国師を連れて帰らなければ命がないと命令したため、使者もまた地方の役人に伝令して、国師を匿《かくま》う者は罪にすると厳しく戸ごとに捜索した。海島の間に身をひそめていた国師も、他人の難に忍びず、「業債逃れがたし」と諦めて、鎌倉へ赴いた。鎌倉へ連れ去られた国師は、厚遇を受けて勝栄寺に仮寓していたが、一切面会を謝絶し、兄弟子の太平妙準（仏応国師）が尋ねて来ても会わなかった。太平は雲巌寺の後任にと、覚海夫人の力添えを借りたが、国師は固辞して受けなかった。国師は止むなく鎌倉へ出ては来たが、隠棲を続ける志は固く、夏《げ》が終わると三浦半島の横洲《よこすか》の地に坐禅窟を設け、泊船庵を建てて閑居してしまった。止むなく幕府の招請で鎌倉へ出る外は一切面接を謝絶する札を掲げ、「具眼の士ならば、物には適当な機会と時期とがあることを知っていよう（だから、会わぬというのを無理に尋ねはしない）。眼のない者が大勢押しかけて来るのに逢っても何もならぬ」と訪客を避けた。国師は全国各地の自然の勝地で坐禅修行を重ねて来られたが、その地を今尋ね廻って理会し得たことは、その勝地は、天然自然が具有する特色をそれぞれの面において鮮やかに発揮している処々である。林泉・渓谷・山岳・河川・海辺、また山水・海陸の交流など、その景観の現われを通して自然の本性が会得できるような地点である。国師は自然の特色の顕著な現われと対坐して、山を知り、川を知り、海を知り、そして自然の変化の相の中から、不変の本性を把握されたと思う。自然に対《むか》って徹底的に坐禅修行を遂げられたことは、人間の情欲を昇華し、人間の本性を悟る上に最もすぐれた道であった。自己を内省し、自然の本性を探って、人間と自然との関係を究めることが、男女の交わりを断つ仏教者として、人間の本性を悟る最上の法であろう。少なくとも国師の全国各地における自然探求は、結果として、そうなっていると考えられる。国師は横洲の泊船庵に五年間滞在したが、これは禅者として各地を修行中、最も長く足を留めた処となっている。そして、この泊船庵以前における仮庵の地は、いずれも自然が対象であって、慧林・少林・古渓・吸江等、その庵名がおのずからそれを示している。しかるに、泊船に至って初めて自然の中に人事が加わってきている。これは国師の心境の一大進展と見なければならぬと思う。そして、この泊船庵の次が、海を渡って房総半島の上総国千町《ちまち》荘の退耕庵である。

国師は元亨三年（四十九歳）正月、退耕庵に移り、ここに丸二年半を過ごしたが、ここで田耕を見ながら坐禅修行をされた。退耕庵の地は、国師が能実《のうじつ》と命名した田畠の稔りのよき地であって、今でも世間は凶年でも平年作の収穫のある耕地であるという。ここで国師が耕しを教え、それに対って坐禅を行なったということは、泊船庵で加わってきた人事が、民を養うというその中心に迫ったことを意味する。これにより国師は自然と人間との関係を真に把握し、人間の本性の会得を完了されることになったのである。ちょうど人生五十年、国師がみずから納得される悟達の境地になられたのである。国師に出世の純熟の時が訪れたのである。

正中二年（一三二五、五十一歳）春、ここに隠棲中の国師に対し、後醍醐天皇は近臣を派遣して南禅寺に招かれた。しかし、国師は病と称し、なお巌谷に隠れて出世を願わずと、天皇の召しに応ぜず、勅使の熱心な勧めの偈に応えて、

世路悠悠往還するに懶《ものう》し、一庵分に甘んじて残山をトす。
地炉灰冷にして黄独無し、雪涕の工夫も也《また》閑ならず。

と和韵《わいん》して謝した。今度は天皇はなおも諦められず、夏《げ》がすむと、執権北条高時の力を借りて再び上洛を促された。今度は南禅寺に住して寺を董《ただ》すことを極力固辞した国師に対し、法話だけを聞かせてくれればよいと天皇も譲歩されたので、止むなく上洛を承知し、退耕庵を出て、甲州から中仙道を過ぎて、古渓に立ち寄り、仏徳禅師等を伴い、京都へ入った。天皇は国師上洛の翌日、早速国師を召して厚遇し、長時間に亘って熱心に法話を聴問されて倦まず、満足されたが、その際重ねて南禅寺で暮らしたらどうかと言われた。国師は前約と違うかのごとき勅言を怪しんだが、もし徒衆を導き寺務を督することが煩わしければ、唯寺を幽棲の場所と考えて居住するがよいとの深い理会のある天皇の思し召しのほどを知って、ついに南禅寺に住することを承引し、八月二十九日に入院した。国師が官寺に住した最初である。天皇は政務の余暇、月三回位国師を召して法議を交わされた。南禅寺には雲水が蝟集《いしゅう》し、夏《げ》の食料が大いに不足したので、国師は不自由のないよう骨を折ることもされたのである。止むなく出世をされた国師ではあったが、上述のごとく、まさに「知命」の段階に達せられ、これより先、僧俗のためにも種々力を尽くされるようになっていったのである。翌嘉

暦元年七月に、北条高時が使を遣わして寿福寺へ招いたがこれを断り、八月に生国伊勢へ下向して、生地に善応寺を開き、まもなく熊野を過ぎ海上から那智滝の景観を望み、那智山へ登って偈を作った。

天河激出す人間の瀑、濄濄《かつかつ》たる寒声碧空に響く、
珍重す大悲観自在、我儂《がのう》幸に是れ耳に聡無し。

この時に伊勢神宮へも参詣したことと思われる。それは『夢中問答集』によって推測される。九月には鎌倉へ戻り、永福寺の傍らに南芳庵を営んで住んだ。翌嘉暦二年、高時からまた是非にと言われ、勉強して浄智寺に二月に入院、夏《げ》を過ごすとすぐ勇退して南芳に帰ったが、その八月には居を近くの錦屏山に移して「瑞泉寺」を開いた。国師五十三歳である。瑞泉の名は鎌倉には珍しく良質の清水が湧出したからであろう。その井を玉龍井と名づける。この坐禅窟から西方なる谷の狭間に富士の秀麗なる姿が鮮やかに浮かび出る景勝の地である。高時からはまた円覚寺に住するよう請われたが出馬せず、謝絶し続けていた。ところが、祖道をないがしろにしてもよいのかと同門の先輩たちから切にくどかれ、それも高時が手を廻したものであったが、ついに明日の米さえも事欠く寺に入って、少しも文句を言わず穏やかにしていると、信者の中に海外との交易で巨利を博そうと貨財を準備していた者が、その無益を悟って仏縁を願い、三百万銭の巨費を施入した。寺内は大いに潤ったが、国師は格別喜ぶ色もなく、識者たちもその利害得失に動かぬ雅量に心服した。こうして円覚寺に二年間いるうちに、もとの盛時に復興し、幕府の首脳、金持ちの男女等の寺に来る者、また私

宅に招く者も夥《おびただ》しく、その布施の金品も莫大であったが、国師はそれらをことごとく寺有財産とした。大いに実が挙がったので、「およそ寺の住持には、説法の巧みな者、徒衆をよくとり纏める者、修造をよくする者の三通りがあるが、国師は三者を兼備している」と賞讃された。けれども、秋九月、寺をそっと遁れて瑞泉寺へ帰ってしまった。寺衆全部が後を追ってきたが、門を閉ざして会わず、一偈を作って心境をさとし、次の日、夜が明けぬうちに鎌倉を出て、甲州の牧荘へ帰り、慧林寺を創設した。それはその地の領主、二階堂出羽守貞藤道蘊（武田氏）の護持によるものであった。慧林寺には相当規模の庭園を造った。国師の本格的な造園の最初である。今も比較的よく原姿を保存する。そして、その間に、恐らく父の菩提のためにその屋敷跡の因《ちな》みの地に清白寺を、また、生母終焉の地に長禅寺（古長禅寺）を開いたと思われる。いずれも庭園を営んだ。それぞれ特色を有するすぐれた庭として残っている。清白寺の庭は天龍寺に、古長禅寺のそれは苔寺に通っている。なおその間、鎌倉瑞泉寺と郷国との間を往来されたが、世間には兵乱が起こって、後醍醐天皇は笠置《かさぎ》に遷幸、次いで敗れて隠岐《おき》に流されるという、幕府と京方との騒ぎが続いていた。幕府もようやく多事で、西の方では朝廷の綸旨《りんじ》を奉じて兵を挙げ幕府に反抗して戦う武将も多くなり、天皇も隠岐を遁れ出て伯耆《ほうき》に名和長年に迎えられて、京都の回復を図っておられた。足利尊氏も、その四月に幕府の将として名越高家と共に上洛したが、京方に翻って使を天皇の許に遣わして帰順を申し入れ、丹波国に入って伯耆なる天皇より勅を承けた由を諸方へ告げて応援を求めた。五月初めには尊氏は赤松則村等と六波羅探題を攻め、探題北条時益も誅に伏した。鎌倉においても、幕府の油断と楽観とは、意外に滅亡を早め、五月初めに上野の郷里で兵を起こした新田義貞は、二十一日に鎌倉に攻め入り、高時以下一族自刃して北条氏は滅亡した。幕府滅亡の最後の時に居合わせた国師の道力は、大いに敗奔遭擒の士卒を救うことになった。高時の母覚海夫人なども国師によって無事を得たものと推せられる。

かかる大きな社会の変動も、時勢の推移も、人生を達観した国師の心境を動揺させるには至らなかったと思う。国師は諸国の武家の人物にもその動静にもよく通じていたに相違ないが、仏の教えを説き一切衆生を済度しようとする国師の目の前には、与党も反対党もあるわけではなく、悉皆平等《しっかいびょうどう》、一視同仁であって、上下各々その分に安んずることを願ったのである。国師がこの際にも、また、その後にも、世運の交替を明察して巧みに身を処したごとくに解するものは、国師の真姿を見定めぬものと言ってよかろう。国師は先師以来の関係もあり、政治を行なう根本の指導を仰ぐべき師表として、北条幕府から尊重せられたことは明らかな事実であり、幕府方の武将の護持も篤かったが、同時に後醍醐天皇の信任も深く、後には足利尊氏・直義兄弟の一族、また北朝の皇族方からも同じ意味においてすこぶる崇敬を受けた。国師自身が一種功利的な心理を働かして、時の権力者に進んで接近しようとしたものならば、立場を異にする多くの指導者層が、切にこの人に限ると教えを乞い求め、揃ってこれを尊崇し続けるということはあり得ない。公武の政権担当者が、互いに真剣にみずからの人間内容を磨き修め、また人間社会によりよい政治を統べ行なおうと競い合う場合に、その最高顧問を求めて得た方が勝利である。公武いずれもが、その最高指導を求めて夢窓国師に帰一したのである。国師にそれだけの人間内容があり、真に人心をつなぎとめる根本を悟得されていたからに外ならない。才を具えて徳がある、容易に到達し得ぬ人間内容である。『夢中問答集』はその片鱗をよく伝えていると言えよう。国師は、己には限りなく高い理想をもって責め、世俗に向かっては、現実の奥底に潜む道理を明察しつつ深い同情と理会の心をもってそれに対応されたのである。

正慶二年（元弘三年）（国師五十九歳）六月五日に、後醍醐天皇は、京都に遷幸されるとすぐ、その十日に足利尊氏に命じて鎌倉の国師の許に勅使を遣わし、十七日に勅使は瑞泉寺に到着した。天皇が建武の新政を始められるに当たり、先ず第一に国師を請じたのである。ここにも大きな意義があると考えられる。今度は、国師は都の方を望んで皇恩を謝し、速やかに上洛し、翌日参内して朝見した。天皇ははなはだ喜ばれ、その際、深く禅宗を興そうと思う故に、再び南禅寺に住するようにと言われた。その時、国師が老病を理由に固辞したのに対し、「仏法の隆替は人を得るか得ないかによる。もし国師が固辞すれば、私も諦めるより外はない」と言われたので、止むなく南禅寺に再住することになった。禅宗を欽奉した鎌倉幕府が滅亡した時、再び禅宗を擁護する為政者はあるまい、禅宗はこれで亡びるであろうとみていた世人の思惑に反し、もとのごとく禅宗が社会の指導的役割を担っていくことになったのは、一にこの時の国師の「出世」に負うものであった。殊にまた、これより以後、禅宗がさらに武家を中心として広く社会の指導者層に滲透していったのは、主として国師の法徳によるものであった。特にまた、その後、室町時代を通じて禅僧が武家の指導者の位置を確保し、禅が武家文化を維持し発展させる原動力となり、それが引いては、江戸幕府の政治思想として朱子学を採用させる要因ともなり、かつまた武家政権の実体が禅によって保持されたものであることを思えば、この際の国師の出世の決意とその後の活動とは、以来数百年に亘る武家政権と武家文化にとってきわめて重要な意義を有する。時に、国師五十九歳。その後、七十七歳の入寂まで、都のうちを離れることなく、その生涯を終えられたのである。

その八月、天皇は国師の居所として、臨川寺を定められた。その地は、もと亀山法皇の仙居、後に後醍醐天皇の第一皇子世良親王の遺領で、親王は国師と虎渓山行を共にした兄弟子、仏徳禅師（元翁本元）を師として禅宗に帰依され、嵯峨の邸を禅院にと志されたが、早世のため果たさず、仏徳禅師もまた続いて逝き、世の争乱もあってそのままになっていたのを、新たに国師に託されたのであった。越えて建武元年（国師六十歳）、天皇は国師を臨川寺の開山とし、特に宸翰を賜って、「夢窓国師」と生前の国師号を附与され、また寺領を加えて国師に下された。国師は寺の北部に塔亭を創め、親王追福の祠を東に、開山の卵塔を西に、中央に弥勒の像を安置して、これを「三会《さんえ》院《いん》」と名づけた。現在の臨川寺はこの三会院の一廓のみがわずかに残存している。臨川寺が整った頃、後醍醐天皇の建武中興の新政は破綻し、建武三年、足利尊氏は北朝の光明院を立て、天皇は南方吉野に皇居を定められ、ここに数十年に亘る南北朝の対立が始まった。その間、尊氏は国師を幕府に請じ弟子の礼を尽くして教えを乞うた。国師は世運の移り行きに対しては、すべて前世の因縁と観じておられたが、人世において、人おのおのその分を尽くしているか否か、その順逆をはっきり見定めておられた。最晩年、入寂の前八月十六日に、天龍寺多宝院（天皇の廟）で、後醍醐天皇の十三回忌の仏事を行なった際の散説（語録所収）を見ただけでも、そのことがよく判るのである。

次いで、国師は西芳寺（苔寺）のもとからあった林泉を大いに修造して、廻遊式の新しい庭を造園された。自然の奇を捜って、その秘を顕わす国師が、自然の精粋を一つに凝集して造園の妙を尽くした西芳寺の庭園に接し、その造園のすばらしさから、京洛の士女は国師の禅の妙味を知り、世俗は禅の道に引き入れられるものが多かった。国師にとって造園の営みは世俗を禅へ導く一大方便であったと言ってよい。しかも、それは、みずから自然に対して坐禅修行を励む道場でもあった。西芳寺の後の山の中腹に設けられている「枯山水」には、大自然を人間の巧みで小天地に示し得る極限の造型ともいうべきものが潜んでいる。その枯山水に向かって坐禅石が据えられている。康永四年（改元貞和、一三四五）に国師は「西芳遺訓」を出し、門弟のためにももっぱら坐禅修行の場たらしめている。

西芳寺を捌《はじ》めて間もなく、六月二十四日に国師は、昨夜吉野の上皇（後醍醐天皇）が僧形《そうぎょう》となって鳳輦《ほうれん》に乗り、亀山の離宮に入られた夢を見たと門人に語ったが、はたして八月十六日に天皇は仙去された。足利尊氏は光厳院に奏して、天皇に由縁の深い亀山の離宮に追修の道場を建て、国師をその開山に請うた。また、尊氏の弟直義が、金龍が天の南の河の中から現われ出た夢を見たというので、寺名を「天龍資聖禅寺」と定めることになったという。時に国師は六十五歳である。寺は大規模に造営されて、その完成のためには数年を要し、天龍寺船（貿易船）などを出してその資に宛てたりしたことは史上著名である。ここにもまた国師は庭園を営んだ。恐らくもとからあった亀山離宮のそれを巧みに生かし、取り込んで改修しているであろうが、国師の自然観に基づいて一つの調和に造型した気宇の大きなすぐれた庭園となっている。また、国師の到達した心境を現わしているものといってよい。貞和二年春二月、国師は天龍寺の庭について亀山十境を賦し、ここが教化別行の場であることを表わし、三月光厳院を迎えた。そして、国師自身は「雲居庵《うんごあん》」に隠居した。その地は現在の後嵯峨・亀山天皇の御陵の南に続く処で、そこにも借景を取り入れた小規模な泉石を営まれた。国師最晩年の作庭で、大いに意義があると思われる。それが今はほとんど廃址の状態となっているのは真に惜しいことである。

国師の最晩年に最も国師を尊信され、その指導を索《もと》められたのは持明院統の光厳院・光明院の方々である。光厳上皇は康永元年西芳寺に御幸、受衣して弟子の礼を執られ、上述のごとく貞和二年三月には天龍寺へ臨幸せられて国師の説法を聴かれた。その時の国師の「臨幸私記」（一軸、観応元年国師筆）が鹿王院に残っているが、それを見ても、国主に対する礼節は言うに及ばず、また国師が実に用意周到、いかに万事に心用いの行き届いた日常であったかが察せられる。北朝の上皇・天皇の御信頼は諾《うべ》なりと思わざるを得ない。同じ年（貞和二年）十一月、光明天皇は国師を宮中に召して受衣し門弟の礼を執られ、翌日、特に「夢窓正覚国師」の号を賜わった。

かくて、観応二年（一三五一）、弟子に向かって、毎々、「吾れ今年は其れ逝く」と謂っておられた。この年、七十七歳になられた国師は、師の仏国国師の行年に長ずること一歳であった。はたして、その年の九月三十日、臨川寺三会院において入寂された。年七十七、法臘六十であった。

後醍醐天皇十三年の国忌から国師入寂の際までのことをなお詳しく述べたいが、それらは前述の拙著『夢窓国師・禅と庭園』に詳しく記してあるから、ここには重言しない。それを参照して頂くこととして、次に、足利直義と『夢中問答集』、並びに『谷響集』とにつき、言及しておきたい。

三 『夢中問答集』と『谷響集』

鎌倉極初期、栄西禅師により宋国から宋風禅がもたらされ、次いで道元禅師の入宋帰朝もあって、臨済・曹洞の両宗が伝えられたが、既成仏教の勢力は依然として強盛であって、禅もしばらく天台・真言の道場で兼修の形をとり、純粋の宋風禅は行なわれなかった。それが鎌倉幕府の首脳者、北条執権たちが、その最高顧問として大陸から道隆蘭渓（大覚禅師）、無学祖元（仏光国師）の二僧を招聘してから、真の宋風禅が鎌倉の地で直接行なわれることになった。蘭渓の系統からは南浦紹明（大応国師）、無学祖元の弟子に高峯顕日《こうほうけんじつ》（仏国国師）が出て、南浦紹明は博多の崇福寺、高峯顕日は那須の雲巌寺によって、二大甘露門と称されて、真の禅の在り方を世に示し、禅の求道者がすぐれた禅者の住する道場に集まった。その他にも来朝の大陸禅僧や、渡海して彼の地の高僧の嗣法となった禅僧もあるが、この南浦紹明の後からは宗峰妙超（初めに仏国国師の教えを受く）（大燈国師）、高峯顕日の後には夢窓国師が出て、鎌倉末期から南北朝にかけて活動し、建武中興以後、中央の地（京都）において禅宗を社会に弘めたのである。中にも夢窓国師は上述のごとく、師の印可を許され嗣法の弟子と認められてからも長らく隠棲修行の生活を続け、悟りを確かめ深めて、五十を越えてようやく出世をして、禅を公家武家の間に普及させた。それは前条に述べたところである。しかしながら、夢窓国師以前はもちろん、国師が出世して活動される時代においても、わが国の仏教界は依然として天台・真言の教学諸宗が主体を占め、社会に対してもまた抜くべからざる勢力を占めていた。全国の武家豪族も天台・真言の学僧によって教導される者が多かった。したがって、それらに対して禅宗を弘め、禅門に導こうとすれば、教学の素養を兼修していなくては、ほとんど効果を挙げることができなかったと思われる。簡便なるごとき禅の行き方は、他の宗派においても、天台・真言の難行門よりも、次第に浄土その他の易行門の安易の道に流れる傾向と共に、仏教全体が室町時代以後、大いに変わってゆくことに力を添えたが、まだ夢窓国師の時代は、既成諸宗の力も強く、また社会の上層にある指導者層の教養も、考え方も異なっていた。恐らく夢窓国師のような禅僧でなければ、既成諸宗の信仰を禅に翻すことは容易でなかったと言えるであろう。

足利尊氏が夢窓国師と相識となったのは、建武中興以前のことであって、それには種々言い伝えられていることもあるが、尊氏が真に国師の指導を受けるようになったのは、建武中興以来のことで、国師を幕府に請じて受衣し弟子の礼を執ったのは建武三年秋のことであった。したがって、後醍醐天皇が南方吉野へ去られた後は、尊氏が国師を独占した観もあるほどである。足利直義は後には兄尊氏と争うことにもなったが、少なくとも国師在世中は、兄の尊氏よりも国師に就いて直接指導を受けることが熱心であったようである。ただし、直義は尊氏に引かれて国師の許に来たものであろう。その尊氏兄弟が夢窓国師と三人で合筆書写し、高野山金剛三昧院へ納めた「大宝積経要品」（一帖、尊経閣文庫蔵）も直義の首唱で、その跋文（願文）も直義が自署している。それは康永三年十月のことであるから、『夢中問答集』の刊行が成って梵僊楚《ぼんせんそ》石《せき》に再度の跋文を乞うた頃である。尊氏兄弟はもと下野国足利荘で、鑁阿《ばんな》寺《じ》の学僧に教導されたであろうから、真言宗の素養を受けていることは明らかである。夢窓国師も後に、兄尊氏には「仁」の字を、弟直義には「義」の字を法号に与えたごとく、直義は実戦にもすぐれた働きを顕わし、また武をもって天下を制覇しようとの大きな欲望に燃えている武将であった。しかし、恐らく軍略兵法にも秀でていると共に、文字の才も兼ねていたので、政治の要諦を求めようとして、国師に就くことになったものであろうと考えられる。『夢中問答集』の内部徴証から推して、それは暦応年間のことのようである。直義が兄から政務を譲られたのは暦応元年で、国師から教誡を受けることが切実になってきたのもその故であろう。直義が安国寺の利生塔の建立、あるいは天龍寺の造立、または上記の「大宝積経要品」の高野山奉納などに志を寄せる仏心を顕わすことになったのも、国師に教誡を蒙った結果であるように思われる。したがって、直義が国師からこの問答の教誡を受けたのは、吉野朝廷との争乱の最中であったが、暦応二年の後半から四年頃にかけては、直義は在京して指揮をとっていたらしいから、国師の許へ参ずる暇もあったかと推せられる。康永元年から逆算すると、暦応の初年は五年目になり、跋文に見える国師に参ずること年ありという表記が出て来ても差し支えないと思う。本書中に、国師が、「予三十年のさきにこの疑ひの起こる事ありき。常州臼庭といふ所に独住せし時」などと述べているが、それは嘉元三年（一三〇五）国師三十一歳の時のことで、暦応元年からは三十三年ほど前になり、右の文とも照合するのである。また、同じく「近来鎌倉に智光といふ唐人あり」、「近来世の乱により関東京都御祈禱となさるることなのめならず」などと言っているのも、鎌倉を去ってから、そう長く経っていない口ぶりを表わしている。

本書が実際に行なわれた問答を速記的に記録したものであることは明らかであるが、上巻二十三問答、中巻三十七問答、下巻三十三問答、合わせて九十三問答が、およそ何回位の会合の結果であったかは、定かに分別しがたい。一度に一問の時も数問の場合もあったであろうということは、その内容からも推察せられる。あるいは重複して除いた部分もあるかもしれないし、順序が入れ代わった部分もあるかもしれないが、少なくとも現在見られる形で問答が実際に進行したものであろう。通読して終始筋道が立っている故である。

最後に、この問答の記録を無理に世に弘めることを国師に願い、止むなく許された由が記されているが、この記録が早くも伝写されて世に広まっていったことは容易に想像されるところである。伝写本によって誤伝されるよりは、一応国師の校閲を経たものが版行される方がよいにきまっているが、当時、出版が困難な時代に、立派な版式の版本を用意したことは、国師もその熱意を認められて、消極的にではあるが、約諾されるようになったと思う。

当時は仮名交じり文は言うまでもなく、すべての書物が、自著が生前に刊行されるという現象はほとんどないことであった。いわんや仮名交じりの印行は、わずかに仮名暦があるくらいのものであった。その点においても、『夢中問答集』は、日本印刷文化史上画期的な出版物である。

跋文から推すと、康永元年に一旦版木が完成して摺刷《しゅうさつ》を行なったのを、同三年に至って重ねて梵僊楚石の跋文を附して印行したことになっている。恐らく再跋のない初刷の本ができているのであろうが、残存本に接することができず、現在わずかに伝存しているのは、国会図書館蔵（旧帝国図書館蔵）の一本のみである。他に跋文のみの零本《れいほん》一冊が天理図書館に蔵せられるが、この方は国会図書館本よりも摺刷が古いようである。国会図書館蔵本は、その印刷面から推して、原版の部分はかなり摩滅度が著しく、大部分は室町初期頃の補刻である。この本がいかに多く需要されて摺刷を重ねたかが察知されるが、いわゆる五山版中でも初期に属する有力な版本が残存の稀であることは残念である。なお他日の発見を望むが、発見される可能性はきわめて少ないと思われる。

各巻首に、「この集両本有り、此本を正と為す」と注してあるのは、版本に二種あるというのではなくして、他に伝写して誤脱のある本を指しているものであろう。国会図書館蔵本は、三巻、三冊。左右双辺、有界十行、匡郭内、縦六寸五分半、横五寸二分。句読点附刻。本文は大型の文字で、その点もまた版式上珍しい存在として注意すべきである。巻中に間々室町末期頃の筆で振り仮名の書き入れがあり、跋文の漢文には訓点を施してある。上巻首の各葉上欄と巻末とに「土州下田村沼海庵公用」なる室町末期頃の墨書識語がある。本文の書き入れと同時のものであろう。今、本書の翻印はこの本を底本とした。

『夢中問答集』は広く求められたものと見えて、応永の末年頃、関東下野国、足利の行道山浄因禅庵で刊行された。それは文字が小型の美濃本である。これも現在では伝本が稀である。その後、慶長年間以来の古活字版には文字の大きい型のものと小さい型のものとがあり、小型の古活字本は元和寛永年間に三種以上が印行されており、また、寛永十一年に至って附訓整版本が出て、以後それを後印したり、覆刻したりして刊行を続けている。昭和年間になって本文を活版に附したものは、住友吉左衛門氏の施印本や岩波文庫所収の佐藤泰舜師の校訂本等がある。

次に、『夢中問答集』に関して、『谷響集』について述べておきたい。『夢中問答集』の下巻に浄土宗に関する質疑が五条ほど纏まって出ているが、これらについて浄土宗の僧、澄円が反駁を行ない、『夢中松風論』（三巻）を著わした。その古写本を見たことはないが、慶安五年の刊本があり、それによって内容を見ると、なかなか激しく突っ込んでいるようで、その行文が礼を失わぬ体であるのはさすがであるが、しかしよく読んでみると、全体として末節に捉われて見当はずれの感があり、異宗門の立場からすれば、細部まで捨てないで弁論しようとするのは当然であるけれども、これに対しては、夢窓国師が反論十八条を取り上げて一々返答せられて、それを『谷響集』（一冊）として刊行している。これは五山版『夢中問答集』と同版式同時代の出版と目せられるから、国師がただちに反駁されたものを、そのまま即時開版したものと認められる。普通には困難なこの種の印刷が即時行なわれているのもまた、国師の声望に負う禅宗活動の一端の現われである。この『谷響集』(一冊)も内閣文庫にある一本が知られるのみである。これまた国会本『夢中問答集』と同じ程度の補刻本である。その内容は広く知られていないので、本文を翻印する必要があるが、その巻首には、

或人問云、念仏三昧ハ、大乗ノ法門ナリ。夢中問答集ニ、浄土宗ヲ小乗ノ法門ナリトテ、ソシルコトハ、僻事ナラズヤ。答云、古人云、書不尽言、言不尽意也、愚意ノゴトク愚言ヲ御覧ゼラレヌ故ニ、此トガメハ、出来レリ。彼集ノ中ニ、念仏ノ法門ヲ、小乗ト名テ、ソシル事、スベテナシ。(下略)

と述べて、次々に答えておられ、かなりの分量になっている。第三者から見れば、全く回答にも値しない言いかけに過ぎないものに対しても重ねて親切に説き明かされている。この澄円の反論とそれに対する国師の答えを読むと、それは仏教の各宗派の立脚点の相違をば、それらについて知識を持たない者にも、容易に明快に納得できるように説かれている。したがって、禅宗と他宗、殊に念仏宗との別は言うまでもなく、禅そのものに関しても、さらに判りやすい説明を与えられる結果になっている。換言すれば、この書には、仏教という宗教の本質が明らかにせられることはもとより、仏教の説くところが、人間の資性の差異、教養の別、その他あらゆる差別に即応して、いかによく工夫されているものであるかということをも明快に述べてある。その点では、澄円が自分の宗派をうとんぜられたかに誤解をして発

した反駁的な質問も、平凡な世俗人にとっては、有益な収穫をもたらす効果を挙げることになったと言えよう。もとより夢窓国師が澄円ほどの僧に、根本的な反論にあうごとき説教を世俗に対して行なうはずもないのであって、たまたまこの松風論の発現は、国師の宗教者としての内容をより明らかにする機会となったと同時に、我らにとっては、仏教理会のいとぐちを、もう一つ多く与えられる仕合わせともなったのである。『谷響集』の巻末に、

　カヤウノ問答ハ、イヨ〱仏法ノ瘡疣《さういう》ヲ生ジ、マス〱諍論ノ端倪トナリヌベシ。無益ノ事ト存ズレドモ、夢中集ノ趣キ、愚存ナラヌ方へ、御覧ジナサレテ、浄土宗ヲ小乗ト名テ、誹謗スルコト謬ナリト仰セラレタルヲ、陳ジ申ス次ニ、宗門ハ末世ニハ不相応ナリト、仰セラレタル言ニツイテ、少々愚存ヲ述申セリ。諸経ノ説相モ、一定ナラズ。如来ノ本意モ測リ難シ。是故ニ文ノ如ク義ヲ取ルコトヲバ制セラレタリ。古来一宗ヲ建立シ玉フ人ハ、皆大権ノ菩薩ニテ、各仏ニ代テ、法門ヲ説キ玉フ人ナルベシ。若尓ラバ、其語ニ随テ義ヲ取コト、豈《あに》是先徳ノ本意ナランヤ。諸宗ノ学者、互ヒニ勝劣ヲ諍ヒ玉フ事ハ無益ナリ。経論ノ文ヲ引キ、先徳ノ言ヲ証トシテ、百千年論ジ玉フトモ、勝負ヲ決スルコト有べカラズ。誰ヲカ証義者トタノマムヤ。然則末代ノ学者ハ只自ノ宿重ニ任セテ、何レノ宗ニテモ、其宗ノ先徳ノ教誡ノ如ク、志ヲ立テ、行ヲハゲマシ玉ハバ、何ゾ面々ノ得益ナカラムヤト存ズルハ、愚意ノ趣ナリ。此ノ故ニ唯浄土宗ノミナラズ、其余ノ諸宗ヲモ、敢テ謗《そしり》申ス事ナシ。然ドモ余宗ヨリ、自宗ヲソシリ玉フ時、其謂ナキ由ヲ陳ジ申セバ、亦余宗ヲ謗シ申スニ似タリ。若其意ヲ得テ、其言ヲ志玉ハバ、予ガノゾムトコロナリ。

と結んでいるのは、大いに傾聴に値しよう。この『谷響集』に対して、澄円はもう一度反駁した（それは慶安五年刊本『松風論』に附刻してある）。しかし、国師がそれに対して答えたものは存在していない。恐らくそれは反駁の必要なしとされたものと思われる。

なお附言しておきたいことは、慶安五年刊本『夢中松風論』の本文と『谷響集』の本文との間には相違する所もあるが、慶安五年刊本は著述の際とかなり年時が隔たっているので、さらに古写の証本が欲しく、また『夢中問答集』の方も、本書の底本の初刻本ともいうべき康永元年刊本に先行する伝写本の本文も確かめて、詳しい比校を遂げたいところである。今はともに不可能であるから、現存資料に基づいて一応の立論を行なった。

昭和五十（乙卯）年二月二十四日

川瀬一馬

本書は講談社文庫『夢中問答集』（一九七六年刊）を底本とした。

川瀬一馬（かわせ　かずま）

1906年東京生まれ。東京文理科大学国文科卒。文学博士。静岡英和女学院院長などを歴任。1999年没。著書に『古活字版之研究』（学士院賞），『古辞書の研究』『日本書誌学之研究』『日本出版文化史』『夢窓国師・禅と庭園』などがある。

講談社学術文庫

定価はカバーに表示してあります。

夢《む》中《ちゅう》問《もん》答《どう》集《しゅう》

川《かわ》瀬《せ》一《かず》馬《ま》

2000年８月10日　第１刷発行
2023年10月11日　第11刷発行

発行者　髙橋明男
発行所　株式会社講談社
東京都文京区音羽 2-12-21 〒112-8001
電話　編集部（03）5395-3512
販売部（03）5395-5817
業務部（03）5395-3615

装　幀　蟹江征治
印　刷　株式会社ＫＰＳプロダクツ
製　本　株式会社国宝社

ISBN4-06-159441-9

「講談社学術文庫」の刊行に当たって

これは、学術をポケットに入れることをモットーとして生まれた文庫である。学術は少年の心を養い、成年の心を満たす。その学術がポケットにはいる形で、万人のものになることは、生涯教育をうたう現代の理想である。

こうした考え方は、学術を巨大な城のように見る世間の常識に反するかもしれない。また、一部の人たちからは、学術の権威をおとすものと非難されるかもしれない。しかし、それはいずれも学術の新しい在り方を解しないものといわざるをえない。

学術は、まず魔術への挑戦から始まった。やがて、いわゆる常識をつぎつぎに改めていった。学術の権威は、幾百年、幾千年にわたる、苦しい戦いの成果である。こうしてきずきあげられた城が、一見して近づきがたいものにうつるのは、そのためである。しかし、学術の権威を、その形の上だけで判断してはならない。その生成のあとをかえりみれば、その根は常に人々の生活の中にあった。学術が大きな力たりうるのはそのためであって、生活をはなれた学術は、どこにもない。

開かれた社会といわれる現代にとって、これはまったく自明である。生活と学術との間に、もし距離があるとすれば、何をおいてもこれを埋めねばならない。もしこの距離が形の上の迷信からきているとすれば、その迷信をうち破らねばならぬ。

学術文庫は、内外の迷信を打破し、学術のために新しい天地をひらく意図をもって生まれた。文庫という小さい形と、学術という壮大な城とが、完全に両立するためには、なおいくらかの時を必要とするであろう。しかし、学術をポケットにした社会が、人間の生活にとってより豊かな社会であることは、たしかである。そうした社会の実現のために、文庫の世界に新しいジャンルを加えることができれば幸いである。

一九七六年六月　　　　野間省一

無門関を読む
秋月《あきづき》龍珉《りょうみん》著

無の境地を伝える禅書の最高峰を口語で読む。公案四十八則に評唱、頌を配した『無門関』は『碧巌録』と双璧をなす名著。悟りへの手がかりとされながらも、難解で知られるこの書の神髄を、平易な語り口で説く。

1568

一日一禅
秋月龍珉著（解説・竹村牧男）

師の至言から無門関まで、魂の禅語三六六句。柳緑花紅、照顧脚下、大道無門。禅者が、自らの存在をその一句に賭けた禅語。幾百年、師から弟子に伝わった魂に食い入る禅語三六六句を選び、一日一句を解説する。

1598

空の思想史　原始仏教から日本近代へ
立川武蔵著

一切は空である。仏教の核心思想の二千年史。神も世界も私すらも実在しない。仏教の核心をなす空の思想は、絶対の否定の果てに、一切の聖なる甦りを目指す。印度・中国・日本で花開いた深い思惟を追う二千年。

1600

正法眼蔵随聞記
山崎正一全訳注

道元が弟子に説き聞かせた学道する者の心得。修行者のあるべき姿を示した道元の言葉を、高弟懐奘が克明に筆録した法語集。実生活に即したその言葉は平易で懇切丁寧である。道元の人と思想を知るための入門書。

1622

インド仏教の歴史　「覚り」と「空」
竹村牧男著

インド亜大陸に展開した知と静の教えを探究。菩提樹の下のブッダの正覚から巨大な「アジアの宗教」へ。悠久の大河のように長く広い流れを、寂静への「覚り」と一切の「空」というキータームのもとに展望する。

1638

世親
三枝《さいぐさ》充悳《みつよし》著（あとがき・横山紘一）

唯識の大成者にして仏教理論の完成者の全貌。現代の認識論や精神分析を、はるか千六百年の昔に先取りした精緻な唯識学を大成した世親。仏教理論をあらゆる面で完成に導いた知の巨人の思想と全生涯に迫る。

1642

誤解された仏教
秋月龍珉著（解説・竹村牧男）
霊魂や輪廻転生、神、死者儀礼等をめぐる問題につき、日本人の仏教に対するさまざまな誤解を龍珉師が喝破。「仏教＝無神論・無霊魂論」の主張を軸に、仏教への正しい理解のあり方を説いた刺激的論考。
1778

日蓮「立正安国論」
佐藤弘夫全訳注
社会の安穏実現をめざし、具体的な改善策を「勘文」として鎌倉幕府に提出された『立正安国論』。国家主義と結びついた問題の書を虚心坦懐に読み、「先ず国家を祈って須らく仏法を立つべし」の真意を探る。
1880

バウッダ［佛教］
中村　元・三枝充悳著（解説・丘山　新）
釈尊の思想を阿含経典に探究し、初期仏教の発生から大乗仏教や密教の展開に至るまでの過程を追い、仏教の壮大な全貌を一望する。思想としての仏教を解明し「仏教」の常識を根底から覆す、真の意味の仏教入門。
1973

ゾロアスター教　三五〇〇年の歴史
M・ボイス著／山本由美子訳
三五〇〇年前に啓示によって誕生したこの宗教は、キリスト教、イスラム教、仏教へと流れ込んだ。火と水の祭儀、善悪二元論、救世主信仰……。謎多き人類最古の世界宗教の信仰内容と歴史を描く本格的入門書。
1980

仏典のことば　さとりへの十二講
田上太秀著
諸行無常、衆縁和合、悉有仏性、南無帰依仏……。人はなぜ迷い、悩むのか。仏教の基本教理を表す十二のことばを通し、無限の広がりを持つ釈尊の教えを平易に解説。さとりへの道を示す現代人必読の仏教入門。
1995

慈悲
中村　元著
呻きや苦しみを知る者のみが持つあらゆる人々への共感、慈悲。仏教の根本、あるいは仏そのものとされる最重要概念を精緻に分析、釈迦の思惟を追う。仏教の真髄と現代的意義を鮮やかに描いた仏教学不朽の書。
2022

宗教

頼富本宏著
密教とマンダラ
真言・天台という日本の密教を世界の仏教史のなかに位置づけ、その歴史や教義の概要を紹介。胎蔵界・金剛界の両界マンダラを中心に、その種類や構造、思想、登場するほとけたちとその役割について平易に解説。

2229

大貫　隆訳・著
グノーシスの神話
「悪は何処からきたのか」という難問をキリスト教会に突き付け、あらゆる領域に「裏の文化」として影響を及ぼした史上最大の異端思想のエッセンス。ナグ・ハマディ文書、マンダ教、マニ教の主要な断章を解読。

2233

大谷哲夫全訳注
道元「永平広録 真賛・自賛・偈頌《げじゅ》」
禅者は詩作者でもあった。道元の主著として『正法眼蔵』と並ぶ『永平広録』の掉尾を飾る最終巻。道元が漢詩に詠んださとりの深奥を簡明に解説し、禅の思想と世界を追体験する。『永平広録』訳注シリーズ完結。

2241

河口慧海著／高山龍三校訂
チベット旅行記（上）（下）
仏典を求めて、厳重な鎖国下のチベットに、困難を乗り越えて、単身入国・帰国を果たした河口慧海。最高の旅行記にして、生活・風俗・習慣の記録として、チベット研究の第一級の資料。五巻本を二巻本に再編成。

2278・2279

竹村牧男著
日本仏教　思想のあゆみ
聖徳太子、南都六宗、最澄・空海、そして鎌倉新仏教。インド以来の仏教史の到達点である日本仏教の高度な思想はいかに生まれたか。各宗派祖師の思想の概略を平易に解説し、日本人のものの見方の特質を描き出す。

2285

荒牧典俊・本庄良文・榎本文雄訳
スッタニパータ［釈尊のことば］全現代語訳
かくしてひとり離れて修行し歩くがよい、あたかも一角の犀そっくりになって——。現代語で読む最古層の原始仏典。師の教えに導かれた弟子たちが簡素な生活の中で修行に励み、解脱への道を歩む姿がよみがえる。

2289